中国社会科学院老学者文库

刘国光经济改革论集

刘国光 著 桁林 整理

中国社会科学出版社

图书在版编目(CIP)数据

刘国光经济改革论集/刘国光著；桁林整理. —北京：中国社会科学出版社，
2022.9

(中国社会科学院老学者文库)

ISBN 978 - 7 - 5227 - 0305 - 3

Ⅰ.①刘…　Ⅱ.①刘…②桁…　Ⅲ.①中国经济—经济改革—文集
Ⅳ.①F121 - 53

中国版本图书馆 CIP 数据核字(2022)第 091526 号

出 版 人	赵剑英	
责任编辑	田　文	
责任校对	姜晓如	
责任印制	戴　宽	

出　　版	中国社会科学出版社	
社　　址	北京鼓楼西大街甲 158 号	
邮　　编	100720	
网　　址	http://www.csspw.cn	
发 行 部	010 - 84083685	
门 市 部	010 - 84029450	
经　　销	新华书店及其他书店	

印刷装订	北京君升印刷有限公司	
版　　次	2022 年 9 月第 1 版	
印　　次	2022 年 9 月第 1 次印刷	

开　　本	710×1000　1/16	
印　　张	28.75	
字　　数	375 千字	
定　　价	168.00 元	

刘国光（1999 年 4 月摄）

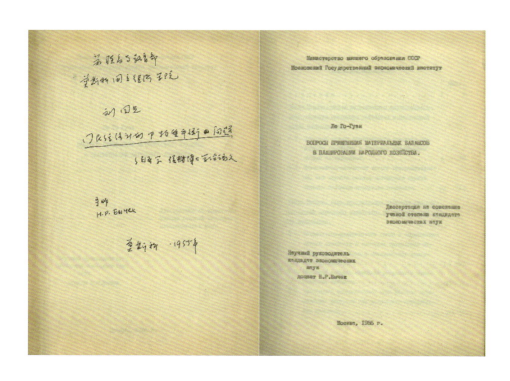

1955 年候补博士学位论文扉页字迹

注：依据国家教委和人事部联合发布〔1990〕039 号通知之规定，苏联东欧国家候补博士学位相当于国内大学博士学位。

1946 年西南联大经济系毕业留影（前排左 2 刘国光）

注：西南联大茅草结庐，唯图书馆为复式青瓦（见上图背景），条件甚是简陋。其于绝地奋起，成就中华教育史之伟业。

1955 年 6 月欢送刘国光(前排左 4)首批学成归国
留苏学生相聚莫斯科火车站

注:相关文字说明可参阅 2017 年刘国光口述自传第 30—35 页。

1955 年苏联专家毕尔曼访华（前排左 2），刘国光随行翻译（二排左 1）

注：图中二排左 3 于光远、4 潘梓年；三排右 1 徐义生、3 狄超白；四排左 3 吴敬琏、4 巫宝三；后排右 1 至 5 汪敬虞、李文治、严中平、林里夫、乌家培。其中潘梓年、狄超白、于光远为 1955 年中国科学院首批学部委员。其他有关文字说明可参阅 2017 年刘国光口述自传第 35 页。图片来源：中国社会科学院经济研究所，徐义生提供。

1960 年 2 月至 9 月河北省昌黎县中梁山与马铁庄两地劳动锻炼
（后排左 2 刘国光）

注：相关文字说明可参阅 2017 年刘国光口述自传第 37 页。图片来源：中国社会科学院经济研究所，徐义生、黄湘君提供。

1978 年中国社会科学院恢复招收研究生

注：图中前排经济系导师，左起吴敬琏、刘国光、何建章、汪敬虞、吴承明、胡瑞梁、徐绳武、孙尚清、李文治、赵效民、张纯音；二排研究生左 1 刘树成、4 至 7 薛永应、朱家桢、赵增延、张守一；三排研究生左 1 至 3 李志宁、厉以平、吴太昌。图片来源：中国社会科学院经济研究所。

1979 年 4 月 16 日至 29 日在无锡召开价值规律讨论会
（前排薛暮桥，二排左 1 刘国光、2 孙冶方）

注：由中国社会科学院经济研究所、国家计委经济研究所、江苏省哲学社会科学研究所共同主办的
关于社会主义经济中价值规律作用问题讨论会，讨论在社会主义经济的计划管理中怎样充分利用价
值规律和市场的作用，如何改进经济管理体制，因而成为市场取向改革的先声。在此次会议上，刘
国光和赵人伟提交了《论社会主义经济中计划与市场的关系》一文，提出将市场引入计划核算体
系，文章触及中国经济改革的核心问题，因而受到普遍关注。

1979—1981 年期间某会议合影

注：图中前排左 4 至 7 马洪、薛暮桥、孙冶方、于光远，二排左 3 刘国光、6 何建章，三排左 1 蒋
一苇，四排左 1 赵人伟。

1980 年夏颐和园计量经济学百人讲习班

注：1979 年美国宾夕法尼亚大学教授克莱因（Lawrence Klein）率美国经济学家代表团访华，与中国社会科学院副院长兼经济研究所所长许涤新取得联系，双方商定举办计量经济学讲习班。1980 年 6 月 24 日至 8 月 11 日举办了为期 7 周的讲习班，来自国内高校和科研院所的 100 名学员参加。图中前排左 1 外事局代表、2 董辅礽、3 刘国光、5 邹至庄、6 克莱因、7 许涤新、11 刘遵义、12 徐绳武。图片来源：中国社会科学院经济研究所，张鹤龄提供。

1981 年 5 月许涤新（左 4）率中国经济学家代表团
到英国伦敦、牛津和剑桥进行学术访问

注：图中左起王熙（翻译）、孙世铮、刘国光、许涤新、宋则行、龚士其、耿苏宁（翻译）、赵人伟、格里芬；背景草房子为莎士比亚夫人的故居。

1984 年 10 月刘国光（前中）率中国社会科学院经济研究所代表团
到美国波士顿、纽约、华盛顿进行学术访问

注：图中前排右起乌家培、张培基、刘国光、张卓元、黄范章，后排右起沈立人、杨长福、高锋
（翻译）、冒天启、林地。

1985 年巴山轮会议

注：图中前排右 6 薛暮桥、8 安志文；三排右 1 高尚全，3 至 6 刘国光、马洪、童大林、科尔奈；后排左 1 李淼（翻译）、3 林重庚、5 布鲁斯。巴山轮会议是国务院批准由中国经济体制改革研究会（即后来的国家经济体制改革委员会）、中国社会科学院和世界银行驻京代表处联合主办，讨论有关宏观调控目标、模式和手段等问题。

《思绪》

注：1997 年侯艺兵摄影。

第八届孙冶方经济科学奖评委会召开会议

1999 年 6 月 5 日在北京大学光华管理学院召开

注：图中前排左起王迎新、李昭、吴敬琏、李剑阁、陈锡文、王凤英，二排左起陈佳贵、冒天启、宋涛、刘国光、马洪、桂世镛、何建章、苏星、项启源，三排左起张卓元、黄达、周叔莲、陈吉元。薛暮桥、徐雪寒、于光远、董辅礽、厉以宁、李京文未到场。

2001 年 9 月刘国光（中）主持第九届孙冶方经济科学奖颁奖仪式

注：图中主席台左起周叔莲、桂世镛、刘国光、吴敬琏、张卓元。

2004 年 8 月在中国管理创新大会上作主题报告

注：由中国管理科学研究院、联合国开发规划署等单位共同主办的 2004 年中国管理学家论坛暨第六届中国管理创新大会上，刘国光作关于中国宏观经济问题的主题报告，力主双稳健宏观调控政策。本次论坛主题为"科学发展观与管理创新"。

首届中国经济学杰出贡献奖颁奖典礼
2005 年 3 月 24 日在北京人民大会堂举行

注：图中右 1 为第十届全国政协副主席王忠禹，右 2 为刘国光接受奖杯和证书，韩萌摄影。首届中
国经济学奖的奖励对象是自 1978 年 12 月党的十一届三中全会以来"在经济理论、政策和方法上作
出杰出贡献的国内专家学者"（见评奖章程第四条、第十条和第十三条）。在被提名的 53 人中，薛
暮桥、马洪、刘国光、吴敬琏 4 人获此殊荣。

2006 年 8 月中国社会科学院首批 47 名学部委员产生并授予证书

注：图中前排右 1 为第十届、十一届全国政协副主席，中国社会科学院院长陈奎元；右 2 为刘国光接受证书。2006 年中国社会科学院在原学科片基础上重置学部和学部委员荣誉称号。

2022 年 9 月 15 日刘国光（右）听取有关本论集修订情况的汇报

自　　序

　　我年事已高，淡出学术舞台多年，这里收集的是若干年前所写的文字，当时或曾有过影响，现在看来仍有意义。主要集中在"计划"和"市场"、"市场经济"和"社会主义"关系上，二者有内在的联系，讲的都是经济转型中的理论是非。"双重模式转换"是我关于经济转型问题非常重要的一个思想。环绕上述问题针锋相对的论争，反映的则是当今中国社会不同利益阶层势力的诉求，已经到了何等紧张的程度。它关系到我国改革的前途命运，是当今经济领域里意识形态斗争的焦点。

　　总的来讲，我的观点是这样的：在社会主义初级阶段，需要深化市场经济的改革，市场经济作为资源配置的主要方式，在历史发展的一定阶段，是必由之路，但是，我始终坚持计划与市场结合，完全让看不见的手来调节，不能保证社会公正协调发展，改革的方向必须是社会主义的，而不能是资本主义的。不强调社会主义的发展方向、忽视共同富裕的方向，那么，建立起来的市场经济必然是人们所称的权贵市场经济、两极分化的市场经济。邓小平早就告诫我们，改革造成两极分化，那改革就失败了。当然，我们一定能够避免这种前途命运。

　　反对"市场经济"与"社会主义"相结合，主张私有化、自由化和两极分化的声音，虽然有雄厚的财富和权力的实力背景，但毕竟只代表少数人的利益；而主张"市场经济"必须与"社会主义"相结合，以公有制为主体、以国家宏观计划调控为导向和以共同富裕为目标的声音，则代表了广大人民群众，特别是工农大众和知识分子群体的希望。我国经济改革的前景，不取决于争论双方一时的胜负，最终取决于广大人民群众的意志。

这是我和许多经济学界朋友们的共同信念。研究经济学要有立场、观点、方法的说法，好像又不大时兴了，但我总以为马克思主义经济学的立场，劳动人民的立场，大多数人民利益的立场，关注弱势群体的立场，是正直的经济学人应有的良心，是不能丢弃的。马克思主义的最基本观点和方法也是要坚持的，但具体的观点、方法，马克思主义经济学和西方经济学都可以选择，为我所用，为创建我国社会主义政治经济学所用。西方"主流"经济学对市场经济运行机理的分析，有许多可以借鉴的东西，但是部分传播西方"主流"经济学的人士，力求使它在中国也居于"主流"地位，取代马克思主义经济学，这种情况需要关注。当然，马克思主义经济学也不能仅靠官方权威来支持其主导地位，而要与时俱进，兼容并蓄，不断创新。

实践在发展，思想也在发展，这里所收集的文字还算不得成熟，只能作为参考，同时就教于大家。我愿就这些问题，与学界同人交流探讨。

本次文字整理，桁林博士协助完成，谨此致谢。

刘国光

2022 年 6 月

目　录

第一部分　关于社会主义市场经济问题

第二部分　关于双重模式转换问题

第三部分　关于改革方向的论争

第四部分　关于坚持马克思主义政治经济学的主导地位

第五部分　若干历史经历的回顾与小结

附　学术自传

第一部分

关于社会主义市场经济问题

论社会主义经济中计划与市场的关系[*]

（1979 年 5 月）

当前，全党工作的着重点正在转移到社会主义现代化建设上来。为了适应这样一个转变，保证我国国民经济稳步发展，我们必须总结将近 30 年来经济建设的经验和教训，对经济管理体制和经营管理方法进行认真的改革。怎样完成我们面临的这项改革任务，有许多重大的理论和实际问题迫切需要我们去研究和解决。其中一个对社会主义的经济管理带有全局性的问题，就是如何处理好计划和市场的关系问题。[①] 这篇文章拟对这个问题作一初步探索。

社会主义经济中计划和市场
相结合的必然性

长期以来，在社会主义政治经济学中存在这样一种看法，即

---

[*] 与赵人伟合写，这里刊出的是完整稿。最初发表在中国社会科学院《未定稿》上，获得时任总书记胡耀邦重要批示，称之为"标兵文章"，详见《计划与市场关系变革的三十年及我在此过程中的一些经历》一文中的相关回忆。（编者注）

① 这篇文章所讲的计划，不是指作为意识形态的计划，而是指人们自觉地调节和控制社会经济发展的客观过程，对于这一客观过程过去经济学文献中曾用"计划化"一词来概括。另外，这篇文章所讲的计划，凡未注明是企业计划的，都是指国家计划或社会计划。

认为，既然社会主义经济是计划经济，资本主义经济是市场经济，因此社会主义经济与市场是不相容的，把社会主义计划经济理解为对市场的一种简单的绝对的否定。尽管后来逐渐承认了社会主义经济中商品生产和价值规律的存在，但仍然把商品生产、价值规律、市场机制的作用同计划的作用置于绝对排斥的地位，似乎计划起作用的地方，市场机制就不起作用，或者反过来说，计划作用到不了的地方，市场机制才起作用。按照这种观点，社会主义的优越性不能表现在对市场的利用上，而只能表现在对市场的限制或排斥上，仿佛计划的作用越大，市场的作用越小，社会主义的优越性才能显示出来。这样一种把市场视为同社会主义经济的本性不相容的观点，给我们的经济生活带来了一系列消极后果。例如：

生产与需要脱节。由于片面强调计划和忽视市场，企业生产什么和生产多少，主要按照从上而下的指令性计划指标，而不能很好地按照社会的实际需要来安排。照道理说，按计划生产与按需要生产应当是一致的。但是，在社会主义条件下，离开了市场机制，一个统一的计划中心事实上无法精确地反映对千百万种产品的千变万化的需要。这样，按上面布置下来的计划生产出来的东西，往往货不对路，造成积压，而社会上需要的东西又供应不足。再加上企业生产的产品大部分是由国家统购包销的，企业所需生产资料大部分又是由国家统一分配计划调拨的，生产企业同消费者之间缺乏横的联系，不能直接见面，以致生产者不了解消费者的需要，消费者也不能对生产施加影响，计划指标不符合实际需要的缺陷不能通过市场机制灵活地反映出来，并得到及时的纠正，使产供销脱节的问题长期难以解决。

计划价格脱离实际。由于在制定价格时忽视价值规律的客观要求，使得许多产品的计划价格长期地、大幅度地同价值相背离。在这样的价格条件下，企业在产值、利润等指标上表现出来的经营成果不能反映企业本身经营状况的好坏；由不合理的价格因素而引起的亏本和盈利，也无法据以辨别企业经营的优劣。计划价格很少考虑供求的变化，长期固定不变。当出现商品不足、供不应求的时候，往往不采用调整价格的办法来促使增加供给和控制需求，而是采用票证来限额供应，使票证起了补充货币的作用，造成价值尺度的多元化。[①] 人们还把凭票限额供应叫作"计划供应"，似乎它就是社会主义计划经济本质的一种体现。殊不知，这是任何一个被围困的城防司令都会想出来的办法，同社会主义计划经济毫无本质联系。当然，社会主义计划经济不是不可以在一定时期和一定条件下利用这种限额限价的供应办法。但是，由于这种办法不能从经济上鼓励增加这些供应不足的商品的生产，而且往往会固定和加深这些商品生产者的不利地位而使生产和供给减少，所以，它不但不能从根本上解决供需矛盾，而且往往进一步加剧这个矛盾。

资金分配上的供给制。我们不但在产品的生产和交换上，而且在资金的筹措和分配上，也忽视了市场的作用，突出的表现是财政上的统收统支。过去，我们企业的收入，包括企业的纯收入和基本折旧基金，全部或大部上缴；企业发展生产、改进福利等开支，则都伸手向上面要。国家对企业无偿供给全部固定资产和大部流动资金，企业对资金的使用效果可以不负任何经济责任，不管经营好坏、盈利亏本，工资基金不少拿，企业是吃"大锅饭"，职工是靠"铁饭碗"。由于物质利益与经营成果脱节，企业的经济核算流于形式，单纯为记账核算，而不是利用职工集体的物质利益来促进生产效果的提高。在这样的情况下，尽管发出许

---

　　① 马克思指出："价值尺度的二重化是同价值尺度的职能相矛盾的"，"凡有两种商品依法充当价值尺度的地方，事实上总是只有一种商品保持着这种地位"（《马克思恩格斯全集》第 23 卷，人民出版社 1972 年版，第 114—115 页）。我们的许多无价票证，不是事实上也变成了有价票证吗？

多行政命令和号召，企业和职工对于节约生产消耗、改进产品质量、增加品种以适应市场消费者的需要，也缺乏持久的内部动力，各方面的拖拉浪费，就长期难以克服。

企业结构上的自给自足倾向。社会主义经济是建立在社会化大生产基础上的，企业之间、地区之间、部门之间都存在着广泛的专业分工和协作的关系。特别是随着科学技术的进步，生产专业化和协作也将进一步发展。但是，由于忽视市场关系，用小生产的经营方式来对待社会主义的大生产，使得我们的许多企业不是向专业化和协作的方向发展，而是向万事不求人、自给自足的方向发展。因此，我国的工业企业普遍存在着"小而全""大而全"的情况，许多企业不仅办成了全能厂，而且办成了一个社会。当然，这种情况，并不是完全由企业内部的原因所造成的。供产销的不平衡，协作单位不遵守合同、协作件得不到保证等原因，往往也迫使企业向全能厂方向发展。但从全社会来看，这些都是与排斥市场关系有关的。

上述种种情况表明，忽视商品生产、价值规律和市场机制的作用，实际上并不利于社会主义计划经济的发展。社会主义计划经济的一个重要特征就是要正确地安排和保持国民经济的适当比例，求得生产和需要的平衡。列宁提出，"经常地、自觉地保持的平衡，实际上就是计划性"①。但是，在社会主义经济中，如果排斥市场机制，就往往会带来供产销的脱节，而难以求得生产和需求之间的平衡；如果各类产品计划价格长期违背价值规律的要求，各类产品的比价关系安排不合理，那就往往使得这些产品的生产不能按照客观要求的比例协调地发展。社会主义计划经济的另一个重要特征就是节约活劳动和物化劳动的消耗。当然，节约劳动时间和按比例地分配劳动时间是相互联系的。正如马克思所指出

---

① 《列宁全集》第3卷，人民出版社1959年版，第566页。

的："时间经济以及有计划地分配劳动时间于不同的生产部门，仍然是以集体为基础的社会首要的经济规律。甚至可以说这是程度极高的规律。"① 但是，在社会主义条件下，如果否认商品货币关系，拒绝利用价值规律，不讲经济核算，就必然导致高消耗、低质量和低效率，不能实现用最小限度的劳动消耗取得最大限度的效果这一社会主义计划经济的本质要求。

从实践看，是否承认市场的存在并积极利用它来为计划经济服务，对于社会主义经济的发展关系极大。近三十年来，在我国社会主义建设过程中，有两次经济发展比较快的时期，一次是第一个五年计划时期，一次是三年调整时期。这两个时期都比较注意利用价值规律、利用市场，其结果城乡协作较好，农轻重的关系比较协调，各方面也比较重视经济核算和经济效果。但是，在我国国民经济的发展中，有两次受到比较大的挫折的时期，一次是第二个五年计划时期，一次是在 20 世纪 60 年代中期至 70 年代中期。这两次大的挫折，在政治上是同"四人帮"等人的破坏分不开的；在理论上则往往同他们在商品、货币、价值规律问题上制造混乱、抹杀市场的作用有关。应该指出，那种否认社会主义社会中商品货币关系的积极作用，把计划和市场看作互不相容的观点，不但在实践上造成了很大的危害，而且在理论上也是站不住脚的。

以生产资料公有制为基础的社会主义经济是有计划发展的经济。经济的有计划发展并不是同市场关系相对立的，而是同自发性或生产的无政府状态相对立的，后者是一切以私有制为基础的社会经济的一个基本特征。而市场关系却不是私有制的社会经济所特有的。同市场关系相对立的是自然经济而不是计划经济。自然经济中不存在商品货币关系，只存在实物分配关系，这是一切

---

① 马克思：《政治经济学批判大纲》第 1 分册，人民出版社 1975 年版，第 112 页。

自给自足和闭关自守的社会经济的一个基本特征。而市场关系却是建立在社会分工和协作基础上的。市场关系并不一定都是自发性的和无政府状态的，这要看它同什么样的所有制相联系。在社会主义公有制的条件下，市场关系则是可以由人们自觉地加以控制，为社会主义计划经济服务的。市场关系既然是以社会分工和生产的社会化为物质前提的，从这一点来说，它与建立在社会化大生产基础上的社会主义计划经济非但不是互相排斥、毋宁有共通之处。社会主义的计划经济是存在商品货币关系条件下的计划经济，它只能同自发的市场经济以及自然经济相对立，而不能同人们自觉地加以控制的市场关系相对立。

　　长期以来，人们之所以片面强调计划而忽视市场，主要是因为有这样两个传统观念在作祟：一个是把市场同自发性等同起来，特别是同资本主义市场经济的无政府状态等同起来；另一个是把计划经济同自然经济混为一谈。前一个传统观念，往往成为一些人反对利用市场的武器，谁要一谈利用市场，他们就说谁是在搞资本主义。后一个传统观念，则往往成为一些人用自然经济来冒充社会主义计划经济的理论依据。在这两个相互联系的传统观念的保护伞下，在貌似坚持社会主义计划经济和反对资本主义市场经济的口号下，许多不符合社会主义经济发展利益的东西得到了繁育滋长：单纯的行政办法管理经济代替了经济办法管理经济；按"长官意识"办事代替了按客观经济规律办事；宗法家长式的统制代替了人民群众当家作主；适合于自然经济的封建衙门式的管理代替了适合于社会化大生产的科学管理；等等。在我们这样一个原来商品经济很不发达、目前依然有 80% 的人口是半自给农民的国家里，上述一些传统观念和做法是有其深厚的社会基础的。我们现在面临着的历史任务是实事求是地按照客观经济规律发展商品经济来为实现社会主义的四个现代化服务。我们要在社会主义建设中利用商品货币关系，正确处理计划和市场的关系，改革种种不符合社会主义客观经济规律的管理制度，就必须打破上述那些根深蒂固的传统观念。

　　为了彻底打破这些传统观念，把计划和市场很好地结合起来，还必须进一步探索社会主义条件下商品货币关系和市场存在的原因问题。对于这个问题，相当多的经济学者一直是用生产资料的两种形式的社会主义所有制的并存来解释的。我们认为，在现阶段，两种形式的社会主义所有制之间的商品货币关系对于社会主义经济的发展是很重要的。特别是在我国现在农业人口比重还很大，集体所有制在农业生产中占有举足轻重地位的情况下，更要重视两种公有制之间的商品关系，尊重集体所有制单位作为商品生产者的自主权。但是，单纯地用两种公有制的并存来解释社会主义制度下之所以存在商品货币关系和市场，则是不够本质的。因为，这种看法实际上仍然认为商品和市场关系是同社会主义公有制最重要的部分即全民所有制的性质不相容的，它只能从来自全民所有制外部的影响，而不能从全民所有制内部本身来说明为什么必然存在着商品和市场关系。经济学界历来流行的一些观点，诸如全民所有制内部调拨的生产资料实质上已不是商品而仅仅留有商品的外壳（"外壳论"）；价值规律对生产不起调节作用，它已被国民经济有计划按比例发展规律所代替（"代替论"）；价值规律以及有关的价格、利润、成本、利息等价值范畴不被看作客观的经济机制，而只当作可用可不用的核算工具（"工具论"）等，实际上都是从上述"外因论"的基本观点中所派生出来的。应当指出，所有这些被称为概括了社会主义各国经验的种种观点，并不符合所有社会主义国家的实际经验；而继续坚持这些观点给实践带来的危害，则是越来越清楚了。

　　我们认为，社会主义全民所有制内部之所以还存在着商品和市场关系，是由社会主义阶段所特有的物质利益关系所决定的。在生产资料公有制的条件下，人与人之间剥削与被剥削的关系从而物质利益上的对抗已经被消灭，但是，由于在社会主义阶段，劳动还不是生活的第一需要，还仅仅是谋生的手段，人们劳动能力和贡献又不相同，因此物质利益上的差别还存在。而且人们之间物质利益上的这种差别，不仅表现在个人与个人之间，还表现在全民所有制内部不同企业之间。不同企业凡不是由于客观因素而由于自身经营所造成的生产成果上的差别，要给不同企业及其职工带来物质利益上的差别，否则就不利于生产的发展。因此，全民所有制内部各个企业（相对独立的经济核算单位）之间的经济关系，必须采取等价补偿和等价交换的原则。不遵守这种原则，就意味着否认人们物质利益上的差别，从而就会打乱人们之间的物质利益关系。社会主义条件下所特有的这种物质利益关系，正是社会主义条件下商品和市场关系存在的直接原因（当然，分工、生产的社会化是物质前提）。这样一种商品关系或市场关系，其根源深藏于人们的物质利益的差别之中，反映这种关系的有关经济范畴，决不是可用可不用的工具，也不是徒具形式的外壳，而是一种客观存在的、有实际内容的经济机制。这里还要看到，所谓社会主义公有制条件下人们的劳动是直接的社会劳动，是仅就个别劳动同社会劳动的联系摆脱了私有制基础上的自发市场的阻隔而言的。实际上，在社会主义阶段，劳动者与劳动者之间、企业与企业之间还不能不实行等量劳动交换即等价交换的原则，所以劳动的直接社会性，还不能不通过有计划的市场来表现。也就是说，人们有计划地分配社会劳动和节约社会劳动，还不能不通过反映社会主义阶段所特有的物质利益关系的市场机制来实现。

由此可见，社会主义经济中计划和市场的关系，既不是相互排斥，也不是由外在的原因所产生的一种形式上的凑合，而是由社会主义经济的本质所决定的一种内在的有机的结合。如果说，生产资料的社会主义公有制带来的人们之间的物质利益上的根本一致是社会主义经济能够实行计划管理的客观依据的话，那么，人们之间物质利益上的上述差别，是社会主义经济中还存在着市场的直接原因。社会主义经济中人们之间物质利益上的这种一致与不一致，正是社会主义经济中计划与市场在矛盾中实现统一的客观基础。实践证明，如果片面地强调计划，忽视市场，就容易只看到人们之间根本利益的一致而忽视他们在利益上的差别，容易只看到全局的利益而忽视局部的和个人的利益，从而不利于调动企业和职工群众的积极性；如果片面地强调市场，忽视计划，则往往会产生相反的倾向，使基层和群众的积极性流于盲目和无政府的混乱境地。因此，要正确处理社会主义经济中各方面的物质利益关系，调动一切积极因素来加速社会主义建设，就必须从理论上和实践上解决计划和市场相结合的问题。

关于社会主义计划经济条件下
如何利用市场的问题

由以上的分析可知，在社会主义制度下计划同市场非但不是互不相容的，而且一定要相互结合，才能充分发挥社会主义的优越性。在考察社会主义经济中计划与市场的问题时，既不能离开计划孤立地来谈市场，也不能离开市场来谈计划。由于迄今为止我们在这个问题上的主要偏向，是片面地重视计划而轻视市场，当前为了纠正这一偏向，首先要着重解决如何在社会主义经济条件下发展商品经济、利用市场机制的问题。

商品经济的发展和市场机制的利用，离不开各个商品生产者的活动。社会主义市场的主体，除了集体所有制企业单位外，主要是全民所有制（有的国家是社会所有制）企业单位。这些企业单位既向市场提供各种消费品和生产资料，又向市场购买各种生产资料。要发挥市场的作用，全民所有制企业单位不具有一定的经济自主权力，不能够作为相对独立的商品生产者相互对待，是不行的。如果全民所有制的企业单位老是处在束手束脚、无权无责的地位，所谓利用市场就不过是一句空话。所以，当前这个问题是同扩大企业权限的问题密切联系在一起的。

同时，在计划经济条件下利用市场，又离不开发挥同价值范畴有关的经济杠杆和经济机制（如价格、成本、利润、信贷、税收等）的作用，把各个生产单位的经营成果同生产者的物质利益联系起来。这正是用经济办法管理经济的实质所在。如果不重视利用这些经济杠杆和经济机制的作用，不注意企业和个人的经济利益，而单纯地用行政办法来管理经济，那也根本谈不上什么利用市场。所以，我们当前这个问题又是同用经济办法管理经济的问题密切联系在一起的。

总之，在计划经济条件下利用市场，既同管理权限上扩大企业权力有关，又同管理方法上充分运用经济手段有关。所有这些，都是为了使社会拥有的物力财力人力资源，按照社会的需要，得到合理分配和节约使用。

那么，在物力、财力、人力资源的安排和使用上，应当怎样紧密地联系管理权力的下放和经济办法的运用，更好地发挥市场机制的作用呢？

物力资源的安排和使用。这主要是指商品的产供销问题。在这方面，要加强市场机制的作用，就要以销定产、按产定供，做到产需结合。

企业生产什么，生产多少，根据什么来确定？企业生产的产品，按照什么方式来销售？企业进行生产所需的生产资料，按照什么方式取得供应？前面我们讲过，现在实行的基本上是按照从上而下的指令性计划指标进行生产，按照统购包销的方式进行产品的销售，按照统一分配、计划调拨的方式进行生产资料的供应，所有这些组织产供销的办法，往往造成社会生产和社会需要的脱节，使社会主义生产的目的不能得到很好的实现。大家知道，社会主义生产的目的是满足社会的需要，根据社会的需要来决定生产什么和生产多少，这是社会主义经济的一个根本原则。按国家计划来安排生产和按社会需要来安排生产，从根本上来说是一致的，但实际上却存在着矛盾。因为，国家计划主要考虑国家的需要，只能从总体上反映社会的需要，而不可能具体地、灵活地反映社会经济生活各个方面千变万化的需要，也不可能考虑到每个企业单位的具体生产技术条件。要解决这个矛盾，做到产需对路，使社会生产在产品数量、品种、质量上都符合社会需要，企业生产计划就不能一一由上面下来的指令性指标定死，而要在国家计划总的指导下，根据市场的具体需要和企业本身的具体情况来确定。与此相应，无论是消费资料的流通还是生产资料的流通，都要改变那种不管有无销路，都由国营商业部门或物资机构统购包销的做法。除极少数短缺而在短期内不可能保证充分供应的物资要由国家组织供需部门协商分配外，其他物资都通过市场买卖。消费资料的流通要逐步实行商业选购和工业自销相结合的办法，以适应消费者的需要，做到以销定产；生产资料的流通也要逐步商业化，实行产销双方直接挂钩，或者通过居间的批发商业企业来进行，以适应生产者的需要，做到按产定供。供应不足的物资，企业可以联合或单独投资发展生产，满足需要。这些在产供销问题上加强利用市场机制的办法，对于消除货不对路、商品积压和匮乏并存的现象，对于促进不断提高产品质量、降低产品成本、改善花色品种，对于增进生产者的利益，以及保障消费者的权利，[①] 都是十分必要的。

为了实现按需生产，产需结合，一个十分重要的问题是加强合同制。合同一般是产需双方直接签订的。他们对各自的经济利

---

① 黄范章：《"消费者权力"刍议》，《经济管理》1979 年第 2 期。

益考虑得比较周到，提出的要求和措施比较切合实际，合同中规定的产品品种、规格、数量、质量，既考虑了需方的要求，又考虑了供方的可能。它是实现产销平衡的一个很好的工具，又是制定计划的一个可靠的依据。企业要保证合同的完成，完不成的要承担经济责任。企业完成了合同规定的任务，既满足了市场需要，同时也实现了计划的要求。

当然，我们强调生产要更多地反映市场的需要，供销要更多地采取市场的方式，并不意味着要取消国家统一计划的指导。因为，个别消费者的抉择和个别企业的抉择，由于种种原因，并不一定符合全社会的利益。而且消费者需要本身并不是一成不变的东西，生产并不是消极地反映消费的需要，往往能够创造出新的需要。社会可以通过对生产和分配的调节来影响需要的改变。这些情况以及别的一些原因，决定了产供销的市场调节，必须在国家统一计划的指导下去进行。上面所说的产销合同和购销合同，在反映了市场需要的同时，也不能离开计划的指导。通过这样的合同所联结起来的供产销之间的市场平衡关系，是有计划的社会主义再生产过程得以顺利进行的必要条件。

财力资源的安排和使用。即财务管理和资金使用的问题，在这方面要加强市场机制的作用，就是要实行企业的财务自理和自负盈亏，实行资金的有偿占用和按经济效果投放资金的原则。

迄今为止我们在财务资金管理上基本上实行的是统收统支办法，在基本建设投资和部分流动资金的分配上是实行财政无偿拨款的供给制办法，使企业经营成果同企业集体和职工个人利益脱节，使企业对合理有效地使用国家资金没有任何物质上的兴趣和责任，助长了企业在制定计划时讨价还价，争投资、争物资、争外汇的倾向。财政资金管理上的这种单纯行政办法，不利于提高投资效果和促进企业精打细算。要纠正这种状况，在这个方面也要在国家统一计划的指导下加强利用市场机制，主要是要改变统收统支为企业财务自理和自负盈亏，并加强银行信贷的作用。企业自负盈亏的比较彻底的方式，是在合理调整价格和税收的前提下，企业除按国家规定缴纳各项税收、费用和贷款本息外，不再上缴利润，剩余收入全部由企业按国家的统一法令政策、自主地决定用于扩大再生产的投资、提高职工收入和集体福利。作为过渡的办法，目前可以实行在企业保证国家规定的上缴税收和利润等经济任务下，从企业利润中提取一定比例的企业基金，用于职工的物质鼓励和集体福利，并与基本折旧基金留成和大修理基金一道，满足企业的挖潜、革新、改造等发展生产方面的需要。

改变资金的无偿占用为有偿占用。首先是对那些用国家财政拨款建立的固定资产由国家按照资金的一定比率征收资金占用税。这种占用税或付款的办法同企业利润留成制结合在一起，就能使那些资金利用和经营效果比较好的企业从实现的较多的利润中得到较多的留成，从而得到较多的物质利益。而那些资金利用和经营效果不好的企业，就只能得到较少的利益或得不到利益。因此，实行有偿使用资金的制度，有利于促进企业和职工挖掘一切潜力，努力节约使用资金，充分发挥占用资金的效果。

在实行比较完全的企业财务自理的情况下，应该考虑逐步废除全部基本建设投资和一部分流动资金由国家财政拨款的办法。除了企业从纯收入或利润留成中提取生产发展基金，自筹解决一部分外，基本建设投资基本上应改由银行贷款来解决，流动资金改行全额信贷。银行在发放基建投资和流动资金贷款时，要接受国家计划的指导，同时要考虑各个部门和各个项目的投资效果，实行有选择地发放贷款的制度。

在自负盈亏、财务自理的条件下，企业以自留的收入和必须还本付息的银行贷款来发展生产，自然不会再像在资金无偿供给时那样不负责任、满不在乎，而非要兢兢业业、精打细算不可。

在这里，我们还要注意银行利息的杠杆作用，利用它来动员社会暂时闲置的货币资金，控制信贷资金的投放，促进企业加强经济核算，加速资金周转，讲究资金的使用效果。为此，我们要从调节供需以有利于发展商品和商品流通出发，采取差别的利率政策，适时调整银行利率，改变过去那种长期固定不变或只降不升的利率政策。

劳动力资源的安排和使用。在这方面要加强市场机制的作用，就要实行择优录用，容许一定程度的自由择业，用经济办法来调节劳动力的供需。

过去，在人财物资源的安排分配上，单纯地、完全地用行政的手段，离市场机制最远的，要算是劳动力资源的分配了。通过劳动部门按计划指标分配劳动力的办法，虽然花了不少力量，在一定程度上保证了一些部门对劳动力的需要，解决了一些人员的就业。但这种单纯的行政分配方式带来不少问题。从企业来说，往往不能按照自身的需要来招收工人；从个人来说，往往不能按照自己的所长和兴趣选择职业，做什么样的工作完全取决于上级的分配，在实际工作中难免出现"乔太守乱点鸳鸯谱"的现象。这种状况显然不利于合理地使用劳动力，调动人的积极性；不利于贯彻经济核算制，提高经济活动的效果。在劳动就业领域存在的专业不对口、长期两地分居以及还存在一定数量的待业人口等问题，固然在相当大的程度上是极"左"思潮的干扰和破坏所造成的，但同劳动力资源分配上缺乏市场机制也有密切的关系。在劳动力的调配和使用上存在的走后门、裙带关系等怪现象，不但同社会主义经济制度的本性不相容，而且是一种在资本主义的商品经济中也难以见到的，比资本主义更落后的封建性的东西。

要消除劳动力分配和使用上的种种不合理现象，做到人尽其才，我们认为，在劳动力安排中应当实行择优录用的原则，实行计划分配和自由择业相结合的原则。企业在国家计划的指导下和国家法律规定的范围内，有权根据生产技术的需要和择优录用的原则，通过劳动部门招收合乎需要的职工。也有权将多余人员交劳动部门调剂给需要的单位，或组织培训，适当安排。职工待业期间的生活费由社会保险基金支付。个人在服从社会总的需要的前提下，应有一定程度的选择工作岗位的自由。应当看到，择业的自由，是每个人的自由发展的一个重要组成部分。而每个人的自由发展，诚如科学的共产主义理论奠基人所指出的，乃是一切人的自由发展的条件。[①] 在社会主义阶段，特别是在我国现在这样生产力水平比较低的情况下，要实行共产主义阶段那样充分自由地选择工作岗位是不可能的。但是，社会主义还默认每个人的劳动能力是他的天赋特权，而且在实行按劳分配原则的情况下，劳动力简单再生产乃至扩大再生产（包括抚育、培养、进修等）的费用，在不同程度上还是由劳动者个人和家庭来负担的。因此，我们不能不承认每个劳动者对自己的劳动力有一定程度的个人所有权，从而允许人们在一定程度上有选择工作岗位的自由。这对于更好地实现各尽所能、按劳分配原则，对于个人才能的发挥和整个社会的发展，都是有利的。

当然，个人择业的一定程度的自由，并不意味着容许劳动力无控制地在企业之间、部门之间、城乡之间和地区之间自由流动。对于劳动力流动的控制，主要不是采取行政和法律的手段，而应采取经济手段。例如，可以采用连续工龄津贴的办法，以鼓励职工长期留在一定企业单位工作；可以按照实际情况调整地区工资差别和采取改善生活条件的措施，以稳定职工在边远地区工作；等等。此外，还可以根据国内外市场需要，利用我国劳动力丰富、工资成本低的条件，采取各种灵活方式，广开就业门路，如广泛

① 《马克思恩格斯选集》第 1 卷，人民出版社 1972 年版，第 273 页。

发展服务事业，发展各种形式的劳务出口事业，等等，这既有利于解决待业人口的就业问题，又有利于改善市场供应，增加外汇收入和提高生产技术水平。

以上，我们从商品的产供销、从人财物的安排和分配上论述了在社会主义计划经济条件下如何利用市场机制的问题。

应当指出，在市场机制的利用中，有两个综合性的问题需要特别提出，即价格问题和竞争问题。这里，我们就对这两个问题作一概略的探讨。

价格问题。长期以来，由于否认价值规律对社会主义生产的调节作用，把同价值规律有关的经济范畴仅仅看作是一种计算的工具或形式，以便于核算为理由，主张价格要长期固定不变，把计划价格相对稳定的方针变为长期冻结的方针。但是，由于经济生活在不断变化，影响各类产品价格的各种客观因素也在不断变化，价格也不可能是固定不变的。人为地冻结物价，就会使价格愈来愈脱离客观实际，违背客观规律的要求。例如，劳动生产率的变化从而产品价值的变化，是决定价格变动的一个根本性因素。大家知道，各部门之间劳动生产率的变化是不一致的，就我国现阶段的情况来说，工业部门的劳动生产率要比农业部门增长得快一些。但是价格的长期固定不变，就使得各类产品的比价关系不能反映这些产品的劳动生产率以及价值的变化情况。目前我国存在的农业产品价格的剪刀差，实际上并不完全是由历史的因素所造成的。工农业产品之间的交换比价，本来就是一种相对关系，在工业劳动生产率的提高快于农业的情况下，保持原来的比价关系不变就意味着剪刀差的扩大。又如，供求关系是影响价格的一个重要因素。但是，不容波动的固定价格却不能反映供求关系的变化。许多产品长期供求失衡，也无法通过价格的变动来调整供需。对于一些因价格过于偏低而亏损的产品，用财政补贴来维持它们的价格固定不变，固然在一定时期内对于保证生产的进行和人民生活的稳定有积极作用，但这种办法从根本上来说不利于促进经营管理的改善和生产的发展，它毕竟是一种治标的办法。只有通过发展生产、增加供给的治本办法，才能从根本上解决供不应求的矛盾。过去，我们为了保持价格的固定不变付出了极大的代价，大量的票证和排队所换来的是低标准的平均分配，而不是生产和供给的迅速增长。而且往往造成一种恶性循环：什么东西实行了限额限价的供应，什么东西的生产就由于缺乏必要的刺激而上不去，从而这种东西的供应紧张也就愈难解决。尽管三令五申地下达计划指标也无济于事。大量事实证明，价格如不合理，计划的目标也难以实现。我国目前许多产品价格与价值背离越来越远，它已影响到某些部门特别是农业和原材料燃料工业的发展，影响到农轻重关系的协调。

为了改变这种情况，除了按照三中全会关于缩小工农业产品交换差价的精神，继续调整各主要部门的产品比价关系外，还要允许企业对产品的计划价格有一定程度的浮动之权。这实际上是承不承认价格是一种市场机制的问题。允许价格在一定幅度内的浮动，有利于调节供求关系和促进生产的发展，这正是在计划的指导下利用市场机制的一个表现。当然，允许价格的这种浮动并不意味着不要任何价格控制。价格浮动幅度的规定和变动，实际上是离不开计划指导的。对于少数同广大群众生活有密切关系的主要消费品和对生产成本影响面大的重要生产资料，在一定时期内由国家统一定价实行价格控制是更有必要的。

此外，为了衡量各部门的经济效果，还涉及价格形成的基础问题。这里不可能详细地讨论这个问题。我们赞成用资金利润率作为评价一个企业和一个部门生产经营状况的标准，为此必须有一个可资比较的价格前提，这就是以生产价格为基础制定的价格。只有这样，才能对物质技术装备不一样、资金占用不一样的部门和企业，按照一个统一的尺度进行衡量，使不同部门和企业生产经营的优劣，通过它们实际资金利润率的高低综合地反映出来。也只有这样，才能给我们以客观的根据来确定资金的投放方向和社会劳动的合理分配，为发展社会主义经济创造更为有利的条件。

竞争问题。只要存在商品经济，就意味着有竞争。一定程度的竞争和一定程度的价格浮动，是互相联系、互为条件的，它们都是市场机制的有机组成部分。没有价格的浮动和差别，就没有竞争；反过来，没有竞争，价格的浮动和差别也不能真正实现，市场的供求规律就不能正常运行，价值规律也难以得到贯彻。① 在社会主义计划经济条件下，在物力、财力、人力资源的分配上利用市场机制，就不能不容许一定程度的竞争。上面所说的按照市场需要进行生产和组织供销，按照投资效果来决定资金的投放，按照择优录用的原则进行人员的安排，以及按照市场供求情况容许价格有一定的浮动等，实际上也都离不开竞争。

一讲起竞争，人们就容易把竞争简单地同资本主义联系在一起，特别是同资本主义所带来的消极后果联系在一起。其实，竞争并不是资本主义所特有的经济范畴，而是商品经济的范畴。早在奴隶社会和封建社会，竞争就随着商品生产和商品交换的发展而出现了。封建社会的手工业行会制度，就有限制竞争的作用，如果没有竞争，也就谈不上对竞争的限制。随着资本主义的发展，行会也就逐步消失了。可见，资本主义只不过是随着商品关系的普遍化而把竞争也推向普遍化罢了。而且，从历史的观点来看，即使资本主义商品经济条件下的竞争，也并非只有消极的作用，而无积极的作用，它曾经促进资本主义生产力的巨大发展。社会主义制度下既然存在着商品生产和商品交换，如果我们否认竞争，

---

① 恩格斯说："只有通过竞争的波动从而通过商品价格的波动，商品生产的价值规律才能得到贯彻，社会必要劳动时间决定商品价值这一点才能成为现实。"（《马克思恩格斯全集》第 21 卷，人民出版社 1965 年版，第 215 页）。

实际上就是否认商品经济的客观存在，否认价值规律的作用。社会主义社会中各个企业是以商品生产者的身份在市场上出现并相互对待的，它们生产的商品的质量和花色品种是否为市场为消费者所欢迎，它们在生产商品中个别劳动消耗是高于还是低于社会必要劳动消耗，以及高多少低多少，都要影响企业及其职工的物质利益。各个企业间进行的竞争，对于改进生产技术、改善经营管理、降低各种消耗、提高劳动生产率、提高产品质量、改进花色品种，都起着积极的作用。这种竞争使企业的经营成果得到市场的检验，使消费者对价廉物美品种多样的商品的需求得到满足，并促进整个社会生产力的向前发展。如果说，争取更多的物质利益是企业生产发展的一种内在动力的话，那么，企业彼此之间的竞争是企业生产发展的一种外在的压力。如果我们不容许竞争，做什么生意办什么事情都是只此一家别无分号，一切都统得死死的，那只能使商品的花色品种越来越少，质量越来越差，生产和流通中的浪费越来越大。总之，竞争促进进步，垄断造成停滞和倒退，这在一定意义上对社会主义也是适用的。不仅全民所有制的企业之间要容许一定程度的竞争，更要容许集体所有制单位之间及其与全民所有制企业之间一定范围的竞争，还要容许集市贸易在国家法律规定范围内的竞争。这种竞争，不仅对增加市场上价廉物美的商品的供应，增加农民的收入有好处，而且对督促全民所有制企业单位改善经营管理和服务质量也大有好处。

当然，社会主义市场的竞争同资本主义市场的竞争存在着原则的区别，最根本的一条就是社会主义公有制条件下的竞争是建立在根本利益一致基础上的竞争，而资本主义私有制条件下的竞争是建立在根本利益相对抗的基础上的你死我活的竞争。社会主义的竞争不但不排斥合作，而且以合作为基础，同合作相结合。因此它必须受社会主义法律的约束，在国家计划的指导下进行。只有这样，社会主义的竞争才能在促进后进赶先进、先进更先进的同时，避免无政府的混乱、贫富的两极分化和劳动者的失业等资本主义竞争所造成的种种恶果。

社会主义制度下的竞争，同我们历来讲的社会主义竞赛，既有共同点，也有区别。社会主义的竞赛和竞争，都是促使后进赶先进、先进更先进的手段。但是，社会主义竞赛不一定同参加竞赛者的物质利益相联系，也不发生淘汰落后的问题。而社会主义的竞争则必然同竞争者的物质利益紧密相连，并且有淘汰落后的问题。那些在竞争中证明不能适应市场需要，不是由于客观原因长期不能维持简单再生产的亏损企业，就必须为维护全社会的整体利益而加以淘汰，或关或停或并或转，并且追究有关的失职人员的物质责任。这种被淘汰企业的职工通过国家劳动部门另行安排工作，不会像资本主义社会企业倒闭时那样发生失业。但在调整转移过程中，他们的收入当然不能同经营正常的企业职工相比，他们的物质利益不能不受到企业关停并转的影响，这也是促使企业全体职工关心企业命运的一种有力的经济手段。当然，要使企业全体职工对企业的经营后果担当经济责任，就必须给他们以管理企业的真正充分的而不是形式上的民主权利。

总之，社会主义计划经济下市场因素可以发挥积极作用的领域是相当广泛的。在商品的产供销上，在资金的管理上和劳动力的安排上，都可以利用市场机制来为社会主义建设服务。在这当中，一定限度内的价格浮动和一定程度上的竞争，是必要的。运用得当，就能使市场有利于计划目标的实现，使各种社会资源得到合理的有效的利用，使各种社会需要得到应有的满足。

关于在利用市场机制的条件下加强经济发展的计划性的问题

在我国社会主义经济建设的过程中，由于受到极"左"思潮的干扰，忽视市场、否认利用市场机制来为社会主义计划经济服务的倾向，曾经是长时期内的主要错误倾向；不反对这种倾向，就不能发挥市场的积极作用，就不能把社会主义经济中的计划同市场很好地结合起来。但是，为了正确地解决计划和市场的关系问题，我们还必须防止和反对另一种倾向，即片面夸大市场的作用、忽视乃至否定计划的作用的倾向。应该指出，在讨论这个问题的时候，国内外都曾出现这类倾向。例如，有人笼统地把计划经济称作官僚主义的经济，认为人们只能在市场和官僚主义之间进行选择；有的人把计划管理同用单纯的行政手段管理等同起来，都是把计划经济看成某种有贬义的东西。

这样看来，把社会主义经济计划中计划和市场视为互不相容的东西，否认两者相互结合的可能性，可以来自两个不同的方向，立足于两个不同的极端：一个是立足于计划来排斥市场，认为只有一切都听从于上面下来的计划才算是社会主义经济；另一个是立足于市场来排斥计划，认为只有市场的需要才能反映社会的需要，计划则是阻碍市场需要满足的官僚主义的东西。这后一种看法显然也是错误的。我们认为，必须强调社会主义经济的计划性，尤其是在我们重新认识社会主义经济中市场的意义的时候，更加不能忽视国家计划或社会计划的指导作用。利用市场机制条件下的计划指导，是同官僚主义的管理风马牛不相及的。只有单纯地按行政命令、"长官意志"办事的所谓"计划管理"，才是官僚主义。而我们这里讲的计划管理既然是通过市场的作用来实现、来校正的计划管理，这种计划管理当然是不能与官僚主义混为一谈的。

为什么在利用市场的同时要加强国家计划的指导作用呢？因为，社会主义公有制条件下的市场同资本主义私有制条件下的市场是根本不同的。资本主义的市场是在生产无政府状态下盲目起作用的。马克思指出："资产阶级社会的症结正是在于，对生产自始就不存在有意识的社会调节。合理的东西和自然必需的东西都只是作为盲目起作用的平均数而实现。"① 社会主义经济中尽管还存在着市场，但社会主义经济的本质特征，不是无政府状态，而是对再生产过程的有意识的社会调节即有计划的调节。正如恩格斯所指出的："当人们按照今天的生产力终于被认识了的本性来对待这种生产力的时候，社会的生产无政府状态就让位于按照全社会和每个成员的需要对生产进行的社会的有计划的调节。"② 这种社会的有计划调节，从社会主义发展的实践来看，对于社会主义制度下存在的市场因素也是适用的。所以，社会主义经济中的市场，是不能离开国家计划指导的调节而自发地运行的。尽管我们需要大力发展社会主义的商品生产，加强利用市场因素来为社会主义建设服务，但我们毕竟不是自由放任主义者，我们不能让亚当·斯密所说的"看不见的手"来左右我们的经济发展，因为那只手的作用是以资产阶级利己主义为出发点的；而社会主义经济中的物质利益关系却是以个人利益、局部利益同整体利益相结合，个人利益、局部利益服从整体利益为特征的，这只有经过国家计划或社会计划的调节才能得到正确的处理。因此社会主义经济的发展如果单凭市场的调节而没有计划的指导是不行的。

例如，如前所述，作为市场主体的一个个消费者根据自己的消费偏好所作的选择，一个个生产者单位根据自己的利益所作的抉择，不一定都符合社会的总体利益。由于这些市场主体自由决策的结果，社会的人、财、物资源的分配利用，不一定都是经济合理的，不一定符合社会发展的要求。在加速实现社会主义工业化和现代化的过程中，往往要求社会产业结构和生产力布局在短期内有一个较大的改变，而如果任由一个个市场主体自由决策和

---

① 《马克思恩格斯选集》第 4 卷，人民出版社 1972 年版，第 369 页。
② 《马克思恩格斯选集》第 3 卷，人民出版社 1972 年版，第 319 页。

行事，往往不能适应这种迅速改变产业结构和生产力布局的要求。诸如此类社会主义经济发展中带有全局性的问题，单凭市场机制是解决不了的，而必须依靠国家或社会计划来进行调节，实现这种转变。可以设想，如果没有国家计划的协调，任由市场去调节，要实现生产力布局的合理化，特别是发展边远落后地区的经济，那将是非常缓慢和非常困难的。

又如，在社会主义经济中，还存在着不同的生产单位因客观条件（如自然条件、市场销售条件、装备程度等）的不同所带来的收入上的差别。这种级差收入如果任凭市场去调节和分配，社会不加干预，就会不合理地扩大不同单位之间物质利益上的差别，违背社会主义的分配原则。如果从更宽的角度来看，社会主义应该既反对收入差距上的过分悬殊，又反对平均主义，而且为了反对平均主义的倾向，在一定时期还要实行差别发展，使一部分人先富裕起来，然后带动大家共同富裕，造成一种大家都往前赶的局面，而不是都往后拖的局面。像这种对于利益差距有时要扩大有时要缩小的控制和调节（从整个社会主义历史时期的长期趋势来看要逐步缩小），完全交给市场而不要计划，显然是做不到的。

还有一些从局部来看是有利的但从整体来看是不利的，或从局部来看是不利的但从整体来看是有利的经济行为，也必须由社会进行有计划的调节。像保护环境、解决公害的问题，就个别生产单位来说，会增加开支、减少收入，放任市场去管，就难以妥善解决。又如产品的标准化，对于促进生产的专业化、提高劳动生产率、合理地利用资源，无疑是有利的，但在容许市场竞争的情况下，某些生产单位为了取得技术上的有利地位，就有可能产生一种逃避标准化的倾向。没有社会统一控制的、工团主义式的合作社之间的竞争，虽然处于生产资料公有制的条件下，也不能避免无政府的混乱以及由此产生的其他恶果。因此，在利用竞争的积极作用的同时，为了防止竞争可能带来的消极作用，也不能不要社会统一计划的调节。

总之，为了确保经济发展的社会主义方向，为了确保国民经济各部门、各地区的协调发展，为了维护整个社会的公共利益和正确处理各方面的物质利益关系，都必须在利用市场机制的同时，加强国家计划的调节。有人对计划和市场的关系作了这样一个形象的比喻：计划的决策好像是站在山顶上看问题，市场的决策好像是站在山谷里看问题。前者看不清细节，但能综观全貌；后者看不到全貌，但对自己、对近处却看得很仔细。从一定意义上看，这一比喻是有道理的；社会的经济领导机关所作的决策往往侧重于考虑整体的全局的利益，而市场上一个个商品生产者和消费者的抉择则侧重于考虑个人和局部的利益。社会主义社会处理国家、集体和个人三者利益关系的原则是统筹兼顾、适当安排，而不能只顾一头。因此，在三者利益的协调中，既需要市场机制的调节，又需要统一计划的指导，不能只取一方；在计划与市场的结合中，计划的指导作用是绝对不能忽视的。

那么，应该怎样加强国民经济的计划管理，发挥统一计划的指导作用呢？这个问题的回答，同人们对于什么是计划经济的理解，有着密切的关系。前面说过，过去长期流行着一种观点，即认为只有国家从上而下下达指令性计划指标，才算是社会主义计划经济，有时还认为指令性计划包括的范围越广，指标越多，就表明了计划性越强。在对计划经济的这种理解下，一讲加强统一计划和集中领导，往往就想到要把企业的管理权力收到上面来，把财权、物权、人权收到上面来。这样，国民经济领导机关就把该由地方和企业去管的事情越俎代庖地揽上来，把基层和企业的手脚捆得死死的，这显然不利于社会主义经济的发展。党的十一届三中全会决议中批评的管理权力过于集中，就是指的这种情况。对于计划经济的这种传统的理解，是与排斥利用市场机制的观念相表里的。那么，在承认市场与计划相结合的必要性并积极利用市场机制来为社会主义建设服务的情况下，究竟应该如何加强计划指导呢？

我们认为，在利用市场机制的条件下，加强国家统一计划的指导，首先要把计划工作的重点放在研究和拟订长远规划特别是五年计划上来，解决国民经济发展的战略性问题，主要是确定国民经济发展的主要目标和重大比例关系，如国民收入中的积累和消费的比例，基本建设规模、投资分配方向和重点建设项目，重要工农业产品的发展水平和人民生活水平提高的程度。五年计划要列出分年指标，年度计划在此基础上略作调整，重点放在研究制定实现计划的政策措施上。要逐步缩小指令性计划的范围，最终废弃国家向企业硬性规定必须完成的生产建设指标。

国家计划应当加强对国民经济的发展的科学预测与提供信息，加强对企业和地方经济活动的计划指导。各个企业根据国家计划的要求，参照市场情况，在充分挖掘内部潜力的基础上独立自主地制定自己的计划。在这里，我们不要看轻了国家计划的指导意义，因为一个个企业对国民经济发展的全貌和方向，是不清楚的，他们所据以拟订自己的计划的市场情况的变化，却是同国民经济发展的全局和方向息息相关的。企业要尽可能准确地对市场情况作出判断，也离不开国家计划提供的情报。国家计划拟订得愈是科学，愈是符合实际，就愈能对企业的经济决策和行动给予可靠的引导，而企业就愈是要考虑使自己的决策和行动符合国家计划的要求，从而国家计划的威信也就愈高。反之，那些主观主义的、凭"长官意志"拍脑袋拍出来的计划，明眼人都可以看出来是不可能完成的，这种计划即使具有百分之百的"指令性"和"严肃性"，却是没有任何真正的威信的。在这方面，我们过去的经验教训难道还不够辛辣吗？所以，研究和拟订能够给企业的经济活动以可靠指导的、尽可能符合科学要求的国民经济计划，对于经济计划领导机构来讲，任务和责任不是减轻了而是真正加重了。

为了提高国家计划的真正权威，使国家计划同基层企业计划很好地结合起来，国家计划还要在企业自主计划的基础上经过层层协调来制定。计划协调工作要自下而上、上下结合，逐级平衡。凡是企业之间、公司之间经过横的市场联系、通过经济协议能够解决的产销平衡问题、资金合作和劳动协作问题，就不必拿到上一级去解决。只有那些下面解决不了的问题，才逐级由国家去平衡解决。这样，既可使基层企业摆脱从上面来的无谓的行政干扰，又可以使国家经济领导机构摆脱繁琐的行政事务，而致力于研究和制定方针政策，协调一些关系国民经济全局的重大发展任务。

为了保证社会生产的协调发展，使国家计划规定的目标能够实现，一个十分重要的问题是发挥各项经济政策措施对经济活动的指导作用。这些政策措施主要有：价格政策、税收政策、信贷政策、投资政策、分配政策、外贸政策等。国家通过这些经济政策，鼓励那些社会需要发展的生产建设事业，限制那些社会不需要发展的事业，使企业的经济活动有利于国家计划的完成，达到计划预定的目标。例如，为了克服我国目前原材料、燃料工业落后于加工工业的状况，加速原材料、燃料工业部门的发展，国家必须在各种经济政策上对这些部门开绿灯，诸如给予优惠贷款、调整价格和减免税金等，使其有利可图。相反，为了有效抑制普通机床工业的无序发展，国家可采取限制贷款数额、实行高息、降低产品价格等办法。这样，通过经济政策的调节，促使企业从自身经济利益的考虑，也必须沿着国家计划所规定的方向来安排自己的各项经济活动。由此可见，通过经济政策来指导经济的发展，运用经济手段来实现国家计划的目标，这是同利用市场机制分不开的，从一定的意义上也可说，经济政策乃是使国家计划与市场机制沟通起来的一个结合点。

有些同志往往担心，社会主义社会中利用市场机制的经济体制，对于市场上千千万万的商品生产者和消费者分散作出的抉择和行动，究竟能否加以约束控制，使其不离开社会主义轨道和不破坏国民经济的协调发展？从我们刚才所讲的计划指导、计划协调、政策指导，以及我们在前面论述利用市场机制的时候所讲的一些限制来看，这种担心是可以解除的。在实行以上体制的同时，国家还要通过健全法制，特别是严格经济立法，广泛建立各种形式的群众监督和社会监督的制度，来协调市场关系和指导整个国民经济的发展。关于这方面的问题，本文不打算详论。

这里只提一下作为计划管理的一个十分重要工具的银行簿记监督问题。关于簿记监督和银行对于社会主义计划管理的极其重要的意义，马克思和列宁曾经作过多次指示。马克思说："在资本主义生产方式消灭以后，但社会生产依然存在的情况下，价值决定仍会在下述意义上起支配作用：劳动时间的调节和社会劳动在各类不同生产之间的分配，最后，与此有关的簿记，将比以前任何时候都更重要。"[1] 列宁说："统一而规模巨大无比的国家银行，连同它在各乡、各工厂中的办事处——这已经十分之九是社会主义的机关了。这是全国性的簿记机关，全国性的产品的生产和分配的统计机关，这可以说是社会主义社会的一种骨干。"[2] 在存在着商品经济的条件下，如何使一个个相对独立的商品生产者的分散活动及时为社会所掌握和控制，并采取措施使之不离开社会主义的方向和国家计划的轨道，就更加需要既严密又灵敏的银行簿记体系的监督。我们要遵照马克思的指示，按照我国的具体情况，在今后的经济管理体制的全面改革中，建立相应的簿记监督体系，以促使我国社会主义建设中的市场因素与计划因素得到更好的结合。

---

[1] 《马克思恩格斯全集》第 25 卷，人民出版社 1974 年版，第 963 页。
[2] 《列宁全集》第 26 卷，人民出版社 1959 年版，第 87—88 页。

　　社会主义经济中的计划与市场的关系问题，虽然不能概括社会主义经济管理体制的全部问题，但确实是一个带有全局性的问题，牵涉社会主义经济管理的各个方面，也涉及政治经济学社会主义部分中的许多根本理论问题。目前经济学界接触的问题，首先是弄清一些有关的概念和阐明计划与市场结合的必要性。说明这些问题无疑是很重要的。但是，我们的研究和讨论还远远赶不上实践的需要，党的工作着重点的转移和我们面临的经济改革的重大任务，迫切要求我们从理论与实践的结合上进一步深入探索如何按照社会主义的方向正确地解决计划与市场的关系问题。由于这个问题牵涉面甚广，十分复杂，它的解决不可能是一蹴而就的，而需要一定的条件，要通过一定的步骤。当前，我们首先要搞好整个经济的调整和整顿，逐步安排好一些主要的比例关系。我们要在前进中调整，在调整中前进，在调整和整顿的过程中探索改革的具体途径，为今后的全面改革做好准备。计划与市场关系的正确处理，也只有通过这一调整、整顿和改革的过程才能逐步实现。

坚持经济体制改革的基本方向[*]

（1982 年 9 月）

  为了实现党的十二大提出的到 20 世纪末我国经济发展的战略目标，80 年代打基础的工作是很重要的。打基础的工作十分繁重，其中不可忽视的一项是经济管理体制的改革。80 年代的头五年即"六五"时期，我们要在继续贯彻执行调整、改革、整顿、提高的方针中，把经济体制改革的工作坚持下去，当前主要是巩固和完善已经实行的初步改革，抓紧制定改革的总体方案和实施步骤，以期在 80 年代的后五年即"七五"时期逐步全面展开经济体制的改革。这项工作做好了，将有助于进一步调整各方面的关系，调动各方面的积极性，逐步把全部工作转到以提高经济效益为中心的轨道上来，为后十年的加快发展准备条件。

  我国的经济体制改革是从 1978 年底党的十一届三中全会以后开始的。在党中央和国务院的领导下，我们在国民经济的各个部门、社会再生产的各个环节进行了试验性改革。这些改革，已经从所有制结构、经济决策结构、经营管理形式、经济调节手段以及分配形式等方面，开始突破了我国过去那种权力过分集中、排斥市场机制、主要依靠行政手段管理经济的传统体制框框，正在

---

 * 本文原载《人民日报》1982 年 9 月 6 日。

逐步地向一种新的经济体制过渡。三年多来的改革是初步的、探索性的，但对我国的经济生活已经开始产生深刻的影响，在调动积极性搞活经济上取得了积极的成效，特别是农业方面的改革，成效尤其显著。我国经济在大调整中不仅没有下降，而且还能继续稳步前进，这同经济体制改革所起的作用是分不开的。同时，由于体制改革是一个新的牵涉面很广的复杂任务，我们又缺乏经验，改革过程中不可避免地出现了这样那样的毛病和问题。这些问题引起人们的关注和思考，是很自然的。这些问题的讨论和解决，应当是有利于坚持改革的基本方向，把改革继续推向前进。

那么，什么是我国经济体制改革的基本方向？对这个问题的完整表述，是在五届人大四次会议的《政府工作报告》中作出的："我国经济体制改革的基本方向应当是：在坚持实行社会主义计划经济的前提下，发挥市场调节的辅助作用，国家在制定计划时也要充分考虑和运用价值规律；对于带全局性的、关系到国计民生的经济活动，要加强国家的集中统一领导，对于不同企业的经济活动，要给予不同程度的决策权，同时扩大职工管理企业的民主权利；改变单纯依靠行政手段管理经济的做法，把经济手段和行政手段结合起来，注意运用经济杠杆、经济法规来管理经济。"上述改革的基本方向，涉及经济体制中的三个相互关联的基本关系，即集权和分权、计划与市场、行政手段与经济手段的关系。今后一段时期我们在体制改革中应当如何处理这三个基本关系？这个问题必须在总结经验的基础上，从我国经济当前的实际情况出发来考虑。

集权与分权

我国原来的经济体制的一个重要特点是经济决策的权力过分集中于中央手中，地方、企业和劳动者个人都缺乏必要的经济活动的自主权。这种体制的好处是可以集中使用财力物力，使国民经济中特定的重点部门得到迅速的发展；但不利于发挥各方面的积极性，妨碍整个经济合理地平衡地发展。近几年来，我们在改革中采取了一些分权措施，例如在中央与地方的关系上实行了"划分收支、分灶吃饭"，在国家与企业的关系上实行了利润留成和各种形式的经济责任制等，纠正了过去的过分集中的偏向，这对于调动地方、企业和劳动者的积极性是完全必要的。但是，由于一些具体办法有缺陷，实际工作没有跟上，在某些方面出现了资金过于分散的现象。一方面，国家财政收入有所减少，急需进行的重点建设缺乏资金；另一方面，地方、企业的自有资金增加较多，这些资金被用于地方和企业自己认为急需的建设。这样，全国范围的建设需要就难以保证。为了集中必要的资金进行重点建设，党的十二大强调要牢固树立"全国一盘棋"思想，在继续实行现行的财政体制和扩大企业自主权的同时，要根据实际情况适当调整中央、地方财政收入的分配比例和企业利润留成的比例，并鼓励地方、部门、企业把资金用到国家急需的建设项目上去。

应该指出，这几年我们在中央与地方、国家与企业的关系上采取的一些分权措施，并不是方向上出了问题，而只是在步子上即分权措施的数量界限上，超过了我国经济目前所能承受的限度。在这个问题上，有两种观点是需要商榷的。一种观点是，只强调分权的方向对头，不承认财政下放的步子大了一些，认为现在中央仍然集中过多，地方、企业还是要多留一点，多办一些事情。这种愿望是可以理解的。但是如果全国重点建设所需资金不能保证，特别是当前国民经济薄弱环节能源和交通等基础设施上不去，全局就活不起来，这样，局部的发展就必然受到很大限制，即使一时一地有某些发展，也不能持久。目前有一部分企业正在滋长着一种只顾局部利益不顾整体利益的倾向，只要求分得更多的权力与利益，而不愿承担更大的责任，不是用增产节约、增收节支的办法,而是用挖国家的收入的办法来增加自己的留成。这是一个值得高度重视和认真解决的问题。另一种观点认为:现在国家财政困难是由这几年分权的改革措施带来的,要解决财政困难,就得把下放给地方和企业的权限收上来,把企业收上来,把什么都统上来。这种观点实际上否定了前几年的改革方向,也是不正确的。应该看到,正是由于改革,扩大了地方和企业的权限,调动了他们增收节支的积极性,增强了他们增盈减亏的内在动力,因而为减轻国家财政在经济调整过程中必不可免的困难贡献了力量。据调查,这几年调整过程中,企业由于安排就业而职工人数增加,由于原材料价格上涨而费用增加,由于生产任务不足而利润减少,由于这三项外部因素,三年中减收增支总数达200多亿元,但是企业上交国家的利润并没有相应减少这么多,而是保持在一定的水平上。并且,企业分成多得的钱,办了许多原来由国家财政出钱办的事情,分担了对于国家预算的压力。不难想象,如果不是分权的改革措施增强了企业增盈减亏的内在动力和分担国家财政负担的能力,那么国家财政困难将会比现在更大。因此,在调整分配比例、集中资金的过程中,要照顾地方、企业的需要,使他们有一定的机动财力,以利于继续发挥他们增盈减亏的积极性,办一些应由地方和企业办的事情。从搞活经济的长远目标来看,企业扩权还在开始阶段,已经给予企业的自主权,如计划权、物资权、人权等,都是不够的。我国经济学者孙冶方同志多年前提出,凡属企业简单再生产范围的如设备更新、小的技术改造等权力应交还企业。这个建议应当切实地逐步地付诸实施。至于扩大再生产的权力究竟给企业多大,需要按不同企业类型作出不同规定。劳动者个人在参加民主管理、选择职业和购买消费品方面应有多大的自主权,也要根据我国经济的当前情况和发展前景进行研究,加以具体化。至于关系国民经济全局的战略性问题,诸如经济发展方向、重大比例关系、国民收入的分配和使用、基建投资总规模和重大项目、人民生活提高幅度，等等，则必须由中央决策，在此前提下，各地方、各企业可以在一定范围内自主地行使自己的权力。通过这些，逐步在"全国一盘棋"上建立中央、地方、经营单位和劳动者个人相结合的、多层次的经济决策体系。

计划与市场

社会主义国家在生产资料的社会主义公有制基础上必须而且能够实行计划经济制度，这在马克思主义者中间，一般不是一个有争论的问题，几十年社会主义建设的实践早已证明了这一条真理。问题在于，由于历史上的种种原因，过去传统的计划经济体制是建立在自然经济或者产品经济的观念基础上的，因而实物化的管理、排斥市场体制和吃"大锅饭"等忽视商品经济要求的做法，便与传统的计划经济体制结了不解之缘。三中全会以来，我国经济学界许多同志逐步破除了社会主义经济理论中的自然经济观和产品经济观，树立了存在着社会主义商品经济条件下的计划经济观。在此思想指导下，市场调节机制被逐步引入我国计划经济体制内部，以发挥其调节经济的辅助作用。它同扩大企业自主权等分权措施一起，促进了经济的活跃，收到了积极的效果。但是，由于一度对计划经济强调不够，同时由于我们在计划管理和市场调节这两个方面都缺乏一套成熟的科学方法，因而在经济活动中也出现了某些削弱和摆脱国家统一计划的倾向，这是不利于国民经济的正常发展的。为了纠正这种倾向，我们要在党中央提出的"计划经济为主、市场调节为辅"方针的指导下，努力提高整个经济管理工作的水平，通过经济计划的综合平衡和市场调节的辅助作用，来保证国民经济按比例协调地发展。

如何处理社会主义经济中的计划与市场关系，这个问题看来随着社会主义经济和经济体制的发展，将会有长时期的讨论。在一些比较具体的问题上，我们不必忙于作出拘束后人的定论，而应通过实践进行不断的探索，找出适合于当时条件的答案。我国目前产业结构不合理，工业组织结构不合理，价格结构不合理，整个国民经济仍然处于调整的过程中。在这样的情况下，对于当前和今后一段时期的改革中计划与市场关系的处理，比较一致的意见是，根据不同情况，对国民经济采取三种不同的管理形式，即：对关系国民经济全局的重要产品的生产和分配实行指令性计划；对一般产品的生产和销售实行指导性计划；对品种繁多的日用百货、小商品和其他农副产品实行市场调节下的自由生产和销售。对于上述三种不同的管理形式，有许多问题要研究，这里简单地讲三个问题。

一个问题是，作为计划生产和计划流通的补充的自由生产和自由市场，是在计划经济之外还是包含在计划经济之内？社会主义计划是在生产资料公有制基础上，依据社会化大生产的要求，对整个社会经济实行有计划的管理，它既包括由指令性计划和指导性计划进行管理的部分，也包括对不纳入国家计划的自由生产、自由市场的管理。自由生产是在统一的国家计划允许的范围里的一种生产经营形式，自由市场是整个社会主义统一市场的组成部分。这一部分自由市场的调节是从属的、次要的，但仍然处在国家统一计划的间接控制和影响之下，并受到国家工商行政机构的管理和监督，所以把它完全排除在计划经济之外成为与计划经济相对立的范畴，恐怕未必妥当。

其次一个问题是，指导性计划的管理形式里，有没有市场调节的因素？毫无疑问，指导性计划与指令性计划同属于计划调节的范畴。与指令性计划不同的是，指导性计划不是用强制性约束性的计划指标，而是自觉地运用与价值规律有关的经济杠杆来引导企业实现国家计划的要求。这里实际上是运用了市场机制的调节作用。它不同于自由市场的调节在于，后者是由价格和供求关系的自发变化进行调节，而在指导性计划的场合，则是国家自觉利用价格和其他市场参数的变动来调节。就国家自觉利用价值规律达到计划目标的意义来说，这是计划调节；但从企业看，它不是根据国家的指令，而是按照价格等市场参数的变化来决定自己的活动，这里无疑包含着市场调节的因素，因此有人把指导性计划表述为运用市场调节来进行的计划调节，我看不是没有一定的道理。

再一个问题是，指令性计划管理的范围在今后的改革中是逐步扩大的趋势，还是逐步缩小的趋势？当前，为了纠正经济生活中某些分散的现象，强调适当的集中统一，对指令性计划包括的产品和企业的范围作某些扩大，无疑是必要的。并且，只要国民经济中存在着短期内难以解决的物资短缺或者突出的不平衡，只要存在着通过市场机制无论如何也不能解决好的公共利益问题（如防治污染、保护环境等），指令性计划总是需要保留的，完全排除指令性计划是不对的。但是有一种观点认为，指令性指标是计划经济的主要标志，指令性指标越多，计划性就越强，并且，随着计划管理水平的提高，指令性计划的范围将越来越大。这种观点需要研究。我认为，对于指令性计划，既要看到它在特定条件下的必要性和比其他管理办法较为及时有效的优越性，更要看到它在一般情况下的局限性和缺陷。所有实行指令性计划的国家的经验都表明，这种计划管理形式比较难以解决产需脱节、资源浪费、质量差、微观效益低这些传统的集中计划体制的固有弊病。有的长期实行这种体制的国家的经验表明，微观经济效益降低造成的结果，逐渐超过了它在宏观效益上的优势，以致发生了整个经济发展速度的下降趋势难以逆转、经济结构的偏颇状况难以纠正等情况。因此从较长时期看，我们不能把扩大指令性计划的范围作为体制改革的方向。随着经济调整工作的进展，随着"买方市场"的逐步形成，随着价格的合理化，要逐步缩小指令性计划的范围，扩大指导性计划的范围。另一方面，随着计划管理水平的提高，特别是国家掌握市场信息和调节机制的能力的提高，对于自由生产和自由市场也要逐步加强指导性计划的控制。这样看来，在三种经济管理形式中，将来的文章主要做在第二种形式即指导性计划上面。因此，在保留和完善国民经济的三种管理形式的同时，我们必须着力研究指导性计划的机制问题。这是正确处理社会主义经济的计划与市场关系中难度最大的一个问题，也是我们能坚持改革方向必须解决的一个问题。

行政管理与经济管理

同过分集中和忽视市场相联系，过去传统体制的一个特点是过多地用行政组织和行政手段来管理经济，而很少用经济组织和经济手段来管理经济。自从胡乔木同志的《按照经济规律办事，加快实现四个现代化》文章提出了扩大经济组织和经济手段的作用问题以来，这几年改革中各方面都比较注意强调要用经济办法管理经济。这是一个很大的进步。但也曾出现过一些贬低行政办法作用的倾向。如有的同志把行政办法看成是主观主义、命令主义、瞎指挥的同义语，不加限制地提出要用经济办法代替行政办法，事实上否定了行政办法的客观必要性。其实，只要有社会生产，行政的管理总是需要的。命令、指示、规章、制度等，是任何社会经济管理所不可少的。当然，在社会主义经济管理中，行政办法要以客观经济规律为依据，正确反映和处理各方面的利益关系，才能达到预期的目的。因此有的经济学者认为，行政办法与经济办法是"表"与"里"的关系，或者像形式与内容那样不可分离的关系。但是除了这种关系以外，行政办法还有不与经济办法直接联系的一面，即运用国家政治权力或超经济力量，暂时牺牲某些方面的利益来实现行政当局的意志。在实行指令性计划的地方，往往会出现这种现象。在某些场合，为了全局的利益，这种意义的行政办法也是必要的。当然，在正常情况下，我们还是应当改变单纯依靠行政手段管理经济的做法，把经济手段与行政手段结合起来，注意运用经济杠杆和经济法规来管理经济，只有这样，我们才能坚持改革的方向。

对于这几年在实行搞活经济的各项政策措施的过程中出现的某些消极现象，有些同志归咎于经济手段强调过多，行政手段用得过少，因此认为今后特别要加强行政手段。这种看法是否符合实际？实际情况是，无论在经济手段方面，还是在行政手段方面，我们掌握运用的水平都还不高。我们的行政管理的科学性固然很差，同时更没有能够正确地熟练地运用工资、奖金、税收、价格、信贷等经济手段，使之真正发挥其杠杆作用。因此今后决不单纯是加强行政手段的问题，而是既要提高行政管理的科学性，更要学会正确地熟练地运用各种经济手段，以改进整个经济管理工作。

当前改革中一个很复杂的问题是，如何从行政组织管理经济过渡到经济组织管理经济。过去我们的经济一直是按行政系统、行政区划进行管理，企业分别隶属于国务院各部和省、市、地、县各厅局管理，各成体系，互相分割，壁垒森严，阻碍了合理的经济联系，造成巨大的浪费。这个问题的彻底解决，有赖于突破部门、地区界限的限制，按照专业化协作和经济合理的原则把企业组织起来，进行改组和联合，实行政企分工。但是，政企分工不是一下子可以做到的，在改组和联合的问题上，究竟是从部门入手，还是从地区入手，是有不同意见的。看来，可以根据一些城市如上海、常州、沙市的经验，"从全国着眼，从中心城市入手"，做到以中心城市为依托，围绕重点名牌产品，按照经济的内在联系和合理流向组织协调，组建包括跨行业、跨地区的各种经济联合体。为了克服改组和联合中的盲目性，目前急需制定一个以不同行业不同产品在不同地区的发展方向、生产规模、生产布点为内容的全面规划，明确规定哪些行业和产品在什么范围内组织协作和联合。在没有制定出全面规划之前，要小步前进，加强领导，在大的中心城市的某些重点行业抓紧试点，争取在改组和联合问题上有新的突破。至于这几年各地组建的公司，仍多属行政组织，应采取积极步骤，过渡到企业性公司，发挥经济实体的作用。

以上对如何认识和处理当前和今后一段时期中集权与分权、计划与市场、行政管理与经济管理的关系问题，简括地讲了一点不成熟的意见。当然，我国的经济体制改革，除上述问题外，还有一些其他重大问题，例如如何建立以公有制为主体的、其他经济成分作补充的、多种经济形式并存的所有制结构，各种方式并存的经营结构，等等。所有这些问题都需要进一步研究。这些问题的正确解决，将使我们能够按照党的十二大指出的方向，在当前和整个20世纪80年代做好经济体制改革的工作，为90年代的经济振兴准备体制上的条件。当然，经济体制改革不是一件一劳永逸的事情。到20世纪末的近20年内我们都要抓紧这件工作，要不断地探寻适合于生产力发展更高阶段的新的生产和分配的形式，使我国的经济体制不断完善，只有这样，我们才能顺利地实现2000年的战略目标，并向更高的现代化水平前进。

关于社会主义商品经济理论问题[*]

（1991 年 10 月）

对有计划商品经济不同的理解

社会主义商品经济理论是改革以来我国经济理论界最重要的突破性成果，它就是讲社会主义经济是有计划的商品经济，这个理论也是经济改革最重要的理论基础之一。考虑到马克思、恩格斯等经典作家过去曾经设想未来社会主义社会不再有商品经济了，以及在几十年的社会主义实践当中，在一个相当长的时期里是排斥商品经济的这样一个历史背景，党的十二届三中全会关于经济体制改革的决定，明确地提出了社会主义经济是公有制基础上有计划的商品经济的论断，可以说是有划时代意

　　* 1991 年 10 月 15 日在中共中央党校所作学术报告的一部分内容。文章认为，商品经济是同自然经济、产品经济相对应的概念，它讲的是等价交换，而自然经济、产品经济则没有等价交换；市场经济是相对于计划经济而言的，二者讲的都是资源配置方式而不是讲交换行为。我们要建立的社会主义市场经济，在所有制结构上，是以公有制为主体，多种经济成分并存；在分配制度上，是以按劳分配为主体、多种分配形式和多种分配机制并存；在运行机制上，是以市场作为资源配置的主要方式，同时要强化国家宏观管理，这就是我们理解的市场取向的改革。在关于建立计划与市场相结合的机制问题上，一是坚持国家的计划调控、政府的宏观管理，但不要迷信计划；二是积极推进市场取向的改革，但不要迷信市场。纵观刘先生这一思想表现，始终如一。（编者注）

义的，是经过长期的理论与实践的探索得来的。这对于统一大家对社会主义性质的认识，统一大家对经济体制改革方向的认识，是非常重要的。

党的十二届三中全会以后，对于究竟什么是有计划的商品经济，人们的理解，包括经济理论界在内，并不都是一样的。对于"有计划的商品经济"这样一个命题，有的同志强调"商品经济"这一面，有的同志则强调"有计划"这一面。比如前些年北京大学一位教授在一篇文章当中这样写道："改革的基本思路，社会主义首先是商品经济，然后才是有计划发展的商品经济。"很明显，他把强调的重点放在商品经济方面，而不是有计划的方面，当然他也不否定有计划的这一面。另外，中国人民大学一位教授当时也发表了一篇文章，他是这样讲的："计划经济或者是计划调节，应该始终在社会主义经济中占主导地位。"他是把重点放在计划经济方面，而不是商品经济方面。强调的重点不同，对社会主义经济的本质特征的理解也会有差异。除了公有制和按劳分配这两个大家公认的社会主义基本特征之外，是不是还有第三个基本特征？如果有，这第三个基本特征是什么？是计划经济，还是商品经济？这就有不同的认识。这个问题的讨论近两三年来还在继续。在 1989 年以前，有一段时期理论界的风向偏向于强调社会主义经济的商品经济这一面。在这以后，理论界的风向又曾偏向到强调计划经济这一面。比如有一篇文章里说，社会主义经济本质上是计划经济，只不过在现阶段还带有某些商品的属性罢了。又有文章说，社会主义经济就其本质来说是一种计划经济。这个说法是近两三年来比较典型的一种说法。但是另外一种意见仍然存在，就是仍然坚持商品经济是社会主义经济的实质。比如有一篇文章就说，社会主义商品经济同公有制、按劳分配一样，都是社会主义实质所在。双方的论据都没有超过前几年，这是一个老问题。

　　党的十三届七中全会以后，理论界越来越多的同志认识到计划经济与商品经济或者计划与市场，并不是划分资本主义和社会主义的标准，社会主义需要有市场的运转，资本主义也要有政府的计划和干预。所以不少的经济学者倾向于不再把计划经济或者商品经济同社会主义经济的本质或者同资本主义经济的本质问题联系在一起。他们认为，把社会主义同资本主义区别开来的基本特征不在这里，还是要按经典作家讲的两条，一条是所有制，一条是分配制度。社会主义的所有制就是公有制为主体，分配制度是按劳分配为主体。至于计划与市场，这是经济运行机制、资源配置方式的问题，不是本质性的问题。

　　大家知道，党的十二届三中全会通过的《中共中央关于经济体制改革的决定》，对于发展商品经济的意义和作用讲得很清楚。《决定》指出：商品经济的发展是社会主义发展不可逾越的阶段，是实现我国现代化的一个重要条件。薛暮桥同志在《中国社会主义经济问题研究》这本书的修订版日文译本的跋中发挥了这个思想。他说，没有商品经济的发展就没有社会化的大生产，而没有社会化的大生产，就没有社会主义的生命。

　　近几年在讨论商品经济的作用当中，针对薛暮桥这段议论，出现了"批判商品经济神话"的提法。1989 年有一篇文章以"打破商品经济的'神话'"为题，文章说："商品经济的作用一度被夸大为人类历史发展的决定性力量，从而演化出商品经济的神话。"这篇文章作者的主观意图也许是要正确地评价商品经济的作用，但是他提出的一些观点给人们贬低商品经济的印象。这位作者在发表的另外一篇文章里说：商品等价关系跟社会主义本质利益对立。因为社会主义的本质利益关系是马克思讲的等量劳动交换，而不是等价交换。他还认为，现在的工资不是真正的工资，是"劳动券"。大家都知道,"劳动券"概念是马克思在《哥达纲领批判》中对未来非商品经济社会提出的一种非商品经济的或产品经济的概念。这种非商品经济的观点现在已经不是普遍为大家所接受的,但理论界仍然存在这种观点,所以这是值得我们研究的。

公有制与商品经济的关系

这几年讨论比较多的一个问题,就是公有制同商品经济是不是相容的问题。这个问题好像也是个老问题,从一般层次意义上看,似乎已经解决了,因为党的十二届三中全会的《决定》已经确认社会主义经济是以公有制为基础的有计划的商品经济。照这样的提法,公有制同商品经济当然是可以相容的。本来是已经解决的问题,这样一个论点也是普遍被接受的一个论点。但是在前几年也有人从不同的角度一再提出公有制同商品经济互相矛盾,并得出不同的结论。大致有三种代表性的看法。

第一种观点用传统的看法来看这个问题。其认为商品经济是私有制的产物,社会主义既然以公有制为基础,就不应该也不可能实行商品经济。这种观点把社会主义经济同商品经济对立起来,口头上仍有流传。

第二种看法从相反的论点来看这个问题。持这种观点的人同样认为商品经济与公有制不能相容,也是认为商品经济只能建立在私有制基础上。但是他们得出的结论相反,认为要发展商品经济就得把公有制改变为私有制,实际上就是利用公有制同商品经济矛盾的命题,来宣扬私有化的主张。如果说前一种观点是以坚持公有制来反对商品经济,那么后一种观点就是在赞成商品经济的名义下来反对公有制。这两种从相反的角度提出的商品经济同公有制存在矛盾、互不相容的观点,当然我们理论界的绝大多数同志都是不接受的。但是也有一些经济学者认为，不能因此完全否定、完全抹杀公有制同商品经济之间存在着某些矛盾。有的经济学者这样说：改革以来，理论研究的一个进展，就是认识到现在的公有制同发展商品经济之间有矛盾，不仅统包统配的公有制不适合商品经济的发展的需要，就是政企不分的有些集体所有制也要改革。改革就是要按照商品经济的要求来构造市场，来构造企业的模式。

应该指出的是，这种观点所讲的与商品经济相矛盾的公有制，指的不是公有制的一般形式，而是现存的公有制的实现形式，也就是公有制的传统的实现形式。这里确实有一些弊病，有一些与发展商品经济要求相矛盾的东西，比如政企不分、两权不分、成为行政单位的附属物等。这些当然同商品经济不相容，是现存的公有制里的一些弊病，所以需要改革。改革的不是公有制本身，不是否定公有制，而是改革现在的公有制的实现形式，使公有制适应商品经济的发展。这种观点认为，公有制的实现形式同发展商品经济有一定的矛盾，所以需要改革。这种观点同主张私有化的观点当然有区别，它还是坚持公有制、完善公有制的。

与此有关的还有一个问题。有些同志认为，如果用按照发展商品经济的要求来改造公有制这样的提法，就产生了一个问题，究竟是所有制决定商品经济，还是商品经济决定所有制？这些同志的看法是，按照发展商品经济的要求来改革所有制是违背马克思主义原理的，马克思主义原理认为所有制更是基础的东西。对于这个提法也有的同志写了文章，作了回答。文章里说：从根本上来说，是所有制决定商品经济，但是商品经济会反过来影响所有制。我们的改革，既然是社会主义制度的自我完善，为什么不可以按照发展商品经济的要求来改革和完善社会主义的所有制关系呢？我个人认为后一种看法还是更有道理一些。

在更广阔的范围上，关于经济体制改革同发展商品经济的关系问题，我在 1986 年一次形势报告会上也谈过。当时讲了两条，一条是我们要发展商品经济，就必须对妨碍这种发展的经济体制进行改革；另一条是，我们现在进行经济体制改革，怎么改革？就是要遵循发展商品经济的要求来改革，也就是按照社会主义有计划商品经济的要求来进行经济体制的改革，包括对于所有制结构、企业机制的改革，对于经济运行机制、市场体系以及宏观管理体制的改革。所有制的改革当然要按照发展有计划商品经济的要求来进行。

能不能提社会主义市场经济

近来，在社会主义商品经济理论讨论当中有一个问题，就是可不可以把"社会主义的商品经济"叫作"社会主义的市场经济"，或者把"有计划的商品经济"叫作"有计划的市场经济"，人们对这个问题争论得比较多。过去有一些经济学家认为，商品经济同市场密不可分，既然承认社会主义是有计划的商品经济，就无异于承认社会主义经济是有计划的市场经济。这些同志的说法并不完全相同，但是在承认可以用社会主义市场经济这一点上他们是相似的。

另外一些同志，主要是一些认为市场经济、计划经济是制度性的概念，市场经济是资本主义、计划经济是社会主义的同志，他们认为"市场经济"不等于"商品经济"，有"市场"或者有"市场调节"，并不等于就是有市场经济，因为据说他们查了字典。有一本《日本经济事典》引用的说法和联合国统计上的分类，都把中央计划经济国家等同于社会主义国家，而把市场经济国家等同于资本主义国家。所以反对用社会主义市场经济概念的同志认为，市场经济是以私有制为基础的，社会主义市场经济的提法不科学。有的同志说，只有在资本主义的生产方式的条件下，商品经济才是市场经济。混淆市场调节与市场经济的不同性质，必然产生否定计划经济的错误认识。

以薛暮桥为代表的不少经济学家还有异议。在1991年1月11日《特区时报》记者采访的时候，暮桥同志说："市场调节跟市场经济是不是不能混淆的两种本质，我看尚待讨论。我认为本质相同，都不能够等同于资本主义，只要保持生产资料公有制为主体，就不能说它是资本主义的市场经济。所以还是以公有制来划分，不是以市场、计划来划分。"暮桥同志在答问当中还说："这个问题现在还不清楚，有些还可能被视为禁区，科学研究不应当有禁区，应当允许自由讨论，认真讨论这个问题，而不是回避这个问题。"

这场争论使我回想起已故经济学老前辈孙冶方同志在20世纪50年代也提出一个问题，即能不能提社会主义的利润。当时提出这个问题也引起了一场轩然大波。利润的概念究竟是制度性的概念，还是非制度性的概念？利润是资本主义专有的概念，还是跟社会化生产、商品生产共有的概念？争论的曲折和结局，我们许多同志都是经历过的。

我还回想起改革的初期，甚至我们在党的十一届六中全会总结新中国成立以来历史经验的时候，当时主导的意见是，对于社会主义社会来说，只能讲存在着商品生产和商品交换，不能把社会主义经济概括为商品经济，那就会模糊有计划发展的商品经济和无政府状态的资本主义经济之间的差别，模糊社会主义经济和资本主义经济的本质区别。这种观点实际上还是把商品经济等同于资本主义经济。对于这场争论，党的十二届三中全会的《决定》作出了结论，判明了是非。

回顾社会主义经济理论史上类似的争论，再考虑到近来，特别是党的十三届七中全会以来，人们越来越多地把计划和市场的问题认作是资源配置方式、经济运行方式的问题来看待，而不把它当作区别资本主义和社会主义的制度性问题来看待。考虑到所有这些情况，我个人认为对社会主义市场经济或有计划的市场经济这个概念，到底能不能在社会主义的经济学理论当中有一席之地，是不难作出预见或者结论的。社会主义市场经济这个概念难以一下子被普遍地接受，正如社会主义商品经济的概念，在当初的社会主义政治经济学当中也并不是一下子站住脚跟的。随着改革的前进，我们不断地刷新理论认识，不断地丰富社会主义经济学的内容。我们逐渐地认识到，社会主义经济是公有制基础上的有计划的商品经济，不能没有市场，不能没有市场调节，需要把市场同计划结合起来，于是出现了种种不同的关于计划和市场关系的研究和提法以及争论，包括对社会主义市场经济概念到底能不能用的讨论。这些讨论都关系到我们对于社会主义经济内涵的正确认识，也关系到我们对于改革方向的正确把握，看来还要继续深入进行下去。

怎样理解"市场取向的改革"[①]

关于计划和市场的引导，过去有种种提法，我们现在正式的提法是计划经济与市场调节相结合，理论界对此提法议论不少。但在公开发表的文章当中，还是肯定计划经济和市场调节相结合的这种提法，并且努力给予论证的。特别是强调计划经济是社会主义经济本质特征的同志，他们着重论证这一提法的科学性。比如有的文章这么说：这个提法同以往的"计划经济为主、市场调节为辅"的提法衔接起来了，这表明我们的改革不是削弱和放弃

[①] 自此以下三个议题讲的都是计划与市场关系问题：一是关于计划和市场结合选择哪一种提法；二是计划与市场结合的利弊；三是计划和市场究竟该如何结合。（编者注）

计划经济，而是要在坚持计划经济制度的前提下，实行一定的市场调节。

这种在计划与市场的关系问题上反对计划跟市场两者平起平坐，强调计划经济为主、市场调节为辅的"主辅论"，在 1984 年以后，在党的十二届三中全会的《决定》提出来之后有一段时间没有多提了，但最近两三年这种观点重新活跃。对于计划与市场平起平坐从另外一个角度来反对，这样的意见也是有的。前几年有一位知名的北京大学学者提出"二次调节论"，认为首先应该是市场调节，市场调节搞不好的地方然后才是政府计划调节。政府的计划调节是用来补充市场调节的不足之处的。他也反对计划与市场平起平坐，但主张首先是市场，然后才是计划。这种观点与主张计划为主、市场为辅的观点正好相反，实际上是主张市场为主、计划为辅。这种观点在当时引起不少同志的非议、争论。近年来也有主张市场作为资源配置的主要方式的经济学者。有一位知名学者在文章里这么写："我国经济体制改革的实质就是资源配置机制的转换，就是以市场机制为基础的资源配置的方式来取代以行政命令为基础的资源配置方式。"持这种主张的学者并不否定国家对资源的行政管理和计划指导的必要性，而是不把国家对资源的行政管理和计划指导放在资源配置的主要位置上，是把市场的调节放在主要位置上。比如在一个杂志上发表的笔谈中有人这样写道："从经济运行状态上说的计划性即自觉地保持平衡，完全可以通过在市场配置的基础上，加强国家的宏观管理和行政指导的办法来实现。"这里并未反对国家宏观管理和行政指导，但其基础是市场配置。这里既把市场配置作为资源配置的基础形式，同时也指出加强国家宏观管理和行政指导的必要性。

主张把市场作为资源配置主要方式的同志，往往把自己的主张叫作"市场取向"的改革。采用"市场取向"概念的还有不少经济学者，不同的学者对"市场取向"概念赋予的含义不尽相同。

而把计划与市场看作制度性概念的经济学家则反对"市场取向"的提法。有的同志甚至把市场取向与非市场取向纳入两条道路斗争的范畴中。究竟应当怎样看待"市场取向"概念呢？有的经济学家，把我国经济体制改革的取向归纳为三种思路：计划取向论、市场取向论、计划与市场结合论。这种归纳给人以简洁明快的印象，但不尽确切，不完全符合经济理论界的实际分野。现在，经济理论界都承认计划与市场可以结合，而且应该结合。照上述的划分，前两种思路似乎不赞成计划与市场的结合，好像只有第三种思路才赞成结合，这是不符合实际的。此外，理论界提出"市场取向"的改革是见诸文字和发言的，但未见有哪一位同志明确提出"计划取向"。文字上见到的和讨论中听到的强调计划的一面是有的，但"计划取向"的提法却是没有的。提出上面三种划分法的同志可能对改革取向的含义有自己的特殊理解，似乎改革取向就是指对改革的目标模式中的计划与市场结合的重点选择问题，计划为主是计划取向，市场为主是市场取向，两者平起平坐就是计划与市场结合论。我认为，改革的取向并不是指改革模式目标中计划与市场的重点选择问题，而是指改革的动向或趋向，即改革中新老模式的转换方向：作为改革起点的模式与改革目标的模式在转换过程中的转换方向。从总体上讲，改革使我国经济体制发生的变化，从本质上说，从根本上说，是从过去以自然经济、产品经济为基础的、排斥市场的、过度集中的计划经济的体制，向着引进市场机制并按商品经济市场规律的要求来改造我们的计划机制的方向转化。一方面，我们要引进商品经济，扩大市场调节的范围；另一方面，我们在对传统的计划机制进行的改造中要更多考虑商品经济、市场规律的要求，以此实现向计划与市场相结合的有计划商品经济或市场经济的新体制过渡。这种由原来排斥市场经济、否定商品经济，到引进市场机制并按照商品经济和市场规律的要求来改造计划经济，简单说就是从排斥、限制市场机制的作用到发挥和强化市场机制作用的改革，从一定意义上讲，不是不可以看作是"市场取向"的改革。改革的成果首先表现在我国计划经济在市场取向上的进步。

我们知道，在改革以前，由于所有制结构的单一化，越大越公、越纯越统就越好。那时经济的运行机制主要是指令性计划管理和直接的行政控制。这种体制在新中国成立初相当一个时期是必要的，而且起了积极作用。但这种体制在本性上是排斥市场和市场机制的作用的。改革以后，我国所有制出现了以公有制为主体的多元的所有制结构，公有制内部企业自主权有了扩大，这为企业按照市场规律进行活动提供了一定的条件。同时，我们的市场体系、市场机制也在逐步地发育成长，宏观经济管理开始注重间接管理。所谓"间接管理"，说到底无非是通过市场、利用市场机制、利用价值杠杆进行管理。经济体制改革的这些变化，处处表现为改革的进程是市场取向不断扩大、不断加深的过程。当然，市场取向不是以私有制为基础的，而是以公有制为基础的；不是取向到无政府主义的盲目市场经济中去，而是取向到有宏观控制、计划管理的市场体系中去。所以，持前述三分法的同志，把市场取向作为与计划取向相对立的概念，给"市场取向"赋予了反计划的含义，这至少是出于一种不甚精确的理解。至于为什么社会主义经济改革中的市场取向必须是有计划指导和宏观控制的？如何从理论上说明这个问题？我在后面还要讲到。

在过去十一二年，我国的改革取得了巨大进展和成就，究竟是加强行政指令性计划的结果还是扩大市场作用、参照市场价值规律要求来改造传统计划经济的结果呢？答案可能偏向于后者，并且可能是不错的答案。中国的改革与苏联过去的改革相比，为什么中国取得了成功，而苏联则蜕化变质？除了苏联搞"公开化"搞乱了思想、搞多元化动摇了党的领导之外，很重要的一条是在经济上。中国这些年来进行市场取向的改革，尽管遇到了这样或那样的困难，但在改革中取得了真正的进步，而苏联却没有做到。改革以来，中国的经济生活相当活跃，市场商品十分丰富，人们得到了实惠。苏联的改革则没有这些，其经济甚为困难，市场商品比过去所谓短缺经济时期更为匮乏，尽管前几年在经济上提了不少口号，提出加速战略等，但从来没有认真地搞市场取向的改革。再从我们国内情况看，一个地区、部门、企业的市场取向越大，其经济就越活跃。治理整顿后，从 1990 年 3 月开始经济回升。回升比较快、比较早的经济成分、经济部门、经济地区主要是同市场联系比较紧密的部分；而与市场比较疏远、渗入市场比较少的、利用市场比较差的部分的经济回升和发展就比较慢。这些都是明摆着的事实，不能回避的。因此看来，今后 10 年，我们的改革还要朝着前十一二年走过的改革道路，即朝着有宏观控制、有计划指导的市场取向的改革方向前进，在已取得相当成就的基础上，把市场取向的改革推向前进，扩大市场的作用，按商品经济市场规律的要求进一步改造我们的计划工作，逐步建立起计划与市场有机结合的有计划的商品经济或市场经济新体制。这样看来，改革取向的理论分类可分为两种：一种是主张以上含义的市场取向理论，一种是反对一切市场取向提法的理论。在实践中，赞成市场取向改革的人不少。在理论界，反对市场取向提法的人也不少。反对的理由：第一，认为市场取向就是搞市场经济，就是搞资本主义；第二，认为前几年宏观失控和目前经济生活中出现的问题都是直接、间接同强调市场的作用有关系。前一理由是意识形态方面的争论。若我们按小平同志最近的讲话精神，不把计划与市场问题同划分资本主义与社会主义问题联系起来，这个问题可以不去讨论。对于第二个理由即经济生活中出现的宏观失控等不正常的现象，有的同志认为这不是市场搞得太多的结果，而是我们现在的市场很不完善（这直接间接同传统计划体制改造不够相关），是对旧的计划体制进行市场取向的改革还不彻底、还不配套所致。所以，出路还是继续培育市场机制和改造计划机制，建立计划与市场相结合的社会主义新经济体制。

破除迷信，存利去弊

建设计划与市场相结合的经济体制，目的是要把计划与市场两者的长处、优点都发挥出来。计划的长处就是能在全社会的范围内集中必要的财力、人力、物力干几件大事情，还可调节社会收入，促进社会公正；市场的长处就是能够通过竞争、优胜劣汰来促进技术进步和管理的进步，实现生产和需求的衔接。但在实践中，计划与市场往往结合得不好，不是把两者长处结合起来，而是往往把两者的短处结合起来了，形成了一统就死、一放就乱的状况，结合计划与市场难度很大。我们主观上要把计划与市场很好地结合起来，但实际生活中出现了既无计划（或有计划贯彻执行不下去），又无市场，优胜劣汰的竞争机制根本运转不起来的情况。有鉴于此，经济学界特别是国外有人认为，计划与市场根本结合不起来。我们认为是可以结合的，但要正确把握计划与市场各自的优缺长短。在讨论建立关于计划经济和市场经济调节的运行机制问题时，我曾提出两点意见：一是要坚持"计划调控"，但不要迷信计划；二是要推进"市场取向"的改革，但不能迷信市场。总之，要破除两种迷信。首先讲讲不要迷信市场。

所谓市场调节，就是亚当·斯密讲的"看不见的手"，即价值规律的自发调节，我们应当重视价值规律，但不要认为价值规律自己能把一切事情管好，并把一切事情交给价值规律去管。我想，至少有这么几件事情是不能交给或完全交给价值规律去管的。第一件事是经济总量的平衡——总需求、总供给的调控。如果这件事完全让价值规律自发去调节，其结果只能是来回的周期振荡和频繁的经济危机。第二件事是大的结构调整问题，包括农业、工业、重工业、轻工业，第一、二、三产业，消费与积累，加工工业与基础工业等大的结构调整方面。我们希望在短时期内如 10年、20 年、30 年，以比较少的代价来实现我国产业结构的合理化、现代化、高度化。通过市场自发配置人力、物力、资源不是不能实现结构调整，但这将是一个非常缓慢的过程，要经过多次大的反复、危机，要付出很大的代价才能实现。我们是经不起这么长时间拖延的，也花不起沉重的代价，第三件事是公平竞争问题。认为市场能够保证合理竞争，是一个神话，即使是自由资本主义时期也不可能保证公平竞争，因为市场的规律是大鱼吃小鱼，必然走向垄断，即不公平竞争。所以，现在一些资本主义国家也在制定反垄断法、保护公平竞争法等。第四件事是有关生态平衡、环境保护以及"外部不经济"问题。所谓"外部不经济"，就是从企业内部看是有利的，但在企业外部看却是破坏了生态平衡、资源等，造成水、空气污染等外部不经济。这种短期行为危害社会利益甚至人类的生存。对这些问题，市场机制是无能力解决的。第五件事是公正与效率关系问题。市场不可能真正实现公平，市场只能实现等价交换，只能是等价交换意义上的机会均等，这有利于提高效率，促进进步。但市场作用必然带来社会两极分化、贫富悬殊。在我们引进市场机制的过程中，这些问题已有一些苗头，有一些不合理现象引起了社会的不安，影响了一些积极性。政府应采取一定的措施，防止这些现象的恶性发展。以上所列举的五个方面，是不能完全交给市场由那只"看不见的手"自发起作用的，必须有看得见的手即国家、政府的干预来解决这些事情。完全的、纯粹的市场经济不是我们改革的方向，所谓完全的、纯粹的市场经济在西方资本主义市场经济中也在发生着变化，通过政府的政策或计划的干预使市场经济不那么完美，不像 19 世纪那么典型。有些年轻人提出完全市场化的主张，这种主张撇开意识形态方面不妥不说，至少是一种幼稚的想法。我们实行有计划的商品经济更不能迷信市场，要重视国家计划、宏观调控的作用，也就是要看到"笼子"的作用。当然，计划管理的"笼子"可大可小，要看部门与产品，根据具体情况而定。"笼子"也可用不同材料如钢、塑料、橡胶等制成，如指令性计划是刚性的，指导性计划是弹性的。总之，实行市场取向改革但不要迷信市场，不能忽视必要的"笼子"即政府管理和计划指导的作用。所谓市场取向的改革本身就包含着计划经济体制的改革，计划要适应商品经济发展的要求，以便加强有效的计划管理。

　　另一方面，我们要坚持"计划调控"，但也不能迷信计划，迷信计划同样会犯错误。社会主义经济只是在公有制的基础上提供了自觉地按比例发展的可能性，但不能保证经济按比例发展的必然性。若不考虑客观经济规律特别是市场供求、价值规律等，同样会出现失控、失误。在这方面，我们有过很多经验教训。在过去传统的计划经济中，我们不止一次地出现过重大的比例失调、大起大落，如20世纪50年代后期的"大跃进"，60年代末的几个突破，70年代后期的"洋跃进"，80年代后期经济过热等。这几年，县以上项目的审批权都在各级政府手里，是各级计划机构审批的。我们现在有160多条彩电生产线，90多条电冰箱生产线，许多乳胶手套生产线、啤酒生产线等，重复上马。有些企业的利用率不到60%。这些生产线的重复引进、盲目上马都是各级政府计划机构审批的，同样发生了失误。计划工作是人做的，难免有局限性，有许多不可克服的矛盾。如主观与客观的矛盾，这是计划工作中的一个主要矛盾。第一，由于主观的局限性，对客观形势、客观规律的认识有一个过程。在这方面，我们曾犯过脱离国情、急于求成的错误。第二，由于客观信息本身的局限性，计划工作依靠信息，信息的收集与传递任何时候都不可能完善、不可能很及时。即使将来计算机经过几次更新换代，性能更高、更普遍化了，也不可能把所有的经济信息都加以及时搜集、加工、处理。有些信息等我们加工处理之后，形势已经过去了。第三，在利益关系上，观察问题的立场和角度上有局限性。计划机构、宏观管理机构不是属于这个地区就是属于那个地区，不是属于这个部门就是属于那个部门，不是站在这个角度就是站在那个角度，各自代表一定的利益关系，受到一定利益关系的约束。综合部门也有不同的角度，他们各自代表一定的利益关系并受其约束。政府领导和计划工作人员都不可能是万无一失的。上述各种局限性使他们的行为不能完全符合却有可能偏离客观规律，甚至有可能大大偏离，造成计划工作和宏观管理上的重大失误。这是我们几十年来不止一次经历过的事情。

因此，坚持计划调控，就要不断提高我们的认识水平，不断改进我们的计划工作，使计划工作符合客观规律和客观形势的要求，特别是要考虑市场供求形势及价值规律的要求。

总之，我们要坚持计划调控，但又不能迷信计划；要实行市场取向的改革，但又不能迷信市场。要通过计划与市场的结合，不仅发挥两者的长处和优点，还要克服两者的短处和缺点。这是一个非常复杂的任务，需要做很多方面的探索和研究，需要计划部门、财政部门、银行部门、市场部门、商业部门、物资部门以及中央、地方上上下下等各个方面的共同努力，逐步解决好这个问题。

对"国家调控市场，市场引导企业"公式的再认识

经过 12 年改革实践和理论探索，我们对于计划和市场概念的认识已经大大深化了，目前人们更为关心的是从实质上研究探讨计划与市场到底怎样结合，结合的方式、途径是什么样的？要把研讨引到这方面来。

　　关于计划与市场结合的方式，过去也有多种分析和提法，有的提法着眼于理论的模式，有的提法着眼于管理操作。这些分析和提法在近些年的讨论中都有进展。我在这里举几个例子。

　　过去对于计划与市场结合的不同层次的剖面分析进行了综合。比如，对于国民经济的管理，一方面分为指令性计划、指导性计划和市场调节三个部分；另一方面又把国民经济划分为宏观经济和微观经济两个层次。这两重分析在逻辑概念上还是有交叉重复的。现在有的专家对这两重分析进行了综合，提出所谓"双层次分工结合论"。一方面在宏观和微观两个层次上的计划与市场的分工和结合，另一方面专就微观经济内部分析计划与市场的分工和结合。前一方面仍然沿用过去那种分析，宏观层次的经济决策主要由政府来进行计划调节，微观层次的经济决策主要由市场调节。这里比较有新意的一点，就是把过去对整个国民经济的管理形式剖析为指令性、指导性和市场调节三块限制在微观层次里。当然，在微观层次里确实有一部分还需要指令，大部分需要指导性，现在还要扩大市场调节这部分。所以说，三分法适用于微观经济。为什么保留指令性计划这一块？为什么不得不实行这种板块式结合？在理论上进行解释，就是我们的经济是非均衡的市场，特别是一些资源性的产品是短缺的，这种短缺不是用市场调节一下子就能解决的，因此还要保留这部分。还有一点就是我们在管理上有两重因素，即一方面用价格进行管理，另一方面用数量来管理，对于某些非均衡市场现象，光靠价格不行，还需要直接的数量管理，这就是指令管理。

　　我认为，对于计划与市场的分工和结合所作的这些横剖面的综合分析，有助于加深我们对这一问题的认识。

　　再从纵剖面看，就是从时间的演化、计划与市场的关系在改革过程中的演变看。过去曾有过这样一种看法，认为我们在计划与市场相结合的种种模式（板块式结合、渗透式结合、有机内在结合），与其说是互相排斥的选择目标，不如说它们是互相衔接的发展阶段。我们改革的整个过程：第一阶段，改革以前是大一统的计划统制模式；到第二阶段，是改革初始阶段，开始出现一块作为补充的市场，这个市场发展为计划与市场板块的结合；到第三阶段，随着改革的深入，出现了计划与市场两块互相渗透和部分重叠；到第四阶段，发展到计划与市场在整个国民经济范围内胶体式地有机结合。这种有机的内在的结合已不是两块，而是一块了。所谓计划与市场都覆盖全社会的说法就是这样出来的，在党的十三大报告中，将其表述为"国家调控市场，市场引导企业"这样的公式。上面谈到的几种理论模式，我们与其说选择其中的一种，不如说它们是互相衔接的发展阶段。这样一种关于改革进程的描述，尽管在总体上说是不错的，但是不能过于机械地看待这个进程，就是说不能那样界限分明地划分出发展阶段。比如我们不能认为最后我们建成新的体制时，只有一种覆盖全社会胶体式结合的模式，完全就是国家调控市场、市场引导企业，而板块式、渗透式结合就不复存在了。现在看来，板块式、渗透式两种结合最终都不会完全消失，在一定范围里还会长期存在。诸如某些自然垄断性的东西，供求弹性很小的东西，公益性很强的东西，国家对它们还要实行直接管理。

实行直接的计划管理，当然也要尊重价值规律的要求。从这个意义上说，板块式结合同渗透式结合是分不开的。界限分明的纯板块的结合在过去传统计划经济里存在过，但经过改革，不会再有了。还要指出，实行直接管理这一块也不可能像一般我们现在所设想的完全按照价值规律要求解决问题，如果真正能够按照价值规律、市场规律解决问题，也就不需要直接计划了，可以直接转变为间接调控了。强制性的行政干预、直接的指令性计划之所以必须存在，就是因为我前面讲的市场调节不是万能的，市场机制有种种缺陷。有些具有长远和全局意义的事情，不可能完全按照市场价值规律的要求去办，否则就会危害社会的利益，这些事情必须要有国家的直接干预。国家在直接管理经济的部分，要考虑市场因素，但不是通过市场去管理，它可以直接下命令，让行政机关去管理。从这个意义上说："国家调控市场，市场引导企业"的公式没有覆盖全社会的意义。但是，在将要成为宏观管理主要方式的间接调控的范围内，总是要通过市场进行管理，通过调控市场来引导企业。就这个意义讲，"国家调控市场，市场引导企业"的公式是绕不开的，它在计划经济与市场调节相结合的新经济运行机制中的重要地位是不能忽视的。

关于社会主义市场经济理论的几个问题[*]

（1992 年 9 月）

  建立社会主义市场经济体制，是党的十四大提出的一个具有突破性意义的观点，它具有十分重要的理论意义和实践意义。我们必须认真学习，反复领会，并在我国社会主义经济的改革和发展的过程中加以贯彻。

  下面我想讲两个问题：一是介绍一下若干年来对社会主义市场经济有关理论问题讨论的情况，也就是介绍对计划与市场问题（包括对计划经济、商品经济、市场经济等概念）认识的曲折演变过程；二是谈谈我本人在学习邓小平同志南方谈话中对社会主义市场经济理论若干焦点问题的理解。

---

  * 1992 年 9 月 19 日由中共中央组织部、宣传部、中国科学技术协会、中共中央直属机关工委和中共中央国家机关工委共同主办的"90 年代改革开放与经济发展"系列讲座的开篇讲稿，最初发表在《经济研究》1992 年第 10 期；以后收集在《权威人士谈从计划经济转向市场经济》，中共中央党校出版社 1993 年版。本文明确指出，（1）我们的市场取向不是以私有制为基础，不是取向到无政府主义、盲目的自由资本主义的市场经济中去，而是取向到公有制为主体的有政府宏观控制的市场体系中去。（2）要坚持国家的计划调控和政府的宏观管理，但不要迷信计划；要推进市场取向的改革，但不要迷信市场。总之要破除两种迷信。（3）有一种看法认为市场能保护公平竞争，这也是一个神话。现在一些资本主义国家也在制定反垄断法，维护公平竞争秩序，强化政府在这方面对市场的管理，更何况我们社会主义国家，更要发挥宏观调控和计划的导向作用。（编者注）

对计划与市场认识的曲折演变过程

我国的经济体制改革已经进行了 14 年。我们的改革要采取什么样的目标模式，多年来经济理论界一直在讨论。这个问题的核心，是正确认识和处理计划与市场的关系，并涉及对计划经济、商品经济、市场经济的理解。我们对这些问题的认识有一个逐步深化的过程，经过了长期曲折的探索。

关于商品经济、市场经济这些概念，据查阅，马克思、恩格斯都没有讲过，他们只讲过商品生产、商品交换、货币经济；也没讲过计划经济，只讲过在未来社会中"劳动时间的社会的有计划的分配，调节着各种劳动职能同各种需要的适当的比例"。首次使用"商品经济""市场经济"和"计划经济"概念的是列宁。列宁在革命胜利初期，多次提出要消灭商品经济，资本主义不可避免地要被社会主义取代，新社会要实行计划经济。但列宁也讲过，无所不包的计划等于空想，这种计划列宁是反对的。在实行新经济政策时期，不但允许发展自由贸易，而且国营企业在相当程度上实行商业原则（市场原则），给企业在市场上从事自由贸易的自由。到了 20 世纪 20 年代末 30 年代初，斯大林停止了新经济政策，实行了排斥商品经济的计划经济，长期地把商品经济同计划经济对立起来。虽然斯大林也讲过商品生产、价值规律，但他把它们的作用限制在狭小的领域，其主导思想还是认为计划经济同商品经济不相容，同市场经济更是对立的。

过去，社会主义国家在实行计划经济时期，不是没有市场，但市场只处于补充状态，存在于缝隙当中。我国在改革前也是这样，比如大计划、小自由，容许集市贸易，三类物质上市，等等。但总的看是限制市场，不承认商品经济和市场经济。十一届三中全会以后开始松动，承认计划和市场可以结合。十一届六中全会关于对新中国成立以来历史经验总结的决议中，确认社会主义社会存在着商品生产和商品交换，因而要考虑价格规律，但没有"商品经济"，那时还是认为，商品经济作为整体来说只能存在于以私有制为基础的资本主义社会。十二大时，提出了"计划经济为主，市场调节为辅"，前进到了这一步，"商品经济"的概念依然难以提出来。但在这以前，理论界对社会主义商品经济已有讨论，甚至有人提出"社会主义市场经济"的概念。至于邓小平同志1979年11月26日接见美国《不列颠百科全书》副总编辑时的谈话，当时大家并不知道。所以在那一段时期，商品经济、市场经济的概念一直是一个禁区。直到1984年十二届三中全会，才在我们党的正式文件《关于经济体制改革的决定》中，第一次提出"社会主义经济是在公有制基础上的有计划的商品经济"，这是社会主义经济理论的一个重大突破。邓小平同志在通过该《决定》的会议上说，十二届三中全会的《决定》是马克思主义新的政治经济学，评价极高。的确，这一突破来之不易，考虑到马克思、恩格斯等经典作家过去曾设想未来社会主义社会不再有商品经济，以及几十年社会主义的实践当中长期排斥市场调节这样一个历史背景，十二届三中全会关于社会主义有计划商品经济的新论断，可以说是有划时代意义的，它对推进以后我国以市场为取向的改革并获得相当进展，无疑起了巨大的作用。

但是，在十二届三中全会的新论断提出来以后，人们对于究竟什么是有计划的商品经济，包括经济理论界的理解还很不一致。对于"有计划的商品经济"这一命题，有的同志强调"有计划"这一面，有的同志强调"商品经济"这一面。当然大家对两个方面都承认，但强调的重点不同。有位教授在一篇文章中说，"改革的基本思路首先是商品经济，然后才是有计划发展"。他把重点放在商品经济方面。与此同时，另有一位教授写文章说："计划经济或计划调节应始终在社会主义经济中占主导地位。"他把重点放在计划经济方面。强调重点不同，对社会主义经济本质的理解就会有差异，把握改革的方向就会有出入。历来讲社会主义的经济特征，综合起来主要是两大特征："公有制"和"按劳分配"。此外，有没有第三个特征？如果有，那么这第三个特征到底是"计划经济"还是"商品经济"，理论界的争论一直在进行，两种意见都有。一种是强调计划经济为主的，认为计划经济是社会主义经济的一项本质特征；另一种是强调商品经济为主的，则认为商品经济是社会主义的一个本质特征。当然，还有第三种意见，有不少同志想把两碗水端平，计划与市场相结合，半斤八两，平起平坐，结合的范围、方式和程度可因产品、部门、所有制和地区不同而异。不同场合可以这个多一点那个少一点，或者相反。十三大提出"有计划商品经济的体制是计划与市场内在统一的体制"，虽然没有讲哪个为主，哪个为辅，但同时提出"国家调控市场，市场引导企业"的间接调控的公式，实际上重点放在市场方面。

在计划经济与商品经济、计划与市场的关系上，理论界的风尚是逐渐向商品经济、向市场方向倾斜。但是在这以后，特别是提出"计划经济与市场调节相结合"的方针后，由于当时治理整顿和稳定局势的需要，有必要多一点集中，多一点计划，这时理论讨论的风尚又向计划经济方向倾斜。当时有篇文章说，社会主义经济就其本质来说，是计划经济，只不过在现阶段还要有某些商品属性罢了。这种说法是近两三年比较典型的一种认识。但同时另外一种意见仍然存在，即仍然坚持商品经济是社会主义经济的本质特征。例如有一篇文章说，社会主义商品经济同公有制、按劳分配一样，都是社会主义实质所在。对于近几年正式文件中的计划经济与市场调节相结合的提法，理论界也有一些内部议论。有的同志说，计划经济指的是经济制度或体制，市场调节则是一种机制或手段，两者不是属于一个层次的问题，不好说结合一起。

但公开发表的文章中，大家都使用这一提法，有些经济学家在论证这一提法的科学性时说：这个提法同以前的"计划经济为主，市场调节为辅"的提法衔接起来了，这表明我们的改革不是削弱和放弃计划经济，而是要在坚持计划经济制度的前提下，实行一定的市场调节。但是不赞成这一提法的同志，认为这一解释实际上退回到十三大以前去了。但这是私下的议论。总之，在近两三年里，理论界关于计划与市场关系的争论一直不停。这几年集中讨论的有两个问题：第一个是关于市场取向的问题，即中国经济体制改革的取向是否要以市场为取向的问题；第二个是关于社会主义市场经济，即我们社会主义经济体制改革能不能以社会主义市场经济为目标模式。显而易见，这两个问题是紧密联系在一起的。

首先，介绍一下关于改革取向的问题。

有位经济学者把改革取向归纳为三种思路：一是市场取向论；二是计划取向论；三是计划和市场结合论。这种概括好像很简洁、明快，但不很确切，不完全符合经济理论界在这个问题上争论的实际分析。因为十二届三中全会提出有计划商品经济的论断以后，理论界多数同志逐渐形成了共识，就是认为计划与市场可以结合，而且应该结合。无论强调计划经济的一方，还是强调商品经济和强调市场的一方，都是这个共同看法。而按这种三分法，似乎前两种思路不赞成结合，只有第三种意见讲结合。这当然不符合实际。实际上，强调市场取向的也不排斥计划；强调计划为主的也不排斥市场。对于"市场取向改革"的主张，有一批同志，包括中国社会科学院的一些学者，不但说过，也见诸文字，可以说有案可查。但"计划取向"改革的提法，却没有看到过。强调计划经济是社会主义经济本质特征是有的，强调计划为主也是有的，但没见到过"计划取向"的说法。因为我们原来的体制就是计划经济体制，改革就是要对传统的计划经济进行改造，要改革就不能再是计划取向的，如仍以计划为取向，那就等于不要改革了，因此没有"计划取向"这一说法，所以说，这种区分是不确切的。但提出这种三分法的同志，对于改革取向的含义有他自己的理解。似乎改革取向就是在改革目标模式中计划与市场的重点选择，重点是计划就是计划取向论，重点是市场就是指市场取向论，"平起平坐"就是二者结合论。我个人认为，改革取向不是这个意思，不是指改革目标模式中计划与市场的重点选择，而是指改革的模式转换方向，即从改革的起点模式向目标模式的转换。

我国经济改革的模式转换，就是从过去自然经济体制这一起点和产品经济为基础的、排斥市场的、过分集中的计划经济老模式，向着引进和扩大市场机制作用范围并按市场规律的要求来改造的传统计划经济体制，由此来实现计划与市场结合的向着有计划商品经济（或者社会主义市场经济）的目标模式过渡。从排斥、限制市场机制的作用到发挥、强化市场机制，并按照市场规则要求来改革传统体制，这样一种改革，我认为不是不可以叫市场取向改革。改革成果首先就表现在我国的经济体制和经济运行在市场取向上的进步。

我们知道，改革前，我国所有制结构是单一化的，是越大、越公、越纯、越统就越好。那时的经济运行机制主要是实行指令性计划，直接的行政命令管理。这种机制在一定时期里是必要的，比如第一个五年计划时期，采用这种机制是成功的。但这种机制在本性上是排斥市场和市场机制的作用，当经济发展到一定阶段，这种机制就成为进一步发展生产力的障碍，要进一步解放和发展生产力，就必须改革。改革以后，我国的所有制结构出现了以公有制为主体的多元化的所有制结构，公有制内部企业的自主权开始有了某些扩大，这就为企业按市场规则活动提供了一定的条件；同时我们的市场体系、市场机制也在发育成长；政府在宏观经济上对企业的管理也开始从直接管理逐渐改变为间接管理为主。所谓间接管理，说到底无非是通过市场、利用市场机制、利用价格杠杆进行管理，这也就是"国家调节市场，市场引导企业"这一公式的基本含义。

我们的经济改革所带来的这样一些变化：所有制变革的多元化，经济主体的市场化，市场本身的培育，政府对经济管理也要通过市场，等等，处处表现为市场取向改革的不断扩大、不断深化的过程。当然，这种市场取向不是以私有制为基础的，而是以公有制为基础的，不是取向到无政府主义的、盲目性的市场中去，而是取向到有宏观管理的和计划调控的市场体系中去。过去14年，我们国家经济发展取得的巨大进展和成就，究竟是加强行政指令性计划的结果，还是扩大市场机制的作用，并按照发展市场机制的要求去改造传统计划经济体制的结果呢？答案显然是后者。为什么我国东南沿海地区这十多年发展得比全国快，而同为沿海，广东又发展得比上海快呢？市场取向的改革比较深入，这是一个很重要的原因。

过去不赞成或者反对提市场取向改革的同志也不少，他们不赞成的理由主要有两条：一是认为搞市场取向就是搞市场经济，而过去认为市场经济是资本主义的；二是认为我国经济中出现的一些消极现象，如1988年的通货膨胀、市场秩序紊乱、社会分配不公等问题都是因为强调市场作用而造成的。第一条理由，在邓小平同志的南方谈话之后，就不复存在了。至于第二条理由，也有同志认为，这些消极现象是改革初期和发展商品经济初期难免的，这不是由于市场发展得太多了，而是由于市场还发展得不够，还没有真正培育成长起来，而政府对经济的宏观调控又没有及时跟上来的结果。这是过渡时期的现象，不是由于改革过度，而是由于改革不够才出现的现象。要解决经济生活过程中的一些消极现象和问题，就要继续进行有宏观控制和有计划指导的市场取向的改革，把它进行到底。

其次，介绍一下关于社会主义市场经济问题的讨论情况。

这个问题的讨论时间延续得更长，从改革开始以来一直在讨论。最近，在小平同志谈话以后，这方面的文章多起来了，但都是正面的东西，看不见不同的意见，而过去长期是不同意见在争论。改革之初，1979 年 4 月在无锡召开了"社会主义经济中的价值规律"讨论会。在这个会上就有人提出社会主义市场经济的概念。有赞成的，也有不赞成的。那个时候也曾经出现过市场经济与计划经济相结合的提法。到了十二届三中全会中央指出我国经济是有计划的商品经济以后，在学习十二届三中全会关于体制改革的决定时，广东有一位老经济学家说，理论上彻底一些，其实社会主义商品经济也可以叫作社会主义市场经济。还有同志说，商品经济与市场经济这两个概念没有必要区分，要区分的是社会主义的市场经济和资本主义的市场经济。但与此同时，反对的意见也出来了。有一位教授这样讲，市场经济这个概念在西方的文献当中有确定的含义，按西方经济文献的解释，典型的市场经济就是资本主义经济。这种争论延续了相当长时期，到了 1988 年，国务院批准广东作为综合改革试验区，广东省的经济学界为了在理论上作超前探索，举行了"社会主义初级阶段的市场经济问题"讨论会，明确提出了社会主义初级阶段的市场经济问题。会上取得了一个共识，认为世界上有以私有制为基础的资本主义市场经济，也应该有一个以公有制为基础的社会主义市场经济；曾经有过没有计划调控的自由市场经济，也应该有宏观调控的计划市场经济。我们应该研究和实践社会主义的市场经济。1988 年下半年还召开过两次重要的全国性学术讨论会，一次是 10 月底开的全国经济体制改革理论研讨会，一次是 12 月开的纪念党的十一届三中全会十周年理论讨论会。这两个会上都有人提出要把商品经济的概念进一步发展到市场经济的概念，并且提出我们迫切需要确立社会主义市场经济的理论。这同前面讲的那时理论界在计划与市场问题上的大致趋向是一致的。当时在理论界两种意见都有，但是越来越多的同志倾向于强调商品经济是社会主义有计划的商品经济的两面中的更重要的一面，而且使用市场经济概念的同志也渐渐多了起来。

1989 年春夏之后，在经济学领域开展的对以主张私有化为核心的、资产阶级自由化思潮的批判的同时，在一些内部资料上也出现了对社会主义市场经济观点的批判。但是，公开的讨论中还是有不同观点的争论。一种观点认为我们不能接受市场经济的观点。当时一位同志在一篇文章中讲，一些西方国家把市场经济同私有制、同资本主义联系在一起，所以社会主义国家的许多政治家、科学家不随便把发展社会主义的商品经济说成是搞市场经济。可以讲发展商品经济，但不能搞市场经济。这种意见把市场经济与资本主义制度联系起来，认为社会主义搞市场经济就是搞资本主义。当然还有的同志不赞成这种观点，他们认为不能把市场经济的问题同社会制度联系起来，市场经济不过是现代商品经济或现代货币经济的"同义语"。有的经济学家讲，我国经济体制改革的实质是，以市场经济为基础的资源配置方式来取代以行政命令为基础的资源配置方式。从这个意义上说，社会主义的商品经济也可以叫作社会主义的市场经济。两种不同的观点还是继续存在的。

我们再看看经济学界老前辈薛暮桥同志是如何看这个问题的。薛老在 1991 年 1 月 11 日对深圳《特区时报》的记者讲："要深入研究计划经济与市场经济的关系，过去认为前者是社会主义，后者是资本主义，这种理解是极不利于深化改革的。市场经济与市场调节是不是不能混淆的两种本质，我看尚待讨论。我认为本质相同，都不能等同于资本主义。只要保持生产资料公有制为主体，就不能说它是资本主义的市场经济。所以还是要以公有制来划分，不是以市场经济来划分。"薛老当时还说："这个问题现在还不成熟，有些还可能看作是理论的禁区，科学研究不应当有禁区，应当允许自由讨论，认真讨论这个问题而不是回避这个问题。"不同意见的讨论甚至交锋，对于深化我们的认识是必需的，有好处的，也是正常的。对于社会主义市场经济的两种意见，一直讨论到 1992 年初。邓小平同志说，市场经济不等于资本主义，社会主义也有市场；计划经济不等于社会主义，资本主义也有计划。邓小平同志南方谈话后，那种把计划同市场，把计划经济同市场经济看成是制度性的观点开始消失了。但是在观念上要彻底解决这个问题还需要一个过程。这不只是在市场经济这个观念上，就是过去在商品经济这个观念上也是不容易转过来的。在改革初期，承认了社会主义要发展商品生产，要发展商品交换，但是就是不能够接受商品经济这个概念，认为商品经济是私有制的，从总体上说商品经济只能是资本主义的。从十一届三中全会一直到十二届三中全会花了几年时间才把这个观念转变了过来。一个理论概念的转变是很不容易的。当年孙冶方提出社会主义利润的概念也碰到了类似的困难。

我们在 20 世纪 80 年代提出了有计划的商品经济理论，对我国经济改革和发展的实践起了推进的作用。90 年代由于我们改革的深入，特别是市场取向改革的深入，我们需要新的理论，这就是社会主义市场经济的理论，这个理论的出现必将推动我们改革和发展的进一步深化。

若干焦点问题

下面我想就有关社会主义市场经济理论问题的讨论中，人们关心的若干焦点问题，谈点个人的理解。

（一）社会主义商品经济的提法为什么要改成社会主义市场经济的提法？

有的同志在讨论中提问，我们已经有了社会主义商品经济的概念，为什么现在又要换成"市场经济"？"市场经济"与"商品经济"究竟有什么不同？有些经济学者写文章说：社会主义商品经济，就是社会主义市场经济。既然"就是"，那不过二字之别，用括号注明一下就行了，何必这么郑重其事地改过来呢？

我认为，这不单纯是两个字的改变，它有深刻的含义。首先要把商品经济和市场经济这两个概念的含义弄清楚。这两个概念既有联系，又有区别。简单地说，商品是相对于自然经济、产品经济而言的，讲的是人类社会经济活动中交换行为是否具有商品性，或者具有等价补偿的关系。通俗一点讲，就是我给你一个东西，你就得给我一个价值相等的东西，无论是相等的商品也好，相等的货币也好。而自然经济就没有这种等价补偿，商品交换的关系。产品经济是现代的概念，就是曾经设想过，社会主义或者共产主义社会是个大工厂，没有货币，不要交换，不同的生产单位，不同的企业就像不同的车间。东西生产出来以后，产品由社会来分配、调拨，各生产单位或社会成员凭本子按指标或定额去领取，没有等价补偿的关系。所以商品经济是相对于自然经济和产品经济而言的。

与市场经济相对应的是计划经济，这些都是作为资源配置方式来说的。这里我们讲一讲资源配置。资源配置这个概念在我国过去是很少用的，现在用得越来越多了，因为这是经济生活中最中心的问题。这里讲的资源，不是指未开发的自然资源，而是人们可以掌握支配利用的人力、物力、财力和土地等经济资源。社会经济资源任何时候都是有限的，而社会对资源的需求却是众多的、无限的。所谓资源配置就是社会如何把有限的资源配置到社会需要的众多领域、部门、产品和劳务的生产上去，而且配置得最为有效或较为有效，产生最佳的效益，以最大限度地满足社会的需求。在现代的社会化生产中，资源配置一般有两种方式：一种是市场方式，另一种是计划方式。计划方式是按照行政指令，指标的分解、调拨由政府来配置。市场配置是按照市场的供求变动引起价格的变动，哪种产品价格高，生产该产品有利可图，资源就往哪边流。等到产品多了，供给大于需求，这种产品的价格就会掉下去，这时资源就会流到别的地方去，这就叫市场调节。如果说资源配置方式是以计划为主，那么叫计划经济；如果以市场作为资源配置的主要方式，那么就叫市场经济。以资源配置方式来说，市场经济和计划经济是相对应的概念。

从以上的区分中，我们可以认识到，从逻辑的角度看，商品经济属于比较抽象、本质的内容层次，而市场经济则是更具体、现象的形式层次。可以说市场经济是商品经济的一种高度发展了的现象形态。从历史发展的角度来考察也是这样的。商品经济由来已久，在原始社会末期就有了萌芽，它存在于多种社会形态之中，演变到现代高度发达的程度。但不是在商品经济发展的任何阶段上都有市场经济。有商品交换当然要有市场，但那不等于市场经济。在古代及中世纪地中海沿岸有相当发达的商业城市，中国古代秦汉时期就有长安、洛阳、临淄等著名的商业城市，很早就有连接欧亚的丝绸之路，它们都离不开市场，但不能说已经形成了市场经济。国外古代城堡周围的地方小市场，我国一些边远落后地区至今仍有赶集、赶场，诚然那些定期启合的墟、集、场也是市场，但都不能叫作市场经济，不过是方圆几十里住民调剂余缺的场所罢了。形成市场经济要有一定的条件，那就是商品和生产要素能够在全社会范围内自由流动，配置到效益最优的用项组合上去，这就要求废除国内的封建割据和形形色色阻拦资源自由流动的人为的障碍。商品经济发展到一定高度就需要一个统一的国内市场，并要逐步伸向世界市场。近代民族国家的形成和几乎同时发生的地理大发现，就是这种统一市场逐渐形成的历史背景，也是市场经济形成的历史背景，所以说，市场经济是商品经济高度发展的产物，这是从资源配置这一经济学基本观点提出来的。资源配置在经济生活中有极其重要的意义，我们是通过改革才逐渐认识到这一点的，1984 年提出有计划商品经济概念时对这点了解得还有限。我们现在提出用市场经济概念代替有计划商品经济概念，就是强调要进一步发展商品经济，在资源配置的问题上，就必须明确用市场配置为主的方式来取代行政计划配置为主的方式，这也正是我国当前经济改革的实质所在，而这一实质是"有计划的商品经济"概念所不能涵盖和表达的。

再从认识发展过程来看，十一届三中全会提出有计划商品经济新概念，无疑是社会主义经济理论的一次重大突破，它具有推进历史的重大意义，但也不可避免地有一定的历史局限性。这即如上所分析，它未能彻底解决计划与市场究竟何者为资源配置的基础性方式或主要手段的问题，以致人们在计划与市场关系的认识上不断发生摇摆和分歧。人们仍然不能摆脱把计划经济与市场经济看作是区别两种社会制度范畴标志的思想束缚，这又阻碍了人们去深刻认识市场机制在优化资源配置和促进社会生产力发展中的不可替代的作用。1992 年初邓小平同志在南方谈话中就指出，计划经济不等于社会主义，资本主义也有计划，市场经济不等于资本主义，社会主义也有市场，计划和市场都是经济手段，计划多一点还是市场多一点不是社会主义与资本主义的基本区别。这一科学论断从根本上破除了把计划经济和市场经济看作是社会基本制度范畴的传统观念，诊治了我们在市场和市场经济问题上常犯的"恐资病"，启发了人们从资源配置这一基本经济学观点出发去重新思考把社会主义市场经济体制作为经济改革目标模式的问题。这无疑是社会主义经济理论继 20 世纪 80 年代初提出社会主义商品经济概念后，在 90 年代初发生的又一次重大突破。这一突破对今后我国改革开放和经济建设的实践将产生重大影响。

（二）既然计划和市场都是经济手段，为什么我们现在又把社会主义计划经济的概念变成或者发展成社会主义市场经济的概念？

上面讲了为什么要从"社会主义商品经济"过渡到"社会主义市场经济"，这是为了说明我国经济改革的实质是在资源配置方式上用市场配置为主取代计划配置为主。但是这里有一个问题需要解释清楚：既然计划和市场都是经济调节手段，计划多一点还是市场多一点，都与社会制度无关，那么为什么我们不能在保持计划经济的体制下实行计划与市场的结合，而一定要改为在市场经济的体制下实现两者的结合呢？这就是说，为什么资源配置的方式一定要从计划配置为主转为市场配置为主呢？这个问题涉及对作为资源配置两种方式各自的内涵和各自长短优劣的比较。经过多年的实践与观察，应该说这个问题越来越清楚了。

的确，资源配置的计划方式和市场方式各有其长短优劣。计划配置一般是政府按照事先制定的计划，主要是依靠行政指令的手段来实现。它的长处在于能够集中力量（即资源）办成几件大事，有可能从社会整体利益来协调经济的发展。但计划配置的缺陷主要在于：由于计划制定和决策人员在信息掌握和认识能力上的局限性，以及在所处地位和所代表利益上也难免有局限性，因此计划配置的方式就难免发生偏颇、僵滞，往往会限制经济活力，不利于资源的优化配置。市场配置一般是按照价值规律的要求，适应供求关系的变化，发挥竞争机制的功能来实现。它的长处在于能够通过灵敏的价格信号和经常的竞争压力，来促进优胜劣汰，协调供求关系，把有限的资源配置到最优环节组合上去。但市场配置也有其缺陷：市场调节具有自发性、盲目性和滞后性特点，它对于保证经济总量平衡，防止经济剧烈波动，对于合理调整重大经济结构，对于防止贫富悬殊、两极分化，以及对于生态环境和自然资源的保护等问题，或者是勉为其难的，或者是无能为力的。

这样看来，既然计划与市场各有其长短优劣，我们就必须扬长避短，取长补短，把两者结合起来运用。但是讲到这里，仍然没有解答为什么要用市场经济体制来取代计划经济体制的问题。我认为，这个问题已经不是一个信念问题，也不是一个感情好恶的问题，而是一个实证性问题。就是说，要解答这个问题，就必须不再纠缠于市场经济和计划经济是姓"社"还是姓"资"的抽象概念上，而要切实考察这两种经济运行机制在世界经济竞技场上进行的历史较量，说明它们各自在什么条件下是资源配置的更为有效的方式，以及从整体上说何者更为有效。

纵观近代世界史，市场经济形成后促进了资本主义经济的大发展，但同时资本主义社会的内在矛盾也激化起来。市场经济发展到 19 世纪初叶，作为资本主义社会基本矛盾表征之一的周期性经济危机开始出现，此后愈演愈烈，造成工厂倒闭、工人失业等社会的灾难。19 世纪中叶后，社会主义的思想由空想变为科学，针对市场经济的这种弊端，提出了有计划分配劳动时间和计划经济的设想。这一设想到了 20 世纪初叶俄国十月革命后得以实现。第二次世界大战后，包括中国在内的一些国家也实行了计划经济。所有实行计划经济的国家，既有成功的经验，也有失败的教训。例如苏联从一个经济落后的国家一度发展成世界第二号工业强国，取得了反法西斯卫国战争的胜利，战后经济恢复也快，这些都得力于计划经济。但是，20 世纪 60 年代以后，随着经济规模扩大，经济结构复杂化，技术进步步伐加快，人民生活要求提高，苏联计划经济本身管得过死、不能调动积极性的内在弊病逐渐暴露了出来，这导致了经济效率的下降和增长速度的步步下降。尽管在尖端科学、国防产业的某些领域还有某种程度上的领先，但从总体效率上说，在解决市场商品匮乏、满足人民生活需要等方面，苏联传统的计划经济越来越显得一筹莫展。

反观西方资本主义国家，鉴于社会矛盾的日益激化，他们从19世纪中叶起开始寻找医治市场经济弊病的方法。随着股份制和支配垄断整个产业部门的托拉斯的出现，在一定范围内克服了生产的无计划性。1891年，恩格斯曾针对资本主义社会股份制和托拉斯的出现指出："由股份公司经营的资本主义生产，已不再是私人生产，而是为许多结合在一起的人谋利的生产。如果我们从股份公司进而来看那支配着和垄断着整个工业部门的托拉斯，那末，那里不仅私人生产停止了，而且无计划性也没有了。"[1] 第二次世界大战时期，各国政府被迫实行类似计划经济的"统制经济"，对战时人力、物资、外汇等实行严格的管制，借此得以集中资源满足战争的需要。这些局部性、临时性的措施，当然不能阻止资本主义社会矛盾的发展。从1929年直到20世纪30年代，西方世界爆发了大危机、大萧条，造成了资本主义和平时期的空前社会灾难，资本主义社会矛盾暴露无遗。于是出现了以罗斯福"新政"为代表的政府对经济的干预和以凯恩斯的《通论》为代表的宏观经济管理理论。这一理论在第二次世界大战后被西方各国普遍接受，政府通过财政政策、货币政策等手段对经济实行宏观调控，一些国家如法国、日本还搞了一些指导性计划，一些国家如瑞典、德国还搞了社会福利政策。尽管这些国家以私有制为主体的市场经济基础未变，因而不能完全摆脱资本主义社会基本矛盾的困扰，但上述政府宏观调控和社会福利政策的实施，大大缓和了周期性经济危机和社会阶级对抗，加上战后几次强劲的科技革新浪潮，使得现代资本主义的发展不仅能够"垂而不死"，而且还很有活

---

[1] 《马克思恩格斯全集》第22卷，人民出版社1965年版，第270页。

力，已经不能用 19 世纪的模式来理解它了。

从以上简短的历史回顾可以看到，市场经济和计划经济在不同的历史条件下都有成功亦有失败，各有千秋。但从总体效率的较量来看，现代市场经济与计划经济相比，已被证明是更为有效的经济运行机制，传统的计划经济已被证明敌不过现代的市场经济，正是这个客观事实最终成为导致东欧剧变、苏联解体的重要因素之一。中国实行计划经济在第一个五年计划等阶段也是成功的，但后来也出现了物资匮乏、效率上不去的问题。十一届三中全会后，我们针对这些问题，及时采取了市场取向改革的步骤，而且事实证明，凡是市场取向改革越深入、市场调节比重越大的地方、部门和企业，经济活力就越大，发展速度就越快。改革十多年来，国家整体上经济实力增强了，市场商品丰富了，人民生活水平提高了。工农基本群众衷心拥护党，支持稳定，这是前几年中国在严峻考验中能够屹然站立、避免重蹈苏联东欧覆辙的一个重要因素。这也从一个方面表明，中国选择以市场为取向的改革道路是明智的。

从历史的回顾中，我们还得出一个结论：计划经济是不能一笔抹杀的，有它一定的适用范围，在一定的历史条件下，它是更有效的。那么，计划经济适用的历史条件是什么呢？第一是经济发展水平较低、建设规模较小的时候（如"一五"时期 156 个项目的建设）；第二是经济结构、产业结构比较简单的时候（如消灭私营经济、主要发展重工业）；第三是发展目标比较单纯、集中的时候（如战时经济、战备经济，解决温饱问题）；第四是发生了除战争以外的非常重大事故的时候（如特大的灾害、特大的经济危机）；第五是闭关锁国、自给自足的时候。在这些条件下，计划经济比较好搞，也很管用。但是，一旦经济发展水平提高了，建设规模扩大了，经济结构和产业、产品结构复杂化了，发展目标正常化、多元化了（把满足人民丰富多彩的生活需求和提高以科技、经济为中心的综合国力作为目标），对外开放使经济逐渐走向国际化了，在这样的情况下，以行政计划配置资源为主的计划经济就越来越不适应，必须及时转向市场配置资源为主的市场经济。这正是我国经济目前面临的形势和任务。20世纪80年代，我国经济已经跨上了一个大台阶，90年代，我们要抓紧有利时机，在优化产业结构、提高质量效益的基础上加快发展；还要进一步扩大开放，走向国际市场，参与国际竞争。这就要求我们更加重视和发挥市场在资源配置中的导向作用，建立社会主义市场经济新体制。在这个基础上，把作为调节手段的计划和市场更好地结合起来。在配置资源的过程中，凡是市场能解决好的，就让市场去解决；市场管不了，或者管不好的就由政府用政策和计划来管。现代市场经济不仅不排斥政府干预和计划指导，而且必须借助和依靠它们来弥补市场自身的缺陷，这是我们在从计划经济转向市场经济时须臾不能忘记的。

（三）既然市场经济不是制度性的概念，那么为什么要在市场经济前加"社会主义"的定语？社会主义市场经济区别于资本主义市场经济的特点是什么呢？

海外人士也有这样提出问题的，中国搞市场经济就行了，何必要社会主义。这样讲，要么是有其用心，要么就是不了解中国以市场为取向的经济改革，其目的其内容都是社会主义制度的自我完善，而不是照抄照搬西方市场经济。海内人士提出这个问题，是认为从运行机制上说，市场经济在两种社会制度下没有什么差别，如果说有所不同，那也不是市场经济本身的问题，而是由两种社会制度基本特征不同带来的。所以，有的同志主张不叫"社会主义市场经济"，而叫"社会主义制度下"或"社会主义条件下的市场经济"。我认为，这个意见不是没有道理，但为减少文字，我们也可以约定俗成，用"社会主义市场经济"概念来表述

"社会主义条件下"或"社会主义制度下的市场经济"。一些共性的范畴，体现在具体的事物中，往往呈现出特殊性来，在共性范畴前面加上特殊的定语，也是通常的做法。例如我们通常使用的"社会主义现代化""社会主义企业"等概念就是如此。对于社会主义条件下的市场经济，不妨使用"社会主义市场经济"的称谓，因为社会主义市场经济与资本主义市场经济确实既有共性，也有特殊性。即使同是资本主义的市场经济，德国的市场经济不等同于法国的市场经济，日本的市场经济也不等同于美国的市场经济。何况社会主义国家的市场经济，当然有不同于资本主义市场经济的差异和特征。社会主义市场经济与资本主义市场经济的共性，我们在前文的论述中已多次涉及了，如价值规律、供求关系、价格信号、竞争机制在资源配置中的作用，等等。其差异主要是由于市场经济不能脱离它存在于其中的社会制度的制约。社会主义市场经济不同于资本主义市场经济的特点，是受社会主义制度的本质特征决定的，特别是它同社会主义基本经济制度是紧密联系在一起的。

我国社会主义制度的基本特征，从政治制度上说，最重要的是共产党和人民政权的领导。这个政权从总体上说不是为了某些集团或个人谋求私利，而是以为全体人民利益服务为宗旨的。[①] 在基本经济制度上，所有制结构是以公有制（包括国有经济和集体经济）为主体，个体、私营、外资经济为补充，不同所有制可用不同形式组合经营，各种经济成分和经营形式的企业都进入市场，平等竞争，共同发展。国有经济的主导作用要通过市场竞争来实

---

① 习近平总书记在 2021 年庆祝中国共产党成立 100 周年大会上的讲话中指出，中国共产党没有任何自己特殊的利益，从来不代表任何利益集团、任何权势团体、任何特权阶层的利益，始终代表最广大人民根本利益，与人民休戚与共、生死相依。参阅习近平《在庆祝中国共产党成立 100 周年大会上的讲话》，人民出版社 2021 年版，第 11—12 页。（编者注）

现。与所有制结构相适应，社会主义的分配制度以按劳分配为主体，按其他生产要素分配为补充，兼顾效率与公平，运用市场机制合理拉开差距，刺激效率，同时运用多种调节手段，缓解分配不公，逐步实现共同富裕。社会主义制度的这些基本特征，不能不通过注入较多的自觉性和公益性，对市场经济的运转产生重要的影响。由于有共产党的领导，有公有制为基础，有共同富裕的目标，我们在社会主义市场经济的运行中，更有可能自觉地从社会整体利益与局部利益相结合出发；在处理计划与市场的关系、微观放活与宏观协调的关系，以及刺激效率和实现社会公正的关系等方面，应当也能够比资本主义市场经济更有成效，做得更好。对此我们充满信心，因为通过全面改革的努力，这些是能够实现的。

建立社会主义市场经济的体制是一项非常复杂的系统工程，包括许多相互联系的重要方面的改革。一是企业机制的改革，特别是转换国有大中型企业的经营机制，要通过理顺产权关系，实行政企分开，把企业推向市场，使之成为真正自主经营、自负盈亏、自我发展、自我约束的法人实体和市场竞争主体。二是市场机制的培育和完善，不仅要发展商品市场，还要培育生产要素市场，加快建立以市场形成价格为主的价格机制，同时建立一套规范而科学的市场规则和管理制度。三是建立符合市场经济要求又遵守社会主义原则的社会收入分配机制和社会保障制度。四是宏观调控体系和机制应建立在市场作用的基础上，相应减少政府对企业的干预，由过去直接抓企业的钱、物、人的微观管理为主，转到把重点放在做好规划、协调、监督、服务，以及通过财税金融产业等政策搞好宏观管理上来。这方面政府职能的转变十分关键，没有这个转变，以上各方面的改革都难以深化。这些方面中的每一项改革也都是一个复杂的系统工程，这里就不一一细说了。

关于分配与所有制关系若干问题的思考[*]

（2007 年 12 月）

关注生产关系和分配关系，是邓小平理论的重要部分。应正确评估当前中国贫富差距扩大的趋势，认识到这种现象出现的最根本原因在于所有制结构的变化。在实际经济生活中和思想理论层面，确实存在干扰"公有制经济为主体"的私有化倾向。所谓"公有制经济低效论"是个伪命题。不容忽视"国退民进"的认识与做法带来的危害。增强国有经济的控制力，应从国有企业的数量、布局与结构、改革决策的制衡监督与公共参与等方面做进一步的研究。在现阶段，我们要继续毫不动摇地鼓励、支持、引导非公有制经济发展，发挥其积极作用，同时必须毫不动摇地巩固和发展公有制经济，坚持其主体地位。这样，才能够保证我国的社会主义市场经济发展壮大，同时保证社会主义基本经济制度巩固发展，永远立于不败之地。

---

　*．本文原载《高校理论战线》2007 年第 10 期；最初发表在《中国社会科学内刊》2007 年第 6 期，《求是》2007 年第 24 期刊发时略有删改。本文旨在论述调整收入分配关系、缩小贫富差距，不仅要从分配领域本身着手，特别是从财政税收转移支付等再分配领域着手；还要从基本生产关系，即所有制关系，从坚持基本经济制度来处理这一问题，才能最终阻止向两极分化推进的趋势。文章分析了我国目前所有制结构面临的情势，指出当前要在事实上坚持以公有制为主体，坚持社会主义基本经济制度的必要性、紧迫性。（编者注）

邓小平关注分配问题

邓小平的社会主义改革理论中，人们注意到他对分配问题的关注。如在论述社会主义本质时，他先从生产力方面讲了社会主义是解放生产力和发展生产力，然后又从生产关系方面讲了消灭剥削、消除两极分化，最终达到共同富裕。生产关系落脚在消除两极分化，达到共同富裕。这不仅属于（再）分配领域的问题，要通过社会收入和财富的分配才能体现出来，还有更深层次、更重要的因素，那就是所有制，它决定初次分配。因此，共同富裕问题涉及初次分配和再分配两大领域。

邓小平曾多次讲，社会主义"有两个根本原则""两个非常重要的方面"。一个是"公有制为主体，多种经济共同发展"，一个是"共同富裕，不搞两极分化"。第二个"重要方面"或"根本原则"讲的属于分配领域，同"本质论"所讲的"消除两极分化，达到共同富裕"完全一致。

邓小平对社会主义的本质、根本原则，作了精神一贯的许多表述。他讲的东西可以说是社会主义的构成要素，如解放生产力，发展生产力，公有制为主体，消除两极分化，等等。就是说，没有这些东西，就构成不了社会主义。但在这些要素中，他又特别强调生产关系和分配关系的要素。比如说，社会主义改革的任务当然是要发展生产力，但是如果单单是发展生产力，而不注意社会主义生产关系的建设和改进，那么社会主义改革也是难以成功的。他的非常经典的一句话，"如果我们的政策导致两极分化，我们就失败了"[1]，很鲜明地说明了这一点。GDP 哪怕增长得再多再快，也不能改变这个结论。这证明分配关系这一因素，在邓小平

---

[1]　《邓小平文选》第 3 卷，人民出版社 1993 年版，第 111 页。

的社会主义改革理论中，占有何等重要的地位。

邓小平假设的"改革失败"，不是指一般改革的失败，而是讲社会主义改革的失败，或者改革的社会主义方向的失败。因为社会主义是必然要有消除两极分化、达到共同富裕的要素的。很可能生产力一时大大发展了，国家经济实力大大增强了，GDP 也相当长时期地上去了，可是生产出来的财富却集中在极少数人手里，"可以使中国百分之几的人富裕起来，但是绝对解决不了百分之九十几的人生活富裕的问题"①，大多数人不能分享改革发展的好处。这样一种改革的结果也可以说是一种改革的成功，可是这决不是社会主义改革的成功，而是资本主义改革的成功。

很明显，共同富裕，消除两极分化，是社会主义最简单最明白的目的。这是社会主义区别于资本主义，社会主义改革区别于资本主义改革的最根本的东西。

"解放生产力、发展生产力"，也是社会主义的构成要素。社会主义决不等于贫穷，决不能满足于不发达，这是常识。任何一个消除生产力发展桎梏的新的社会生产方式，包括资本主义生产方式，在一定时期，都有"解放生产力、发展生产力"的作用。但不是任何一种社会生产方式都能够解决"消除两极分化、达到共同富裕"的问题。只有社会主义生产方式才能做到这一点。中国由于生产力落后，经济不发达，在社会主义初级阶段提出解放和发展生产力也是社会主义的本质要求，这是顺理成章、非常正确的，但这不是社会主义的终极目的。社会主义的终极目的是人的发展，在经济领域的目的是人们共同富裕。邓小平的社会主义"本质论"，特别强调"共同富裕"这一要素，他说，"社会主义最大的优越性就是共同富裕，这是体现社会主义本质的一个东

---

① 《邓小平文选》第 3 卷，人民出版社 1993 年版，第 64 页。

西"①，就说明了这一点。所以在理解邓小平社会主义本质论的内容时，决不可以仅仅重视发展生产力这一方面，而不重视调整生产关系和分配关系这一方面。

重视社会主义分配问题，是邓小平毕生为社会主义奋斗的心血结晶，越到晚年这方面的思绪越不断。他指出："十二亿人口怎样实现富裕，富裕起来以后财富怎样分配，这都是大问题。题目已经出来了，解决这个问题比解决发展起来的问题还困难。分配的问题大得很。我们讲要防止两极分化，实际上两极分化自然出现。"② 这些有丰富内涵的警句，实在需要我们认真思考研究。

当然，邓小平不只是重视社会主义分配关系即消除两极分化问题，他更为重视与分配有关的整个社会主义生产关系，特别是所有制关系问题。在他看来，避免两极分化的前提是坚持公有制为主体，他说，"只要我国经济中公有制占主体地位，就可以避免两极分化"③。又说，"基本的生产资料归国家所有，归集体所有，就是说归公有"，"到国民生产总值人均几千美元的时候，我们也不会产生新资产阶级"④，也是这个意思。所有制关系决定分配关系。这是马克思主义政治经济学理论中极其深刻的一条原理，有着极重要的理论意义和政策意义。我们有很多同志往往没有注意这一条马克思主义的重要政治经济学原理，本文后面还要论及这条原理。我想在这里提醒一下，让我们大家都来注意这一条真理，学习这一条真理。

---

① 《邓小平文选》第3卷，人民出版社1993年版，第364页。
② 《邓小平年谱（一九七五——一九九七）》（下），中央文献出版社2004年版，第1364页。
③ 《邓小平文选》第3卷，人民出版社1993年版，第149页。
④ 《邓小平文选》第3卷，人民出版社1993年版，第90—91页。

正确评估中国贫富差距扩大的形势

改革开放以来，在分配领域，我们党遵循邓小平的正确思想，克服了过去在实行按劳分配原则中曾经有的平均主义倾向（过去也不能说完全是平均主义，"按劳"的差别还是有的，但是平均主义倾向相当严重），实行让一部分人、一部分地区先富起来，带动大家共同富裕的方针。经过将近30年的改革实践，经济发展了，收入差距也拉开了，但先富带动后富还没有实现，离实现共同富裕的目标还有较大差距。经济大发展带来了繁荣和人民生活水平改善，同时也带来了深刻的社会矛盾，引起公众的焦虑和学界的争论。

争论的焦点问题之一，是目前的贫富差距是否已经扩大到了"两极分化"的程度。对于防止两极分化这个问题，邓小平一再提醒和强调，把它提到突出的政治高度，就是不希望这种假设成为现实。这个问题非常敏感，大家高度关注，由此引发的争论也异常激烈。

对于当前中国社会贫富悬殊是否达到两极分化，有两种截然相反的判断。肯定的一方忧心忡忡，列举出一些事实和数字，用国际上通用的指标，如基尼系数、"五等分"或"十等分"分配比较法等加以论证，并用社会上一方面穷奢极欲地消费、另一方面生计困难的现象和事实来验证，以此说明两极分化已被不幸言中，希望尽快改变格局，扭转不到的局面。否定的一方则认为，现在虽然富者愈来愈富，但远没有到贫富分化程度，贫者也不是愈来愈穷，而是水涨船高，跟着改善了生活，因而否认国际上通用的指标也适用于中国，并断言基尼系数的提高是市场经济发展的不可改变的必然趋势，认为提"两极分化"是故意炒作，旨在反对改革。

很显然，以上两种观点分别代表了社会上不同利益集团的看法。一种是代表资本、财富和某些社会精英；另一种以工农为主体代表普通大众。我不能完全免俗，完全摆脱社会不同利益集团的影响，但是我主观上力求试着超脱一些。所以，我对于中国现在是否已经"两极分化"的问题，一向持慎重态度。

四年以前（即 2003 年），我在《研究宏观经济形势要关注收入分配问题》一文中指出："目前我国居民基尼系数大约在 0.45 左右。……基尼系数还处于倒 U 形曲线的上升阶段，随着市场经济体制的深化，客观上还有继续上升的趋向。所以，我们不能一下子强行提出降低基尼系数，实行公平分配的主张，而只能逐步加重公平的分量，先减轻基尼系数扩大的幅度，再适度降低基尼系数本身，逐步实现从'效率优先兼顾公平'向'效率与公平并重'过渡。"① 2005 年 4 月，我在《进一步重视社会公平问题》一文中说："收入差距扩大到承受极限，很可能与达到两极分化相联系。我们现在显然不能说已经达到两极分化（这是邓小平说改革失败的标志），也不能说达到承受极限。基尼系数客观上还在上升阶段，如不采取措施则有迅速向两极分化和向承受极限接近的危险。"② 我现在基本上还是持这个谨慎态度。为什么要持这样比较中性（贫富差距还未达到不能承受程度的两极分化），又有一定的倾向性的观点（要认真及时解决否则有接近两极分化、承受极限的危险），而不采取前述两种极端的观点呢？我有以下一些考虑。

"两极分化"是马克思在《资本论》中阐述过的受资本积累一般规律制约和支配的一种社会现象，一极是财富积累，另一极则是贫困积累。财富积累无限扩大的同时，贫困积累也经由"绝

① 2003 年中国经济形势分析与预测春季讨论会的发言，载《经济学动态》2003 年第 5 期，第 3—8 页；收入《经济蓝皮书：中国经济前景分析 2003 年春季报告》，社会科学文献出版社 2003 年版。

② 2005 年中国经济形势分析与预测春季讨论会的发言，载《经济学动态》2005 年第 4 期，第 4—8 页；收入《经济蓝皮书：中国经济前景分析 2005 年春季报告》，社会科学文献出版社 2005 年版。

对贫困"向"相对贫困"转化。绝对贫困基于资本与劳动的分离而产生，其中，劳动能力是工人唯一能够出售的商品，资本则天然地为了利润最大化，利用自身优势和劳动力市场竞争条件，拼命压低工资和劳动条件，压低的程度始终与产业后备军的规模、劳动人口相对过剩的数量成正比，因而一开始就表现为"绝对贫困"的积累。随着劳动生产率的提高，工人阶级组织性、凝聚力增强以及斗争经验的积累，其中马克思主义提供了最锐利的思想武器，资产阶级政府被迫也要提供更多的福利措施，使得工人绝对的工资福利水平有所提高，但是，与资本所得相比，差距越来越大，劳动与资本的分配比例关系继续朝着有利于资本、财富积累的方向进行。在绝对贫困减少的同时，相对贫困却增加了，财富积累和贫困积累两极分化现象仍然持续下去，而且相差愈加悬殊。一项对实行议会制国家的国际调查研究，用大量的材料表明，私有化、市场化、民主化和全球化的结果，无论是实行议会制的发达国家，还是实行议会体制的发展中国家，普遍存在两极分化加剧现象。

当然，无论就国情而言还是社会制度而言，中国的情况与实行议会制度的国家（无论发达与否）都不一样，完全不具有可比性。但就"从绝对贫困到相对贫困"的发展规律而言，则是有启发的。一些同志在论证中国已出现两极分化现象时，没有注意到 1978 年至 2006 年期间，农村绝对贫困人口数量从 2.5 亿下降到 2148 万，减少了 2.28 亿人，农村绝对贫困人口的发生率由 30% 降到 2.3%。这是我国社会生产力发展和政府扶贫政策实施的结果，对于缓解贫富差距扩大起到了一定作用。当然不能由此就下结论说中国的贫富差距已经缩小，因为经济发展了之后，贫困标准也在稳步提高。按照现行标准计算的贫困人口是几千万，而按照世界标准计算则是两个亿，差别还是蛮大的。所以目标和任务还很重。虽然按我们现行标准计算的绝对贫困人口数量减少了，而且降幅很大，但并不意味着相对贫富差距没有继续扩大。另一种观点则认为，经济发展与收入分配是水涨船高的关系，从而断言现在只有大富小富之分，没有两极分化，未来也不可能出现两极分化。① 这一说法并不符合生产力发展了之后劳动人口从绝对贫困转向相对贫困、两极分化趋势依然存在并继续扩大的客观规律，只是在资本主义条件下表现得更充分、更不受限制，并不能由此就得出结论，认为这样的规律在社会主义条件下就根本不起作用。

更何况，中国受市场经济因素影响，更不能完全置身事外，闲看天边云卷云舒，而是要提前防范和及时化解由此带来的两极分化。特别是在改革过程中，由于诸如教改、医改、房改、国企改革等政策中的某些失误，以及土地征用、房屋拆迁等使居民利益受损等影响，致贫返贫，甚而产生新的贫困现象，加剧"贫者愈贫，富者愈富"（审计总署署长李金华语）的程度。这些都是造成相对贫困所不容忽视的原因。当然政府正在及时采取措施设法解决这些问题，缓和两极分化的矛盾和趋势。

我想再强调一下，说我国收入分配有向两极分化演进的趋势，并不意味着现在收入分配的整个格局已经是"两极分化"了。能不能拿基尼系数来判断我国是否已经达到两极分化的程度？有些人基于某种原因，说基尼系数不适用于中国，说目前谈论基尼系数意义不大。这未免同他们一贯宣扬的万事皆与国际接轨的决绝态度大相径庭，这种选择性言论令人大跌眼镜。

基尼系数作为衡量贫富差距的工具，是一个中性指标，二战后世界各国都在使用。我国基尼系数由 1964 年的 0.184，1978 年的 0.2，上升到 1980 年的 0.26，1990 年越过 0.4。上升速度之快，令人惊讶，这是不能回避的。从水平上说，我国基尼系数已超过

---

① 《经济观察报》2007 年 3 月 18 日。

许多发达的资本主义国家，但还没有达到社会动荡比较强烈的拉丁美洲一些发展中国家的水平。这很能说明一些问题。比如说，发达的资本主义国家，大多是以前的殖民帝国①，现在又具有跨国公司优势，从全世界吸取剩余价值，一部分用于国内的社会福利，借以缓解社会矛盾。这对于降低基尼系数，甚至于降到比我国还低，不能不说是一个重要因素。当然，我们也应该反思，除了发展阶段差别之外，我们作为一个社会主义国家，基尼系数何以出现超出发达的资本主义国家，这种情形究竟是如何产生的？

此外，我确实赞同一些专家所说的，影响基尼系数的结构性因素甚为复杂，不能简单地套用基尼系数的某些国际规范。比如说，按国际标准 0.4 是社会失衡的临界点，超过 0.4，就要进入警戒状态，这一条我看就不能随便套用。

我在 2003 年《研究宏观经济形势要关注收入分配问题》一文中说："基尼系数 0.4 作为监控贫富差距的警戒线，是对许多国家实践经验的概括，有一定的普遍意义。但各国的情况千差万别，社会公平理念和居民承受能力不尽相同。拿我国来说，基尼系数涵盖城乡居民，而城乡之间的收入差距扩大幅度明显是大于城镇内部和农村内部差距扩大的幅度。1978 年到 2000 年城镇内部居民收入差距的基尼系数由 0.16 上升到 0.32，农村内部由 0.21 上升到 0.35，基尼系数小于国际警戒线。但城乡居民收入差距幅度甚大，基尼系数由 1980 年的 0.341，上升到 2000 年的 0.417，高于国际警戒线。我国城乡居民收入差距悬殊，现时为 3.1∶1，若考虑城乡福利补贴等差异，则差距进一步扩大到 5∶1 到 6∶1。由此看来，我国城乡居民是两个根本不同的收入和消费群体。……历史形成的我国城乡居民收入巨大差距的客观事实，使农村居民一时难以攀比城市生活，其承受能力有一定的弹性，所以我国的收入分配警戒线，不妨比国际

---

① 殖民主义国家无论对内对外都有着资本原始积累的斑斑劣迹。（编者注）

警戒线更高一些。"①（城乡差距影响基尼系数一事，早已成为中国经济学界的共识。网上近传某经济学家将此论作为自己的发明，申请诺贝尔奖。如果情况属实，那真是闹大笑话了。）

基于此类结构性因素对全国基尼系数影响的考虑，我在 2005 年《进一步重视社会公平问题》一文中还表达了这样的观点：我们现在显然不能说已经达到两极分化，也不能说达到承受极限，我国人民对基尼系数在客观上继续上升还有一定的承受能力。当然这不意味着我们不重视贫富差距的扩大问题，要对其采取遏制措施。我接着说了基尼系数在迅速上升的情况下，如不采取有力措施，则有迅速向两极分化和承受极限接近的危险。② 所以，那种认为基尼系数上升是市场经济发展过程中的必然现象，需要长时期对付、等待才能解决的观点，也是不妥的。

按照邓小平的估计，从支持一部分人、一部分地区先富起来，转向先富带动后富以实现共富，这两个"大局"的变化，即着手解决贫富差距问题，大约是在 20 世纪和 21 世纪之交。③ 这个估计可能过于乐观了一点。但是经过将近 30 年的改革与发展，现在我们国家的经济实力和财政力量已经成长到可以加速解决贫富差距问题的阶段。何以"让一部分人先富起来"可以很快实现，而"先富带动后富实现共富"则需要很长很长时间的等待呢？这在我们社会主义的国家更是说不过去的。这显然是对财富积累一极偏袒的言论，其后果将导致社会矛盾的激化，也是可以预见的。

除了以上的考虑外，我之所以对两极分化问题持上述比较中

① 2003 年中国经济形势分析与预测春季讨论会的发言，载《经济学动态》2003 年第 5 期，第 3—8 页；收入《中国经济蓝皮书：中国经济前景分析 2003 年春季报告》，社会科学文献出版社 2003 年版。

② 2005 年中国经济形势分析与预测春季讨论会的发言，载《经济学动态》2005 年第 4 期，第 4—8 页；收入《经济蓝皮书：中国经济前景分析 2005 年春季报告》，社会科学文献出版社 2005 年版。

③ 《邓小平文选》第 3 卷，人民出版社 1993 年版，第 374 页。

性而又有一定倾向的观点，还有一层考虑，就是对领导我们进行改革开放的中国共产党政治路线的坚定信心。改革开放以来出现的收入差距扩大和贫富分化的现象，一方面是采取一部分人先富起来的正确政策的结果，但是还没有来得及解决带动大部分人共享改革成果的问题，这属于正确政策的掌握经验不足问题；同时也有社会上种种错误思潮（后面再叙）干扰的影响。党中央始终保持改革的社会主义方向，在发展社会生产，搞活市场流通，完善宏观调控，改善人民生活等方面，取得了许多成就，有目共睹。在这样的总形势下，即使分配等方面的改革出了点问题，怎么可以说邓小平同志的假设已经言中，改革已经失败了呢？这是不符合实际情况的，也是不公平的。我们看到党对人民负责的郑重精神，特别是十六大以来，本着对人民群众切身利益的关怀，提出以人为本的科学发展观和构建社会主义和谐社会的思想，作了"让改革成果为全体人民分享"的政治承诺。针对日益发展的社会矛盾，淡出"效率优先、兼顾公平"的原则，突出"更加重视社会公平"的方针。利用财税改革和转移支付手段，着手解决分配不公问题。采取积极措施，解决诸如医疗服务、教育收费、居民住房、土地征收、房屋拆迁等涉及群众利益的突出问题。2006 年 5 月，党中央还召开了专门会议，研究收入分配制度改革。我想，党中央这一系列重大举措，只要认真地有效地落实，将会缓解我国贫富差距扩大的倾向，遏制并扭转两极分化的势头和趋向。

　　分配关系的调整和社会公平的促进，千头万绪。不仅要党和政府牵头，也要各方面的配合。包括精神的、舆论的配合。所以过于强调在两极分化问题上问责，并不有利于问题的解决。但指明发展的趋向，则是研究者职责所在。我之所以在这个问题上持比较中性又积极的态度，理由就在于此。

贫富差距扩大的最根本原因在于
所有制结构的变化

本文第一部分末尾曾论述邓小平关于分配问题的一个重要论点，就是在他看来，避免两极分化的前提是"坚持公有制为主体"。他说，"只要我国经济中公有制占主体地位，就可以避免两极分化"。这体现了马克思主义政治经济学理论中极重要的一条原理，即生产关系（特别是所有制关系）决定分配关系。为了阐明这个道理，还得从贫富差距扩大的原因究竟在哪里，哪个是最主要的原因说起。

为什么会产生贫富差距扩大的现象？有很多不同的解释。

有人说，贫富差距扩大是"市场化改革"必然要付出的代价。这个说法不错，因为市场化本身就是崇尚竞争和优胜劣汰规则的过程，这一过程不断造成收入差距拉大，这有利于提高效率、发展经济，是市场经济积极的一面。但随着市场经济的发展，特别是资本积累规律的作用，出现贫富鸿沟和两极分化是难以避免的，是市场铁的法则在起作用，除非采取有效的政府干预措施事先防范并减缓这种趋势。否则，这股势头一旦任其滋长蔓延，形成气候，就会像泥石流那样咆哮袭来，那时谁还能抵得住而不被这股潮流侵蚀、裹挟、吞没？一溃千里，悔之晚矣，前车之鉴不可不察。

又有人说，贫富差距的扩大"是市场化改革不到位，市场经济不成熟造成的"。这种说法就大有问题了。

是不是市场经济成熟了，收入差距就可以缩小呢？事实不是这样的。随着市场经济的发展，财富集中于一小部分人的趋势越来越明显。前文中说，在发达的市场经济国家，两极分化现象层出不穷，令人"目不暇接"。联合国发表的《2006 年人类发展报告》

说，"最新数据显示，全球贫富差别仍在扩大。无论在国与国之间还是在一个国家内部都是如此"。20 世纪 70 年代以来，市场机制与私人产权方面做得太多，造成英、美、日等重要市场经济国家财富集中度在提高，贫富差距在扩大，社会公平状况下行，20 世纪后期实行福利制度的发达市场经济国家，财富和收入分配方面也呈退步趋势。所有这一切，都不能说明市场经济越发达越成熟，贫富差距扩大、两极分化能够自动得到解决。所谓只要"市场化改革"到位，就能解决这个问题，只是画饼充饥、纸上谈兵而已。

很多学者比较具体地分析我国贫富差距拉大的原因，角度不同，口径不一，难以归类。下面列举一些，略加议论。如城乡二元结构论，地区不平衡论，行业差别论（包括一些行业垄断），腐败与钱权交易、不正之风论，政策不均、公共产品供应不足论，再分配环节（财政税收，社会保障福利）调节力度不够论，等等。

上面列举的造成分配不公的因素并不完全。这些因素对我国贫富差距的扩大，都有"贡献"。可以看出，各项原因之间，有互相交叉的关系。

城乡差别，是造成中国贫富差别的一项重要原因。如前所述，城乡各自基尼系数是 0.3 到 0.4 左右，而包括城乡在内的总基尼系数在 0.45 以上。现在政府虽然通过新农村政策支农惠农，城乡差别扩大之势有所缓和，但尚未完全改变。

地区差别，在很大程度上与城乡差别有关。东部地区主要靠城市繁荣，西部地区多为广大农村。区域平衡政策也在缓和差距扩大，但地区差别扩大过程亦未停止。

行业差别，主要是某些行业凭借自然垄断或行政垄断获取高额利润，造成行业间收入分配不公。过去在计划经济时期，也有行业垄断，但高工资和行业腐败现象并不十分突出。相反地，是在改革开放以后，一些垄断行业受市场利益观念的侵蚀，特别是 1994 年税制改革后，税后利润归企业所有，资金使用缺乏监督，盲目攀比，造成一些垄断企业高工资、高奖励、高福利的现象。所以，垄断地位不是可以腐败的理由，如果约束监督到位，就是垄断部门也不可能腐败；反之，如果约束监督不到位，就是非垄断部门也一样有着糟糕的表现。对此，除了规范和约束垄断行业之外，还要深化收入分配制度的改革，加强对企业收入分配的监督。当然，垄断行业个人收入过高，激起非垄断行业人们不满，也亟须解决，不能姑息迁就。有人故意转移人们对收入分配不公最主要根源（后面再说）的注意，借机煽动反垄断的情绪，上下其手，目的是达到松懈并剪除国有经济对少数重要命脉部门必要控制，大力推行私有化。醉翁之意不在酒，对此图谋行径更要提高警惕，防止其乘虚而入，火中取栗。

腐败、钱权交易和不正之风。这是人民群众对收入分配不公的公愤集中的焦点，需要在法律领域和整顿社会道德风尚中大刀阔斧地加以解决的问题。此项非法不合理收入在官方统计和公布的基尼系数中，难以计入。在黑色、灰色收入中的绝对数量有时达到上亿、几十亿元的款额，但在国民收入中占比有限，影响也不一定很大。有人把这个问题放到收入分配中小题大做，认为是分配差距形成的又一主要原因，也是想以此转移人们对造成收入分配不公真正主要原因的漠视，这也是要加以明辨的。虽然如此，我们在研究收入分配不公时，还是要十分关切反腐败问题。

政策不均与公共产品供应不足。政策不均与前面的一些问题有交叉，会影响城乡、地区和行业的差别，是我们改进政府工作的一个重点。加强公共服务，改善公共产品供应，政府职能由经济建设型为主转到经济建设与社会服务同时并重，是我们全力以赴的政府职能改革的方向。要强调公共服务，但不能像新自由主义那样主张政府退出经济领域，不要以经济建设为中心。国家从事经济建设，最终还是有利于充分供应和公平分配公共产品的。

再分配。我们知道再分配是调节分配关系的重要环节。再分配调节的落后和不周，是造成分配不公的一个重要原因。过去一贯的说法，是初次分配解决效率问题，再分配解决公平问题。所以把实现社会公平问题主要放到再分配领域，特别是利用财税转移支付等再分配工具上来。但是再分配所调节的只能涉及国民收入分配中的小部分，而主要部分还在国民收入初次分配领域。许多分配不公问题产生于初次分配领域，诸如企业分配中资本所得偏高，劳动所得偏低；高管人员所得偏高，一般雇员所得偏低；垄断行业所得偏高，一般行业所得偏低；等等，都是初次分配领域发生的问题。所以初次分配领域也要重视社会公平问题，这是过去往往被人们所忽略的。

初次分配中影响收入分配最大最核心的问题，是劳动与资本的关系。这就涉及社会的基本生产关系或财产关系问题了。近几年来，有关分配问题的讨论中，已经有不少马克思主义经济学者论述了这个问题。[①] 财产占有的差别，往往是收入差别的最重大的影响要素。有些人看不到这点，却津津乐道人的才能贡献有大有小，贡献大的人应该多拿，贡献小的人应该少拿，好像收入多少仅仅是由于才能、知识、贡献决定的。马克思主义不否定个人能力等因素对收入高低的影响（复杂劳动），《哥达纲领批判》在讲按劳分配时也考虑这个因素。但是即使是西方经济学的主流派人士，也承认决定收入分配的主要因素是财产关系，认为私有财产的不平等才是收入不平等的主要原因。新古典综合派萨缪尔森说过，"收入的差别最主要是由拥有财富的多寡造成的……和财产差别相比，个人能力的差别是微不足道的"；又说，财产所有权是收入差别的第一位原因，往下依次是个人能力、教育、训练、机会

---

① 如（1）丁冰：《中国两极分化的原因分析及解决出路》，2006 年 8 月 6 日在乌有之乡书社的讲座，https：//www.wyzxwk.com./Article/jiangtang/2010/12/7595.html；（2）杨承训：《从所有制关系探寻分配不公之源》，《海派经济学》2004 年第 4 期。

和健康。①

　　我们认为，西方经济学大师的这个说法是公允的、科学的。如用马克思政治经济学语言，可以说得更加透彻。根据马克思主义理论，分配决定于生产，任何消费品的分配，都是生产条件分配的后果，生产条件的分配本身，表明了生产方式、生产关系的性质，不同的生产关系决定了不同的分配关系、分配方式。与资本主义私有制的生产方式相适应的分配方式，是按要素分配（主要是按资本分配和按劳动力的市场价格分配），而与社会主义公有制生产方式相适应的分配方式则是按劳分配。

　　这是就两个不同的社会生产方式来说的分配关系。那么在社会主义初级阶段的分配方式又如何呢？我国宪法根据马克思主义理论和十五大报告，规定社会主义初级阶段是以公有制为主体、多种所有制经济共同发展的基本经济制度；分配方式是坚持按劳分配为主体，多种分配方式并存的体制。

　　我国社会主义初级阶段的发展，在改革开放伊始，还是清一色的公有制经济，非公有制经济几乎从零开始，前期的发展速度必然是非公有制经济超过公有制经济，多种经济共同发展的局面才能形成。这是有利于整个经济的发展的。所以，有一段相当长的时间，非公有制经济要保持超前于公有制经济的速度，从而增加非公有制经济在总体经济中的比重，而公有制经济则相对减少。与此同时，在分配方式上按劳分配的比重减少，按要素分配（主要是按资本和按劳动力市场价格分配）的比重就要增加。有人分析，现在我国国民收入分配已由按劳分配为主转向按要素分配为主。② 我们从资本主义市场经济一般规律和我国市场经济发展的实

---

①　［美］萨缪尔森：《经济学》（下），高鸿业译，商务印书馆1982年版，第231、257—258页。

②　武力、温锐：《1992年以来收入分配变化刍议》，《中国经济时报》2006年5月26日。

际进程可以知道，这一分配方式的变化所带来的后果，就是随着私人产权的相对扩大，资本的收入份额也会相对扩大，劳动的收入份额则相对缩小，从而拉大贫富收入差距。绝对富裕和相对贫困并行的秘密就在这里。

从分配领域本身着手，特别是从财税等再分配领域着手，来调整收入分配关系，缩小贫富差距，我们现在已经开始这样做。这是必要的，但是远远不够。还需要从基本生产关系，从基本经济制度来接触这一问题，才能最终地阻止贫富差距扩大、向两极分化推进的趋势，实现共同富裕。所以邓小平说，"只要我国经济中公有制占主体地位，就可以避免两极分化"[①]，又说"基本的生产资料归国家所有，归集体所有，就是说归公有"，就"不会产生新资产阶级"。[②] 这是非常深刻的论断，它指明社会主义初级阶段容许私人产权的发展，容许按要素（主要是资本）分配，容许贫富差别的扩大，但这一切都要以公有制为主体。只要保持公有制的主体地位，贫富差距不会恶性发展到两极分化的程度，可以控制在合理的限度以内，最终向共同富裕的目标前进。在社会主义初级阶段的一定时期，非公有制经济借势发力（后发优势），发展速度快于公有制经济，在国民经济中的比重稳步提高，这种结构性变化是正常的，也是合理的，对夯实社会主义市场经济基础、巩固公有制经济主体地位也是必要的、有益的。公有制经济和非公有制经济都是社会主义市场经济的重要组成部分，它们共同发展是整个社会分工合作关系进一步扩大的表现，缺少哪一部分都会是短腿，都不利于经济社会发展和稳定。两种经济成分相得益彰，扩大了社会主义市场经济规模、分工体系和供给能力，提高了社会生产力。当然，公有制经济的主体地位是不可动摇的，是社会主义性

① 《邓小平文选》第 3 卷，人民出版社 1993 年版，第 149 页。
② 《邓小平文选》第 3 卷，人民出版社 1993 年版，第 91 页。

质的根本保证。公有制经济所谓比重减少一些，是相对于以前经济总量和经济结构而言的，并非让步甘当扶手，或是止步不前等着被超越，而是两种经济成分齐头并进、共同发展。而且，就增长速度和在总体经济中的比例关系而言，非公有制经济也以不妨碍公有制经济为主体、国有经济为主导为前提，整个国民经济才能平稳健康有序发展，两种经济成分和谐相处，相互促进。

随着改革开放的推进，我国所有制结构已经由公有制一统天下发展为多种所有制共同发展的局面。所有制结构的"公降私升"是否已经达到影响公有制为主体的临界点？因为这涉及宪法中规定的基本经济制度，所以又是一个敏感的问题，在我国的经济理论界引起了不同的看法。

对中国所有制结构变化形势的几种评估

"公有制为主体，多种所有制经济共同发展是我国社会主义初级阶段的一项基本经济制度"，是党的十五大报告中确定下来的。报告明确规定，公有制的主体地位，主要体现在公有资产在社会总资产中占优势，国有经济控制国民经济命脉，对经济发展起主导作用。

报告特别指出，只要坚持公有制为主体，国家控制国民经济命脉，国有经济的控制力和竞争力得到增强，在这个前提下，国有经济比重减少一些，不影响我国社会主义性质。

这里讲的"比重减少一些，不影响我国社会主义性质"，是在公有制还占量的优势，国有经济保持控制力的前提下说的。如果公有制不能保持量的优势，情况会怎样呢？

何谓量的优势？国有经济比重和公有制经济比重减少到何样的程度，才是容许的？文件中没有规定。不同的看法由此而来。

大体上有这么几种看法：

（1）工商联公布，2005 年民营经济和外商、港澳台经济在 GDP 中的比重达 65％，国家统计局老专家则估计 2005 年 GDP 中公私之比为 39：61，都远远超过半数。由此得出结论，认为中国已经是非公有制经济起主导、主体和基础作用，公有制经济已丧失其主体地位，只起补充作用。

（2）认为公有制经济比重虽然下降，但以公有制为主体的格局并没有改变，主体地位依然牢固，其依据是 2004 年末全部实收资本中，国有资本仍占 56％；国家统计局老专家估计 2005 年第二、三产业实收资本中公私资本比重为 53：47，因此，国有资本仍超过半数，居优势地位。而且，国有经济在关系国计民生的重要行业仍然具有绝对优势，国有资本占比在 70％以上，继续掌握较强的控制力。

（3）认为目前所有制结构处于十字路口境地。从资产比重上看，大约公私各占一半，平起平坐（据测算，公私经济在社会总资产中所占比重，由 1985 年的 94.09：5.91 下降到 2005 年的 48.8：50.9）。从国有经济控制经济命脉来看，在关键领域和重要基础产业中起主导作用（2005 年在垄断性强的产业和重要基础产业中实收资本，国有经济占比 64％左右），但在市场化程度和利润较高、竞争性比较激烈、举足轻重的制造业中，国有经济的控制力过低；在不少省市特别是沿海经济发达省份，公有制资产占比已下降到 50％以下，"公有制经济的资产优势和国有经济的控制力在如此巨大的产业和地区范围的锐减削弱，使得公有制主体地位从总体上看显现出开始动摇的迹象"。

上述对于公有制主体地位已经丧失、仍然巩固、开始动摇的三种看法，都是建筑在非官方统计数字的基础上。令人遗憾的是，国家发展部门和统计部门近些年来没有提供我国公私经济对比的比较完整的准确数字，所以也难以准确判断我国所有制结构的现状。

有一些经济学者和科研单位，主张公有制经济的主体地位，并不体现在它在整个国民经济中占有数量上的优势，而主要体现在它的控制力上，否认国有经济控制力的前提是建筑在公有制的数量优势的基础上，因此他们不主张国家计划（规划）中列入公私经济比重的指数，国家统计部门也不必统计和公布公私经济比重的全面数字。这种看法不利于我们正确分析我国所有制结构的形势，并采取对策来保护我国社会主义基本经济制度。党中央一贯坚持公有制为主体，多种所有制经济共同发展的基本经济制度，十六大，十六届三中、五中全会以及涉及经济问题的中央会议，一再重申这一主张。国家各部门都应该为实现这一主张努力服务。几年以来有人提出人大应监督检查公有制为主体的社会主义基本经济制度执行情况。我认为这些建议的精神是值得考虑的。

干扰"公有制经济为主体"的
私有化倾向：实践层面

人们对于我国所有制结构中公有制主体地位是否已经发生动摇所表达出来的一些看法，不仅是基于对经济比重及控制力的各种评估判断，也与观察到的经济改革进程中某种倾向抬头有关。在实际经济生活中，确实能够观察到这种倾向在抬头的种种迹象，虽然讳言"私有化"，但实际上回避不了。也确实有人在无所顾忌地公然宣扬私有化主张。

私有化倾向抬头表现在两个层面。一是实践层面，对党的改革政策措施加以刻意曲解，力图导向私有化，竭力推行私有化措施。二是思想理论层面，利用我们党解放思想推动改革的时机，大力推销私有化。这两个层面互为表里、相互激荡，使得这种思潮泛滥。

若干年来我国有条不紊、循序渐进地推进国有、集体企业改革，对经济发展社会进步和安定团结发挥了显著效果。但是也存在问题。对于党中央提出的改革政策措施，一些人千方百计总想往私有化方向拧劲。例如，中央提出建立社会主义市场经济体制是我国经济体制改革的目标，他们就鼓吹公有制与市场经济不相容，要搞市场经济就必须实行私有化；中央提出"产权清晰、权责明确、政企分开、管理科学"的现代企业制度，他们就说公有制产权不清晰，产权虚置，只有落到自然人头上的产权才算明晰（即私有化）；中央提出可以利用股份制作为公有制的一种实现形式，以扩大公有资本的支配地位，增强公有制经济的主体地位，有人就通过股份制将国企化为私企；中央提出要提倡和鼓励劳动者的劳动联合和劳动者的资本联合的股份合作制，他们就竭力主张用经营者持大股，个人集中控股的办法，将股份合作制的集体性质变为私人企业；中央提出国有经济战线过长，要作战略调整，以增强国有经济的主导作用，他们就把"有进有退"的战略调整篡改为"国退民进""让国有经济退出竞争性领域"；中央提出"抓大放小"的方针，要求采取各种形式放开搞活国有中小企业，他们就把出卖企业当作几乎唯一的方式来执行，一卖了之，掀起一股贱卖白送国企的歪风。

这股歪风刮得很不正常，因为"我们的国企改革是在没有充足理论、足够经验下进行的，带有一窝蜂性质。当着高层想了解改制进行到如何时，一些地方的国企已经卖得差不多了"；"等到国有资产转让的种种规则出台之后，可能地方上的国有资产已经所剩无几"[1]。"有些地方把中央关于企业改制产权转让的方针政策异化得面目全非。企业领导自卖自买的有之，巧取豪夺的有之，空手套白狼的有之，从而造成国有资产大量流失，职工权益遭到剥夺。"[2]

---

[1] 《三联生活周刊》2003 年第 50 期。

[2] 据新华网 2005 年 7 月 31 日报道。关于国有资产流失的几大表现，还可参阅李荣融《更有针对性地监管国有资产》，《瞭望新闻周刊》2005 年第 23 期。（编者注）

　　当然国企改革出现的上述现象，主要是少数人侵吞国资的问题，完全是非法的，或不规范的行为。中央和有关部门不断在总结经验，推进立法，完善政策，下大力气纠正偏差，力图使改革沿着规范的轨道前进。所以，有些同志把鲸吞国有资产说成是"盛宴"，如果以此概括国有企业改革的全貌，那显然是不正确的。但是这种事情在当时也不是一例两例，而是相当流行。案例本身有不少真是一场免费的盛宴，这样说也不为过。有人在"新华网"写文章问道："全国违法违规运作的改制企业到底有多少，谁能说得清？"共和国历史将来是会说清楚的，当然账是否能够算清，要靠执法者和执政者的努力和能耐了。

　　一方面是一夜之间突然冒出一批万贯家财的队伍，另一方面如某位大经济学家所言，为达到改革目的必须牺牲一代人，这一代人就是3000万老工人，这样一种恶性言论，为一个香港有良知的学者所注意。其实这位香港学者郎咸平教授了解中国的实际情况，并不如大陆学者知道得多。但郎先生抓住了要害问题，如私有化，MBO，等等。据《经济日报》2005年8月3日报道，网民给郎教授以九成的支持率，即90%以上的网民赞成郎教授的基本观点，对私有化和否定公有制主体地位的主张不认同，从一个方面反映了广大人民群众反对走资本主义道路、赞成走社会主义道路的改革意志。

　　这是实践层面，人为地激化了公私结构改变和化公为私的过程。民间和高层都在反思这一过程。民间发出了"不准再卖"的呼声，高层也在努力将过程纳入合乎法规的规范化轨道。

私有化倾向的干扰：思想理论层面

　　在理论层面上私有化思潮泛滥，几年来更是五花八门。这里只能略加点评。在中国这样一个宪法规定公有制为主体的社会主义国家，居然有人公然打出"人间正道私有化"的旗号，在新华书店公开长期发行其著作《国企改革绕不开私有化》，宣扬国企改革的"核心在于国有制改为私有制"。可以说中国的言论出版自由已经达到空前未有的程度。

在这种气氛下，有人公开鼓吹民（私）营经济应在国民经济中占主体地位。他说"今后中国经济的走向应该是投资以民间资本为主，经济形式以民（私）营为主"。

还有位人士毫不掩饰地说，要"排除旧的意识形态的挡道"，推行私有化，"民办、民营、民有、私营、非国有、非公有等，无非是为了从不同角度阐明私有化问题"；"在私有化问题上出现莫名其妙的文字游戏，是由于旧的意识形态在挡道"。与此同时，另外有人则宣称"公有制为主体是对社会主义的理解停留在斯大林式的传统社会主义水平"，把党章和宪法关于公有制为主体的规定视为"保留着传统社会主义观念的痕迹"，完全否定了建立公有制、消灭剥削是社会主义的本质特征和根本原则。

某些人虽然抱着私有化主张，但很讲策略，他只在私底下鼓噪，说什么私有化已成定局，而在公开场合宣扬私有化主张、方案时却遮遮掩掩、半推半就，对于自己所主张的任何一种私有化方式都习惯地加上一句："这绝不是私有化""这是公有制经济的实现形式"。某位大经济学家则把私人控股的股份公司、非公有制经济控股的一般公众股份公司，都说成所谓"新"公有制的实现形式。还有人发明"间接公有制"，说什么可以利用财税再分配的办法把"直接私有制"改成"间接公有制"，以取代"直接公有制"的地位；说资本主义国家如美国，正在利用这种办法"走向社会主义"。明明是资本主义私有制，却包装成"社会主义"向国人兜售，搞得玄乎其玄，无非是想李代桃僵，上演偷天换日的魔术戏法。

还有一种议论，以预言家的口吻出现。这位预言家似乎表现得很"谦虚"，认为现在还不好说是民（私）营经济为主体，但随着形势发展，假以时日，私营经济一定会壮大变成主体。这种言论见之于由该著名经济学家领衔的、挂靠在某党校上的一个刊物的奇文，其中说："过去我们说民营经济是国有经济的有益的补充，但现在我们逐渐发现，顺着真正市场经济的思路发展，总会有一天我们会反过来说，国有经济是民营经济的一个有益的补充"，咄咄逼人的私有化主张，像是在向世人宣告，你们终有一天守不住公有制为主体的阵地，看你怎么办！

　　还有一种私有化主张，打着对社会主义本质属性和社会主义模式选择理论研究的旗帜。早在十五大前夕，就有人抛出社会主义基本特征是"社会公正加市场经济"的所谓共识，否定建立公有制、消灭剥削是社会主义本质特征和根本原则。这是一个连社会民主主义和资产阶级政党都能欣然接受的政治纲领，何以要贴上社会主义标签？最近又有人说，长时期以来，人们认为社会主义特征是公有制、按劳分配是不对的，现在要以"共同富裕、社会和谐、公平正义"来认识社会主义的本质属性。当然，共同富裕、社会和谐等非常重要，但是撇开所有制关系、撇开公有制和消灭剥削，这些美辞都是缺乏基础的，构成不了社会主义。倡导这一理论的人士在推荐"人民社会主义模式"的五个特征中，也绝口一字不提公有制为主体。有位同志在引用邓小平同志的社会主义本质论时，不提"消灭剥削"四个字，只讲"小平说，社会主义本质就是解放生产力，发展生产力，消除两极分化，最后达到共同富裕"。大家知道，建立公有制是为了"消灭剥削"，邓小平同志多次把"公有制为主体"列为社会主义主要原则之一，这位同志有意遮蔽"公有制""消灭剥削"这些重要字眼，认为不管公有制还是私有制，只要能发展生产力，都是社会主义所有制！这种讲法有失理论讨论的严肃性。

　　最后，还有一种反对公有制、鼓吹私有化的理论，直接打着马克思主义旗帜反对马克思主义，曲解马克思的"重建个人所有制"。过去限于学术讨论，也不断有人误解马克思的这一提法，都为正确的马克思主义解读所廓清。但这次显然是有备而来的。最近谢韬等在《炎黄春秋》（2007 年第 6 期）把马克思所说的"在生产资料共同占有的基础上重建个人所有制"，说成"是一种以个人私有为基础的均富状态"，即"自然人拥有生产资料，人人有份"，把生产资料私有制视为马克思的主张。其实恩格斯在《反杜林论》中早就对马克思这一提法作了解释：以生产资料的社会所有制为基础的个人所有制的恢复，"对任何一个懂德语的人来说，这也就是说，社会所有制涉及土地和其他生产资料，个人所有制涉及产品，那就是涉及消费品"①。谢韬等睁眼不看这些，在理论上胡搅蛮缠，其目的是把矛头直接指向改革开放以来几代领导人努力开创的中国特色社会主义，把它诬称为以重建个人所有制为主要内容的社会民主主义道路，把"重建个人所有制"说成是"中国改革开放的总路线和总政策"，其私有化意图昭然若揭，无须再加细评。

从这里可以看出，私有化思潮泛滥已经到了何等猖獗地步。我们是有思想言论自由的，提倡百家争鸣、多样化，但是不能把老百姓的思想搞乱，像戈尔巴乔夫、雅可夫列夫那样搞"多元化""公开化"，将改革开放的方向引向邪路。该是清理这些错误思想言论的时候了。

"公有制经济低效论"是个伪命题

企图把改革开放引向私有化方向的言论，有许多牵强附会的"论据"。其中最重要的论据，据说是"公有制经济低效论"。

---

① 《马克思恩格斯选集》第 3 卷，人民出版社 1995 年版，第 473 页。

　　"公有制经济低效论"站不住脚，已经有许多文章、著作加以论述。例如，左大培《不许再卖》一书，以严密的逻辑和充分的事实，对"国有企业所有者虚置论""人皆自私，因此企业经营者所有才能搞好企业""国有企业监督成本过高"等观点作了深入细致、有理有据的驳斥，至今未见到"私有化"论者像样的反驳。后者还是一口咬定"公有制经济低效"，好像这用不着证明；以此作为定论，好像也不打算同你认真辩论了。

　　因为分析公私经济效率，驳斥公有制经济低效的论著甚多，本文不打算详论这个问题，只想点出几条，供大家思考一下，是不是这样。

　　（1）公有制经济在宏观的社会经济效益上的表现，如经济增长、就业保障、社会福利等方面，比起私有制，有着无可比拟的制度优势。以公有制经济为主的国家与以私有制为主的国家相比，在经济增长速度对比上，比较长时期（虽然不是一切时期）地超过后者，把一个落后的农业国迅速建成为工业化国家，奠定工业化基础，战胜强大的法西斯侵略者，等等功不可没，都证明公有制经济的优越性。公有制经济的地位和作用是任何其他经济成分所无法替代的，是保持国民经济稳定发展的中流砥柱。

　　（2）在微观经济方面，众所周知，企业规模超过一定限度，所有者与经营者就有分离的必要，企业家就要分化为老板（公司股东）和职业经理人。国有经济与私营经济一样都可以用委托代理方式，解决激励与约束机制问题。实践经验证明，国有经济不一定要比私人股份公司更多的资本经营层级。美国著名经济学家斯蒂格利茨通过实证研究表明，无论统计数据，还是具体事例，都不能证明政府部门效率比私营部门低。许多国家如法国、意大利、新加坡等，至今拥有不少经营效率不低的国有企业（垄断、竞争部门都有）就是证明。我国国有企业近几年来业绩显著改进，也不乏例证。

（3）有些人把改革开放后，特别是 20 世纪 90 年代中后期，国有企业经营不善，亏损面不断扩大，效益大面积滑坡的事实，拿来说事，津津乐道公有制经济效率低下，故意不提这一时期出现这些现象有许多特殊原因。例如，"拨改贷"开始埋下企业资金不足的隐患或陷入债务深坑；富余人员过多，各种社会负担沉重；税负大大超过私营和外资企业；等等。国企为保障社会经济稳定而付出了巨额的改革成本，成为一个沉重的负担，这些特殊原因造成企业效益下滑，是一个暂时的现象，经过一定的政策措施是可以解决的。这与所有制没有关系。私有化论者不提这些，而拿它们来论证"国企低效，因此要变国有为私有"更是不伦不类。

（4）更不能容忍的是，一些人把国有企业某些领导层的贪污腐化导致效益下滑、国有资产大量流失的行为，普遍化为国有企业"特征"，说什么我国的国有企业是"官僚权贵资本主义"。南方一家大报的文章甚至说，要使国有资产流失成为私人财权，才能彻底消除"权贵资本主义"。这显然是对整个国有经济的歪曲和污蔑。第一，不符合国企员工和相当一部分国企领导恪尽职守、廉洁奉公的事实。国企内部出现权贵阶层，是钱权交易、官商勾结、市场经济黑幕的产物，决非国有经济固有的现象。第二，发出这种国企是"权贵资本主义"声音的人，又怎么不问问，过去计划经济时期，为什么腐败现象虽然也有但少之又有，现在才多起来呢？一个原因是过去国企没有放权，各种规章制度比较古板，可钻营的漏洞少，经营管理执行得比现在严。例如 20 世纪 60 年代我国曾总结出"鞍钢宪法"等一整套企业管理经验，80 年代我国派人出国考察企管经验，发现日、美、欧洲也吸收了我国"鞍钢宪法"的经验，当时又把这个经验带回祖国。[①] 另一个原因是社会上过去虽然有不正之风，但总的风气较好，人们还不完全为

---

① 《鞍钢宪法》，人民网强国论坛 2007 年 8 月 3 日。

私利所左右，还是比较注意为公为集体，不像现在新自由主义影响下"人不为己天诛地灭""私利人""经济人"意识满天飞。所以有些国企老总经不起考验，一些国企管理层怀有"私有化预期"，把本来能够经营好的企业，搞得半死不活，迫使政府允许改制，贱价卖给自己，达到私有化目的。还有一些党政领导人，与国企某些管理层形成联盟，双方共同从国企私有化中套取巨额利益。由于"人性自私""经济人假设"理论的影响，实际上存在着不少以改革为名，损害国家和人民利益的现象。例如"管理人（层）收购"这一出闹剧，左手掏右手，就是"人性自私论"和"经济人假设"这些理论的庸俗化普及所支撑的。

（5）关于"公有制低效论"的辩论，经过两军对垒，激烈争战，现在变为两军对峙，各说各的，互不买账。这当然不是说，公说公有理，婆说婆有理，大家都有理。总有一方代表客观真理，另一方是邪说歪理。抛开这点不说，两种观点实际上也代表两种集团的利益，一种是代表资本、财富、腐败官僚、无良学者的集团利益，另一种代表工农人民大众的集团利益。这两种观点因为利益不同，互相不可能说服。我们的宣传部门、理论部门、执政部门，应该有一个判断，支持什么，不支持什么，这才是关键。

论所谓"国退民进"

从战略上调整国有经济布局，通过有进有退，有所为有所不为，增强国有经济的控制力，发挥其主导作用，以巩固公有制的主体地位，这是十五大、十五届四中全会的决策。如前所说，党中央作出了"有进有退"、调整战略布局的决定后，就有人把这个主张解释为"国退民进"，国有经济从竞争性领域退出，让民营（私营）经济来代替。尽管这种观点受到舆论批评和官方的纠正，但它还是不断地出现，十分顽强。以致到了2006年3月1日，某研究机构主任还在北京的一家大报上刊登文章，宣称"这一轮国企改革对绝大多数国有企业而言，意味着必须实现战略退出，将企业改制成为非国有企业"，并断言，这种做法"不可逆转和势在必然"。经过读者投信质询，该报总编室也承认这篇文章"有的观点不妥当，编辑工作把关不严造成失误"。可是这位主任早先不止一次地宣扬"国退民进"的主张。他在中新社转述《大公报》的报道（2005 年 5 月 2 日）中就认为"国退民进"是市场经济的必然过程，说"市场经济的发展必然伴随着国企的大面积退出"。2005 年 8 月 7 日，他在黑龙江佳木斯一次会议上说，"所谓国有企业改革就是国有企业改成为非国有企业"。

那么，国有企业从什么领域退出呢？这位主任作了非常清楚的回答，就是要从竞争性领域退出。新华网 2003 年 1 月 16 日透露，他强调，"国企与非国企不存在竞争关系，当遇到竞争，国企应该学会退出"；"国企无法解决比非国企更有效率的竞争力问题"，所以国企要学会退出。

国有经济应不应该从竞争性领域退出？在我国，95% 的工业行业都是竞争性较强的行业，在这样的市场结构下让国企退出竞争性行业，几乎等于取消工业中的国有企业。竞争性领域中存在不少战略性国企和关系国计民生的重要国企，难道都要退光？竞争性领域国企如果有竞争力、能够盈利，为什么非得要让给私企老板去赚钱呢？而且往往事先内定好了特定的利益受让人。非得要走非此即彼的两个极端么？过犹不及，忘却了公平竞争才是硬道理。所谓"国企竞争力不如私企"，却是连西方一些正直的学者都不敢苟同的一个新自由主义的偏见，被某些人当作至理名言加以顶礼膜拜。有竞争力的国企在竞争性领域中将盈利上交国家，发展生产和社会福利事业，对于社会财富分配中的公平与公正是有利的。

国有企业、国有资本不应从竞争性领域中完全退出，不但很多学界人士这样主张，中央政策也是很明朗的。十五大报告就规定，

"在其他领域（主要指竞争性领域）可以通过资产重组和结构调整，以加强重点，提高国有经济的整体素质"。十六届三中全会也讲到，在增强国有经济控制力以外的其他行业和领域（主要也是竞争性领域），国有企业通过重组和调整，在市场经济中"优胜劣汰"。并没有强调国有经济一定要退出的意思，而是说可以在竞争性领域参加市场竞争，"提高素质""优胜劣汰""加强重点"。

以上讲的是在竞争性领域，经济结构的战略性调整有进有退，讲的都是效率，不是单向进退、只进不退或只退不进，因此不能笼统地讲"国退"，即使在这些竞争性领域里，国有企业也有"进"的一面。可进可退，进退自由，方是竞争，方有效率可言。

现在转过来说"民进"。私营企业是市场竞争的天然主体，竞争性领域让私企自由进入，是理所当然的。但是关系国民经济命脉的重要行业和关键领域，十五大规定了必须由国有经济占支配地位，是否也允许私人资本"进入"呢？国务院2005年关于鼓励支持非公有制经济发展的文件，允许非公有制经济进入垄断行业和领域，包括电力、电信、铁路、民航、石油等行业，矿产资源开发、公用事业、基础设施，以及国防科技工业建设等领域。这些都为非公有制经济进入关系国民经济命脉的重要行业和关键领域网开了一面。

对此，有民间人士持不同意见。认为非公有制经济进入控制国民经济命脉的许多领域，有违中共十五大规定"国有经济控制国民经济命脉"的方针，将会动摇、改变国有经济在国民经济中的主导地位和公有制的主体地位。并且向有关方面提出了自己的看法，希望扭转有关规定。

我认为，关于国民经济命脉的重要行业和关键领域，如果从吸收社会资本、扩大公有资本的支配范围，壮大国有经济的控制力，促进投资主体的多元化这一角度来说，还是符合十五大精神，符合我国国企改革的方向的，因此可以有选择地允许私人资本参股进入；但不可以把这个领域让给私人资本独资开发或控股经营，影响国有经济对这些部门的控制地位，在允许非公资本参与投资经营的企事业，要加强监管。目前中国私人资本实力还不够雄厚，即使私人资本长大，国家也只能吸收而不必主要依靠私人资本来发展这些部门。特别是这些重要行业和关键领域，一般收益丰厚，多属垄断性级差租收入性质，按照中外学理，这种级差租性质的收入，理应归公。所以对进入这些行业领域的私人股份的红息，应加限制，使私人资本能够得到一般竞争性行业的盈利。这也符合民主革命先行者孙中山先生"节制资本"主张的要义。中国共产党在社会主义初级阶段参考孙先生的正确思想，对"私人资本制不能操纵国计民生"的主张，进行灵活处置，也是可以理解的。限制私人资本在关系国计民生部门取得超额垄断利润，是符合孙先生主张的精神的。

2005 年政府进一步明确了对非公有制经济准入范围放开的政策以后，有些官员和经济学人又从另一方面错误地解读政策动向，要求在重要的和关键的领域内国有经济与私人资本平起平坐，否认国有经济的主导作用，有的甚至建议国有资本限期撤出公共服务领域之外的全部产业领域。这种观点在上年开始制定进一步促进非公有制经济发展的政策时就已经出现，而且主要集中在中央和政府的权威学校和高级研究机构的某些部门，不过在 2005 年上半年表现得更为突出，并且在一些主流媒体和论坛上一再公开表达。在这种背景下，政府高层部门负责人士先后出面明确表示：（1）垄断行业和领域今后要以国有经济为主体，这是由我国经济制度的性质决定的；（2）不能把国有经济布局和结构调整理解为国有经济从一切竞争性领域退出；（3）绝不能把国有经济布局和结构调整理解为中央"进"地方"退"，各地必须培育和发展一批有地方优势与特色、实力雄厚、竞争力强的国有企业。

即使在政府负责人一再表态的情况下，还是有声音从体制内批评在重要领域让国企"做大做强"的选择，公开主张国资从产业领域全退，甚至有文章希望科斯的中国改革六字经"共产党加产权"，成为今天中国共产党的"时代壮举"。因此，尽管高层决策人士表态明朗，纠正了一些人所讲垄断行业允许准入，不讲主从关系的认识，也批评了一些官员和经济学人要国有资本从产业领域全面退出的观点，但是"全面坚持十六届三中全会决议关于公有制为主体，国有制为主导，发展非公有制的问题，在认识上和工作中并没有完全解决"①，一些官员和经济学人要国资从产业领域退出的观点，仍然在工作层面影响国资改革，不容忽视。

比如有关部门关于国资转让和减持比例的方案，② 从这个方案的政策目标看，它通过国家持股比例下限的低设，使大量关键和非关键领域国有上市公司的国有股权被稀释。有评论认为，这个方案透露出国资要在关键性领域明显减少，竞争性领域基本退出。这种大量减持国资的主张不妥，其后续效应（即波及国有非上市公司和地方其他国有企业的效应）更需警惕。还指出，近几年来国有工业状况，无论是垄断行业还是竞争性行业，持续逐步好转，在企业数量下降情况下，资产、产值，尤其是利润税收贡献都大幅上扬，表明坚持社会主义方向的所有制改革和国企改革是有希望的。在此背景下继续国资的大规模退出，是否恰当，需要考虑。当然，国资布局和国企组织，还有不少不合理之处，需要通过资产的进出流动，继续进行适当的调整。

国有经济的控制力应该包括哪些范围

2006 年 12 月 18 日国资委发布《关于推进国有资本调整和国

---

① 侯云春：《股份制助民企做强做大》，《中华工商时报》2005 年 7 月 11 日。
② 2005 年 6 月 17 日国资委公布《国务院国资委关于国有控股上市公司股权分量改革的指导意见》。（编者注）

有企业重组的指导意见》，其要点之一是推动国有资本向重要行业和关键领域集中，增强国有经济的控制力，发挥主导作用。重要行业和关键领域包括：涉及国家安全的行业，重大基础设施，重要矿产资源，提供重要公共产品和服务的行业，以及支柱产业和高新技术产业中的骨干企业。对于不属于重要行业和关键领域的国有资本，按照有进有退、合理流动的原则，实行依法转让。

对于这项部署，有两个方面的评论。一个方面，认为无论是国有资本要保持绝对控股的军工等七大行业，还是国有资本要保持较强控制力的装备制造等九大行业，大都遍布非竞争性领域和竞争性领域，并不都是只有国有企业才能有资格从事的行业。它们属于竞争性行业，由国资来控制缺乏合理性。在这些行业，国企筑起垄断门槛，有违市场公平竞争原则；并称"增强国有经济的控制力没有法律依据"，说政府无权不经过代议机构的批准擅自指定自己的垄断领域。但是我们要说，加强国有经济的控制力，国有经济在关系国民经济命脉的重要行业和关键领域必须占有支配地位，在社会主义市场经济中起主导作用，这是我国的根本大法——宪法所规定了的，这是根本的法律依据。再说，在竞争性领域，允许国有企业以其竞争力取得控制地位，并不见得不符合市场竞争原则。

另一方面的评论是，对于不属于重要行业和关键领域的国有资本要"实行依法转让"，即退出，会引发非公有资本广泛并购和控股众多的原国企，后果堪忧。夏小林在《中华工商时报》撰文指出："国资委资料显示，2005 年在约 26.8 万亿国企总资产中，中央企业占 41.4%，而国企中还有 3/4 是在竞争性行业。按照某种意见，如果不考虑国资在维系社会公平方面的重要作用，中央企业之外 58.6% 的国企资产和 3/4 在竞争性行业的国企，是不是其相当大的一部分都要在'不属于重要行业与关键领域'标准下，'实行依法转让'呢？如果'转让'使中国产业的总资产中，私人资产的比重超过和压倒国有资产，中国少数私人的财富急剧暴涨，这将会形成一种什么样的财富分配状况和收入分配状况呢？"①

夏小林关于国有经济控制力包括的范围的意见是值得注意与研究的。他把国有经济的社会责任分为两种，一是帮助政府调控经济，二是保证社会正义和公平的经济基础。前一个作用普遍适用于社会主义国家和现代资本市场经济国家，而后一作用则是社会主义国家独有的。他说："按照西方主流经济学的观点，在一定条件下国有经济有助于政府调控经济，但是 OECD 国家私有化实践证明，即使在垄断性的基础产业为主要对象进行了私有化，国有经济到了 10% 以下的比重以后，政府照样可以运用各种货币政策、财政政策、产业政策和商业手段等有效地调控经济。但是对于社会正义和公平，却束手无策，这是高度私有化的经济和以私有化为主的混合经济解决不了的老大难问题。""在中国坚持社会主义市场经济的改革方向中，增强国有资本的控制力，发挥其主导作用，理应包括保障、实现和发展社会公平的内容和标准。对那些对于政府调控经济不重要但是对于保障社会正义和公平非常重要的竞争性领域的国有资产，也应该认为是'重要'的和'关键'的领域的国有资产，要力争搞好，防止出现国资大量流失那种改革失控，随意实行大规模'转让'的偏向。"② 所以，在一般所说"重要""关键"的标准之外，根据保证社会公平的标准，可以认为，即使在竞争性领域，保留和发展有竞争力的国有及控股企业，这属于增强国有经济控制力"底线"的范围，也是"正当的选择"。

基于国有经济负有保证社会正义和公平的经济基础的社会责

---

① 夏小林：《非国有投资减缓，后效仍需观察》，《中华工商时报》2007 年 1 月 31 日。

② 夏小林：《非国有投资减缓，后效仍需观察》，《中华工商时报》2007 年 1 月 31 日。

任，国家要保障在公益服务、基础设施、重要产业中的有效投资，并不排除为解决就业问题在劳动密集领域进行多种形式的投资和运营。在保障垄断性领域国有企业健康发展的同时，还要保障在竞争性领域国有企业的发展，发挥它们在稳定和增加就业、保障社会福利和提供公共服务上的作用，增强再分配和转移支付的经济实力。决不能像新自由主义所主张的那样，让国家退出经济。在我国这样一个社会主义大国，国有经济的数量底线，不能以资本主义国家私有化的"国际经验"为依据。确定国有经济的比重，理应包括保障、实现、发展社会公平和社会稳定的内容，所以国家对国有经济控制力的范围，有进一步研究的必要。

关于如何增强国有经济控制力，综合各方面的意见，还有几点想法，简要述之。

（1）国企要收缩战线，但不是越少越好。在改革初始阶段，由于国企覆盖面过广，战线过长，收缩国企的数量，集中力量办好有素质的国企，开放民间经济的活动天地，这是必要的。但并不是说国企办得越少越好。这些年有些官员、学者，片面倾向于少办国企，主张"尽可能避免新办国有企业，让'国家轻松一点，就是管那些少得不能再少的国有企业'，'我们留下为数不多的国有企业将是活得非常潇洒的，不像今天这样愁眉苦脸，忧心忡忡'"。围绕所有制结构政策，体制内外频频发出声音，"或者将中国所有制结构的取向定在用15—30年时间来让自然人产权（私有产权）成为市场经济的主体上，或者把参照系数定在欧、美市场经济中国有成分在7%—10%的模式上（国资研究室主任指出西方发达国家的国企仅占全民经济5%的份额），或者在叶利钦时期俄罗斯、东欧国家取消社会主义目标后的所有制模式上"。这些将国有经济比重尽量压低的欲望，大大超出了江泽民所讲的限度，就是不能影响公有制的主体地位和国有经济的主导作用。自国资委2003年成立以来，央企数量已由196家减少到157家。据透露，下一轮整合方案中，央企数量将至少缩减 1/3。国资委的目标是到 2010 年将央企调整和重组到 80—100 家，其中 30—50 家具有国际竞争力。令人不解的问题是，中国这样一个社会主义大国，这么多的人口，这么大规模的经济，到底应该掌握多少国企，其中中央应该掌握多少央企？俄罗斯已经转型为资本主义国家了，但普京总统在 2004 年 8 月宣布，确定 1063 家俄罗斯大型国企为总统掌握的国有战略企业，政府无权对这些战略企业实行私有化。同样是中央掌握的大型国有企业，为什么俄罗斯私有化之后仍能保留如此众多数量的国企，却是社会主义中国的好多倍。个中原因，除了那些不可比因素外，是否也反映了一些官员追求"轻松潇洒一些"、主张国企办得越少越好的倾向呢？以及个别官员"不好明说"的难言之隐呢？

（2）中央和地方都要掌握一批强势国企。有关部门负责人指出，不能把国有经济布局和结构调整理解为中央"进"地方"退"，各地必须保留和发展一批具有地方优势和特色、实力雄厚、竞争力强的国有大企业，使之成为本地区国民经济的支柱。中国是一个大国，许多省、直辖市的土地与人口，超过欧洲一个国家。有人建议在省市自治区一级建立一地一个或数个、或数地联合建立一个类似"淡马锡（Temasek）模式"的控股公司，来整合地方国企。这个建议是可行的。新加坡那样国土面积小、人口少的国家都能做到，为什么我们做不到？前些时候国企改制，地方出的问题比较多，也可以通过新的"改制"梳理一下。

（3）国有经济改革决策要受各级人大的制衡监督。人们多次提出这个意见，并有专门的建议案。国有经济改革涉及全体人民利益，不能总在"工会实际管不了，人大又不严加审议和监督，由行政机构少数人确定国有企业留多少、不留多少"的情况下来进行。由他们来决策国资的买卖，极易造成决策失误和国有资产流失。以保护私权为主要使命的《物权法》已经通过了。而研究开始在《物权法》之前，以保护"公权"为使命的《国资法》，研究了多年，人们仍在翘首企望，希望早日出台，让各级人大能够像英国、俄罗斯、波兰、日本等类型的市场经济国家的议会那样，有权审议国有资产产权变动的方案。

（4）扩大国有产权改革的公共参与。国有资产产权改革不单纯是一个高层的理论问题，而且是关系各方面利益的公共政策问题。所以这个问题的讨论与决策，不但要有官员学者精英参加，而且要有广大公众参与。某国资研究机构有人认为，这是不应当由公众来讨论的潜规则问题，郎咸平掀起的讨论"引爆了公众不满国资流失和社会不公的情绪，是反对改革"。讲这种话的精英，是把大众当作阿斗。对于国资产权改革，公众有知情权、发言权、监督权，由少数精英把持是非常危险的。据报道，汪道涵临终时与人谈话说，"我的忧虑不在国外，是在国内""精英，社会精英"。其背景就是他对苏共及其领导干部变质的长期观察和研究。"苏联主要是亡在他自己的党政领导干部和社会精英身上。这些干部和精英利用他们手上的权力和社会政治影响，谋取私利，成了攫取和占有社会财富的特权阶层，他们不但对完善改进社会主义制度没有积极性，而且极力地加以扭曲。公有制度改变才能使他们的既得利益合法化。这只要看看各独立共和国当权的那些干部和社会名流大约有百分之八十都是当年苏联的党政官员和社会精英，事情便清楚了。"①

发展私营经济的人间正道

谈基本经济制度，除了涉及公有制经济，不能不提及非公有制经济部分。其与公有制主体经济的共同发展，构成我国社会主

---

① 转引自香港《信报财经新闻》2007年6月23日。

义初级阶段的基本经济制度。非公有制经济在促进我国经济发展，增加就业，增加财政收入，满足社会各方面需要方面，不仅在当前，而且在整个社会主义初级阶段很长的历史时期内，都有不可缺少的重要积极作用，必须鼓励、支持和引导非公有制经济发展，不能忽视它、歧视它、排斥它。改革开放以来，党和政府对非公有制经济包括私营经济一向高度重视，对它们的评价，从十三大、十四大的"公有制经济的补充"，到九届人大二次会议称为"社会主义市场经济的重要组成部分"，十六大还提出了"两个毫不动摇"，足见中央充分肯定非公有制经济包括私营经济的重要作用。

我国非公有制经济有三个主要组成部分，一是个体经济。个体经济占有少量生产资料，依靠个人辛勤劳动，服务社会，属于个体劳动性质的经济。这部分经济目前在我国经济中所占数量大，但产值比重不大，将来也不可能很大。据工商局介绍，最近有一些年份，我国实有个体工商户还有所减少，但是现在已经恢复正增长。另一部分是私营经济和外资经济。自改革开放以来，广大私营企业主受党中央"让一部分人先富起来"号召的鼓舞，投身商海，奋勇创业拼搏，用心血耕耘多年，为国家经济发展、社会稳定和丰富人们的物质生活作出了重要贡献，应当受到社会公正的评价。当前私营企业主要面临的突出问题，是融资困难较大，税收尤其是非税收负担较重。此类问题亟待有关部门切实解决。

私营经济与个体经济是有区别的。私营企业主与现在所称新社会阶层中的管理技术人员、自由职业人员等其他成分也不一样。虽然大家都是"社会主义事业建设者"，但个体劳动者、管理技术人员、自由职业人员等一般是不占有、分配剩余价值，私营企业主雇佣劳动从事生产经营活动，就存在剩余价值生产的关系。又因为私营企业是在法律允许的范围内从事生产经营活动，是为社会主义现代化建设服务的，所以这种生产关系也受到我国法律的保护。私营经济在促进生产力发展的同时又占有剩余价值，在社会主义市场经济中具有两重性，必然会在政治、经济、社会、文化、思想道德上、人与人的关系上表现出来，这是客观存在的事实，我们需要正视而非回避它，更不能无视和逃避，而是要合理规范它的行为，将它纳入到社会主义市场经济的正确轨道，而不是放任自流，自生自灭，这才是负责任的态度，既是对社会负责，也是对企业负责。

对于社会主义初级阶段的私营经济，应当从两个方面来正确对待。一方面，不应轻视，不应歧视；另一方面，也不应捧上天，更不应护"短"。现在对私营企业轻视歧视的现象的确是有，特别是前面提到的融资问题和负担问题。例如我国大银行对中小企业（主要是私营），除了"重大轻小""嫌贫爱富"外，还存在"重公轻私"的所有制歧视。所谓企业"三项支出"（交费、摊派、公关招待费用）负担加重，某些部门少数官员对企业勒索骚扰，成为企业不得不应付的"潜规则"；当然这里边也有企业借此减轻正规税费之苦衷。而在"吹捧""护短"方面，人民网 2006 年 4 月 19 日撰文说，不少地方党政官员将党的支持民营企业的政策片面地执行成"捧—求—哄"，给私营企业主吹喇叭、抬轿子、送党票……不一而足。媒体报道，东南某省会城市，在百姓看病存在困难的情况下，拨出专项资金，圈定民营企业家享受公费健康体检和疗养休假，"充分体现了党和政府对民营企业家的关爱"。有关部门高层人士为少数企业主确实存在的"原罪"行为开脱，并打不追究的保票。某些理论家则把非公有制经济是"社会主义市场经济的重要组成部分"，偷换为"社会主义经济的重要组成部分"，认为民营经济（即私营经济）"已经成为"或者"应当成为"社会主义经济的主体，以取代公有制经济的主体地位，明显地僭越了宪法关于基本经济制度规定的界线。

对私营经济，既不应当轻视、歧视，又不应当吹捧护短，那么应当怎样正确对待，才符合坚持社会主义基本经济制度的要求呢？

毫无疑问，我们要继续毫不动摇地鼓励、支持、引导非公有制经济发展，发挥其机制灵活、促进社会生产力的积极作用，克服其生产关系方面不利于社会经济发展的消极作用。有些私营企业主不择手段，如偷逃税收，压低工资和劳动条件，制造假冒伪劣产品，破坏自然资源环境，借机侵害国有资产，以及其他欺诈行为，都要通过教育监督，克服清除。我想广大私营企业主，本着"社会主义建设者"的职责和良心，也一定会赞成这样做，这对私营经济的发展只有好处，没有坏处。

在鼓励、支持私营经济发展的同时，还要正确引导其发展方向，规定能发展什么，不能发展什么。比如竞争性领域，要允许私营经济自由进入，尽量撤除限制其进入的藩篱。特别是允许外资进入的，也应当开放内资进入。而对关系国民经济命脉的重要部门和关键领域，就不能允许私营经济自由进入，只能有条件、有限制地进入，不能让其操纵这些部门和行业，影响国有经济的控制力。私营经济在竞争性领域有广大的投资天地，在关系国民经济命脉的一些重要部门现在也可以参股投资，分享丰厚的盈利，应当知足了。作为"社会主义建设者"群体和"新社会阶层"，私营企业主大概不会觊觎社会主义经济的"主体地位"，但不可否认，确有某些社会精英明里暗里把他们往这方面推。要教育他们不要跟着这些精英跑。

总之，我们要毫不动摇地发展包括私营经济在内的非公有制经济，但这必须与毫不动摇地巩固和发展公有制经济并进，并且这种并进要在坚持公有制经济为主体、国有经济为主导的前提下进行，真正实行两个毫不动摇，而不是只实行一个毫不动摇。这样做，才能够保证我国社会主义基本经济制度的巩固发展，永远立于不败之地。

关于国富民富和共同富裕问题的一些思考[*]

（2011 年 11 月）

    2010 年底到 2011 年初，"十二五"规划制定讨论期间，一个很热烈讨论的话题，是"国富"和"民富"的问题。有人说，过去我们长期实行的是"国富优先"而不是"民富优先"的政策导向，这造成现在我国"国富民穷"或"国富民不富"的现象。有人说，"国富优先"的政策导向，使国家生产力大大快于民众消费的增加，导致总需求不足。因此要从"十二五"起，把"国富优先"的政策导向转变为"民富优先"。

    在研究制定"十二五"规划建议的时候，虽然有国家发改委个别官员讲，"十二五"规划与前面十一个五年规划的"本质差别是由追求国富转为追求民富"，但"十二五"规划好像并没有

    * 本文原载《经济研究》2011 年第 10 期。在总题为"落实科学发展观与转变经济发展方式问题笔谈"的组稿中加了以下一段编者按：温总理在第十一届全国人民代表大会第四次会议上所做的政府工作报告指出：2011 年，我国发展面临的形势仍然极其复杂。世界经济将继续缓慢复苏，但复苏的基础不牢。我国经济运行中一些长期问题和短期问题相互交织，体制性矛盾和结构性问题叠加在一起，加大了宏观调控难度。我们要准确判断形势，保持清醒头脑，增强忧患意识，做好应对风险的准备。为了更透彻地理解当前的形势，深化对落实科学发展观与转变经济发展方式等问题的研究，本刊特邀请著名专家撰写一组笔谈文章，以飨读者。（编者注）

明确提出"国富转民富"的方针和字样。我认为有些学者和媒体把"国富"与"民富"并立和对立起来的提法，并不确切。就"国富"来说，经过改革开放，我国的经济实力也就是"国富"确实大大增强了，经济总量已超过日本，排到世界前二位。但是人均国民总收入仍列世界第121位①，所以不能说国家已经很富。就"民富"来说，也不能简单地讲现在是"民不富"或"民穷"。我国人民生活水平总体上比过去有很大提高，部分人群已经很富很富，甚至富得冒油，堪比世界富豪。有报告显示，2010年我国内地资产在百万美元以上的富人总数已达53.5万；② 2011年我国内地资产超十亿美元的富翁有146人。③ 但是大部分国民确实富得不够，甚至很穷。所以一方面内需不足，消费率低；另一方面奢侈品市场热销，居世界第二。一方面"朱门酒肉臭"；另一方面在菜市场、超市旁边可以见到拣拾菜帮子过日子的群众。所以说国民"有富有穷"，不能一概而论说什么"民穷"或"民不富"。

再说消费率低和内需不足的原因。这不是什么"国富优先""民富滞后"的结果，而是"让一部分人先富起来"而多数群众未能跟着走上"后富"反而陷于相对贫困甚至绝对贫困的结果。按照联合国标准，每日收入1美元以下为绝对贫困，2美元以下为低收入，都属穷人之列。2010年中国估计有1.5亿人口的每日收入不足1美元，④ 属于绝对贫困。这些人群收入低，买不起东西，才是消费率低和内需不足的主要群体。而居民之中另一部分特别富裕人士，他们之中有人可以花400万元买只藏獒，再用30辆奔驰车去机场接这个宠物；有人可花数百万元买一辆宾利豪华敞篷车，或者花更多的钱置办私人飞机。看来他们不是提高消费率和

---

① 参见《中国统计年鉴2011》附录2—13。
② 参见 http://news.cntv.cn/20110626/101326.shtml。
③ 参见 http://finance.people.com.cn/money/GB/15625212.html。
④ 参见 http://news.11.com/20100818/000255.html。

扩大内需的对象。

再说政策导向。究竟我国过去有没有所谓"国富优先"的政策导向？我的印象，过去从来没有明确宣布过或者实行过什么"国富优先"的政策，倒是明确宣布过并实行了"让一部分人富起来"的政策。如果说这也算是"民富优先"，那也只是让一部分人优先富起来的政策。这一部分人主要是私人经营者和有机遇、有能力、有办法、有手段积累财富的人群。应当说，这一政策实行得非常成功。它导致中国经济结构发生了巨大变化，宏观经济上"国退民进""公退私进"的结果，使得民营经济在 GDP 中的比重，由改革开放前的近乎零，上升到 2005 年的 65%。民营经济的增长大大超过国有、公有制经济的事实，证明了我们这些年实际上实行的不是什么"国富优先"，而是"民富（当然是一部分'民'）优先"的政策。在社会主义初级阶段，需要放开一些个体、私营经济，以促进生产力的发展。这种借助让一部分人先富起来以推动经济发展的政策，本来也可以说得过去，是可以尝试的。当初宣布实行这一政策的时候，就曾提出"先富带后富，实现共同富裕"的口号。但是多年的实践证明，"让一部分人先富"的目标虽然在很短的历史时期中迅速完成，但"先富带后富，实现共同富裕"，却迟迟不能够自动实现。在市场化的大浪淘沙下，这也不大可能实现。相反地随着市场化的发展，贫富差距越来越大，两极分化趋势"自然出现"。反映贫富差距的基尼系数向着高危方向发展，表明我国已成为两极分化比较严重的国家之一。

为什么我们在实行让一部分人先富起来的同时，长时间地不能解决先富带后富、实现共同富裕呢？光用"先做大蛋糕后分好蛋糕要有一个时间过程"来解释，是不足以充分说明的。邓小平早就指出，先由贫富差距的扩大，再到贫富差距缩小的问题，要在 21 世纪之初基本达到小康的时候，就应该着手解决。中国经济发展的实际进程表明，由于中国资本原始积累过程中财富来源路径的特殊性，中国富豪积累财富时间超短。从事财富排行研究的胡润曾说，在国外，挣一个亿的财富要 15 年，把一个亿的财富变成十个亿要 10 年时间，而中国只要 3 年，比外国短了很多。在中国，成功地完成一部分人先富起来的任务所花的时间极短，而先富带后富，实现共同富裕的任务却遥遥无期。一些为财富为资本辩护的精英们常常以分配问题复杂为借口，预言需要等待很长很长的时间才能解决分配的公平问题，要大家忍耐再忍耐，这真是奇怪的逻辑。要知道这是连邓小平也不能容忍的，因为他早就多次要求适时解决贫富差距扩大的问题，并警告说两极分化趋势将导致改革失败的危险后果。

为什么社会主义中国会发生一部分人很容易先富起来，而克服两极分化、实现社会公平反而非常难呢？我认为主要原因之一，在于我们集中精力进行以经济建设为中心的伟大事业以来，把主要的注意力放在效率优先、做大 GDP 规模上面，而把社会公平和分配好社会产品的问题放在"兼顾"的次要地位，以至于一些同志逐渐把马克思主义关于社会经济发展规律的一些基本常识也模糊淡忘了。比如说社会主义初级阶段，对于个体、私营经济是应该允许发展的，但不能忘了列宁指出的小生产时刻不断产生资本主义的规律；又比如说，私人资本是应该允许存在的，但不能忘了马克思早已指出的资本积累必然引起两极分化的规律；又比如说，私营企业主对社会经济发展的贡献是应当承认的，但其嗜利逐利的本性又迫使他们不断占有更多的剩余价值，推动社会走向两极分化。"两极分化自然产生"，这是邓小平的又一个至理名言。但是我们的一部分同志却竭力回避"两极分化"字眼。党内一部分有影响的同志也淡忘了上述一系列马克思主义关于社会经济发展规律的 ABC，所以在改革开放后实行让一部分人先富起来政策的时候，对于私人资本经济往往偏于片面支持刺激鼓励其发展社会生产力的积极方面，而不注意节制和限制剩余价值生产导致两极分化后果，即与社会主义本质不相容的消极因素。先富带后富和共同富裕长期难以实现，贫富差距的扩大和两极分化趋势的形成，根本原因就在这里。

目前我国收入分配领域最核心的问题，是贫富差距急剧扩大，两极分化趋势明显。中心问题不是什么"国富"与"民富"的矛盾，而是一部分国民先富、暴富与大部分国民尚不富裕，还有一部分仍然贫穷之间的矛盾。要克服和扭转贫富差距扩大和两极分化的趋势，需要的政策转向不是什么"国富优先"转变为"民富优先"，而是明确宣布"让一部分人先富起来"的政策已经完成任务，今后要把这一政策转变为逐步"实现共同富裕"的政策，完成"先富"向"共富"的过渡。

再说，把"国富"与"民富"对立并提，是缺乏科学依据的。"国富"和"民富"是一双相对的概念，二者之间并非完全互相排斥，而是矛盾统一的关系，在一定意义上也可以水乳交融。什么叫"国富"？严复最早翻译亚当·斯密 *The Wealth of Nation* 一书，中文译名为《国富论》。但斯密在这本书里不但讨论了君主或政府（相当于国家）的收入和财富问题，也讨论了工、农、商子民（相当于国民）的收入和财富问题。后来郭大力、王亚南重译此书，书名改称《国民财富的性质和原因的研究》，这样"国富"的含义就推广为"国民的财富"了。但是书里面并没有删掉政府或国家的收入和财富问题，可见 *The Wealth of Nation* 的含义，可以是国家的财富，也可以是国民的财富。国富和民富并不完全是非此即彼的东西。

现在我国流行语汇中的"国富"是什么含义呢？大体上是指政府直接掌握和可分配的收入，相当于斯密书中的第五篇所说君主或国家的收入。斯密讨论了各类名目繁多的税负的利弊，其目的在于试图说明，君主（政府）的收入和国民的收入并非一直是矛盾。交给国家的收入多了，并不意味着国民的收入就减少了。

因为君主和国家需要必要的费用，以保护和增加国民财富。《国富论》用大量篇幅论证了国家的三项基本职能，即保护社会、保护社会里的每一个人、建设公共事业和公共福利设施。如果我们把国家和政府所代表的统治阶级利益和官员的挥霍浪费暂时存而不论，可以说这大体上也是现代国家与国民、政府与人民之间财富与收入关系的写照。

现代国家政府可支配收入转化为居民可直接支配的收入，只是其用于民生支出中的一部分（如补贴、救济、社保等）。其用于公共福利（教育、文化、卫生等）、基础设施、经济建设、安全保卫、行政管理等费用，其效益虽然是全民共享，但不直接由居民支配而由政府支配。政府可支配收入与居民可支配收入毕竟不是一码事。有些同志把居民可支配收入占国民收入之比与政府可支配收入占比的升降，作为"国富"与"民富"对比的评价标志。这一对比有它本身的分析意义，但不能反映收入分配关系的根本问题，即贫富差距和两极分化问题。如前所述，"居民收入"是一个混合概念，居民中包括富民与贫民。从居民收入占比和政府收入占比的对比中，完全看不出贫富差距。贫富差距和两极分化，首先要在居民内部划分为劳动报酬（劳动力要素所有者的收入）和非劳动报酬（其他非劳动要素特别是资本要素所有者的收入）的对比中表现出来。这才是当今社会分配的核心问题。

若干年来，随着所有制结构的"公降私升"，随着市场化大潮中"拥抱资本、疏远劳动"风气的盛行，宪法中规定的"按劳分配为主"，事实上逐渐被"按资本分配为主"所代替。因此劳动者报酬占比不断下降，而资本所得占比不断上升。由于劳动者报酬在居民收入中占最大份额，劳动者报酬在 GDP 中占比的下降，就决定了居民可支配收入在 GDP 中占比的下降。居民可支配收入占比的下降，主要是由劳动者报酬占比下降和企业利润所得占比上升造成的，而不是由政府收入上升所造成的。所以，要扭转居民收入占比的下降趋势，核心问题在于提高劳动者报酬和中低收入者的收入，关键在于调整劳动收入与资本所得的比重，而不在于调整政府收入的比重。

政府收入在 GDP 中所占比重，或者所谓"宏观税负"问题，曾是"国富"与"民富"争议中热议的话题。目前我国宏观税负水平是不是过高，肯定的意见和否定的意见都有。现在以既包括纳入一般预算管理的公共财政收入，又包括政府基金收入、国有资本经营预算收入、社会保险基金收入等宽口径的政府收入来说，财政部业务部门按我国全口径财政收入计算，政府收入占 GDP 比重在 2007 年为 27.6%，2008 年为 27.9%，2009 年为 30.0%。中国社会科学院财贸经济研究所也按 IMF《政府财政统计手册》标准，计算了中国全口径政府收入占 GDP 之比，2007 年为 31.5%，2008 年为 30.9%，2009 年为 32.2%，比财政部的数字稍高。按 IMF《政府财政统计年鉴》对 2007 年 53 个国家宏观税负的计算，这些国家实际宏观税负平均为 39.9%，其中 24 个工业化国家实际宏观税负平均为 45.3%，29 个发展中国家实际平均税负为 35.5%。同这些实际数字比较，我国平均宏观税负即使用中国社会科学院 2009 年 32.2% 的较高数字，也大大低于工业化发达国家的平均水平，与发展中国家相比也不过高。根据国际经验，随着生产力向发达水平发展，政府承担的社会民生、公共福利和收入再分配等任务越来越重，我国政府收入占比或所谓宏观税负水平，还有继续提升的必要和空间。

所以，目前我国宏观税负问题，主要并不在于政府收入占比的高低，而在于财政收支结构是否合理，是否能够通过政府收支的运作，一方面实现"国富"与"民富"的良性交融，另一方面推动"民富"中"先富"向"共富"的转化。目前我国国家财政收支结构上的主要问题，在于财政收入的负担偏重由中低收入者或者说劳动阶层来承担，而在财政支出的使用上，用于社会民生和公共福利方面的开支偏低。

我国现行税制的格局是以间接税为主，其在税收总额中占七成以上。间接税包括增值税、营业税等税额，隐藏在商品和服务的价格之内，最终由消费者买单。即使消费者因收入低而免于交纳所得税，他也不能摆脱生活所需的米、油、盐、服装、餐馆用餐、水电煤气等价格与付费中内含的间接税负担。由于低收入者需要将可支配收入的很大部分用于基本生活开支，因此他们承担的间接税负与其收入之比，要比高收入者为基本生活所承担的税负与其收入之比大得多。个人所得税收入结构也存在明显的不合理。个税征收对象主要是工薪阶层的劳动收入，而对股息、红利、财产租赁等资本所得征收甚少，占有大量财富的富人只负担了少量税收份额；没有被统计到城镇居民收入中的数额巨大的隐性收入，主要发生在高收入富户，这也严重影响了税负公平。在我国财政支出结构上，一方面行政管理开支过高，占国家整个财政支出的比重，远高于英、日、美等发达国家，每年公车、公款吃喝、公费出国即"三公"费用惊人；另一方面用于教育、医疗和社会保障的公共服务支出占财政总支出的比重，明显低于人均 GDP 超过 3000 美元的国家。

以上情况表明，如果像一些人士所说，我国宏观税负过高，那也只是对中低收入的劳动阶层负担偏重，而他们应当得到的补偿或该分享的社会福利却感到不足；以资本和财产所得为主的富裕阶层的财富的收入，则大都游离于国家财政税收调节的国民收入再分配过程之外。这种逆向调节的机制，只能助长贫富差距的扩大，迫切需要扭转。对此一些学者专家都有共识，主张改辕易辙。在财政收入方面，提高直接税收的比重，降低间接税收的比重；在直接税方面，提高资本财产与非劳动所得的税负，考虑家庭负担，降低中低收入者的所得税负；开征遗产税、赠与税等财产税种。在财政支出方面，厉行节约，大力减少行政费用占比，增大社会民生、公共福利、再分配转移支付占比，等等。这些主张集中起来就是要国家财政重回"调节收入分配、促进社会公平"这方面的职责，问题在于决策决心和实施步骤，需要抓紧进行。

应当指出，缩小贫富差距，扭转两极分化趋势，不能单纯靠国家财政调节手段。贫富差距扩大的原因甚多，如城乡差距、地区不平衡、行业垄断、腐败、公共产品供应不均、再分配调节滞后等，必须一一应对。但这不是最主要的，按照马克思主义观点，所有制决定分配制，财产关系决定分配关系。财产占有上的差别，才是收入差别最大的影响因素。30多年来我国贫富差距的扩大和两极分化趋势的形成，除了前述原因外，所有制结构上和财产关系中的"公降私升"和化公为私，财富积累迅速集中于少数私人，才是最根本的。

我国社会主义初级阶段的经济结构，随着让一部分人先富起来和效率优先政策的执行，非公有制经济的增长必然超过公有制经济和国有经济，从而形成了多种所有制经济共同发展的局面。这是有利于整个经济发展的。但这种非公有制经济超前发展和"公降私升""国降民升"的势头一直延续下去，"到一定时候问题就会出来"，"两极分化自然出现"。[1] 随着私人产权的相对扩大，资本财产的收入份额会相对扩大，劳动的收入份额则相对缩小，从而扩大贫富差距和两极分化趋势。

在调整收入分配关系、缩小贫富差距时，人们往往从分配领域本身着手，特别是从财政税收、转移支付等再分配领域着手，完善社会保障公共福利，改善低收入者的民生状况。这些措施是完全必要的，我们现在也开始这样做了，还要加大力度。但是，仅仅就分配谈分配，仅仅从分配和再分配领域着手，还是远远不

---

[1] 《邓小平年谱（一九七五——一九九七）》（下），中央文献出版社2004年版，第1364页。

够的，不能从根本上扭转贫富差距扩大的问题。还需要从所有制结构上直面这一问题，需要从强化公有制经济为主体，国有经济为主导着手，扭转生产资料所有制"公降私升"和"国退民进"的趋势，阻止化公为私的所有制结构转换过程。这也是调整"国富"同"民富"关系的一个重要方面。邓小平同志强调："只要我国经济中公有制占主体地位，就可以避免两极分化。"① 又说，"基本的生产资料归国家所有，归集体所有，就是说归公有"，就"不会产生新资产阶级"。② 这是非常深刻的论断。这表明，社会主义初级阶段容许私人产权的发展，容许非劳动要素（主要是资本）参加分配，但这一切都要以公有制为主体和以按劳分配为主为前提。那种让私人资本向高利行业渗透（关系国民经济命脉的重要部门和关键领域），那种盲目地鼓励增加"财产性收入"之类的政策，只能促使收入差距和财富差距进一步扩大，都应该调整。只要保持公有制和按劳分配为主体，贫富差距就不会恶性发展到两极分化的程度，可以控制在合理的限度以内，最终向共同富裕的目标前进。否则，两极分化达到一定限度就会导致社会分裂，这是现代化发展过程中必须事先预防的，有必要采取防范措施，避免导致灾难性后果。毕竟，近代以来，从欧洲大陆到南美国家，现代化进程当中像这一类触目惊心的"雪崩事件"已经发生得够多的了，要引以为戒。

---

① 《邓小平文选》第 3 卷，人民出版社 1993 年版，第 149 页。
② 《邓小平文选》第 3 卷，人民出版社 1993 年版，第 91 页。

政府和市场在资源配置中的作用[*]

（2014 年 1 月）

借今天这个机会，就政府和市场在资源配置中的作用，谈几点认识，和大家讨论，不对的地方，请同志们批评指正。

经济建设与意识形态工作的辩证关系

2013 年 8 月 19 日，习近平同志在全国宣传思想工作会议上指出：“经济建设是党的中心工作，意识形态工作是党的一项极端重要的工作。”① 这句话高屋建瓴地阐释了经济建设与意识形态工作

---

* 2013 年 12 月 22 日在中国经济社会发展智库第七届高层论坛的发言，原载《当代经济研究》2014 年第 3 期。文章认为，经济建设为意识形态工作创造物质基础，只有经济建设这个中心工作做好了，意识形态工作才会有坚实的物质基础；反过来，意识形态工作可以为经济建设这个中心工作保驾护航，保证经济建设持续、快速、健康发展。对“经右政左”的说法要辩证分析，要有清醒的认识，千万不能大意。社会主义市场经济的改革方向，本身就是经济和政治的统一。我们的改革要建立的是“社会主义市场经济”，不是单纯的市场经济。市场在资源配置中起决定性作用，不是不要国家在宏观层面上的调控和计划，而是要充分发挥市场在微观层次上对资源配置的决定性作用。这是市场经济的一般规律。建立社会主义市场经济体制，要尊重市场价值规律，但是不能丢掉公有制下有计划按比例发展规律。（编者注）
① 习近平：《胸怀大局把握大势着眼大事努力把宣传思想工作做得更好》，《人民日报》2013 年 8 月 21 日。

的辩证关系。简言之，经济建设工作为意识形态工作创造物质基础，只有经济建设这个中心工作做好了，意识形态工作才会有坚实的物质基础；反过来，意识形态工作做好了，可以为经济建设这个中心工作保驾护航，保证经济建设持续、快速、健康发展。

按照历史唯物主义基本原理，经济基础决定上层建筑。上层建筑是指建立在一定社会经济基础上的社会意识形态以及与它相适应的政治、法律制度和设施，而上层建筑也会反作用于经济基础。当然，这也包括意识形态会反作用于经济基础。

在阶级社会里，包括在社会主义初级阶段，意识形态具有鲜明的阶级性。资本主义经济基础决定资本主义的意识形态，社会主义经济基础决定社会主义的意识形态。代表先进阶级利益的意识形态对社会的经济发展起促进作用，代表反动阶级利益的意识形态对社会的经济发展起阻碍作用。毛泽东同志曾指出："凡是要推翻一个政权，总要先造成舆论，总要先做意识形态方面的工作，革命的阶级是这样，反革命的阶级也是这样。"[1] 龚自珍说过："灭人之国，必先去其史。"[2] 苏联的解体就是鲜明的事例。当今一些丑化革命领袖、否定改革开放前三十年、抹黑公有制经济和国有企业的言论，其终极意图在于颠覆共产党的领导，改变社会主义经济制度，是十分明显的。对此我们应当提高警惕，深刻认识到意识形态工作的重要性、长期性、复杂性，巩固马克思主义在意识形态领域的指导地位。

经济建设与意识形态工作不是两种平行的事情，某些意识形态与经济工作有着密切的交叉关系。意识形态深入到经济工作之中，经济工作本身也蕴含着意识形态因素，如经济建设的指导思想本身就属于意识形态的范畴。

---

① 《建国以来毛泽东文稿》第 10 册，中央文献出版社 1996 年版，第 194 页。
② 《龚自珍全集》，上海人民出版社 1975 年版，第 23 页。

当前，在意识形态领域流行的错误思潮中，西方宪政民主、普世价值、历史虚无主义、公民社会等，属于政治、文化、社会领域，与经济领域的关系不是直接的。而新自由主义则属于经济领域中的思潮，在各种思潮中居于很重要的地位。新自由主义经济理论的核心观点，如"经济人"假设、追逐私利的人性论、私有制永恒论、市场教旨主义、政府职能最小化（"守夜人"）等，在我国经济界、理论界广泛传播，对我国经济改革和经济发展施加相当大的影响。可以说，当前我国经济领域存在着中国特色社会主义和新自由主义思想的斗争，这个斗争是经济领域中的意识形态斗争。这个斗争直接关系到经济建设的成败得失和中国特色社会主义的前途命运，关系到改革向何处去的问题，即是走完全自由化的市场经济道路还是走中国特色的社会主义市场经济道路？对此，党的十八届三中全会作出了明确回答："坚定不移高举中国特色社会主义伟大旗帜，既不走封闭僵化的老路、也不走改旗易帜的邪路。"[①]

所谓"经右政左"的实质

现在海内外对中国政治经济形势有一种流行的说法，叫"经右政左"，即经济上更加趋于自由化、市场化，放开更多管制领域；同时政治上更加趋于权威化，高举马克思列宁主义、毛泽东思想的旗帜，收紧对意识形态的控制。似乎我国在经济领域上偏"右"，而在政治和意识形态领域偏左。好像左右双方对此都有议论，角度不同，好恶各异。

姑且不论"经右政左"说法的是非，从理论上讲，这是一对

①　胡锦涛：《坚定不移沿着中国特色社会主义道路前进 为全面建成小康社会而奋斗》，《人民日报》2012年11月18日。

矛盾的概念。按照历史唯物主义基本原理，政治、意识形态与上层建筑是由经济基础决定的。如果上层建筑与经济基础的方向一致，就可以巩固经济基础；如果上层建筑与经济基础偏离，那么就会使经济基础发生变异，原来的上层建筑也会有坍塌之虞。

有人分析，"经右政左"的风险，可能会导致社会分裂，所以这种局面难以长久持续。社会主义经济如果长期受到西方新自由主义经济思想的侵蚀，使自由化、私有化倾向不断上升，计划化、公有制经济为主体的倾向不断下降，社会主义经济基础最终就要变质，变成与社会主义意识形态和上层建筑不相容的东西。而随着私有制经济的发展壮大，资本利益诉求和资产阶级思想影响也会蔓延扩大，进而提出分权甚至掌权的要求，那时即使在政治思想上坚持科学社会主义做多大的努力，恐怕终究难以为继。这是由经济基础决定上层建筑所决定的，不以人的意志为转移。对此我们一定要有清醒的认识，千万不能大意。

改革开放以来，我们逐步建立了社会主义市场经济体制。按照党的十八届三中全会的《决定》，政治上"必须高举中国特色社会主义伟大旗帜，以马克思列宁主义、毛泽东思想、邓小平理论、'三个代表'重要思想、科学发展观为指导"[1]，而在经济上"坚持社会主义市场经济改革方向"[2]。这就是说，政治上既要高举马克思列宁主义、毛泽东思想，也要高举邓小平理论、"三个代表"重要思想、科学发展观；经济上既要"市场经济"，又要"社会主义"。政治上经济上两边都摆正了，这就与所谓的"经右政左"的说法划清了界限。

---

[1]　《中共中央关于全面深化改革若干重大问题的决定》，《人民日报》2013 年 11 月 16 日。

[2]　《中共中央关于全面深化改革若干重大问题的决定》，《人民日报》2013 年 11 月 16 日。

坚持社会主义市场经济改革方向

下面我想就"坚持社会主义市场经济改革方向"问题，再谈一点认识。

社会主义市场经济的改革方向，本身就是经济和政治的统一。我们的改革要建立的是"社会主义市场经济"，不是单纯的市场经济，而是"社会主义＋或×市场经济"。"社会主义市场经济"是一个完整的概念，是不容割裂的有机统一体。党的十四大报告第一次提出社会主义市场经济的改革目标时，就明确在"市场经济"一词的前面加上一个前置词"社会主义"，还有一个前提条件，就是"在国家宏观调控下"，让市场在资源配置中发挥重要作用。资源配置有宏观、微观不同层次，还有许多不同领域的资源配置。在资源配置的微观层次，即多种资源在各个市场主体之间的配置，市场价值规律可以通过供求变动和竞争机制促进效率，发挥非常重要的作用，也可以说是"决定性"的作用。但是在资源配置的宏观层次，如供需总量的综合平衡、部门地区的比例结构、自然资源和环境的保护、社会资源的公平分配等方面，以及涉及国家社会安全、民生福利（住房、教育、医疗）等领域的资源配置，就不能都依靠市场来调节，更不用说"决定"了。市场机制会在这些宏观领域存在很多缺陷和不足，需要国家干预、政府管理、计划调节来矫正、约束和补充市场的行为，用"看得见的手"来弥补"看不见的手"的缺陷。

过去邓小平同志在提出社会主义也可以搞市场经济的时候，从来没有否定计划，一再说计划和市场都是手段、都可以用。党的十四大报告在说到"市场在国家宏观调控下对资源配置起基础性作用"的时候，特别明确指出"国家计划是宏观调控的重要手段之一"。党的十四大召开前，江泽民在中央党校省部级领导干部进修班上阐明为何选择社会主义市场经济作为改革目标时，就提醒我们："有计划的商品经济，也就是有计划的市场经济。社会主义经济从一开始就是有计划的，这在人们的脑子里和认识上一直是清楚的，不会因为提法中不出现'有计划'三个字，就发生是不是取消了计划性的疑问。"① 以上所述，表明了社会主义市场经济就是有计划的市场经济，肯定了在社会主义市场经济体制中，计划和市场两种资源配置的手段都要用。但是以后，由于新自由主义经济思想的影响，逐渐出现了突出市场、淡化计划的倾向。有人认为，我们现在搞市场化改革，"计划"不值得一提。"十一五"计划改称"十一五"规划，一字之差，就大做文章，欢呼离计划经济更远了，离市场经济更近了，"计划"好像成了一个禁区。但是，党的十七大报告还提出"发挥国家发展规划、计划、产业政策在宏观调控中的导向作用"。十八届三中全会通过的《中共中央关于全面深化改革若干重大问题的决定》（以下简称《决定》），在"使市场在资源配置中起决定性作用"的后面，紧随着跟上"更好发挥政府作用"。虽然没有提"国家计划的导向"的字样，但保留了"健全以国家发展战略和规划为导向、以财政政策和货币政策为主要手段的宏观调控体系"，其实也表达了"计划导向"的意思，只是回避了"计划"二字。这是颇值得玩味的。我以为，只要切实做到如《决定》所言"宏观调控体系"要"以国家发展战略和规划为导向"，那也没有多大关系。

值得注意的是，习近平总书记在《关于〈中共中央关于全面深化改革若干重大问题的决定〉的说明》中指出："市场在资源配置中起决定性作用，并不是起全部作用。"② 可见，市场的"决

---

① 《江泽民文选》第 1 卷，人民出版社 2006 年版，第 202 页。
② 《〈中共中央关于全面深化改革若干重大问题的决定〉辅导读本》，人民出版社 2013 年版，第 71 页。

定性作用"是有限制的。根据这个精神，《决定》在写出市场的决定性作用的同时，也强调了政府和国家计划的作用。就是说政府和国家计划要在资源配置中同时起导向性作用。

那么，在资源配置的调节中，市场和政府或计划，怎么分工？依我看，可按照资源配置的微观层次和宏观层次，划分市场与政府或计划的功能，大体上是可以的。市场在资源配置中起决定性作用，应该限制在微观层次。而政府职能如行政审批等的缩减，也主要在微观领域。至于宏观层次上的资源配置问题，政府要加强计划调控和管理，不能让市场这只"看不见的手"盲目操纵，自发"决定"。当然，对市场提供服务、实施监管、做"守夜人"的责任，政府还是责无旁贷的。

社会主义市场经济中计划与市场关系

这样来理解社会主义市场经济中"政府"与"市场"或"计划"与"市场"的关系，符合马克思主义经济学原理，更加有利于坚持既是"市场经济"的又是"社会主义"的改革方向。

党的十八届三中全会《决定》说得不错："市场决定资源配置是市场经济的一般规律"，这也就是市场价值规律。但社会主义经济决定资源配置的不是市场价值规律，而是有计划按比例发展规律。马克思主义认为，在共同的社会生产中，国民经济要实行有计划按比例的发展。马克思说过："时间的节约，以及劳动时间在不同的生产部门之间有计划的分配，在共同生产的基础上仍然是首要的经济规律。这甚至在更加高得多的程度上成为规律。"① 这说明，劳动时间按比例在各生产部门之间的分配和劳动时间在利用中的节约，是集约化经济的第一经济规律。"劳动时间"包括

---

① 《马克思恩格斯文集》第 8 卷，人民出版社 2009 年版，第 67 页。

活劳动时间和物化劳动时间，意味着人力资源和物质资源。其意思就是有计划按比例地分配和节约资源，是社会化生产要遵循的首要经济规律。有计划按比例发展就是人们自觉安排的持续、稳定、协调发展，它不等同于传统的行政指令性的计划经济，更不是某些人贬称的"命令经济"。"有计划"主要是指导性、战略性、预测性的计划，用以从宏观上导向国家资源的配置和国民经济的发展，当然，也包括某些必要的指令性指标，并不排除国家计划的问责功能。改革后，我们革除传统计划经济的弊病，适应初级阶段的国情，建立了社会主义市场经济体制，尊重市场价值规律，但是不能丢掉公有制下有计划按比例发展的经济规律。

在社会主义初级阶段，社会主义经济容纳市场经济，成为社会主义的市场经济，而不是什么纯粹的市场经济，或者其他性质的市场经济。这样的社会主义市场经济就不能只受一个市场价值规律的支配，而必须在市场价值规律起作用的同时，受"有计划按比例发展规律"的支配。所以，十八届三中全会《决定》所说的"市场决定资源配置是市场经济的一般规律"，单就市场经济来说，是绝对正确的；下面接着说"健全社会主义市场经济体制必须遵循这条规律"，也是对的，但是说得不够完整。因为社会主义市场经济要遵守的不仅是市场价值规律，这不是社会主义市场经济唯一的规律。社会主义市场经济还要遵守有计划按比例发展规律。这就是为什么在社会主义市场经济中，计划和市场、政府和市场、自觉的调节和自发的调节、"看得见的手"和"看不见的手"都要在资源配置中发挥重要作用的理论根据。

总之，我们必须以马克思主义的经济理论观点，而不能以哈耶克之流的自由主义经济观点来理解社会主义市场经济中市场与政府、市场与计划的关系，这样我们就能掌握好中国改革航船的舵盘，驶向实现中国梦的美好未来。

第二部分

关于双重模式转换问题

略论两种模式转换[*]

（1985 年 8 月）

1978 年底以来，在邓小平同志提出"解放思想，实事求是"的思想路线指引下，在两个三中全会决议和中央一系列方针政策的指导下，我国经济生活经历了并继续经历着多方面的深刻变化。这些变化概括起来可以归结为两种模式的转换，即发展模式的转换和体制模式的转换。

经济发展模式的转换

先从发展模式的转换讲起。经济发展模式包含发展目标、发展方式、发展重点、发展途径等方面的内容。十一届三中全会以前，我国经济发展的主要目标，往往是以最快的速度求得经济的增长，与此相应，采取了不平衡的发展方式，其重点放在以重工业为中心的工业化上，并采取了外延为主的发展途径。这种模式尽管在过去有着它的历史背景和缘由，但其实现往往伴随着：一方面积累挤压消费，另一方面投资膨胀又带动消费膨胀，从而反复出现社会总需求超过总供给的局面。这种情况，使得经济效益

　＊　本文原载《世界经济导报》1985 年 8 月 26 日。

长期上不去，人民生活的改善同付出的代价远不相称。因此，30年中我国社会主义经济发展虽然取得不少成绩，但是经过几起几落，很不理想。

近几年来开始出现的我国经济发展模式的转换，首先表现在发展目标上，从片面追求高速增长开始转向以提高经济效益为前提、以提高人民生活水平为目的的适度增长。与此相应，采取了相对平衡的发展方式，其重点置于国民经济薄弱环节和基础环节，如农业、能源、交通、科技、教育等方面，并且向以内涵为主的发展途径过渡。新的发展模式的要旨，就是要使速度、比例、效益有一个较优的结合。实现这一发展模式，要求积累的适度，并与消费相协调，以保持一个总供给略大于总需求的宽松局面，从而保证国民经济持续、稳定、协调、高效增长。

经济体制模式转换

再看体制模式的转换。经济体制模式，一般包含所有制结构、决策权力结构、动力和利益结构、经济调节体系和经济组织结构等方面的内容。我国过去的旧体制模式，基本上是实物分配型的集中计划经济模式。在所有制结构上，向"一大二公"的单一经济形式偏颇；在决策权力结构上，权力过度集中于国家行政机构手中；在动力和利益结构上，单纯依靠政治思想的动员，实行两个"大锅饭"制度①；在经济调节体系上，主要是行政指令的直接调节；在经济组织结构上，政企不分、条块分割、纵向隶属关

---

① 在计划经济体制下，企业吃国家的"大锅饭"，职工吃企业的"大锅饭"。国有企业改革旨在于扭转这一局面。从1985年起城市经济体制改革全面展开，重点之一就是国有企业改革，由单一公有制经济发展为以公有制经济为主体的多种所有制经济共同发展；对国有企业实行政企分开，逐步扩大企业的生产经营自主权，实行经营责任制；实行按劳分配为主，多种分配方式并存的制度。（编者注）

系为主。这种旧的体制模式的形成，当然也有其历史背景和缘由。但其运行：一方面遏制了企业与劳动者的积极性，影响微观效益；另一方面反复引起以预算约束软弱为基因的、以投资膨胀为枢纽的总需求扩张和国民收入超分配的紧张局面，带来宏观失控。这种僵化的体制模式，是30年中我国经济发展不够理想的又一个重要原因。

几年来从农村改革开始，逐渐推及于城市改革的经济体制模式的转换，其实质是从实物分配型的集中计划经济体制向商品交换型的计划经济体制的转换。它包含：从片面追求"一大二公"转向公有制为主体的多种经济形式、经营方式并存的所有制结构；从单一的国家决策转向国家、企业和个人的多层次决策结构；从单纯依靠政治思想动员转向重视物质利益关系的动力和利益结构；从行政指令手段为主转向经济参数手段为主的调节体系；以及从条块分割、纵向隶属关系为主转向政企分开、横向经济联系为主的组织结构。新的体制模式的要旨，是围绕增强企业的动力与压力，把微观经济搞活，宏观经济控制住。这一模式的彻底实现，既能充分调动企业和劳动者的积极性，又能根治投资饥饿、数量扩张等旧模式的痼疾，有利于总需求和总供给的调控，为发挥企业活力提供一个良好的宏观环境。

两种模式转换密切相关，互相影响、互相制约

经济体制模式从属于经济发展模式，但两者又是互为条件、互相制约的。以高速增长为主要目标，以外延发展为主要途径的发展模式，必然要求高度集中的、行政指令直接调节为主的体制模式。以满足多样化消费需求为目的、以提高经济效益为前提的适度增长和以内涵途径为主的发展模式，则要求较多的分散决策和以经济手段间接调节为主的体制模式。反过来说，传统体制模

式内在的数量扩张、投资饥饿等痼疾，又是支持传统发展模式中追求高速增长和外延发展的动因。只有在新的体制模式中随着软预算约束的硬化和上述痼疾的治愈，新的发展模式才有可能最终确立。

因此，目前我国经济大变动中同时进行的两种模式转换，必然是密切相关、互相影响、互相制约的。不可能指望两种模式转换是短时间里可以很快完成的行动，它们是一个非常曲折复杂的、需要相当时间才能完成的过程。传统模式和传统观念的惯性、能上难下的利益刚性，以及转换过程中的预期不确定性，都会影响人们的经济行为，从而影响模式转换的进程。

经济体制改革需要一个较宽松的经济环境，
即总供给略大于总需求的、有限的买方市场

现在，越来越多的人认识到，经济体制改革的顺利进行，需要一个比较宽松的经济环境，即总供给略大于总需求的有限的买方市场的条件。这正是新的发展模式所能创造的局面。前几年，开始模式转换的初期，随着实行经济调整方针的见效，确曾出现某些买方市场的良好势头。但是，由于旧模式中追求产值速度的惯性时时冒头，投资饥饿、数量扩张的欲求仍然存在，过去长期约束消费的禁锢又一一被冲破，再加上松绑放权的同时宏观调控机制未能及时配套启动，因此，前几年曾经出现的买方市场势头时起时伏，一直不很稳固。

特别是 1984 年第四季度以来，随着总需求的猛增和经济发展的超速，国民经济重新出现过热的紧张局面。明白了它的由来，就不必大惊小怪。但是，不能不看到，发展模式转换过程中出现的这种反复，不能不影响到体制模式转换的进程。如果我们不同时应付经济过热和通货膨胀的威胁，那么，1985 年我们在价格、

工资以及其他方面改革的步子，是可以比实际迈出的步子更大些的。

目前经济工作的重点应首先放在稳定经济上，同时进行一些国民经济能够承受的、为稳定经济所必需的改革

经济体制改革是我国当前压倒一切的任务。不少同志指出，解决目前经济紧张问题所采取的措施，应当有利于改革而不应为进一步的改革设置障碍。从长远看来，要彻底解决反复出现的经济过热的问题，也必须把改革进行到底。从两种模式互为条件、相互制约的关系来看，上述观点无疑是正确的。但是，如果由此认为，应当趁着目前需要稳定经济的时机，加快改革的步伐，全面推进改革，那就需要斟酌了。在目前经济紧张的问题尚未有效解决的情况下，如果放大改革的步子，在改革上全面出击，那就会更增加国民经济已经很沉重的负荷，不利于理顺和稳定经济，有损于改革的名誉，为进一步的改革增添障碍。所以我认为，目前经济工作的重点，应当首先放在稳定经济上，同时进行一些国民经济能够承受的、为稳定经济所必需的改革，以巩固和发展已经获得的成就，应该运用双重体制并存中一切真正有效而不是臆想有效的手段，有区别地而不是"一刀切"地把投资需求和消费需求抑制住，把过热的经济稳定下来，为进一步的改革创造一个良好的经济环境。总的来看，这样做，改革的步伐会比不这样做更快一些，经济的发展会更健康一些。新的具有中国特色的社会主义的经济发展模式和经济体制模式的最终确立，必将更大地推进我国社会主义现代化事业。

试论我国经济的双重模式转换[*]

（1985 年 11 月）

发展模式和体制模式的双重转换

中共中央关于制定"七五"计划的《建议》，把经济建设和经济改革很好地结合起来。文件中规定的发展战略和改革方针，对推进目前我国经济的双重模式转换，将起着十分重要的作用。

党的十一届三中全会以来，特别是"六五"期间，我国的经济生活经历了并在继续发生着多方面的深刻变化。这些变化可以概括为双重模式转换，即经济发展模式的转换和经济体制模式的转换。经济发展模式的转换，就是从过去以高速增长为主要目标、外延发展为主导方式和以重工业为中心的不平衡发展战略，逐步转向在提高经济效益前提下，以满足人民需要为目的的适度增长，以内涵发展为主导方式和合理配置资源的相对平衡发展战略。在经济发展模式的转换过程中，总的来看，"六五"期间我国经济持续稳定增长，主要比例关系趋向协调，经济失衡状况有所缓和，人民的需要比以往任何时期都能得到更好地满足，提高质量效益和强调内涵发展的课题也已经提上议事日程，并初见成效。

---

* 本文原载《人民日报》1985 年 11 月 4 日。

在经济体制模式转换方面，我国过去的经济体制，基本上是行政指令型的集中计划经济模式。过度集中的决策权力结构，直接控制为主的调节体系，平均主义的利益结构，以及政企不分、条块分割、纵向隶属关系为主的组织结构，构成了旧体制模式的特征内容。几年来从农村开始，逐渐推及于城市的经济体制改革，其实质是从行政指令型的计划经济模式转向计划与市场结合型的有计划的商品经济模式。以增强企业活力为核心的多层次决策结构，以经济手段间接控制为主的调节体系，把物质利益原则与社会公正原则结合起来的利益结构，以及政企分开、横向经济联系为主的组织结构，则构成了新体制模式的特征内容。"六五"期间，体制模式的转换，在农村取得了明显的效果，以城市为重点的全面改革逐步展开，行政指令型的计划经济模式正在向有计划的商品经济模式逐步转化，在集中与分散、计划与市场的关系上，探索搞活经济的道路，经济生活出现了前所未有的活力。

双重模式转换过程中的矛盾

在充分估计我国经济建设和经济改革几年来取得的巨大进展的同时，也要看到，我国经济的双重模式转换还起步不久，传统模式的作用和影响远未消除，而新模式的运行机制也远未完善。因此，无论在经济建设中和在经济改革中，都还存在许多有待解决的问题。由于旧的发展模式中追求产值速度的惯性时时冒头，旧的体制模式中投资饥饿、数量扩张的痼疾依然存在，而过去约束消费需求的禁锢又一一被冲破，再加上宏观控制未能跟上微观放活，减少行政指令控制范围的同时缺乏必要的市场协调机制，因而在经济发展过程中也出现了某些不稳定的因素。1984 年第四季度以来，随着总需求的猛增和经济增长的超速，国民经济重新出现了旧模式中常见的发展过热的紧张状态。此外，虽然几年来主要比例趋向协调，但产业结构和产品结构的某些失衡远未消失，跟不上消费结构从温饱型向选择型的过渡。质量效益和内涵发展问题虽已提上议事日程，但重量轻质和铺新摊子之风并未消衰。这些结构性的因素又加重了稳定经济的难度。发展模式转换过程中出现的这种反复，不能不影响到体制模式转换的进程。如果我们不必同时应付经济过热和通货膨胀的威胁，这一两年我们在价格、工资以及其他方面的改革上迈出的步子，是有可能比实际迈出的步子更大一些的。

这样看来，目前我国经济生活中存在的问题，是在双重模式转换的摩擦中产生的。一般地说，经济体制模式与经济发展模式是互为条件、互相制约的。强调数量增长和以外延方式为主的发展模式，必然要求高度集中的、主要依靠行政指令进行直接控制的体制模式；而以满足多样化需求为目的、强调质量效益和以内涵方式为主的发展模式，则要求较多的分散决策和主要依靠经济参数进行间接控制的体制模式。从另一方面说，传统体制模式内在的数量驱动、投资饥饿等痼疾，又是支持传统发展模式中追求高速增长和外延发展的动因。只有在新的体制模式下随着上述痼疾的治愈，新的发展模式才能最终确立。

因此，目前我国经济大变动中同时进行的两种模式转换，是一个非常曲折复杂的过程。这不仅因为两种模式转换之间的摩擦，还由于两种模式转换各自存在的内在矛盾。就发展模式说，我国当前经济正在从落后的农业经济和先进的非农业经济并存向现代化的经济转变，一方面，城市经济和大工业经济已经明显出现了内涵发展的巨大潜力；另一方面，以充裕的农村劳动力资源为背景，我国乡镇经济外延型增长的前景十分广阔，因而构成了经济发展模式鲜明的二元结构。同时，大量农村人口从农业经济向非农业经济的转移，将给我国的经济增长和经济结构、消费增长和消费结构带来巨大的变化和新的压力，从而增加了发展模式转换本身的摩擦。再从体制模式上看，由于我国生产力水平比较低，地广人众，发展极不平衡，管理人才和经验缺乏等原因，我国经济体制改革不能采取"一揽子"方式，只能采取"渐进式"和"小配套"方式，这就不可避免地在一段时期内出现新老双重体制并存的局面。逐步推进方式和双重体制的逐步消长可以避免改革中的大震动，但是两种不同体制的混杂，也会使经济的运行遇到一系列棘手的问题。这种二元结构和双重体制的关联，更增加了双重模式转换过程的复杂性。

把双重模式的转换进一步推向前进

双重模式转换的全部机制及其运转的规律性，需要我国经济学界进行多方面的探讨。本文下面要提出讨论的是：面对当前经济生活中存在的问题，"七五"期间应当如何处理经济建设与经济改革的关系，把双重模式的转换进一步推进。

"七五"时期的三项主要任务，最重要的一项就是为经济体制改革创造良好的经济环境和社会环境，使改革顺利进行。现在，越来越多的人认识到，经济体制改革需要一个比较宽松的经济环境。这里首要的一个问题就是增长速度的安排不能过高。过高的速度带来经济生活的紧张，对社会风气也有不利影响。在这种经济环境和社会环境下，经济体制改革是难以正常进行的，而且过高的速度超过国力承担能力，是不可能支持下去的。因此，按照《建议》的规定，"七五"期间要把目前过高的速度转入正常的速度。为此，必须继续解决固定资产投资规模过大和消费基因增长过猛的问题，以控制社会总需求。在控制固定资产投资总规模的前提下，调整投资结构和产业结构，把建设重点切实转到现有企业的技术改造和改建扩建上来，把提高经济效益和产品质量放到十分突出的地位上，坚决走内涵为主的扩大再生产的路子。只有在经济建设上坚持上述方向，推进发展模式的转换，才能为经济改革创造良好的环境，从而推进体制模式的转换。

前面说过，发展模式和体制模式是互为条件、互相制约的。一方面，经济建设的安排要有利于体制改革的进行；另一方面，新的建设方针的贯彻和实现，也离不开体制改革的配合。并且，改革的意义不仅在于当前，更重要的是为下一个 10 年和下一世纪的前 50 年奠定经济持续稳定发展的良好基础。因此，按照《建议》的要求，"七五"期间应当坚持把改革放在首位，力争在今后五年或者更长一些的时间内，基本上奠定有中国特色的新型社会主义经济体制的基础，把体制模式的转换往前大大推进一步。

为此，"七五"计划《建议》在经济体制和调节手段方面，提出了一整套改革的方针和任务。"七五"期间的改革任务，归结起来，就是在进一步完善微观经济活动和机制的同时，从宏观上加强对经济活动的间接控制。因此，正确处理宏观管理改革和微观机制改革的关系，可以说是进一步推进体制模式转换的一个核心问题。对于这个问题，人们有不同的认识，从模式转换的角度来看，至少有以下三点是需要辨明的。

正确认识和处理宏观改革和微观改革的关系

第一点是，有的同志认为，微观上放开搞活是改革的前进，宏观上加强控制则是改革的后退。这是对宏观控制的误解。首先，我们的改革是要建立"有计划的"商品经济模式，而不是"无计划的"商品经济模式。如果说微观上放开搞活是新模式中发展商品经济所要求的，那么宏观上加强控制则是新模式中实现"有计划的"所要求的。其次，微观搞活只能是企业或者局部搞活，而宏观控制才能保证总体或全局搞活。如果只有微观搞活而无宏观控制，整个大局就会混乱，微观搞活也是一句空话。所以，微观上放开搞活固然是改革，是前进；在实行商品经济的条件下搞好宏观控制，同样也是改革，是前进。

第二点是，有的同志认为，既然宏观管理也要改革，那么，当前稳定经济的措施，就不能采用作为旧模式特征的直接行政手段，只能采用作为新模式特征的间接经济手段。这是对新体制模式的一种误解。当然，新模式是以间接控制手段为特征的，我们在改革中应当尽可能扩大经济杠杆的作用范围。但是新的体制模式并不排除在某些场合运用直接的行政控制手段的必要性，尤其是在当前模式转换过程中，市场机制还很不完善，企业对经济参数（例如利率等）变动的反应还很不灵敏，在这种情况下，对经济活动的宏观控制就不能不在某些范围借助于直接的行政手段（例如规定信贷额度等）。在目前模式转换过程中新旧体制并存的条件下，只有在一定范围内运用并强化某些直接控制手段，才能够达到稳定经济的近期目的，这将为改革的顺利进行创造良好的环境，对于以后减少直接控制，增强间接控制，从而推进向新模式的转化，是有积极意义的。

第三点是，有的同志认为，微观经济改革和宏观经济改革，应当是分阶段地交叉进行的，过去阶段的改革主要是微观上放开搞活，今后要用一段时间着力于宏观上加强控制，再以后进一步搞活微观经济。其实，宏观经济与微观经济是不能截然分开的。宏观的总量及其变动是由微观的个量及其变动构成的，宏观管理的意图要通过微观经济活动来实现。过去我们对宏观经济与微观经济水乳交融的密切关系认识不足，前一个阶段的改革确实偏在微观搞活方面，没有把宏观控制配套跟上，因而带来某些失控现象，这主要是由于经验不足，而绝不能说是理当如此的。今后加强宏观控制，应当着力于发挥经济杠杆的作用；但是如果没有微观经济的灵敏反应，经济杠杆的作用就难以充分发挥出来。如果市场机制（包括商品市场、资金市场、技术市场、劳务市场等）

很不完善，经济参数（包括价格、利率、汇率等）严重扭曲，企业的财务预算约束十分软弱（旧体制中的既不负盈又不负亏，或者双重体制下的只负盈不负亏），如果这些状况没有根本改变，微观经济的灵敏反应也是难以指望的。所以，今后宏观管理的改革，必须与微观机制的改革同时进行。不仅减少直接控制微观经济的范围、程度和步骤应当同国家加强间接控制的能力互相适应，而且国家加强间接控制的范围、程度和步骤也要同企业增强灵敏反应的能力互相适应，否则宏观管理的改革是难以奏效的。为了解决好宏观管理与微观机制的配套改革，不仅要在国家管理经济逐步由直接控制为主向间接控制为主的转化上下功夫，而且同时要在企业经营逐步由不负盈亏或者只负盈不负亏向真正自负盈亏的转化上下功夫，还要在市场体系方面逐步由局部的分割的市场向全面的统一的社会主义市场的转化上下功夫。

正是为了促进这些转化，基本上奠定有中国特色的新型社会主义经济体制的基础，"七五"计划《建议》突出了企业改革、市场改革和国家控制手段的改革这三个互相联系的方面，要求在"七五"期间抓紧抓好。围绕这三个方面，配套地搞好计划体制、价格体系、财政体制、金融体制和劳动工资制度等方面的改革，以形成一整套把计划和市场、微观搞活和宏观控制有机地结合起来的机制和手段。这个问题解决好了，就可以实现经济发展速度、比例和效益的统一，实现整个国民经济的良性循环。新的具有中国特色的社会主义经济体制模式和发展模式的最终确立，必将大大推进我国社会主义现代化建设事业。

中国经济大变动中的双重模式转换[*]

（1986 年 12 月）

中国的经济，从 1978 年底中国共产党十一届三中全会以来，经历了并且还在继续发生着深刻的变化。这些变化可以概括为双重模式的转换：一是经济发展战略模式的转变，一是经济管理体制模式的改革。下面我想简要地讲讲这两个方面的变化。

中国经济发展战略的模式转换

从 1949 年新中国成立到 1978 年大约 30 年中，中国经济的发展过程是十分曲折的。从历史的回顾来看，有发展得比较顺利的时候，也有遇到挫折的时候，尽管中国的经济发展有过起伏，但是从指导思想上看，支配我国经济发展的一条主线是用尽快的速度求得经济的增长。这种强速增长（Forced Growth）的战略强调的是以重工业为中心的产值产量等数量指标的增长，而对于经济发展的平衡问题、效益问题、人民生活问题，则往往置于较次要的位置，甚至有时以牺牲这些方面的利益，作为高速增长的代价，以致造成产业结构的严重失调。这种强速发展战略在经济生活中

---

* 1986 年 12 月在香港经济学会主办的华人社会经济模式国际研讨会上的讲稿。

的实现，往往伴随着这样一种现象：在高积累、高投资中，一方面积累要挤压消费，另一方面每次投资的膨胀又带来消费的膨胀，这样在我国经济生活中反复出现社会总需求超过总供给的现象。这种现象使我们的经济效率长期上不去，人民生活水平的改善也同他们所付出的代价远不相称。

十一届三中全会以来，中国经济发展的新战略，集中地体现在 1981 年第五届全国人民代表大会第四次会议上的《政府工作报告》中。它把新的发展战略简明地概括为："走出一条速度比较实在，经济效益比较好，人民可以得到更多实惠的新路子。"这一新的经济发展战略，在发展目标上，从过去以片面追求数量上的增长，开始转向以提高经济效益为前提，以提高人民生活为目的的适度增长。在发展策略上，从过去的不平衡发展开始转向既有发展重点，又注意综合平衡的发展。在发展方式上，从过去以粗放方式为主逐渐转向以集约方式为主，即更多注意对现有生产基础的技术改造，以求得质量和效益的提高。

总之，中国经济发展战略模式转换的要旨，就是要使速度、比例和效益有一个较好的结合，使积累和消费相协调，供给与需求相适应，以保证国民经济能够持续、稳定、协调、高效地增长。

体制模式转换的要点

中国原有的经济管理体制，大体是在第一个五年计划末期，对生产资料所有制的社会主义改造基本完成时形成的。它是一种高度集中的、以行政协调为主的计划经济体制。由于我国经济技术落后，自然经济影响十分深厚，再加上长期以来经济工作指导思想上"左"的偏差，在我国经济生活中，军事共产主义供给制因素得到显著增强，使得我国原有经济体制在集中化、实物化、封闭化和平均主义化的程度上，都远远超过了过去实行传统集中计划经济的国家。在这种带有军事共产主义供给制因素的集中计划经济体制中，经济决策权力高度集中于国家机构手中，经济活动主要依靠行政机构直接对企业下达指令性投入产出实物指标来进行协调；推动经济活动的动力主要依靠政治思想动员，在经济利益的分配上盛行吃"大锅饭"的平均主义制度；经济组织结构上政企职责不分，主要是纵向的行政隶属关系，部门、地方、企业都追求自成体系，形成了分割化和封闭化的组织结构。

这种经济体制的运行，一方面限制了企业和生产者的积极性，影响了微观经济的效益；另一方面这种体制又是诱发数量扩张和"投资饥饿"的根源，它反复引起总需求的膨胀，带来宏观失控。这种僵化的经济体制，是我国经济30年中发展不够理想的一个重要原因。

几年来的中国经济体制改革，其实质就是要从过去的带有军事共产主义供给制因素的集中计划经济模式，转向计划与市场有机结合的、有计划的商品经济模式。总的方向就是要从中国实际出发，逐步建立起有计划指导和宏观控制的、更多地通过市场机制进行协调的经济机制。这一新的经济机制应能保证不断再生产出公有制为主体的和实现共同富裕目标的社会主义生产关系。体制模式转换的要点是：

在经济决策权力结构上，从过去的过度集中的单一国家决策转向国家主要管理宏观经济，而微观经济活动主要下放给企业和家庭个人的多层次决策结构；

在经济调节体系上，从过去的行政指令手段为主的直接调节手段转向用经济参数手段为主的间接调节手段，在计划指导和宏观控制下实行市场协调的调节体系；

在利益分配上，从过去的企业吃国家大锅饭、职工吃企业大锅饭的平均主义的分配制度转向物质利益原则和社会公正原则相结合的经济动力结构；

在经济组织上，从过去的政企不分、纵向隶属关系为主，部门与地区分割转向政企职责分开、横向经济联系为主，以中心城市和行业管理为枢纽的经济网络结构。

总之，中国经济体制模式转换的要旨是，围绕增强企业的经营动力和竞争压力，把微观经济搞活，把宏观经济控住。这样，既要充分调动企业和生产者的积极性，又要根治数量扩张、投资饥渴这样一些旧体制固有的毛病，这有利于微观经济效益的提高和宏观供需总量结构的调整，保证我国经济能够健康地实现社会主义现代化的目标。

双重模式转换中的成就与问题

上面两节我对中国经济发展战略和经济体制双重模式转换的实质作了一些概括的分析。下面简单谈谈进行双重模式转换几年来取得的进展和存在的问题。

在经济发展模式的战略转换方面，在"六五"期间（1981—1985年），我国经济出现了持续增长的局面，改变了过去那种大起大落的状况。随着经济调整和改革方针的实施和收效，经济增长率逐年稳步上升，如工业生产增长率在1981年为4.3%，1982年为7.8%，1983年为11.2%，1984年为16.4%，1985年为17.7%，1986年在紧缩调整的影响下，也可望达到8%。

在积累和消费的关系上，"六五"计划期间，改变了过去片面追求积累、忽视消费的倾向，积累率从"五五"期间平均的33.2%（其中1978年高达36.5%），"六五"期间平均降到30%以下；扣除物价上涨因素，居民实际消费水平平均每年增长7%以上，大大超过了过去几个五年计划时期的平均增长速度。再从产业结构上看，"六五"期间，改变了过去长期片面强调重工业，忽视农业、轻工业的倾向，与过去相比，农业、轻工业增长速度显著加快，重工业增长速度相对放慢。现在农业、轻工业、重工业在工农业总产值中大约各占 1/3。工业内部重工业与轻工业的比例，现在大体上各占一半，比较适合我国目前生产力水平，关系较为协调。与此同时，第二产业增长速度也开始加快。但我国第三产业仍很落后，目前在国民生产总值中所占比重，比一些低收入的发展中国家还低。

再从发展方式看，"六五"期间，我国开始注意集约方式的发展和提高经济效益的问题。在固定资产投资总额中，用于现有企业更新改建等投资的比重有所提高。由于提出了把经济工作转移到以提高经济效益为中心的轨道上来的任务，一些经济效益指标，如社会劳动生产率的增长率，每百元积累新增加的国民收入，每万元国民收入消耗的能源等指标，都有不同程度的改善。

从以上简单列举的几条可见，中国的经济发展战略，在发展目标上、发展格局上、发展方式上都开始有所转变。但由于这种转变还处于初期，旧的发展战略的影响仍然存在，因此经济发展中还存在着某些不稳定因素。"六五"中期，又逐渐出现了追求产值和攀比速度之风，特别是 1984 年第四季度以来，随着社会总需求的膨胀，我国经济重新出现了旧模式当中发展过热的势态。1984 年工业生产比上年增长 16%，投资和消费的增长大大超过国民收入的增长，带来外汇储备的下降和部分物价的上涨。这种经济过热的势头在 1985 年上半年继续发展，工业产值比上年增长 23%，经过我国政府采取的一系列稳定经济措施，1985 年 7 月才开始逐渐冷却下来。1985 年下半年工业生产增长率（比上年同期）下降到 12%，但 1985 年全年工业增长率仍达 18%；1986 年一季度工业增长率继续下降，上半年比 1985 年同期增长 4.9%，全年增长率可能恢复到 7%—8%。1986 年全社会总需求与总供给的平衡有所改善，但国民收入超额使用的问题仍未消除，而目前某些地方和部门压产值争速度的呼声又开始高涨。总之，这两年我国经济的发展显示出比较大的波动。与此相关的是积累率在"六五"后期又有上升趋势，1984—1985年两年达到30%以上。根据我国经验，积累率维持在30%以下较为合理。在产业结构方面，虽然"六五"期间农、轻、重等几大产业之间的比例趋于协调，但各大产业内部结构与产品结构仍不合理，不适应消费结构的变化。能源生产虽然增长较快，但由于整个经济增长过快，能源交通的缺口扩大了。质量效益问题和内涵发展问题虽然已经提上议事日程，但是重量轻质和铺新摊子之风并未消衰，甚至计划规定用于现有企业更新改造的资金，也有相当一部分挪用于新建扩建，以至于设备落后、工艺落后和产品落后的状况未有显著好转。"六五"期间某些宏观经济效益指标的改善，主要是产业结构调整的结果，而企业微观经济效益则改进不大。这说明，"六五"时期我们虽然初步扭转了经济效益长期下降的局面，但总的来看，我国的经济发展还处在从低效益的粗放经营向高效益的集约经营过渡的起步阶段。

经济体制模式转换中的重大进展

我国经济体制方面的模式转换在过去几年也获得了重大进展，开始突破过去带有军事共产主义供给制因素的传统的集中计划经济模式，朝着有计划的商品经济的方向迈出了不小的一步。

首先，随着国家所有制和集体所有制两种公有制并存的传统模式的突破和以公有制为主体的多种经济形式、经营方式共同发展格局的形成，随着各级国家行政管理部门简政放权，企业在生产计划、产品销售、产品价格、资金使用、劳动工资等方面有了程度不等的经营自主权，过去过度集中的决策权力结构已经开始逐步向多层次决策结构过渡。

其次，随着指令性计划范围的逐步缩小，指导性计划和市场调节范围的逐步扩大；随着调整和放开相结合的价格改革的开始推行，随着市场横向联系的逐步推广和经济杠杆的逐步启用，过去的直接行政控制机制已经开始向间接的行政协调机制过渡，并且逐步增加市场协调的因素。

再次，随着企业对国家和企业内部各种承包责任制、上缴利润改为上交税收制度的逐步推行，以及工资奖励制度的逐步改革，过去吃大锅饭的平均主义分配制度也开始向收入分配同经济效益、劳动贡献联系起来的动力利益结构转换。

最后，在企业的改组与联合、中心城市的综合改革试点（目前有六十多个城市在进行试点）和建立经济区的试验过程中，我们正在打破过去那种政企职责不分、纵向隶属关系为主、部门分割和地区分割的组织结构，逐步建立起政企职责分开、横向经济联系为主的经济网络，这方面遇到的阻力，比前几方面都大。

总之，经过过去几年的改革，我国经济发展战略和经济体制模式转换都取得了不少进展。但我国全面的经济改革现在还刚开始不久，新的经济机制还远远没有完整建立起来，旧的经济体制的作用也远远没有退出舞台。虽然农村经济和非国有经济成分的改革，在决策权力的分散化、调节机制的市场化和破除平均主义的分配制度等方面有比较大的进展，但是城市经济和国有经济成分的改革，仍然是初步的、探索性的，在这里，旧的模式还没有发生根本性的变化。企业的自主经营权力，特别是大型企业的活力还很不够，国家下放给企业的一部分权力，也往往被部门和地方各级行政机构所截留，这里也包括从政府机构改组中成立的各色各样的行政性公司组织。横向经济联系的发展，仍然受到上级主管机关和条块分割的限制。微观经济放开放活的措施，往往只注意给企业以动力的方面，如强调放权放利，而忽视给企业以压力的方面，特别是企业财务预算约束软弱的问题远未解决，市场竞争优胜劣汰的压力也不强烈。不少企业有了提留利润的权力之后，不仅未能自我节制数量扩张和投资饥渴的欲望，而且曾在乱发工资、奖金方面导致了消费基金的膨胀。价格严重扭曲的状态尚未根本改变，各类企业的外部条件很不平等，企业的财务状况在很大程度上取决于同上级行政机构讨价还价的结果。由于这一切，在执行让一部分企业、一部分人先富起来以带动大家共同富裕的政策过程中，先富后富的收入差别往往并不反映经营和劳动客观效果的大小，这又刺激了收入分配中的互相攀比。在采取放活微观经济的改革措施时，宏观控制的改革措施没有及时跟上；在直接的行政控制范围减少的同时，间接的经济参数手段未能及时取代，这样就造成了某些宏观失控的现象。1984 年第四季度以后的投资失控、消费失控、信贷失控、外汇失控等问题，就是这样产生的。对此，我国政府采取了加强宏观控制的一系列措施，开始见到成效，但是在市场机制和企业行为还没有重大改变的条件下，加强宏观控制目前仍只能主要依靠并强化直接的行政手段，这样就不免对经济改革的进程产生一些消极的影响。如何在加强宏观控制的同时改善宏观控制，特别是如何运用间接的市场协调手段，仍需要进行探索和试验。

经济发展与经济改革的关系

我国的经济发展与经济改革，是在相互联系、相互作用中进行的。一般地说，战略模式或发展模式和经济体制模式是互为条件、互相制约的。追求数量增长、强调重工业发展并以粗放方式为主的发展战略，必然要求高度集中的、主要依靠行政指令进行直接控制的经济体制；而以满足多样化需求为目的，强调质量效益和以内涵方式为主的发展战略，则要求有较多的分散决策和主要依靠经济参数进行间接控制的经济体制。经验证明，经济体制改革的顺利进行需要有一个比较宽松的经济环境，要造成一个供给大于需求的有限的买方市场。只有在这种环境下企业才有改善经营管理和提高质量效益的压力，这就要求相应改变过去的强速发展战略。另外，传统发展战略的根本转变，比较稳定的有限买方市场的最终形成，也只有在彻底打破旧的经济体制及其内在的数量驱动和"投资饥饿"等痼疾情况下才有可能。

在战略转变和体制改革之间既有互相促进的方面，也有矛盾的方面。例如，在1979年、1980年我国经济发展的路线、方针开始转换的初期，曾一度出现较大的财政赤字和较多的货币改造，物价上涨加快，经济发展潜伏着危机。这固然有在此以前发生的冒进的后遗症，基本建设投资过多的原因，但也同1979年农村改革中农副产品收购价格提高幅度过大，以及财政体制改革中财权下放过快有一定的联系。过去几年，我们既有改革步子过大使经济发展出现周折的情况，也有经济发展过热使改革所需要的良好环境逆转，改革不得不放慢的情况，如前述1984年下半年经济增长速度过高，投资规模过大，信贷、外汇和消费严重失控，使一些原定的改革（如价格改革、工资改革）方案不得不推迟出台或者放慢实施的步骤，以便用一定的时间和力量稳定经济，治理经济环境，为进一步改革创造条件。

这样看来，当前我国经济大变动中的战略转换和体制转换，并不是一个平坦的过程。这不仅是因为这两者之间的相互制约，还由于发展模式转换与体制模式转换本身有各自内在的矛盾。就发展模式转换来看，由于我国目前社会生产力还不是很高，这就产生了两方面的矛盾：一是现在经济生活水平总的来说还比较低，只能说基本上解决了温饱问题，离物质生活丰裕尚远，对某些物资还不是选择优劣而是要解决有无和多少的问题，这就为旧的数量型经济模式延续存在的趋向提供了温床；与此同时，随着经济的发展和人民收入、消费水平的逐步提高，在消费结构上开始出现由必需品向非必需品、由不加选择到讲究选择、由注重数量到注重质量的转换趋向，这就为质量效益型经济取代数量型经济提供了客观需要。这两种趋向之间难免存在种种摩擦。二是我国经济正在从落后的农业经济和比较先进的非农业经济并存的二元结构向现代化的经济结构转化。一方面，城市经济和大工业经济明显地出现了内涵发展的巨大潜力；另一方面，以充裕的农村劳动力为背景，我国广大农村乡镇经济的外延型发展的前景十分广阔。目前我国有一亿多农业劳动力过剩亟须向非农业部门转移。随着现代化事业的推进，需要进一步转移的又何止一亿！而大量农村人口从农业向非农业经济的转移，将给我国的经济增长和经济结构、消费增长和消费结构带来巨大的变化，给整个经济发展带来新的压力，从而增加发展模式转换本身的摩擦。

再从经济改革方面看，由于我国生产力发展水平比较低，经济上存在着二元结构，再加上幅员辽阔、发展不平衡、管理人才和经验不足等原因，我国经济体制改革不能采取"一揽子"方式，只能走"渐进式"的道路。在这种情况下，新旧双重体制并存的局面，也是不可避免的。逐步推进改革的方式和新老体制的并存与逐渐消长，可以避免改革中的大震动，但是两种体制的混杂，也会使经济的运行产生一系列棘手的问题。在改革的过渡时期，双重体制的矛盾和摩擦到处存在。目前生产资料的双重价格，是双重计划体制和双重物资分配体制的集中表现。计划内产品实行较低的计划价格，而计划外产品则实行较高的协议价格或市场价格，这种情况的产生在过渡时期有着它的必然性和必要性，但其弊端不少。它造成计划内产品纷纷流向计划外，冲击计划内生产建设的物资保证。双重价格使国营大中企业处于不利地位，同时刺激技术落后的小企业的发展，从而带来企业规模结构和技术结构的恶化，延滞发展模式的转换过程。两种价格的落差，还给投机倒卖非法牟取暴利提供了温床，削弱了市场管理的有效性。在双重价格的紊乱之中，各个地方为了保证本地区的利益，纷纷组成自己的物资供应渠道，这又加剧了地方割据、贸易壁垒和"以物易物"的倾向，在某些地区、企业和个人利用价格落差获得高额收入的情况下，又引起普遍的收入攀比，成为消费基金膨胀的原因之一。

上面我简单地分析了我国经济发展与经济改革的内在矛盾和相互制约的关系。这些矛盾和摩擦决定了战略转换与体制改革的曲折性和复杂性。历史的进程决定了我们必须把我国经济大变动中的上述双重转换推进到底，因为回到老的经济模式是没有出路的。我们要在坚持模式改造的方向的同时，充分看到这项伟大事业的曲折性和复杂性，制定出正确的经济建设和经济改革的方针和措施，克服可能遇到的险阻困难，把中国经济的航船导向实现社会主义现代化的彼岸。

经济发展与体制改革的关系

双重经济模式转换的全部机制和运行规律，是个极其复杂的问题，需要我国经济学界进行多方面的研究。下面要讨论的问题是，面对当前我国经济生活中存在的问题，在"七五"期间如何处理好经济建设与体制改革的关系，把双重模式的转换进一步推向前进。1986 年春召开的六届四次全国人民代表大会，通过了《我国经济和社会发展第七个五年计划》。这一文件把我国经济发展和经济改革紧密地结合起来，规定了"七五"计划期间的发展战略和改革方针，对于进一步推动经济发展模式和经济体制模式的转换，将起着十分重要的作用。

根据"六五"时期的经验和针对当前我国经济存在的问题，"七五"计划规定"七五"时期最主要的一项任务是"为经济体制的改革创造良好的经济环境和社会环境，使改革顺利进行，基本上奠定新的经济体制的基础"。

前面说过，经济体制改革的顺利进行，需要一个比较宽松的经济环境。这里首要的一个问题就是经济增长速度不能安排过高。"六五"后期重新出现的过高速度，带来了经济生活的紧张，对社会风气也有不良影响，在这种经济环境和社会环境下，经济体制改革是难以进行下去的。而且过高的速度超过了国力承受的能力，也不可能长期持续。因此，按照"七五"计划的规定，"七五"期间要把目前过高的增长速度转入正常的速度，年平均增长率降到7%左右。与世界各国经济发展率比较，这是一个不低的速度。

为此，必须继续着重解决固定资产投资规模过大和消费基金增长过快，以控制社会总需求的问题。在控制固定资产投资总规模的前提下，适应经济现代化的要求，适应人民消费水平提高和消费结构的变化，进一步合理调整投资结构和产业结构，把建设的重点切实转到现有企业的技术改造和改建扩建上来，把提高经济效益和产品质量放到突出的地位上来，坚持走集约为主的扩大再生产的路子。对于经济建设这些方面的任务，"七五"计划中规定了明确的战略方针，它们的贯彻和实现，将为"七五"期间经济体制改革的顺利进行，提供一个适宜的经济环境。

另外，新的经济建设战略方针的实现，离不开经济体制改革的配合。我国改革的意义，不只是为了当前，更重要的是为了下一个十年和下一个世纪前50年，奠定一个经济持续稳定发展的良好基础。因此，按照"七五"计划的要求，"七五"期间应当把改革放在首位，要力争在今后五年或者更长一段时间内，基本上形成有中国特色的新型社会主义经济体制的雏形。

为此，"七五"计划在经济体制和经济调节手段方面，也规定了一整套改革的方针和任务。这些方针、任务，归结起来，就是要"在进一步完善微观经济活动和机制的同时，从宏观上加强对经济活动的间接控制"。过去几年，我们在微观经济的放开放活方面做了许多工作，取得了很大的成效，但由于没有及时把宏观控制配套跟上，因而带来某些失控现象。今后加强宏观控制，按照改革的要求，应当从直接行政手段为主过渡到间接的经济手段为主，着力发挥经济杠杆的作用。但是，如果没有微观经济活动的灵敏反应，经济杠杆的作用就难以充分发挥出来。如果市场机制（包括商品市场、资金市场、劳动市场）很不完善，经济参数（包括利率、税率、汇率等）严重扭曲，企业的财务预算约束十分软弱——如果这些状况得不到根本改变，微观经济的灵敏反应也是难以指望的。所以，今后宏观管理的改革，必须与微观机制的改革同时进行。为了解决好这个问题，"七五"期间的经济体制改革，主要是抓好以下三个方面的改革。

一是进一步增强企业特别是全民所有制大中型企业的活力，使企业真正成为相对独立的经济实体，成为自主经营、自负盈亏的社会主义商品生产者和经营者。

二是进一步发展社会主义商品市场，有步骤地开拓和建立资金市场、技术市场，促进劳动力的合理活动，完善市场体系。

三是国家对企业的管理逐步由直接控制为主转向间接控制为主，建立新的社会主义宏观管理制度，逐步完善各种经济手段和法律手段，辅之以行政手段来控制整个经济的运行。

上述三个方面的改革是互相联系的有机整体。"七五"期间需围绕这三个方面的改革，配套地搞好计划体制、价格体制、财政体制、金融体制和劳动工资体制等方面的改革，以形成一整套把计划与市场、宏观控制与微观放活有机地结合起来的机制和手段。这个问题解决好了，就可以实现我国经济发展速度、比例和效益的统一，实现整个国民经济的良性循环。新的具有中国特色的经济发展模式和经济体制模式的最终确立，必将大大推进我国社会主义现代化建设事业。

稳中求进的改革思路[*]

（1987 年 12 月）

　　研讨中长期中国经济体制改革的规划，是一件十分重要的事。中国之大，问题之复杂，是任何一个先行改革的社会主义国家所不可比拟的。中国人口为南斯拉夫的 50 倍，为匈牙利的 100 倍。我们的改革难度显然更大。这就要求我们更应该讲究策略性、技术性和计划性。单靠"试错法"、撞击反射，看来是远远不够的。尤其是，考虑到改革时期经济发展的部署，更需要有一个目标、内容和阶段性比较清楚，防范措施比较充分的改革纲要。这样，改革效果会更好些，也可以尽量避免改革工作中的重大失误。

　　改革初战阶段，我们不是没有搞过规划，但主要是年度性的。我们也搞过一些时间跨度比较大的改革规划，但不大便于操作，而且没有充分考虑到改革和发展、政策和体制的结合。现在，我们要研究拟订中期改革规划，并且分几个阶段来设计，就要考虑采取什么策略和战略，使经济政策选择和经济体制转换两方面结合起来；还要考虑如何分步过渡，把阶段性改革同最终目标模式

　　* 1987 年 12 月 22 日在国家体改委召集的经济体制改革中期规划研讨会上的发言，阐明了中国社会科学院课题组 "双向协同、稳中求进" 的改革思路。本文原载《财贸经济》1988 年第 3 期。中国社会科学院课题组 "中期改革纲要" 全文载《八十年代中国经济改革与发展》，经济管理出版社 1991 年版。（编者注）

衔接起来。下面讲几点看法。

认清形势——首先要稳定经济

设计下步改革，首先必须立足现实，对形势作出正确的判断。搞超越现实、脱离形势的改革规划，我们的思维就有可能走入过于理想化的道路，规划的可行性就会不大。硬要照着去做，可能走上邪路。因此，形势分析很重要。

前九年的改革，我们取得了很大成就。从总指数看，1986年和1978年相比，实现了工农业总产值、国民生产总值、国家财政收入和城乡居民收入这四个方面的翻番；从农村看，打破了集体"大锅饭"体制，建立了初级形式的农村商品经济体系；从城市国有企业看，"两权合一"格局开始受到以承包为主要形式的"两权分离"机制的改造，活力有所增强；从市场发育看，产品市场已初具规模，要素市场已有局部试点；从宏观管理看，以指令性计划为依托的资金、物资行政性统配制已逐步改变，通过市场进行间接调控有所起步。1987年，在深化改革和双增双节方针的指导下，经济发展形势比较好。与上年相比，预计农业总产值增长4%以上，包括乡镇企业在内的工业总产值增长15%左右，全国的生产、建设、流通和外贸的情况都比预料的好，经济体制改革也有较大的进展。总之，改革和发展的总体形势是好的。这是客观方面的形势。此外，从上到下，从中央和国务院的最高决策人到普通的乡民和市民，改革热情高，信心足，思想认识一致，十三大以后更是这样。可见，主观方面的形势也不错。这种主客观形势为深化改革准备了较好的条件。

但是，正如大家知道的，目前我国国民经济中还存在着不稳定因素，这是我们在搞改革规划时必须充分注意的问题。一是，虽然1987年粮棉油和水产品略有增产，但肉、糖类减产，粮食尚未恢复到 1984 年水平，人口则已比 1984 年增加了 3000 多万，而且目前生产后劲不足，农业不够稳定；二是，工业生产增长过速，产品结构矛盾突出，以"长线产品"为龙头的总量膨胀制约着结构转换；三是，经济效益不佳，可比产品成本上升，亏损企业和亏损额增加；四是，市场比较紧张，物价特别是食品价格上涨较多、猪肉等一些副食品恢复凭本供应，居民待购力很强，社会购买力与商品可供量之间的差距继续扩大；五是，财政赤字居高不下，通货膨胀压力有增无减。1985 年以来，年物价上涨率平均在 7% 以上，超过了年平均利率，使实际利率成了负数。据有关单位测算，1988 年物价上涨率不低于上年。由于这些客观不稳定因素，特别是由于市场紧张、物价持续上涨造成的居民心理不稳定状态，更应该引起大家的注意。

根据上述形势分析，我认为，中央最近重新提出的稳定经济的方针，是完全正确的。我以为，稳定经济不仅是 1988 年要实现的方针，而且是"七五"后三年都要强调的方针，以后还要不断注意经济稳定的问题。其实，稳定经济的方针，1984 年经济"发高烧"后就提出来了。中央关于"七五"计划建议，对于"七五"计划期间提的主要任务，第一条就是要为经济体制改革创造一个良好的经济环境。现在这一条首要任务人们不大再提了。但我觉得"建议"提的这条首要任务是正确的，现在还适用。要为改革创造一个比较良好的经济环境，就必须坚持稳定经济的战略，首先争取把经济稳定下来，在稳定中求发展、求改革的深化，因为如果经济不稳定，不紧缩通货，不控制过旺的需求，结构问题、效益问题就很难得到有效解决，从而难以达到有效发展的目的。如果没有稳定的经济环境作基础，深化改革这篇文章就不大容易做好。

近年来，由于宏观失衡的问题没有解决，推迟了有些原定的具有关键意义的改革，使企业改革不能很好地同价格改革，同市场竞争机制的形成紧密地配套进行，价格改革停滞不前，这本身也制约着企业改革的真正深化，不利于企业成为真正自负盈亏的商品生产者和经营者。看来，今后深化改革也不能老是在紧张的不稳定的气氛中进行。所以，在目前的形势下强调稳定经济，是十分必要的。

稳定经济，治理环境，首先是稳定物价，紧缩通货，控制通货膨胀。这里，我想就这个问题顺便谈谈近两三年理论界流行的一些观点：有同志认为，要为改革创造一个相对宽松的经济环境不现实，改革只能在求大于供的紧张状态里进行，需求大于供给的紧张状态是社会主义初级阶段的"常态"，我们应当学会在求大于供的环境中搞改革，搞建设。还有的同志根本就不赞同1984年以来是存在着总需求膨胀的，他们认为恰恰是因为"需求不足"，应当用通货膨胀来刺激需求，促进经济的发展。另一些同志虽然承认短期需求膨胀，承认要通过紧缩来"软着陆"，但当紧缩措施刚出台，就惊呼出现了什么经济萎缩和"滑坡"，要求停止紧缩，重新开口子，结果我们的经济还没有软着陆又飞起来。这些观点和看法，从各自的立论来说，都有一定的道理。但是，不管主张者的本意如何，客观上却起着这样一种效果，就是使人们对社会主义经济中长期形成的失衡和紧张的格局找到一个可以宽容的理由，从而放松对于解决这一"老大难"问题的决心和努力。这几年我们的经济有点像"空中飞人"那样在软着陆中老着不了陆，这跟上述理论认识和心理状态不能说完全没有关系。我认为，这些观点有的是对形势的判断问题，有的则是搬用至多只对一些工业发达国家短期有效的政策主张，有的则属于对环境和改革关系的认识问题。当然，我们不能要求马上有一个长期稳定的供大于求的市场态势，谁也不会幼稚到认为要等到出现这种态势之后才能进行改革，但改革指导思想必须着眼于创造一个相对的供求大体平衡的良好环境，因为短缺经济本身就容易产生需求生长过旺。

宏观政策稍有偏差，通货膨胀就会如脱缰野马，急速奔驰，难以控制。而且通货膨胀政策如同鸦片，一吃上瘾，是很难摆脱的，许多国家尤其是发展中国家的经验教训证明了这一点。如果在价格改革大的措施还没有出台的时候，就出现了物价持续上涨的通货膨胀局面，居民就会对物价上涨在心理和物质上承受不住，那么只要是由于总需求超过总供给引起的物价上涨的通货膨胀持续下去，我们的价格改革大的配套方案就永远也出不了台。这就会无限期拖延改革过程。反之，如果我们下大决心在一个不太长的时期里，坚持需求紧缩政策，把市场搞得比较宽松一点，把货币供应量控制住，把价格稳住，反倒可以在较早的时候使具有实质意义的价格改革措施出台，使之与企业改革的措施配套进行，这样才可以真正加快和加深改革。因此，稳是为了进。对这一点，我们必须有明确的认识。

怎样才能稳定？我认为要"双管齐下"来解决。一是在供给方面通过如目前采取的承包制等办法提高企业效益，用政策调整产业和产品结构，鼓励增加有效供给。二是控制需求。当前凭本供应的市场管理办法是不得已之举，不是抑制需求的根本之道。控制需求，关键还是紧缩通货。一方面要加紧制定三大科学的政策体系（财政货币政策、产业政策、消费政策），提高对需求、供给、结构的管理能力；另一方面要迅速改变控制方式，用分类（投资需求或消费需求、集团消费或个人消费）、分层（政府、企业或个人）、分点（单项工程、单个区域或局部市场）的办法，提高控制水平，防止"一刀切"。比如，当前的主要任务是压缩政策需求和集团消费，抑制低效益的加工工业的盲目发展，同时尽可能不要波及需要增产的产品和需要发展的企业。

稳定经济，必须有严格的总量管理。这里我提出以下几个指标仅供参考：第一，物价上涨前几年已达年均7%以上，其中主要是通货膨胀的物价上涨，要有计划地逐年降低，比如说到1990年降到 3%—4%。除了某些农产品价格的必要调整外，三年不采取大的价格改革措施，以便控制通货膨胀性的物价上涨。我以为逐步降低物价上涨率是应该的，而且是可以做到的。如果把 1988 年物价上涨率仅仅维持在不大超过上年的增长率，而且又不规定以后进一步降低目标，有可能使通货膨胀性物价上涨长期拖延下去。第二，货币供应量增长率过去已达到 20% 以上，今后三年要降到年均为 12% 左右，相当于经济增长所要求的增长率 6%—7%，加上经济货币化过程所要求的货币供应增长 2%—3%，再加上物价上涨率 3%—4% 之和。至于后五年（1991—1995 年），由于有些价格改革要出台，应当基本上消除通货膨胀性的物价上涨，以便为价格改革腾出物价结构性上涨的空间。这样，由于价格结构调整所引起的物价上涨就可以维持在平均 3%—4% 水平。第三，工业生产增长率，今后八年要控制在两位数以下，稳定在平均增长 8%—10%。我看，达到 8%—10% 的增长率决不能说是衰退，更不能说是萎缩，而是正常增长。农业生产要保持 4%—5% 的发展速度，粮食生产要再上一个台阶。如果实现了这几个指标，就可以基本实现经济的稳定，从而可以为改革创造一个比较好的环境。

从实际出发有选择地深化改革

我们讲当前强调稳定，并不意味着改革要停下来，或者全部放慢。不久前中央领导同志讲的两句话非常之好：经济要稳定，改革要深化，这就是说，在稳定经济的同时，改革不但不能停顿，而且要进一步深入下去。我体会，这是因为，造成经济不稳定的各种因素中，传统体制遗留的弊病和双重体制的矛盾和摩擦都是重要的因素，如不从加深经济体制改革上来解决，稳定经济的目的也是难以达到的。

但是，对深化改革的含义要恰当理解。今后改革的深化并不是在任何时候各项改革都要全面铺展，各项改革都要加快步伐，而是应当有所选择，有轻有重，有缓有急。在稳定经济为主的前三年，那些花钱多的改革，那些不利于控制需求的改革，那些只能刺激数量增长，不利于效益提高的改革，都不宜于进行。已经实行的应予重新考虑。而只应推进那些不花钱或少花钱的改革和不会加剧市场紧张和需求膨胀的改革，以及有利于提高效益和改善结构的改革。这应当成为前三年选择改革措施的准绳。

从总体上看，在前三年以稳定经济为主的阶段，改革的步伐相对要小一点，后几年改革的步子可以迈得大一些。前三年中，在宏观经济平衡达到基本稳定以前，大步价格改革措施不宜出台；资金、股票市场的发展也不能过快；企业改革中一切有助于诱发或强化短期行为和消费膨胀的因素都要尽可能防止，等等。但是，诸如农村土地管理和使用制度的改革，乡镇企业的改革，城市国营小型企业以租赁和拍卖转让为主要形式的改革，等等，应当加快。特别是宏观调控机制的改革，包括政府职能的分解和转换、机构的精简，以及中央银行独立地位和职能的强化、专业银行企业化等改革，等等，都可以加快步伐。如果按企业、市场、宏观调控三方面来划分，我认为这三方面的改革在总体上要配套，但短期内可以有所侧重。当前为了稳定经济，特别是要注意实现宏观调控机制的转换和完善，当然也不排除采取必要的行政措施。在此前提下，要重点推进并深化国有大中型企业以两权分离为内容的企业改革；而为了稳住市场，控制物价上涨，这就要求暂时推迟以价格改革为中心的大改革方案的出台，相应地，市场化的步子也要放慢。总之，深化改革应当有选择地进行，要从实际出发。这个"实际"就是本阶段宏观经济的总态势，就是为了创造一个稳定的经济环境。

有些同志对价格双轨制带来的问题很担心，他们主张忍受短期阵痛，迅速变双轨制为市场单轨制，以减少双重体制摩擦，使社会经济运行迅速转到市场化的轨道，以避免重新回复到旧体制。这种想法可以理解。但是应当看到，没有改变"急于求成"的发展决策观念，没有建立一个严格的货币供应量控制体系，没有一个供求不太紧张的市场条件，就匆忙将大步价格改革措施推出台，全方位放开市场，强行将双轨制转为单轨制，恐怕风险太大。我们要记取东欧某些国家在这方面的教训，不要重走它们走过的弯路。在我们这样一个大国，搞没有把握的激进式改革，后果是不堪设想的。所以，以价格为中心的市场大配套改革，我认为还是准备充分一点、步子稳一点比较好。花两三年稳定经济打好基础的时间，再用几年分步过渡的时间，过好价格改革这一关，表面上看慢了一点，实际上是快的。

有的同志认为整个经济改革成败的关键，不再以价格改革为中心的经济运行机制的改革，而在于以所有制改革为中心的企业机制的改革。其实，这个问题在党的十二届三中全会《关于经济体制改革的决定》中已经作了回答，就是：企业改革是经济改革的中心环节，价格改革是整个改革成败的关键。我以为，党的十二届三中全会《决定》中的这两句话是正确的，以所有制关系改革为中心的企业机制改革同以价格改革为中心的经济运行机制改革是整个经济体制改革不可分割的两个组成方面和两条主线，它们之间存在相辅相成的关系。而且后者的实质性进展是前者顺利推进的条件。当然，在不同时期和不同情况下，这两者的侧重点可以有所不同。目前，以价格改革为中心的经济运行机制方面的改革之所以有所缓行（外国人主要从这一点看我们改革的进展），在实践中突出了另一方面即企业机制的改革，我看，这并不是因为理论风向改变的结果，而是因为宏观失衡的客观条件逼迫我们不得不这样做。当然这也是为转向间接的宏观调控准备一个适宜的微观经济基础所必需的。近一两年理论风向的变化不过反映了这一客观形势。但是不能不看到，以两权分开和理顺产权关系及强化经营权为主要内容的企业机制改革，如果没有以环境改善为前提条件、以价格改革为中心的经济运行机制改革的相应配套，前者是难以真正深化下去并获得最终的成功的。

在企业改革方面，不少同志主张大中型国有企业特别是大型国有企业应主要搞股份制。这作为长远目标模式不是没有道理的。但在三年稳定时期市场化步子放慢的形势下，不能有大的动作。这三年中，只能在经营权变革上做文章，实行以不牺牲国家所有者利益为前提的多样化承包经营责任制。在目前条件下，承包经营责任制是比较现实的选择，可以在稳定所有权和强化经营权的基础上出一些效益。但承包制是否可以作为大中型国有企业改革的目标模式，还需要研究。从长远来看，它可能是一种积极的过渡形式。在深化和完善承包经营责任制时，要为以后逐步过渡到多种形式的股份制准备条件。当然，以后也不会是股份制囊括一切，它不过是"以公有制为主体、多种所有制形式并存"模式中重要的一种财产组织形式。

总之，在今后几年改革和发展中，前三年应当坚持"稳中求进，以稳为主"。把稳定、改革、发展这三者有机地结合起来。稳定为了改革，改革为了发展，发展又要考虑到稳定和改革两方面的需要。企求发展和改革同时都加快的想法，（就目前形势而言）恐怕是不现实的，也是难以做到的。

实现协调配套，把阶段性改革
和目标模式衔接起来

有了前三年稳定经济作基础，创造了一个比较宽松的国民经济格局，并且在一些方面改革得到进一步的深化，今后八年中的后五年改革就可以迈出更大的步子。那时，稳定发展的思想还是不能放弃，在以模式转换为内容的整个改革时期，稳定经济的政策都应一以贯之。只是后五年不会像前三年那样严峻。因为前三年要根治前期需求膨胀和通货膨胀的"后遗症";而后五年只需防范本期通货过松和需求增长过旺。这样,后五年可以看成是改革的加快推进时期。因此,"前三""后五"都要坚持"稳中求进",区别在于:前三要"以稳为主",而后五年可以比较全面地推进配套改革。在此阶段,以价格改革为中心的市场运行机制的改革,以国有大中型企业股份制为中心的所有制关系的改革,以及以结构改革为中心的农村第三步改革等,都可以有较大的动作。

后五年改革的内容更加丰富,这里举几个方面:

(一)农村改革方面,应进一步推动农村土地的相对集中经营,引导农民搞合作农场、合股农场和家庭农场,培养较高一级农村商品经济体系中的市场主体;同时大面积进行农村就业结构和产业结构的改造;改革农村流通体制,以应对粮棉等主要农副产品第二次较大幅度的价格调整,但不能像1979年那样一次提价过猛,可考虑分两小步进行,以免短期内政策性价格上涨太快。

(二)企业改革方面,要把大中型国有企业改革推到一个新阶段,即从承包制为主逐步转为股份制为主。根据股份制原则和法规改造企业内部组织形态和内外关系。先是在非垄断性大中型企业中推行,并且以中型企业为主,然后推及到垄断性大型企业。但八年内很可能难以完成某些大型企业的改革任务,要留到"九五"计划时期去完成。而且企业改革大体完成时,有少数垄断性企业可能仍然是政府企业,但这些政府企业也不一定由政府直接操纵其日常生产和投资活动,也要采取适当方式,实行所有权与经营权的分离。

(三)在以价格为中心的市场运行机制的改革方面,本阶段应着重解决"双轨制"问题。如果经济形势能按我前面的设想发展,那么,较大步子的价格改革便可在此时出台,分步解决价格"双轨制"。五年中头两年放开紧缺程度较小、竞争性较强的生产资料价格，在一些县和小城市放开非口粮性工业用粮和其他用粮的价格；然后再用三年的时间逐步放开其他重要生产资料的价格，使80%的生产资料价格实行市场调节，在大中城市放开非口粮性工业用粮和其他用粮的价格，口粮特别是大中城市的口粮，看来1995年前还不能完全放开，还需继续实行"双轨制"，到"九五"计划期间逐步扩大市场调节范围，争取在20世纪末实现把城市用粮补贴改为对10%—20%的低收入者给予福利补贴。不过，这要看今后粮食生产的发展和稳定情况。此外，本阶段资金、劳动等要素市场可以加快发育，不仅要发展短期资金市场，而且要发展长期资金市场，但股票、债券等长期资金市场的发育不大可能在"八五"计划期间全部完成，还需在此后继续深化。劳动力市场的发育形成看来也是这样的。

（四）宏观控制方面，后五年要使宏观控制机制的改革发展到一个更高层次，进一步深化三权（行政、所有、经营）分离的改革，基本完成政府职能的转换，使政府职能进一步法律化、制度化，在培育市场体系和价格逐步放开的基础上，基本上完成从指令性计划为主向指导性计划为主的转换，初步形成指导性计划和不完全市场相结合的调节体系，进一步深化财税体制和金融体制改革，在充分发挥中央银行对宏观总量独立而有效控制的同时，推动政府对经济的管理，基本上完成直接控制为主向间接控制为主的转换。

看来，"八五"计划时期的改革将成为中国经济体制转轨的关键一步。这一步也要走得稳妥一些，不能盲目冒进，具体改革措施的出台需要相机抉择。如果说前三年工作难点是根治通货膨胀，那么后五年的工作难点就是各项改革措施如何协调配套。当然，前三年也有一个配套问题，但那是小配套，主要是与治理环境有关的改革措施的配套。而后五年则是大配套。首先是改革要和发展互相配合、互相促进，实现良性循环；其次是改革的两条主线即以所有制改革为中心的企业机制改革同以价格改革为中心的运行机制的互相配套，互相促进。不言而喻，大配套的要求是更高的。在这方面，规划时要多作一些考虑。

另一个问题，是阶段性改革措施如何同最终目标模式衔接起来，这就要求改革设计者对最终目标模式胸中有数。我们经过几年的努力，牢固确立了中国社会主义经济运行和调节必须走计划和市场内在有机结合的道路，而不能停留在板块结合的状态。改革的最终目标模式"国家调节市场，市场引导企业"是具有中国特色社会主义的有计划商品经济模式。这个思想，经过十三大的阐明，现在大家的看法是一致的了。但在作改革规划时，这个最终目标模式要具体化一些，作一些分解。这有利于在作近期改革设计时，头绪清楚，使近期目标和中长期目标相互衔接。我认为，目标分解还是要以"七五计划建议"讲的三大基本方面为依据。这就是建立合理的企业经营机制；建立发育正常的市场体系；从直接控制为主过渡到间接控制为主，这是一个三位一体的框架。这个框架很符合我们的情况。我们的改革理论要向前发展，同时也要有连贯性、稳定性，不要今天是这个说法，明天又是内容不同的另一种说法。我们常听说农民最怕的是政策变，外商也怕中国政策变。我们要给他们一个相对的稳定感，理论和实践都不能朝三暮四、左来右去。只要步子走得稳，加上有新的法制建设作保证，从而为经济体制改革创造一个良好的思想环境和社会环境，我们完全能够排除万难，达到改革的目标。

谈谈中国经济学界对近期和中期
经济改革的不同思路*

（1988 年 8 月）

前些时候，中国经济学界对近期（1988—1990 年）和中期（1988—1995 年）的改革方案进行了广泛的讨论。基于对当前经济形势的不同估计，对今后改革的思路也不一样，大体有以下三种：

第一种思路在承认九年多来改革取得重大成就的同时，认为当前的经济形势比较严峻，表现为经济增长过热现象并未消除，社会总供需继续失衡，结构矛盾日益突出，经济效益仍未回转，物价上涨过快和价格严重扭曲并存，经济秩序紊乱，收入分配不公以及各种腐败现象滋生等。在这种严峻的经济情势下，重大的改革措施特别是重要的价格改革根本无法出台，因此，这种思路主张首先采取直接的行政手段紧缩社会总需求，实行严格的宏观控制；在整顿治理经济环境的基础上，以重要生产资料价格为重点，先调后放，在较短时间内把绝大部分产品价格全部放开。配合价格改革，实行财政、税收、金融的改革联动，为市场活动提

　　* 据 1988 年 4 月在英国牛津大学现代中国中心举办的"中苏改革比较研讨会"发言内容以及同年 8 月在美国夏威夷大学经济系讲演内容整理。

供较为合理的参数，为企业创造大体平等的竞争环境，同时积极推进国有企业经营机制和其他方面的配套改革。

这种思路比较强调改革的配套性，如果能够实行，有利于早日消除双重体制对峙摩擦所产生的种种弊病，使新体制能够较快地发挥其整体效益。但是这种思路所设想的改革步子迈得大，风险和震动也很大。人们担心，紧缩过猛会不会导致经济萎缩进而发展为滞胀，能不能形成一个有利于大步改革的经济环境，把握不大。

第二种思路不同意"当前经济形势严峻"的判断，认为经过九年多的改革，中国经济的生机活力大大增强，现在虽然经济环境仍然偏紧，但是向着好转的方向发展。认为 1987 年工业生产增长速度（14.6%）虽然比较高但也是正常的健康的，今年上半年比去年同期增长 17.2% 也是正常的，经济生活中存在的不稳定因素主要是食品价格上涨幅度过大，可以采取发展副食品生产并对城市居民适当补贴等办法来解决。这种思路一般不主张实行严格的紧缩政策，而力主继续保持较快的增长速度，"把蛋糕做得更大一些"，以缓解利益分配上的矛盾。至于稳定经济，则只能靠深化改革来解决。近两三年改革的重点在于落实和完善以承包制为主的企业经营机制的改革，同时进行投资体制、物资体制、外汇体制、金融体制、财税体制、房地产制度等方面的改革，在提高企业效益、增加供给、改善宏观管理的基础上，后几年再进行以价格改革为中心的配套改革，进一步改善企业的外部环境，争取经过八年时间使新体制占主导地位，然后再逐步充实和完善。

这一思路实际上是前几年曾经出现的"发展与改革双加快"意见的继续，认为中国的经济改革只能在经济紧张的环境中进行，而相对宽松的环境只能是改革的结果，不能是改革的前提。还认定中国当前经济紧张的主要症结不在需求过旺而在供给不足，主张抓住几年来经济改革所取得的好势头和国际经济环境对中国有利的好时机，采取适度的通货膨胀政策来加速经济发展并加快经济改革。这种思路曾经是占优势的想法，在 1984 年以来的经济波动中被不时反复提出，现在还强烈地影响着经济决策。但是，发展与改革双加速的思路不大能够解决当前已经显露得越来越严重的通货膨胀问题，按照这种思路走下去，后一阶段设想以价格为中心的配套改革所需要的经济环境不大可能出现。而双重体制摩擦所造成的混乱如果长期胶着下去，对于中国经济的改革和发展前景都是不好的。

第三种思路对当前经济形势的估计接近第一种思路的估计，但不赞成该思路"先治理环境、后推出配套改革"，以及在治理环境上用"猛药"的构想。它更不同意第二种思路"发展与改革双加快"的构想，而提出稳定经济与深化改革"双向协同、稳中求进"的主张，即以稳定经济的措施来保证改革的赓续推进，同时用有计划、有步骤的改革措施来促进经济的持续稳定发展。近期两三年内着重治理环境，消除不稳定因素，重点是控制通货膨胀，把通货膨胀性的物价上涨率由目前的 10% 左右，到 1990 年降到 3%—4%，以便为价格改革带来的物价上涨腾出必要的空间。改革方面要选择那些有利于稳定经济的措施，包括改善宏观调控机制；完善事实上已在广泛推进的企业承包制并为承包制过渡到股份制做好准备；同时积极推进市场发育，建立市场规则，并在局部范围进行必要的价格调整和改革（如农产品价格）。经过前三年的以"稳"为主的改革，经济生活中的不稳定因素应该基本上得到消除。这样，在后一阶段（1991—1995 年）就可以转向以"进"为主，一些大的改革动作可以陆续出台，特别是推出以价格改革为中心的市场运行机制的改革，同时推进以明确产权关系为主要内容的企业股份化改革，逐步完成宏观管理由直接控制为主转向间接调控为主的过渡，基本上实现"国家调节市场、市场引导企业"的改革模式。

　　以上改革思路，是就其主要者而言。我个人和中国社会科学院一些经济学者倾向于第三种思路。1988 年 5 月至 6 月间国家体改委召开的中期改革规划研讨会上，提出改革思路和方案的已有 9 家之多。[①] 经过 1987 年到 1988 年的讨论，特别是不久前中央提出加快物价改革、工资改革的问题后，各种不同的改革思路在一些主要问题上有趋同的趋势，比如原来认为价格改革可以暂时绕开、主张把重点放在企业改革上的同志，现在也不否认加快价格改革，但仍强调企业改革为主体，保持了原有的独立风格。各家提出的中期改革不同思路和方案都各有千秋，国务院负责同志说将不是只取一家之说，而将是博采众长。现在，中期改革规划仍在研究之中，大体要用五年左右的时间，主要解决物价问题、工资问题和企业问题，基本上建立新经济体制，当然这是会有风险的，要准备冒一些风险。看来这主要是指物价方面的风险。要使物价改革能够比较平衡地过去，不但要协调好物价改革同工资改革、企业改革的关系，还要协调好物价改革与宏观控制的关系。因为如果宏观经济环境不加整治，大步改革措施是难以出台的。这些问题都要由决策当局作出抉择。

---

　　① 国家经济体制改革委员会综合规划司编：《中国改革大思路》，沈阳出版社1988 年版。

实行经济增长方式的转变[*]

——跨世纪发展规划的一个关键问题

（1995 年 10 月）

　　党的十四届五中全会提出了我国社会经济发展"九五"时期和今后 15 年的奋斗目标，并指出实现这一目标的关键在于实行两个具有全局意义的根本性转变：体制上从传统计划经济体制向社会主义市场经济体制转变；增长方式上从粗放经营为主向集约经营为主转变。这是对"九五"计划和到 2010 年长期规划中心思想的画龙点睛的提法。本来，我国经济从十一届三中全会开始改革开放以来，就在经历着互相关联的两大转变。20 世纪 80 年代初期，我国理论界曾将此过程概括为"双重模式转换"，即体制模式的转换和发展模式的转换。当时所谓"发展模式转换"，或者叫作"发展战略转换"，所指内容较宽，包括生产目的、产业结构、积累与消费关系、发展策略、管理体制以及发展方式即现在所称"增长方式"等方面的转换。改革开放十多年来，上述许多方面大都发生了深刻的变化，推动了我国经济的快速发展，"增长方式"的转变却进展不顺，效果不显。直到现在，在经济发展中仍相当普遍地追求数量和速度，热衷于上项目铺摊子，而对于技术改造、

---

　　[*]　本文原载《求是》1995 年第 21 期。

提高质量和效益方面，下的功夫较小。比如，目前在固定资产投资总数中，属于新建、扩建的基本建设投资约占75%，属于设备更新和技术改造方面的投资只占25%，而后者当中还有相当一部分名为更新改造，实则移用于新建扩建。又如，改革开放以来十几年中，各种生产要素对我国经济增长的贡献中，资本投入与劳动投入约占72%，技术进步只占28%，大大低于发达国家经济增长中技术进步贡献占50%—70%的比率，也明显低于战后发展较快的发展中国家和地区的这一比率（平均约为30%）。

为什么经济增长方式问题议论了多年，特别是几乎每年都提出要把经济工作的重点转到提高效益的轨道上来，但是这方面的进展仍很不理想呢？原因是多方面的，我以为，以下几点是值得我们注意的：一是经济发展速度往往事实上是各级政府政绩考核和官员升黜的重要依据。二是传统经济体制中政企不分，资金大锅饭和预算软约束的痼疾仍在起作用，因为花的不是自己的钱，所以投资决策者不害怕收不回投资，企业经营者也不怕亏损。三是企业素质低下，经营管理水平不高，特别是国有企业各种负担沉重，影响了企业的创新和开发的能力。四是我国劳动就业的压力很大，不能不靠上一些新项目铺新摊子来提供更多的就业岗位。这些情况和背景，是我们在研究和解决增长方式转换问题时必须考虑的。

经过15年的快速发展，我国经济在1995年将提前实现比1980年翻两番的目标，总量增长令人瞠目，但质量效率则瞠乎其后。随着我国进入"九五"时期并迈向21世纪，我们必须在保持经济数量持续增长的同时，把更大的努力放到提高经济发展的质量和效益方面来。转换经济增长方式的客观要求之所以日益紧迫地提到我们面前，是因为：（1）过去长时期的经验证明，以追求数量为主要目的和以增加投入为主要手段的外延粗放的发展道路，必然反复引起经济过热、通货膨胀和经济调整的剧烈波动，造成不利于经济持续健康发展的损失；经济发展规模越大，这种波动带来的损失将越大。（2）随着居民收入水平的提高和需求结构层次的升级，以及大规模基础设施建设的需要，我国产业结构将再次摆向重化工的方向，汽车、建筑、石化、机电等支柱产业的大发展对能源、原材料等资源需求的压力更大，如不将浪费资源型的粗放发展方式改为节约资源型的集约发展方式，我国的经济发展将难以为继。（3）今后国际经济实力的竞争，总量只是一个方面，更重要的是在于技术水平、生产率水平、人均消费水平和整个国民经济的质量和素质的较量。现在发达国家某些人士借口中国经济总量迅速增长，提出所谓"中国威胁"的论调，千方百计遏制中国的发展。他们故意视而不见中国在人均水平和经济发展质量和素质方面与发达国家的巨大差距。我们则应更加强调这些方面的差距，把世界人士的注意力特别是把我们自己的努力引导到这一方面来，而不必在总量增长上大做文章，这样我们才可能有持续的健康的发展速度，这是符合我国走向现代化的客观规律和客观要求的。

实行增长方式的转变要贯穿、体现到中长期发展规划和今后经济工作的各个方面，包括产业结构的调整、科教兴国方针的实施、投资体制和方向的合理化等。特别要针对前面所述阻碍增长方式转变的一些体制上的原因，进行综合治理、深化改革。也就是说，增长方式的转变与经济体制的转变是互不可分的。十四届五中全会把这两点提高到实现中长期目标的两大关键所在，意义深远，我们必须深刻领会。

当然，中国国情复杂，实行增长方式的转变不能一刀切，不能要求所有部门、所有地区都一律采用最新技术来改造现有企业，更不是所有部门、所有地区都不搞新建扩建。基础设施的整备、新兴产业的建立发展、地区差距的克服与资源开发等，特别是城乡大量新增和剩余劳动人口的就业安排，都需要采用新项目投资等外延发展方式。但这要逐步推进，不能搞突然袭击，也不应在原有技术水平上堆叠，而要采用适宜技术，尽可能提高原有水平。所以，要把内涵集约发展与外延粗放式发展很好地结合起来。但是"九五"期间乃至 21 世纪，内涵型集约化的发展应是中国经济发展的侧重点。

两个具有全局意义的根本转变[*]

（1995 年 11 月）

《建议》中画龙点睛的一笔

记者：不久前召开的党的十四届五中全会通过了《中共中央关于制定国民经济和社会发展"九五"规划和 2010 年远景目标的建议》，这个《建议》突出地强调了实行两个具有全局意义的根本转变，一是经济体制从计划体制转到社会主义市场经济体制，二是经济增长方式从粗放型向集约型转变。您能谈谈实行这两个转变的意义吗？

刘国光：首先，这个根本转变的意义表现在它是中国今后实现现代化的关键所在。从现在到 2010 年至 2020 年是中国现代化建设中的一个非常关键时期。20 世纪 80 年代以来的十几年，中国经济建设取得了巨大的成效，平均经济增长率达到 9.8%，今后二三十年这个发展势头能不能继续下去？如果今后二三十年经济社会发展比较顺利，中国就能跨上现代化进程中的一个很艰难的台阶，为中国由低收入国家走向中等收入国家奠定基础。否则中国将有可能再度失去赶上世界现代化进程的机会。

---

* 《文汇报》记者周锦尉专访，原载《文汇报》1995 年 11 月 25 日。

中国在"九五"计划期间乃至进入 21 世纪头 10 年、20 年，继续保持较快的发展势头是有可能的，有利条件大致有这样几条：一是和平与发展是当今世界两大主题，这将为中国经济建设提供较长时间的国际良好环境。同时世界经济发展的重点正逐步转移到东亚太平洋地区，给中国经济发展带来了难得的发展机遇。同时，世界经济发展的重点正逐步转移到东亚太平洋地区，给中国经济发展带来了难得的发展机遇。二是中国经过十几年的快速发展，到 1995 年已提前实现了国民生产总值比 1980 年翻两番的目标，经济实力大大增强，为今后的发展奠定了坚实的物质基础。三是 16 年的改革开放，使中国的资源配置方式由计划经济逐渐转向市场机制，社会主义市场经济体制的轮廓已经显现。同时，中国越来越充分地运用国内和国际两种资源，特别是吸引国外先进的科学技术和管理经验，可以发挥后发优势。四是随着中国众多人口收入水平的提高、消费结构层次的上升和消费内容的多样化，汽车、石化、机电、建筑业等新一代主导产业发展的市场条件基本形成，中国国内市场将无与伦比地扩大，从而推动一系列资金、技术密集型产业的兴起。五是中国较高的储蓄率，占国民生产总值比重为 30% 以上，位居全球第一，可以为投资的增长提供较为充裕的资金来源。六是中国劳动力资源丰富，拥有世界上独一无二的劳动大军，而且具备各种类型、不同层次的人才。因此，包括"九五"期间在内的中国，今后二三十年的经济社会发展条件是非常有利的。当然，最主要的还是邓小平提出的建设有中国特色的社会主义理论和党的一个中心两个基本点的基本路线，对我国今后经济社会的长期发展将具有决定性的意义。

在认识发展优势、增强发展信心的同时，我们也不要盲目乐观，不能忽视一些限制发展的因素。例如，人口与资源的矛盾，今后将更加尖锐；农业稳定与发展任务艰巨；就业压力将长期存在；国有企业转换机制阻力较大；扩大出口将面临更强的竞争和更多的贸易摩擦；加入 WTO 后，国内产业亦受到进口产品的冲击，以及反复出现的通货膨胀问题，等等。

在综合考虑各种有利和限制因素的基础上，1994 年中国社会科学院经济预测课题组，对"九五"期间经济以及今后 25 年经济增长速度进行了预测。得出的初步结论是，1996—2000 年（"九五"期间）国内生产总值 GDP 年平均增长速度的最佳选择是 8%—9%，2000—2010 年是 7%—8%，2010—2020 年是 6%—7%，25 年来年均增速为 7%—8%。

记者：较高发展速度是今后发展中的重要问题，大家都十分关注，因为没有一定的较高速度就难以赶上发达国家的发展，而从目前计划的速度把握，长期增长的速度是呈递减的趋势，对此，您是怎么看的？

刘国光：尽管我国经济的长期增长速度呈递减趋势，但在当今世界上仍处于高位增长之列，能够保证中国的经济总量进入世界前列，人均收入进入中等国家水平。如果用购买力平价来估算，中国 GDP 总量到 2010 年将位居世界第二，到 2020 年可跃居世界第一。但在人均收入水平、经济发展质量上与发达国家相比，仍有很大的差距。

这里我想强调一下，在我们考虑中长期经济速度的较佳选择时，切忌重犯片面追求产值速度的老毛病。十四届五中全会通过的《建议》提出要把握好速度问题，速度低了不行，速度过高也不行。先讲低了不行。有人计算，我国每年新增人口 1500 万以上，要消耗掉 3% 左右的经济增长率；要保证原有人口的生活水平稳步提高，也需要 3% 左右的经济增长率；我们还要逐步缩小与发达国家的差距，增强综合国力，近期如果平均每年的经济增长率低于 8%，将不利于我国整体经济的发展。当然，速度过高易于导致经济过热和严重通胀，也不行。但是这两个不行不能等量齐观，因为中国更容易发生的是速度过高。人们的发展期望和"大锅饭"投资饥饿的机制,都容易导致速度过高,而不是速度过低,所以要把重点放在防止速度过高这方面来。过去十几年,我国经济发展的平均速度 9%—10% 是相当高的,过高时达到 13%—14%,工业达到 20%—30% 以上,这样就反复引起经济波动和通货膨胀,经济过热与经济调整反复出现,这对经济秩序、经济改革、经济结构的合理化和经济效益的提高,都带来了消极影响。在经济技术和管理水平低下又不讲求质量效益的条件下,追求高速只能用多投入、多铺摊子即外延或粗放的发展方式来实现,即高投入、高消耗、低效益、低产出,这样迟早要超过资源承受能力,就只能靠发票子来支持这种超高速即超资源承受限度的增长,这是难以持久的。所以《建议》讲:快是有条件的,要讲效益,讲质量。所以在进入"九五"时期和向 21 世纪迈进时,在经济增长方式上,我们要来一个大转变,即从外延粗放为主的增长方式转变为内涵集约为主的增长方式。《建议》把增长方式的这一转变同经济体制的转变并提,把这两个转变提高到实现"九五"规划和 2010 年奋斗目标的两个具有全局意义的根本性转变。这是对"九五"和 2010 年长期规划中心思想的画龙点睛的提法。

两个转变是对改革开放实践经验总结的结果

记者:我记得 20 世纪 80 年代中期我国的理论界已经提出经济体制的转变和内涵发展生产力的问题,这期间您也提出过一些重要思路,能做点介绍吗?

刘国光:是这样,这两个转变实际上并不是现在才开始讲的。从十一届三中全会开始,中国经济就进入了一个新的阶段,也就是上述两个转变的阶段。在 20 世纪 80 年代中期我国经济理论界,包括我个人在内曾经将此过程概括为双重模式转换。一种是经济体制模式的转换，当时称作从传统的高度集中的计划经济体制模式转向市场取向的经济体制模式。另一种是经济发展战略转换，其含义要比现在所讲的经济增长方式转换的含义宽一些，包括生产目的的转换、产业结构的转换、消费与积累关系的转换、发展策略的转换、管理制度的转换和发展方式的转换，等等。其中，发展方式的转换实际上相当于现在所讲的增长方式的转变。

　　经过十几年的改革开放和经济发展，我国体制模式和发展模式发生了不小的变化，上述一整套转换在许多方面都有所前进。例如生产目的，过去长期是为生产而生产，为革命而生产，很少考虑提高人民生活的目的，改革开放后转变过来了。又如产业结构，过去虽然口头上是农、轻、重，实际上是重、轻、农；在三大产业的关系上，重二产、轻一产、忽视三产，改革开放后也逐渐调整过来了。又如积累与消费的关系，过去是高积累和低消费，改革开放后也得到了合理的调整。发展策略的问题过去是强调不断打破平衡的不平衡发展策略，改革开放后改变为相对平衡协调的发展策略，等等。经济体制的转换也从大一统的计划经济，经过计划经济为主、市场调节为辅，前进到建立社会主义市场经济的阶段。总之，中国经济体制与发展战略的转变，在许多方面取得了明显的进展，从而推动了80年代以来中国经济的快速发展。但其中增长方式从外延粗放向内涵集约的转变遇到的困难比较突出，至今进展不顺，效果不显。

　　外延粗放型的增长方式是以追求数量、规模、速度、产值为目的，其手段主要是依靠资金、物资、劳动力的投入，上新项目，铺新摊子，而对于经济发展的质量、效率和效益重视不够。而内涵集约型的增长方式则主要依靠科技进步、更新改造、管理合理化、生产集约化，以及人的素质的提高，来求得经济增长质量、效率和效益的提高。直到现在我们在经济工作中仍然相当普遍地追求数量和速度，热衷于上项目、铺摊子，而对于技术改造提高质量效率效益方面下的功夫比较小，比如在固定资产投资总额中，属于新建扩建的基本建设投资大约占 75%，而设备更新、技术改造方面的投资只占 25%，而且后者当中还有相当一部分名为更新改造，实则移用于新建扩建。有专家预测过，改革开放以来十几年，各种生产要素对我国经济增长的贡献中，资本投入与劳动投入约占 72%，只有 28% 是靠技术进步取得的。这与发达国家相比有很大的差距，目前发达国家经济增长中有 50%—70% 是靠技术进步取得的；二战后发展比较快的发展中国家和地区的经济增长中平均也有 30% 是靠技术进步取得的。

十多年来我国经济在总量增长上令人瞠目，而在质量效率上则瞠乎其后，这并不完全是由于我们在政策上的疏忽。早在 1981 年五届全国人大四次会议的政府工作报告中，就提出了要走出一条速度比较实在、经济效益比较好、人民可以得到实惠的路子；以后多次提出要把经济工作重点转到提高经济效益的轨道上来；而且发展方式及增长方式的转变在理论上也讨论了多年，为什么这方面的进展仍很不理想呢？其中难点何在呢？这里面的原因很复杂，有国情上的制约，也有体制上的制约。我看以下四个原因是值得注意的。一是各级政府和官员的政绩考核，事实上都与经济发展的速度规模有关系。二是政企不分的旧体制还没有完全退出历史舞台，资金大锅饭预算软弱的痼疾仍起作用，因为花的不是自己的钱，所以投资决策者不害怕收不回投资，企业经营者也不怕亏损。三是企业素质较低，经营管理水平不高，特别是国有企业各种负担沉重，没有力量也没有兴趣进行技术改造和创新。最后一条重要原因，则是我国城乡劳动力多，需要解决庞大的就业问题，单纯靠提高劳动生产经、劳动效率，不铺一些摊子，在中国是不行的，这么多劳动力就业如何解决？

实行两个根本转变的迫切性

记者：您对改革以来一段历史的回顾很能说明问题，也就是随着我们对改革目标认识的清晰，经济体制的转变更加到位。我们经历了"以计划经济为主，市场调节为辅"的阶段，经历了"商品经济"认识阶段，又经历了"国家调节市场，市场引导企业"的认识阶段，同时对增长方式的认识也逐步深入，现在确定的计划是明确市场经济目标以后的第一个中长期计划，这样对根本转变的认识更清晰了。

刘国光：确实对根本转变的认识深入了。就以实行新增长方式来说，在进入"九五"时期和迈向21世纪之际，把这个转变提得这样高，等同于经济体制的转变，表明现在增长方式的转变有特殊的迫切性。因为，第一，过去长时期的经验证明，以追求数量为主要目的、以增加投入为主要手段的外延粗放型的发展道路，必然反复引起经济过热、通货膨胀和经济调整的剧烈波动，造成不利于经济持续健康发展的损失，而且经济规模越大，损失越大。我们现在经济又上了新台阶，规模更大了，将来还要大，总是这样反复剧烈波动是不行的，小波动不可避免，但大的波动应当避免。

第二，随着居民收入水平的提高和需求结构层次的升级，以及大规模基础设施建设的需要，我国产业结构将再次摆向重化工的方向，汽车、建筑、石化、机电等支柱产业的大发展对能源、原材料等资源需求的压力更大，如不改变过去浪费资源型的粗放发展方式为节约资源型的发展方式，我国的资源根本承受不了。按单位国民生产总值消耗的能源来比较，我国大约比日本多四倍。中国人口那么多，市场那么大，在人均资源这么低的情况下，经济发展将难以为继。而且对人均拥有量本已不足的资源，过量开采和耗费将加剧环境污染，破坏生态平衡，危及子孙后代的可持续发展。

第三，今后国际经济实力的竞争，总量只是一个方面，更重要的是科学技术水平、质量效率效益、人均消费水平和整个国民经济素质的较量。在这些方面我们与世界发达国家的差距就太大了。即使在总量进入世界首位之后，我们的人均水平仍然落后，到 21 世纪末，能不能赶上发达国家也是问题。与此同时，发达国家某些人士因为看到我们的总量发展很快，担忧所谓"中国威胁"，从而造成一种人为的紧张态势扼制我们发展。

所以，我们应当强调人均水平和发展质量上的差距，把世人的注意力引导到这一方面来，特别是把我们自己的努力放到提高经济发展的质量、效率和人均水平上来，而不必在总量增长上大做文章，这样才有利于持续健康的发展，符合我们走向现代化的要求，也有益于我们与外国更好地做生意，实现经济互补，对于妥善处理国际关系也是有利的。

两个根本转变要相互促进，从全局上作努力

记者：您能再谈谈如何更好地实现两个根本转变吗？

刘国光：由于新的增长方式的转变不是一个局部性的，而是一个全局性的问题，所以要从方方面面来采取有效的方针措施，把提高质量、效率和效益的要求贯穿体现到中长期发展规划和今后经济工作的各个方面。这包括：产业结构的优化、规模经济的推进、新项目建设与现有企业更新改造的处理、科教兴国战略的实施、资源开发与节约并举等。这里特别要强调的是加强宏观经济与企业自身管理，把提高管理工作水平同经济机制的改革结合起来。

前边提到的阻碍我国经济增长方式转变的种种因素，多属生

产关系与上层建筑领域，必须通过深化改革进行综合治理。《建议》指出，要靠经济体制改革，形成有利于节约资源、降低消耗、增加效益的企业经营机制，有利于自主创新的技术进步机制，有利于市场公平竞争和资源优化配置的经济运行机制，一句话就是要把两个转变有机地结合起来。经济增长方式的转变与经济体制的转换是互相联系、密不可分的。经济增长方式的转变要以经济体制的转变为前提条件。没有经济体制上的转变，就难以实现增长方式的转变。体制上的障碍不解除，结构调整、技术进步、挖潜改造、提高质量效益等，都难进行。前面列举的一些制度上的障碍，大多是政府职能和国有企业方面的问题，所以转变经济增长方式的重点也在国有经济，这与国有经济在我国经济中仍然居主导地位是分不开的。国有经济如果不能从体制改革上入手，实现经济增长方式的转变，就难以维持它的主导地位。

当然，中国国情复杂，现在还没有摆脱发展中国家的阶段，对于转变增长方式，也不能要求过急、"一刀切"。比如，不能要求所有部门、所有地区都一律采用最新技术来改造现有企业，更不是所有部门、所有地方都不能搞新建扩建等具有外延性质的建设。

我国基础产业、基础设施相当薄弱，高科技、高附加值的新兴产业也需要发展，还要开发边远地区的资源，克服地区差距，特别是城乡大量新增剩余劳动人口的就业安排等，都需要相当规模的投入，以进行外延的拓展。但是这种带有外延型的建设要逐步推进，不能急于集中铺开，也不应在原有技术水平上平推，而应采用适宜技术，尽可能提高原有技术水平。所以，要把内涵集约的发展与外延粗放型的发展很好地结合起来，这样才能符合我国作为人口众多的发展中国家的国情，推动我国现代化建设的顺利前进。

总之，经济增长方式的转变，是一个长过程，在经济发展的最初时期，不发达阶段，更多地靠投入，也是符合经济规律的。我国人口多，剩余劳动力在增加，有加大劳动力投入的条件。另外中国的储蓄率也很高，引进外资的环境气候总的来说也不错，应当说有资金投入的条件。这些条件，加上世界范围内的产业结构重组，一些先进国家把劳动密集型产业转移到发展中国家和地区，而我国由于国土广大，东西部发展不平衡，这种外延型的产业转移向中国内地纵深发展的余地很大，这就决定了我国在一定时期，外延粗放型的发展将占重要地位。而技术水平、管理水平和效益效率的提高也要有一个过程，所以这两个增长方式的结合将是长期的，在这一过程中我们要努力提高内涵集约因素的比重。这就是增长方式转变的实质。

第三部分

关于改革方向的论争

坚持正确的改革方向*

（2006 年 3 月）

　　最近读胡锦涛主席参加全国人大上海代表团会议时的讲话，强调"要深化改革，毫不动摇地坚持改革方向"，感到十分振奋。同时想到，现在人们讲坚持改革方向，其实各有不同的含义。胡锦涛同志的含义是什么呢？我体会，他讲的"坚持改革方向"，毫无疑问，是邓小平开拓的社会主义自我完善的改革方向，是坚持四项基本原则的改革方向。这个改革方向，能够保证我们国家走向繁荣富强，人民走向共同富裕，因而能够获得广大人民群众的拥护和支持。所以，邓小平曾说："改革不是一派，是全民赞成改革，是全党赞成改革，如果说是一派，那就是百分之九十以上的人一派。至于保守派问题，保守的人有，但作为一个派，中国没有。中国确实有一些人对改革的某些问题、内容、步骤有不同意见，但这些人中绝大多数也是赞成改革的，对某些问题有不同意见也是正常的。"①

---

　　* 本文原载《马克思主义研究》2006 年第 6 期，原文副标题为：读锦涛同志 3 月 7 日讲话有感。（编者注）

　　① 《邓小平年谱（一九七五——一九九七）》（下），中央文献出版社 2004 年版，第 1205 页。

　　邓小平赞誉全国人民和全党支持改革，讲得多好啊！怎么最近某些同志却说：现在出现了"一股反对改革，否定改革的浪潮"，据说"民间和上层都有"。① 什么人反对改革呢？他们说"贫困群体"和"既得利益集团"都有份，他们"结成联盟"来反对改革。② 这个估计与邓小平热情对待中国人民拥护改革的态度，何其相反。他们把一大批拥护改革但对改革有这样那样不同意见的群众和学者，统统指责为反对改革、否定改革，打成反改革派或保守派。这种做法同当前要团结动员人民群众一道进一步搞好改革，是背道而驰的。胡锦涛同志这次讲话强调要"使改革兼顾到各方面利益，照顾到各方面关切，真正得到广大人民群众的拥护和支持"，这才是我们应该做的。

　　一些人士讲现在出现了"一股否定改革反对改革的浪潮"，其实不过是在改革取得巨大成功的同时，人们在反思改革中遇到的一些问题时，对改革的某些问题、内容、步骤有不同意见，这本来是很正常的。反思改革无非是总结改革的经验教训，邓小平同志一再强调对改革开放要认真总结经验，因为我们的全面改革是一种试验，"中间一定会有曲折，甚至于犯大大小小的错误。那不要紧，有了错就纠正"③；"对的要继续坚持，失误的要纠正，不足的要加点劲"④。邓小平同志说的话，充满着辩证法的思想，符合世情事理。最近那些认为出现反对改革浪潮的人士，迫于陷入不符合事实的窘境，不得不追赶形势，也讲起"反思改革"来了。但他们讲"反思改革"的时候，首先把矛头对着与他们意见不同

---

　　① 《财经时报》2005年9月5—11日。
　　② 《中国青年报》2005年12月13日。
　　③ 《邓小平年谱（一九七五——一九九七）》（下），中央文献出版社2004年版，第1060页。
　　④ 《邓小平年谱（一九七五——一九九七）》（下），中央文献出版社2004年版，第1280页。

的同志，说后者的反思改革是"想恢复计划经济，把人们引向反市场化改革的方向上去"①，还是"借反思改革来反对改革"那一套，真是武断到了极点。

改革开放已经 28 年了。因为年头不少，成就多多，积累的矛盾问题也不少。因此，现在反思改革的人群范围和反思改革对象所涉的范围，都比过去大大地扩展了。就反思改革的规模而言，确实是前所未有。这是随着改革的广度、深度向前推进的结果，没有什么令人惊诧的地方。那么现在倒要认真地探讨一下，为什么改革会从过去"全民赞成，全党赞成"，变成今天有很多的反思和疑问，以至于某些人士惊呼要警惕出现所谓"反对改革的浪潮"。

究其原因，我认为，不外乎以下两点。第一点是改革中利益关系起了变化，第二点是改革中意识形态关系发生了变化。

一是关于改革的利益关系的问题。邓小平说过，"明确表示反对改革的人不多，但一遇到实际问题就会触及到一些人的利益，赞成改革的人，也会变成反对改革的人"②。大家都不否认，改革初期，人们普遍享受到改革之惠，所以出现了"全民赞成，全党赞成"的局面。但是 20 世纪 90 年代以来，随着改革进程的深化、曲折化和复杂化，中国社会的利益关系格局起了变化。一些人富起来了，少数人暴富，许多人生活有了改善，相当一部分人则改善不多，一部分人的利益受到损害，还有一部分人沦为相对贫困的弱势群体。这种利益格局的变化，不能不反映到人们对改革问题的态度上来，不反映倒是很奇怪的。生活水平和社会地位相对下降或者绝对下降的人群，不满意导致他们利益受损、引发贫富

① 《中华工商时报》2006 年 2 月 16 日。
② 《邓小平年谱（一九七五——一九九七）》（下），中央文献出版社 2004 年版，第 1157 页。

差距过分扩大的改革举措，希望加以克服和改进，他们并不是反对改革本身。把他们同"既得利益集团"一起划到"结成反市场改革的联盟"中去，① 如同一位我们尊敬的著名经济学家所声称的那样，这实在是一种不负责任的信口开河。

至于说到改革中受益人群对待改革的态度，那也需要具体分析。受益群体中包括日益成长的知识层、技术层、管理层的中产阶层，包括对我们经济建设作出重要贡献的勤劳合法经营的民营企业家，他们都是社会主义建设的参加者，毫无疑问也都是改革开放的拥护者，尽管他们对改革中妨碍他们利益的一些事情有一些意见。受益群体中还包括"既得利益集团"。如果"既得利益集团"是指以非法手段，利用所谓的"潜规则"攫取财富，少数人一夜暴富，利用改革中的制度缺陷，新旧制度更替中存在的漏洞，利用手中掌握的特殊资源和权力，利用市场价格扭曲以及种种伪改革行为迅速致富，则他们早已适应了这种生态圈，成了必不可少的养分，对于这样一种"改革"更是津津乐道，推崇备至、顶礼膜拜地欢迎。只是当改革深化到以人为本、以促进和谐社会为目的的阶段，当改革进一步强化市场经济的社会主义方向的时候，他们眼见自己的财路来源可能中断，甚至要被绳之以法，他们才反对真正的改革，所以简单地说"既得利益集团反对改革"，只能掩盖他们在需要利用的时候拥护"改革"，不过此改革与彼"改革"的性质含义完全不同罢了。而且在反对真正的改革时，由于他们是实力集团，他们构成为改革的真正阻力，需要我们认真对待。一些搞官商勾结、权钱交易、权力资本化的人，也都属此类。而其他改革中的不同利益群体的人们，尽管他们对改革有这样那样不同的意见，都属于人民内部矛盾，都是我们坚持改革要团结的对象。只要按照胡锦涛同志"增强改革措施的协调性，使

① 《财经时报》2005 年 9 月 5—11 日。

改革兼顾到各方面利益，照顾到各方面的关切"，就能"真正得到广大人民群众的拥护和支持"。对于这一点，我是深信不疑的。

另一点是改革中意识形态关系的变化。就是两种改革观的较量。这是一个意识形态问题，事实上回避不了。邓小平的改革观是社会主义的改革观，是我们要坚持的。但是确确实实还有一种非社会主义的或者资产阶级自由化的改革观，则是我们必须反对的。邓小平指出，有些人"打着拥护开放、改革的旗帜，想把中国引导到搞资本主义。这种右的倾向不是真正拥护改革、开放政策，是要改变我们社会的性质"①。我们实行对外开放，当然要借鉴吸收一切外国先进的东西，包括反映社会化生产和市场经济一般规律的思想、知识、经验，结合我们的实际，为我国经济发展和经济改革所用。我们对西方先进的成果求之若渴。但在西方先进的东西被引进来的同时，糟粕也会随之进来。那些想"引导中国搞资本主义，改变我们社会性质"的意识形态，就是这样的糟粕。

资产阶级自由化思想一旦在中国出现，就要假借中国改革开放的旗帜，同中国正确的改革观，即邓小平的改革观进行较量，同马克思主义进行较量。在20世纪80年代，已经有过几次交锋，错误的改革观被正确的改革观所击退。但是90年代以来，由于种种原因，主要是邓小平同志所说的"政治思想教育一手弱"的原因，以新自由主义为主要内容的资产阶级自由化思潮逐渐滋长蔓延。追逐私利的经济人假设的人性论、唯一符合市场经济要求的私有制永恒论、泛市场化的市场教旨主义、政府只能执行守夜人职责的政府职能最小化论，等等，不一而足。

这些新自由主义思潮，虽然没有能够达到他们臆想的主导中国经济运转的目标，但是它正在向我国社会经济文化各个领域渗

---

① 《邓小平年谱（一九七五——一九九七）》（下），中央文献出版社2004年版，第1184页。

透, 对我国经济发展与改革的实践施加影响, 则是一个不争的事实。只要看看国企改革中出现的问题, 看看教改、医改、房改、城改等领域出现的问题, 即可窥见一斑。一股将中国改革引向资本主义私有化的暗流, 已经呼之欲出。理论突破的阵地在意识形态领域、在经济学的教学和研究部门。西方资产阶级经济学在我国的阵地逐渐扩张, 马克思主义逐渐被边缘化。某些市场化了的媒体也成了新自由主义的营盘, 拒绝传播马克思主义和维护四项基本原则的声音。这是一个重要的危险信号。这种情况, 加上对中国经济在大好形势下出现的令人忧虑的一些现象的观察, 激发了中国许多学人和学者, 首先是马克思主义者对新自由主义和资产阶级自由化改革观的义愤, 在不同领域广泛地、自发地发动了对新自由主义的反击。这样我们就看到如此规模的关于改革的反思, 以及对新自由主义的质疑了。

有人说, 批判新自由主义就是 "反对改革"。① 不错, 中国人民要反对的正是这种导向资本主义方向的 "改革", 要坚持的正是邓小平的以社会主义自我完善为方向的改革。胡锦涛同志在上海代表团就改革开放发表了全面完整的重要意见, 强调指出要毫不动摇地坚持改革方向, 表明了党中央的原则立场, 受到全国人民的热烈欢迎。胡锦涛同志话音刚落, 就有某方面的代表人物出来, 继续散布有人否定改革, 宣称要把 "改革以来的第三次大争论进行到底" 等蛊惑性言论。② 这也好, 挑战书已经抛出, 真理不怕争论。试看今日之域中, 竟是谁家的天下!

---

① 《新华文摘》2005 年第 24 期。
② 《中华工商时报》2006 年 3 月 7 日。

略论"市场化改革"*

——我国改革的正确方向是什么不是什么

（2006 年 5 月）

近期，对于中国改革问题的讨论日趋热烈，有人说是改革开放以来第三次大讨论。前两次讨论是什么时候，说法也不一样。且不论怎么划分三个争论，单就这一次来说，争论激烈的程度不亚于前两次。这次有一个奇怪的现象，就是争论的一方的意见，可以在主流媒体上发表，而另一方意见，主流媒体上基本看不到，倒是在互联网上广为流传。目前还有一个现象，就是争论的一方一面抛出自己的论点主张来攻击对方，一面又拼命叫不争论，就是不准别人争论，别人回应；而争论的另一方却不买这个账，说真理不怕争论。实际上前一方是想只让自己讲话，而不让人家讲话。恐怕改革开放到了今天，互联网又这么发达，堵人开口的企图大概是办不到了。主流媒体基本上只刊登一方的言论，也值得我们玩味、深思。想一想为什么会出现这种偏颇的情形？当然这

---

　*　本文原载《马克思主义文摘》2006 年第 7 期，据《第一财经日报》专访稿（未发）改写，专访稿附后。文中指出，把中国的改革定义为"市场化改革"，不提"建立社会主义市场经济体制"和"在国家宏观调控下让市场起资源配置的基础性作用"，这是绝对错误的。我们要尊重市场，但却不可迷信市场。我们不迷信计划，但也不能把计划这个同样是人类发明的调节手段，弃而不用。（编者注）

种偏颇，因为有互联网这个东西，给校正了一点。

关于这次大争论的性质，大家的认识也是有尖锐分歧的。有些人说，这次争论是反对改革同坚持改革不动摇的争论。这种说法也遭到驳斥。你不能把那么多反思改革的群众、学者，推到"反改革"的阵营中去，说成是"一股反对改革，否定改革的浪潮"。这不符合胡锦涛同志最近讲的要"使改革真正得到广大人民群众拥护和支持"的要求和精神。

2005 年 3 月 24 日首届中国经济学杰出贡献奖颁奖大会现场

那么，这次争论的实质是什么呢？许多群众、学者都认为，这次争论的核心问题不是坚持不坚持改革的问题，而是坚持什么样的改革方向的问题，是坚持邓小平开创的社会主义自我完善的改革方向，还是假借"拥护改革开放的旗帜，把中国引导到搞资本主义"的改革方向？是坚持社会主义基本经济制度，即公有制为主体，多种所有制共同发展的改革方向，还是采取资本主义私有化的改革方向？是坚持社会主义市场经济为目标，还是以资本主义市场经济为目标或名曰"市场化改革"的改革方向？

"又是姓'资'姓'社'的争论","又是意识形态的争论",但这是回避不了的,想回避是天真的。人家用资产阶级意识形态来攻击你,又用"非意识形态化"作挡箭牌来麻痹你,让你回避社会主义意识形态,可以答应吗? 在关系国家人民命运的大是大非问题上,主张"非意识形态化""非政治化",高挂免战牌,只能骗骗没有马克思主义常识的人。

我现在要讲讲为什么争论的一方要把争论的另一方说成是反对改革、否定改革,而把自己打扮成"坚持改革"的角色。其实道理很简单,第一,在今天实行改革开放的中国,反改革是罪大恶极的帽子,类似"文化大革命"时讲你"反文革",就可以置你于死地。今天至少是把你放在被动挨打的地位。第二,这样做是为了掩盖某些人借拥护改革开放的旗子把中国导向完全私有化、完全市场化和两极分化的资本主义的意图。如最近"新西山会议"一些人讲的,现在"不好明说""说不得""亮不出来",只能"遮遮掩掩""躲躲闪闪""畏畏缩缩"地说出来。其实"新西山会议"某些人暴露的野心比这更大,不止经济领域,还有政治领域,是要颠覆共产党的政权,这里不能详细讲了。

有人问我,为什么现在出现这么多反思改革的人,是不是因为改革搞不下去了? 我说不是,改革还是一往直前地在进行,但是受到一些干扰,出了一些问题。有一位官员说,现在改革中出现这样那样的问题,但不是改革方向出了问题,所有问题都与改革方向无关。具体地讲,改革方向在许多重要方面受到干扰,如在所有制问题上,公有制为主体问题受到干扰;如在分配问题上,社会公平问题受到干扰,等等。中央提出科学发展观与建设和谐社会方针,力求扭正这些干扰,但是还没有完全扭正过来。这种对改革的正确方向即社会主义方向的干扰,是客观存在的,群众和学者对此进行反思,提出改进的建议,实属正常,完全必要,不能动不动就说这是反对改革。

20 世纪 90 年代以来，随着改革过程的深化和复杂化，中国社会利益关系格局起了变化。一部分人群的收入、生活水平和社会地位相对下降或者绝对下降，这些人群对导致他们利益受损、引发贫富差距过分扩大的社会现象不满，对背离社会主义方向的现象不满，希望得到克服，他们并不是反对改革本身。这些人群包括弱势贫困群体，他们多是工农基本群众，不能把他们推向反改革阵营，即使他们当中有一些过激情绪和片面言论，也是我们教育帮助的对象，要团结他们一致拥护和支持改革。怎么能够把他们划到"反市场改革的联盟"中去？如同我们一位尊敬的著名经济学家所讲的那样，这实在是一种不负责任的信口开河。

一些人把中国改革叫"市场化改革"，如果是"市场化"作为改革的"简称"，这勉强可以接受，但要注意这种提法有很大的毛病。如果不是作为简称，而是把它作为中国改革的全称，把中国改革定义为"市场化改革"，那是绝对错误的。

我们改革的目标，是邓小平说的社会主义制度的自我完善，包括建立社会主义市场经济体制。中国的改革，包括政治改革、经济改革、社会改革、文化改革、政府改革等，不能都叫作"市场化改革"，而是社会主义制度在各领域的自我完善。这应该是明确的。国家机构改革，也只能说要适应建立社会主义市场经济的要求来进行，而不能按"市场化改革"的原则来进行。就是在经济领域，也不完全是"市场化改革"，而是"建立社会主义市场经济体制"，是在国家宏观调控下让市场起资源配置的基础性作用，并不是简单的"市场化改革"所能概括的。这里在"市场经济"的前面，有一个前置词，还有一个前提条件。前置词是"社会主义"，前提条件是"在国家宏观调控下"。这是党的十四届三中全会文件中白纸黑字定下来的，不是一句空话，有它的实质内容。

先说"社会主义"前置词。有些人在鼓吹"市场化改革"的口号时，故意不提这个前置词："社会主义"。有些人为了打扮自己，掩盖真实面貌，假装提一下"社会主义"，但把"社会主义"置于可有可无的地位，或给予任意歪曲的解释。不能将"社会主义"当成一句空话，它有准确的内涵。邓小平说过社会主义有两条根本原则：第一条是公有制为主体，多种经济共同发展；第二条是共同富裕，不搞两极分化。一些人在鼓吹"市场化改革"道路的时候，故意把这两条去掉、抽掉、扼杀掉。特别是最根本的涉及社会主义基本经济制度即所有制的一条——"公有制为主体"，故意根本不提，倒是民营经济（即私营经济）已经成为"国民经济的基础"或"主体"的字样，越来越充斥于某些媒体、某些会议。这大概就是一些人所谓的"深化市场化改革"的真实含义。而党的有关文件则强调，私营经济要在公有制经济为主体的前提下与公有制经济共同发展，根本不存在所谓"民营经济为主体"之说。

　　还有一个前提条件——"在国家宏观调控下"。之所以要强调这一条，非常重要的一条，就是因为市场经济虽然在资源配置上有重要的作用，特别是在竞争性的资源配置上，有很大的优越性，但市场经济在宏观经济综合平衡上，在竞争垄断的关系上，在资源和环境保护上，在社会分配公平上，以及在其他方面，也有很多的缺陷和不足（关于市场经济的优点和缺点，我过去说得很多，教科书上也不乏叙述，我不再重复了；"市场化改革派"只睁眼看到市场经济好的一面，却闭眼不看市场经济不好的一面，我也不去说了），不能不要国家的干预、管理、宏观调控来加以纠正、约束和补充，所谓用"看得见的手"补充"看不见的手"。特别是加上我国还是一个社会主义国家，社会主义国家的性质，社会主义公有制经济为主体的地位，以及社会主义社会实行统一计划的客观可能性与集中资源、力量办大事的优越性，等等，因此更是要加强国家的宏观调控和政府调节。市场在资源配置中起基础性作用，是在国家宏观调控的前提下起这个作用的；而且在资源配置中起基础性作用，也不是一切资源都完全由市场来配置，有些关键性资源还要国家来配置，这也是很明白的。总之，我们要尊重市场，但不可迷信市场；我们不迷信计划，但也不能把计划这个同样是人类发明的调节手段弃而不用。在"市场化改革"的口号下迷信市场成风，计划大有成为禁区的态势下，强调一下社会主义市场经济也要加强国家对经济干预管理和计划调节的作用，怎么就会成为"想回到计划经济旧体制"？"市场化改革"鼓吹者硬要扣人家这一顶帽子，想堵人家开口，恐怕不能成功。

我再补充几点。国家的宏观调控主要包括这几项：计划调控、财税调控、金融调控等内容，最近在我国还加上"土地调控"，其实"土地调控"也属于计划调控。这些调控都应是自觉性的、集中决策的事先调节，都是有计划性的。这与市场调节不同，市场调节是自发性的，分散决策的事后调节，这种盲目的滞后调节所带来的种种消极后果，必须要用自觉的、集中决策的、事先的宏观调控和计划调节来校正，要由政府行为来校正。所以，邓小平同志说计划和市场都是手段，资本主义和社会主义都可以用。为什么社会主义市场经济就不能用自觉的、集中决策的、事先的计划手段，来校正市场经济的种种缺陷和不足？有人想把经济生活的一切交给市场去管，都"市场化"，把社会生活、文化生活、国家政治生活也都推向"市场化"，把计划排除在社会主义市场经济之外，排除在经济社会一切领域之外，把它视为禁区，加以摒弃，我说这不仅是迷信市场的幼稚，而且是别有用心。

当然，过去早已指出，社会主义市场经济下的计划调节，主要不是指令性计划，而是指导性、战略性计划。"十一五"计划改叫规划，但规划也是计划，是指导性、战略性的计划。对于市场经济下计划的指导性和战略性，过去早已明确讲过。现在"计划"改"规划"，一字之差就大加炒作，这真是"市场化改革"过程中的产物和笑话。还要指出，社会主义市场经济下的计划，虽然主要是指导性战略性计划，但它必须有导向作用，有指导作用。

如果不去导向，不去指导，放在那里做摆饰，我国每五年花那么大力气编制讨论审查通过五年计划，还有什么意义？所以一定要强调计划、规划的导向作用和指导作用。这样的计划，除了政策导向的规定外，还要有必要的指标、项目和必须完成的指令性任务，如中长期规划中的巨大工程的规划、尖端科技突破的规划、环境治理规划，等等，短期计划里的反周期的投资计划，熨平周期的各种调控措施（很多财政税收金融货币等政策措施属此类）都必须带有指令性或约束性。所以，也不能完全排除指令性计划。现在计划工作中有把计划规划写成一本政策汇编的苗头，很少规定必须完成的和可以严格检查问责的指标和任务，很多东西可以执行可以不执行。这样的计划工作，有改进的必要。

　　总之，中国的社会主义自我完善的改革，以建立社会主义市场经济体制为目标的改革，绝对不是简单的"市场化改革"。查一查中央文件，查一查宪法党章，哪里说过我国要实行"市场化改革"？文件中讲到改革开放时，总是同坚持四项基本原则联系起来；在"市场经济"前面，总是加上"社会主义"的前置词；"社会主义"一词的内容，总是强调"公有制为主体"。而那些鼓吹"市场化改革"口号的人，几乎无一例外地不提这些关键词。有些政府官员偶尔讲过"市场化改革"，我理解那是简称，不是全意。但这些话会误导改革方向，被"市场化改革"的鼓吹者所利用。

附　"市场化"不应是中国改革的全称[①]
——访著名经济学家刘国光

　　【编者按】[②]　一段时间以来，围绕改革问题，社会各界

---

①　《第一财经日报》记者郭晋晖专访，最终审读时遭撤稿。（编者注）
②　《第一财经日报》总编辑秦朔执笔。（编者注）

展开了热烈争论。本报也先后发表了对姚洋、华生、李剑阁、刘世锦、许小年等专家学者的深度访谈，就改革问题进行深入和理性的探讨。

我们认为，尽管目前争论颇多，但改革仍是社会的基本共识。改革是一个客观存在，也是一种历史的自觉。

十一届三中全会以来的历史证明："实行改革开放是社会主义中国的强国之路，是决定当代中国命运的历史性决策。改革开放，是新时期中国最鲜明的特征。没有改革开放，就没有中国特色社会主义。"而把社会主义同市场经济结合起来，则是一个伟大的创举。"这就需要积极探索，大胆试验，尊重群众的首创精神；需要深化改革，解决体制转变中的深层次矛盾和关键问题；需要扩大开放，吸收和借鉴世界各国包括资本主义发达国家的先进技术和管理经验。"不改革，很多问题的解决就没有出路。"继续推进改革，难度会更大，工作会更复杂。我们必须拿出一往无前的勇气，在体制创新方面取得重大进展，绝不能有畏难情绪。在社会主义社会的各个历史阶段，都需要根据经济社会发展的要求，适时地通过改革不断推进社会主义制度自我完善和发展，这样才能使社会主义制度充满生机和活力。"

上述这些已经载入中国共产党新时期重要文献的论述，也是中华民族在探索伟大复兴之路上的宝贵经验。可以说，这就是一种历史的自觉。

改革是一个自我完善的过程，"各个历史阶段"都有新的、符合时代特征的命题，所以要不断深化改革。正如胡锦涛总书记强调的，充分发挥市场在资源配置中的基础性作用，同时努力加强和改善宏观调控，保证经济社会又快又好发展；要不失时机地推进改革，切实加大改革力度，同时注重提高改革决策的科学性，增强改革措施的协调性，使改革兼顾到各方面利益、照顾到各方面关切。这里面蕴涵的辩证思维，对于实现更好的改革，具有十分深刻的意义。

在此次改革争论中，著名经济学家刘国光教授是一个无法回避的名字。近期，在接受本报记者采访时，刘教授对自己的观点作了一些新的充实和阐述，但主旨基本上贯穿如一。

哲学家罗素说过："不要害怕思考，因为思考总能让人有所补益。"对建构在说理、负责基础上的争论，哪怕是激烈的争论，亦应作如是观。

我们的改革是社会主义制度的自我完善，包括建立社会主义市场经济体制。中国的改革有政治改革、经济改革、社会改革、文化改革等，改革的目标都是社会主义的自我完善，这么多领域的改革不能都叫作"市场化改革"，不能都按市场化的原则来进行。即使是经济领域也不能完全市场化。经济领域的改革是建立社会主义市场经济体制，是在国家宏观调控下，让市场起资源配置的基础性作用。这不是简单的"市场化改革"五个字能概括的。

（本报记者郭晋晖发自北京）

《第一财经日报》：这一轮关于改革的争论已经持续了两年多，有人说这是改革开放以来的第三次大讨论，您觉得与以往相比，这次争论有什么特点？

刘国光：从讨论的激烈程度上来看，这次并不亚于前几次。但这次有个奇怪的现象，争论一方的意见可以在主流媒体上发表，而另一方意见在主流媒体上基本看不到，但却在互联网上广为传播并产生很大的影响。

《第一财经日报》：您觉得这次争论的核心是什么？

刘国光：关于这次大争论的性质，大家的认识也是有尖锐分歧的。有些人说，这次争论是反对改革同坚持改革不动摇的争论，但这种说法遭到驳斥，因为任何人都不能把那么多反思改革的群众、学者推到反对改革的阵营中去，把他们说成是一股反对改革、否定改革的浪潮。

许多群众、学者都认为，现在争论的核心问题不是坚持不坚持改革的问题，而是坚持什么样的改革方向的问题：是坚持社会主义自我完善的改革方向，坚持公有制为主体、多种所有制共同发展的改革方向，还是坚持私有化的改革方向？是坚持社会主义市场经济为目标的改革，还是简单的"市场化改革"？

《第一财经日报》：您不久前撰文指出，两种改革观的较量无法避免，而且明确表示，意识形态的问题无法回避。这和邓小平同志的"猫论"，以及不要管姓社姓资的论断，似乎有点矛盾，您怎么看？

刘国光：首先，应该澄清一点，邓小平同志不管姓社姓资的论断是针对计划和市场的关系来说的。计划与市场这两种手段，社会主义和资本主义都可以用，它们不是两种社会性质的区别。邓小平同志并没有说改革的所有方面都不要讲社会主义和资本主义的差别。如果真是这样，他为什么还要多次强调坚持四项基本原则，还要多次提坚持社会主义的方向，坚持公有制为主体，而且还在"三个有利于"的前面加上"社会主义"的字样？我们要全面理解邓小平同志的观点。

其次，我认为无法回避的是，争论的另一方实际上是在"去意识形态化"的背后，用"私有化""完全市场化"等资产阶级意识形态取代社会主义意识形态。这当然是不可以答应的，在关系国家社会前途命运等重大问题上，提倡"非意识形态化"，提倡"非政治化"，只能骗骗那些没有马克思主义常识的人。

《第一财经日报》：从您的学术经历中可以看出，您是中国比较早推动市场经济的经济学家之一。现在有人把您看作是反对"市场化改革"的代表，有人认为您主张要回到计划经济时代。为什么会对您有这种看法?

　　刘国光:现在争论的一方把另一方说成是反对改革而将自己当作坚持改革的角色,其实道理很简单。

　　第一,今天我们实行改革开放的政策,"反改革"是罪大恶极的帽子,类似于"文化大革命"时讲你"反文革"就可以置你于死地,今天至少可以把你放在被动挨打的地位。第二,这样的做法是为了掩盖某些人假借拥护改革开放的旗帜,将中国导向完全的私有化、完全的市场化和两极分化。

　　《第一财经日报》:如今您已经年过八旬,是什么原因吸引您加入这场争论、关心这场争论呢?

　　刘国光:我实在是不愿意卷入。最近几年我主要是研究宏观经济,比较偏重于关注经济运行和发展问题。2005年3月中国经济学杰出贡献奖颁奖会上,我发表的一篇简短的答辞引起了一些争论,加上2005年7月非常偶然的机会我谈了当前经济学教学中的几个问题,网络转载后引起了很大的反响,这样就被卷入了争论中。开始的时候我也是被动的,后来我越来越感到改革方向的问题也确实是一个大问题。

　　《第一财经日报》:为什么近来会出现这么多对改革的反思?是不是像有人说的,当前的改革问题太多,搞不下去了?

　　刘国光:我认为不是改革搞不下去,改革还是一往直前地在进行。但改革过程受到了干扰,出现了一些问题,比如国企改革,国有资产流失变成某些人暴富的源泉,还有"三座大山"即教育、医疗、住房中的问题,等等。

　　有人说,现在改革中出现这样那样的问题,不是改革方向出了问题,言下之意,当前出现的所有问题与改革方向无关。我觉得这种判断也对也不对。总体上,我们坚持改革的社会主义方向。但在具体执行上,改革的社会主义方向在许多方面受到了干扰。比如在所有制问题上,公有制为主体思想受到干扰,很明显,地方上的国有企业已经差不多都卖完了，相当一部分是低价或白送。现在中央企业也要卖，甚至一些关系国家命脉的企业也有人呼吁要卖。

又比如分配问题，收入差距越来越大，人们在忧虑，是不是出现了两极分化的趋势？这些都说明，改革正在受到干扰，如果有人认为出现的这些问题和"市场化"一点儿关系都没有，那是胡说八道。

中央现在提出科学发展观，提出建设和谐社会，我认为就是要力求排除这些干扰，使改革沿着更加正确的道路前进。但干扰还没有完全扭正过来，对改革的正确方向即社会主义方向的干扰是客观存在的。

《第一财经日报》：您认为，当前改革中所出现的问题是由于这些干扰所导致的？

刘国光：当然，改革的有些方面还没有完全到位，改革还不尽完善，都是原因。但不能否认对社会主义正确改革方向的干扰所起的影响。人们对改革中的问题进行反思，群众反思的无非就是腐败问题、社会问题、国企改制中出现的许多问题等，并对这些问题提出了改进的意见。这是大家的权利，不应该动不动就说人家反对改革。这是大众反思改革的第一个原因。

第二个原因是，20世纪90年代以来，随着改革过程的深化和复杂化，中国社会利益关系的格局起了变化，一部分人富起来，一部分人暴富了，许多人生活有了改善，但相当一部分人改善不多，有一部分人利益受损，还有一部分人沦为贫穷、困难、弱势的群体。生活水平和社会地位相对下降或者绝对下降的一部分人群，对导致他们利益受损、引发贫富差距过大的社会现象不满是很正常的，对背离社会主义方向的现象表示不满，这也是很正常的。他们希望这些现象得到克服，他们是对改革的某些问题、步骤有意见，而不是反对改革本身。

这些人群包括贫困弱势群体，他们都是工农基本群众，不能把他们推向反改革阵营。即使他们当中有一些过激情绪和片面言论，也是我们教育帮助的对象，要团结他们一致拥护和支持改革。怎么能够把他们划入"反市场改革的联盟"中去呢？如同一位我们尊敬的著名经济学家所讲的那样，这实在是一种不负责任的信口开河。

《第一财经日报》：一些人认为改革过程中出现诸多问题是因为"市场化改革"不够，要加大"市场化改革"的力度，您如何看待市场化改革？

刘国光：有些人把中国的改革叫作"市场化改革"，如果"市场化"三个字作为中国改革的简称，还勉强可以接受，但这种提法有很大的毛病和局限性；如果"市场化改革"不是简称，而是全称，将中国的改革定义为"市场化改革"那就是绝对错误。

我们改革的目标是社会主义制度的自我完善，包括建立社会主义市场经济体制。中国的改革有政治改革、经济改革、社会改革、文化改革、政府改革等，改革目标都是社会主义的自我完善。这么多领域的改革不能都叫作"市场化改革"，不能都按市场化原则来进行。

即使是经济领域也不能完全市场化，经济领域的改革是建立社会主义市场经济体制，是在国家宏观调控下，让市场在资源配置中起基础性作用。这不是简单的"市场化改革"五个字能概括的。在市场经济的前面，有一个前置词——社会主义，还有个前提条件——在国家宏观调控下，这是党的十四届三中全会决议中白纸黑字写明白的，不是一句空话，它有实质的内容。

《第一财经日报》：一年之前您在获得中国经济学杰出贡献奖的答辞中提出，这些年来，我们强调市场经济相对多了一点，强调社会主义相对少了一点；在说到社会主义市场经济时，则强调它发展生产力的本质即效率优先方面相对多了一些，而强调它的共同富裕的本质即重视社会公平方面相对少了一点。您是否早就意识到了这个问题？应该如何认识社会主义市场经济的含义？

刘国光："社会主义市场经济"是一个完整的概念，是不容割裂的有机统一体。有人讲"市场化改革"时故意不提"社会主义"，或者将之放在可有可无的地位。但我认为，"社会主义"不是一句空话，因为邓小平同志多次强调过社会主义有两条根本原则：一是公有制为主体；二是共同富裕，不搞两极分化。

有些人在鼓吹市场化道路时故意将这两条忘掉、抽掉、扼杀掉，在不知不觉中叫人接受这样的"市场化改革"，特别是最根本一条——公有制为主体，根本不提。倒是民营经济（即私营经济）已经成为国民经济的"基础"或"主体"字样越来越充斥于一些媒体、一些会议。这大概就是"深化市场化改革"的真实含义。当然，我们是要发展民营经济的，但要在坚持公有制为主体的条件下发展。党中央从来没有提过要以民营经济为主体。

"在国家宏观调控下"是社会主义市场经济的前提条件。之所以要强调这条是因为，市场经济虽然在资源配置上有重要作用，特别是在竞争性的资源配置上，市场确实具有优越性，在价格波动时，经济当事人自主判断、自主权利这些方面都是很好的。但市场经济在许多方面也有问题，如在宏观综合平衡上，在垄断和竞争的关系上，在资源和环境的保护上，在社会分配公平上等方面，存在很多缺陷和不足。

在这样的情况下，我们不能没有国家的干预、政府的管理。要用宏观调控来加以纠正、约束和补充市场行为，用"看得见的手"来补充"看不见的手"。

特别是在中国这样一个社会主义性质的国家，社会主义公有制的地位客观上具有实行统一计划的客观可能性、集中力量办大事的优越性，这些都决定了我们更要加强国家的宏观调控和政府干预。市场在资源配置中起基础性作用是在国家宏观调控下发挥作用的，而且在资源配置中起基础性作用并不是一切资源都由市场来配置，有些重要资源还要由国家来配置。这也是很明白的。

　　总之，我们要尊重市场但却不可迷信市场，我们也不要迷信计划，但是不能把计划这个同样是人类发明的调节手段弃而不用。现在，在"市场化改革"口号下，迷信市场成风，计划大有成为禁区的态势。我强调一下社会主义市场经济也要加强国家对经济干预管理和计划调节的作用，怎么就成为"想回到计划经济旧体制"去了呢？"市场化改革"的鼓吹者硬要加人家这一顶帽子，只怕不能成功。

　　国家的宏观调控，包括计划调控、财政税收调控、金融货币调控等，现在又加上土地调控。其实土地调控也属于计划调控。现在投资调控没有土地调控不行。这些调控都是自觉的、有意识的，是国家集中决策，是事先的调节，都具有计划性。而市场调节完全是自发的，分散决策，而且是事后的。这种自发的事后的分散调节必然会带来消极后果，所以必须用宏观调控和计划调节来矫正，就是要由政府行为来矫正。

　　有人想把经济生活中的一切都交给市场，将政治、文化生活，一切都推向市场。他们将计划排除在社会主义市场经济之外，把计划排除在社会生活的一切领域之外，将计划看作禁区加以摒弃。这不仅仅是幼稚。

　　中国社会主义制度自我完善的改革，以建立社会主义市场经济体制为目标的改革，绝对不是简单的"市场化改革"。查一查宪法、党章，查一查中央文件，我国要实行什么样的"市场化改革"？文件中讲到改革开放，总是同坚持"社会主义"联系在一起，总是强调公有制为主体。鼓吹"市场化"的人，几乎无一例外地不提这些关键词。有些政府官员偶尔讲过"市场化改革"，我理解那是简称，不是全意。但这会误导改革方向，被"市场化"鼓吹者所利用。

《第一财经日报》："十一五"规划和以前最大的不同是将计划改为规划，有人认为这是一大进步，是市场化改革的产物，您对此的看法是什么？

刘国光："十一五"将计划改为规划，但规划也是计划，规划是指导性计划、战略性计划。我早已指出，社会主义市场经济下的计划调节主要不是指令性计划，而是指导性、战略性计划。现在计划改规划，一字之差就大加炒作，根本就没有必要，规划计划就是一回事，英文都是 plan。这是我们搞"市场化改革"的笑话。

《第一财经日报》：最近您对十个五年计划进行了系统的研究，您觉得社会主义市场经济的计划应该有什么特点？

刘国光：社会主义市场经济下的计划虽然主要是战略性的计划，但是它必须有导向作用。如果我们定的计划不去导向、不去指导，而是作为一个摆设，国家每五年花那么多钱，付出很多成本，去编制、讨论、审查、通过五年计划有什么意义？

所以我们一定要强调计划和规划的指导作用，这样的计划除了政策导向的规定之外，还必须要有必要的指标、必要的项目和必须完成的指令性任务，如中长期规划里的重大工程规划、尖端科技攻关规划、环境治理规划等。在短期计划中，反周期的投资计划熨平周期，财政、税收、金融、货币等种种措施都必须带有指令性或约束性。所以，指令性计划也不能排除。

现在我们的计划工作中，有把计划、规划写成一本政策汇编的趋势，很少规定必须完成、能够严格检查问责的指标和任务，很多东西可执行也可不执行，这种计划工作有改进的必要。

关于当前思想理论领域一些问题的对话[*]

（2007 年 6 月）

全面准确地理解和贯彻党的基本路线

杨承训：首先是坚持党在社会主义初级阶段的基本路线问题。邓小平同志多次说过"一个中心、两个基本点"的基本路线要管100 年，动摇不得。党的十六届六中全会重申"坚持党的基本路线、基本纲领、基本经验"，这是完全正确的。可是，不少人把基本路线淡化了，有些人是片面地只讲一点。我觉得，坚持党的基本路线是一个根本问题。

刘国光：是的，党的基本路线是一个纲，科学发展观和构建社会主义和谐社会都是基本路线在新时期的理论升华和展开，是基本路线基础上的创新。现在的问题是如何全面准确地理解和贯彻基本路线。

"全面"，就要把"一个中心、两个基本点"作为一个有机整体来理解，不能割裂。坚持以经济建设为中心，是发展的核心问题，或称为现阶段中国共产党执政的第一要务，而要发展就得坚持和完善社会主义基本制度，这又是两个基本点的含义。从经济

＊ 本文原载《高校理论战线》2007 年第 6 期。

学上说，就是现代化生产力与社会主义生产关系及其上层建筑的有机统一。发展生产力是决定因素，邓小平同志强调的是"发展社会主义社会的生产力"，以胡锦涛同志为总书记的党中央提出的科学发展观，实质上是社会主义的发展观，生产力发展离不开生产关系这个大系统。改革是为发展提供动力，属于生产关系及上层建筑领域的事，其目的也是"有利于发展社会主义社会的生产力"。这又涉及改革的方向问题，要求坚持四项基本原则，即坚持社会主义道路，坚持人民民主专政，坚持中国共产党的领导，坚持马克思列宁主义、毛泽东思想，要在坚持四项基本原则的框架内深化改革、扩大开放。所以，"一个中心、两个基本点"是一个有机整体。

"准确"，就是正确把握基本路线的科学内涵，不能加以曲解。以经济建设为中心，不能理解为只要能赚钱就是发展，或者仅仅追求 GDP 的增长就是发展，而是以人为本、全面协调可持续的科学发展。坚持四项基本原则本来就有明确的含义，属于经济和政治的方向问题，关键是全面坚持，一个也不能少。改革是社会主义的自我完善，不能离开这个大方向；开放是保持主权和增强自力更生能力的开放，不能让外国资本主义控制我们。

杨承训：现在看来，全面准确地理解和坚持基本路线既是实践问题也是理论问题，它是建设中国特色社会主义的根本路线，与基本纲领（特别是坚持基本经济制度）、基本经验（十六大总结的十条经验）是相吻合的。应当用"坚持基本路线一百年不动摇"的信念来扫清各种错误思潮，把握正确方向。

改革的正确方向是什么

杨承训：近几年您反复讲坚持改革的正确方向。的确，这个问题很重要，世界上有多种多样的改革，戈尔巴乔夫、叶利钦也满口讲"改革"，国内理论界也有一些人打着改革的旗号贩卖自己的私货。请您着重谈一谈这个问题。

刘国光：改革进行了30年，取得了巨大的成绩，主要原因是党坚持了正确的改革方向。当前改革进入深水区，遇到了深层次的矛盾和问题。这些矛盾和问题，有些是在探索中缺乏经验造成的，有些是对改革的曲解、干扰造成的。对于前者，需要总结经验教训，端正前进道路；对于后者，要睁开火眼金睛，加以识别，认真排除。这样才能保证改革大业成功。当然，这个问题不是一次讲讲就行了，需要反复讲，因为有人只提坚持自己的改革方向，却不提坚持改革的正确方向，并把别人划入"反对改革"的阵营。似乎是说，既然改革是时代大势所趋，那就可以不管什么方向不方向，只要是称为"改革"就好。这种笼统讲的用意既有浅薄的一面，也有不善的一面。不善的一面是把反对在改革中搞歪理邪道的人说成"反对改革"，企图鱼目混珠、以邪压正。

我们知道，改革方向的问题有讲究。戈尔巴乔夫、叶利钦都说坚持改革，他们坚持的方向是什么？大家都很清楚。戈尔巴乔夫提出了"人道的民主的社会主义"，叶利钦提出了自由民主主义。改革的结果是把苏联的社会主义颠覆了、端锅了，把一个社会主义国家搞成四分五裂的资本主义国家。当然，我不是说苏联的体制没有问题，怎么正确地改革那是另一个问题。在中国，有些人希望我们走苏联东欧转型的道路，除了这些人，没有人赞成我们重蹈苏联"改革"导致亡党亡国的覆辙。所以，我们一定要强调坚持正确的改革方向，而不能笼统地讲"坚持改革方向"。

中国改革的正确方向是什么？这不是可以任意杜撰的，也不是突然提出来的，必须有所根据。如果没有根据，人民群众怎么会跟我们走？我们应当根据宪法、党章以及党中央的有关文件精神来确定改革的正确方向。这样，可以把改革的正确方向归结为以下几点：

（1）改革必须是社会主义的自我完善，必须坚持四项基本原则。

（2）社会主义的本质是解放生产力，发展生产力，消灭剥削，消除两极分化，最终达到共同富裕。"消灭剥削""消除两极分化"是社会主义区别于资本主义的本质，很重要，不能不讲。

（3）根据宪法规定：国家在社会主义初级阶段，坚持公有制为主体、多种所有制经济共同发展的基本经济制度，坚持按劳分配为主体、多种分配方式并存的分配制度。

（4）在经济运行机制方面，建立社会主义市场经济体制。这也就是国家宏观调控下市场在资源配置中起基础性作用。邓小平同志指出："我们必须从理论上搞懂，资本主义与社会主义的区分不在于是计划还是市场这样的问题。社会主义也有市场经济，资本主义也有计划控制……计划和市场都得要。"① 江泽民同志也指出，社会主义市场经济并不是取消计划性，社会主义计划和市场两个手段都要用。

（5）政府的职能在社会主义初级阶段要以经济建设为中心。经济职能转向社会职能，以提供公共服务为重点，这是重要问题；但不能像有些人讲的完全退出经济建设职能，仅仅提供公共产品。这是与公有制经济为主体相适应的。

以上五条可能不完全，但大体上可以回答什么是正确的改革方向。正是因为我们党和政府坚持这条道路，改革才没有偏离正确方向。这是改革的主线。正是坚持了这条主线，改革才取得了伟大成就。

杨承训：照您的分析，正确的改革方向很清楚。但有人说，连邓小平也说，什么是社会主义，我们没有完全搞清楚。那怎么会出现清楚的正确改革方向？

---

① 《邓小平文选》第 3 卷，人民出版社 1993 年版，第 364 页。

刘国光：邓小平是说过没有完全搞清楚这句话，这是在改革的初期说的。经过十一届六中全会对历史问题的决议，经过十二大到十四大，经过邓小平南方谈话和一系列有关社会主义的论述，应该说，我们对什么是社会主义和什么是初级阶段的社会主义，大体有了一个清楚的认识。这是运用马克思主义基本原理对中外历史经验进行总结得出来的结论，体现在党在社会主义初级阶段的基本路线和基本纲领、基本经验上，体现在我们在前面所讲的正确改革方向的几条上。不能说到现在我们还不知道什么是社会主义，社会主义对我们还是一团雾。如果是那样，我们靠什么来进行这场伟大的改革，这些年不是瞎摸了吗？不是的。我们已经弄清楚了社会主义的大方向，总的轮廓也有了，有待充实的是细节。

应该说，中国特色社会主义是十一届三中全会以来形成的新东西，不能像有些人所说的那样，说我们现在还在搞"斯大林模式""毛泽东模式""传统社会主义模式"。新的初级阶段的社会主义模式或"有中国特色的社会主义模式"也吸收了"传统社会主义"中好的东西，同时排除了它的不好的东西。不能把"传统社会主义"一笔勾销，不能把毛泽东时代一笔勾销。毛泽东时代为中国铸造出的丰功伟绩，是谁也否定不了的。

必须排除错误思潮对改革的干扰

杨承训：现在有些学者也口口声声讲改革，但就是不讲坚持改革的正确方向。江泽民同志曾经讲过，存在着两种改革观，一种是社会主义自我完善的改革，一种是资产阶级自由化的"改革"。邓小平在1989年5月就讲过："某些人所谓的改革，应该换个名字，叫作自由化，即资本主义化。他们'改革'的中心是资本主义化。我们讲的改革与他们不同，这个问题还要继续争论的。"① 事实上，这个争论还在继续。

刘国光：与我们党坚持的改革主线同时存在的还有另一种改革主张，就是资产阶级自由化的"改革"。邓小平在 1986 年 9 月 28 日就说过："反对自由化，不仅这次要讲，还要讲十年二十年。"② 1987 年 3 月 8 日，邓小平指出："在实现四个现代化的整个过程中，至少在本世纪剩下的十几年，再加上下个世纪的头五十年，都存在反对资产阶级自由化的问题。"③ 1989 年 5 月 31 日，邓小平指出："反对资产阶级自由化，坚持四项基本原则，这不能动摇。"④ 可见，邓小平预见到 21 世纪头五十年资产阶级自由化在中国的顽固性，认为不可轻视。邓小平的预见不是无的放矢。在经济学领域，资产阶级自由化的表现是新自由主义经济学影响上升，马克思主义地位被边缘化。我在 2005 年 7 月就讲到过这一点。⑤

新自由主义经济理论对市场经济一般问题的研究方法及观点，有不少我们可以借鉴学习的地方，不能盲目排斥。但要注意它的意识形态理论的核心观点。20 世纪 90 年代以后，由于种种原因，自由化的核心理论观点，如"经济人"假设、追逐私利的人性论、私有制永恒论、市场原教旨主义、政府职能最小化（"守夜人"）理论等，在我国经济界、理论界广泛传播，对我国经济改革和经济发展施加了相当大的影响。这是不争的事实。这种影响造成改革的某些局部扭曲，引起一部分民众的一些怨言和非议，这也是不争的事实。

中国改革的正确思想和新自由主义思想的碰撞是所谓"改革第三次大争论"的起端。自由化的"改革"理论打着拥护"改

---

① 《邓小平文选》第 3 卷，人民出版社 1993 年版，第 297 页。
② 《邓小平文选》第 3 卷，人民出版社 1993 年版，第 182 页。
③ 《邓小平文选》第 3 卷，人民出版社 1993 年版，第 211 页。
④ 《邓小平文选》第 3 卷，人民出版社 1993 年版，第 299 页。
⑤ 指《对经济学教学和研究中一些问题的看法》一文。（编者注）

革"的旗帜，想把中国引到搞资本主义，也就是"私有化""市场化"的道路上去。他们的意图是以私有化、市场化改变社会主义方向，把中国纳入由公有制经济为主体转化为私有制经济为主体的"转轨国家"行列。

　　一些同志不知"转轨国家"一词的内涵。有些人把中国改革和苏东剧变等量齐观，如最近有人说"苏联解体、东欧剧变，中国走上改革开放的道路"，都属于"民主社会主义"的胜利。不知道中国的改革是社会主义的自我完善，是坚持社会主义的；而苏东转轨是转到资本主义那里去了。他们把中国、苏联、波兰、匈牙利等都叫作"转轨国家"。目前，已经有人给"转轨国家"下了"准确定义"："国有制为主导转为市场为主导、私人经济为主导的历史性转变的国家。"这是波兰学者科勒德科（Grzxegorz W. Kolodko）2006 年 10 月 6 日在北京大学中国经济研究中心讲话里讲的，该研究中心 2006 年第 59 期《简报》刊发了讲话的主要内容①。因此，我们不能稀里糊涂地人云亦云，把中国也说成"转轨国家"，即以公有制为主体转到以私有制为主体的国家。

　　我历来对"转轨国家"的提法有保留意见。几年前《转轨》杂志在北京开会时，我就讲过"转轨国家"的提法不妥当。假如把"转轨"限制在国家行政计划指令为主转向市场调节为主，还说得过去。但中国的"转轨"还要保持相当的政府调控，保证计划性。江泽民同志十四大前在中央党校发表的讲话中，在解释选用"社会主义市场经济"的提法而省去"有计划"三个字时说，"社会主义经济从一开始就是有计划的，这在人们的脑子里和认识上一直是清楚的，不会因为提法中不出现'有计划'三个字就发生了是不是取消计划性的问题。"邓小平也说过，计划和市场都是

---

　　① 科勒德科曾两度担任波兰副总理和财政部长，分别是 1994—1997 年、2002—2003 年。（编者注）

手段，都要用。现在一讲计划，就有人扣你帽子，就说你想回到计划经济体制去，说你反对改革。我们说社会主义市场经济是在国家宏观调控下让市场在资源配置中起基础性作用，不能变成"市场原教旨主义"，不能一切都市场化，把中国改革笼统地叫作市场化改革。

警惕挂着"社会主义"招牌的错误思潮

杨承训：您提出要坚持社会主义方向的改革，反对不讲社会主义方向的改革以后，各种假借"社会主义"之名的"改革"主张纷纷出场，鱼目混珠，您注意到这个现象没有？

刘国光：是的。我也发现所谓"第三次大争论"的内容，在争论的过程中发生了一些戏剧性的变化。有些资产阶级自由化顽固分子基于私营经济大发展的事实，欢呼所有制改革已经成功，经济改革已经基本告一段落，呼吁进入民主化的宪政改革，"西山会议"便是一例。另一些人辩解说他们不是不要社会主义的改革，但是他们对社会主义的理解不同，认为社会主义的模式不同。这就应了我在过去文章中讲的，有些人只讲市场化改革，不讲社会主义；有些人假惺惺地讲一下"社会主义"；有些人任意歪曲社会主义。现在，不讲社会主义的少了，任意解释社会主义的东西多起来了。比如"人民社会主义""宪政社会主义""幸福社会主义"等。由于社会主义在人们心目中有崇高地位，逼得反对它的人也不得不披上"社会主义"的外衣。

有一份刊物几次引用瑞典前首相帕尔梅的话说，现在社会主义的定义有 160 多种。想让我们在这方面达成共识，太难了。最近还是这个刊物，又推崇英国学者菲利普斯算过有 260 多种社会主义，瑞典艾尔法说有 1500 多种社会主义的说法。他们试图以此引导我们来混战一场。其实，马克思、恩格斯早就在《共产党宣言》中就讲过有各种不同的社会主义，如封建的社会主义、小资产阶级的社会主义、资产阶级的社会主义等，对这些"社会主义"一一加以批判，并作了科学地分析，得到的结论是，只有科学社会主义才真正代表工人阶级利益，指导劳动人民获得解放。因此，并不是随便哪种社会主义都符合劳动人民利益、能够获得解放。今天的中国已经作出了自己应有的选择，那就是中国特色社会主义。邓小平和我们党所确立的正确的改革方向，是对我们党几十年经验教训的总结，是我们的正确选择。这就是我们的标准。怎么还要另外的选择？有些人不顾宪法、党章的规定，不顾党的基本路线、基本纲领，不要四项基本原则，这么做实在是太离谱了。

现在有人喜欢提出各种不同的社会主义模式供人选择。这些花样繁多的模式，总的思想脉络离不开新自由主义和民主社会主义那一套，骨子里都是在同正确的改革方向对着干，同四项基本原则对着干。下面我们稍稍解剖一些例子。

"社会主义新模式"。据发明者说，这个新模式是由四个要素整合起来的，即多种所有制形式并存的混合经济；市场经济；按劳分配与按生产要素分配相结合；社会主义民主政治。这四个要素能构成社会主义吗？

（1）"多种所有制形式并存的混合经济"，这里没有讲对社会主义初级阶段最重要的公有制为主体，只有混合经济，抽掉了社会主义的经济基础。（2）"市场经济"，这里没有讲国家宏观调控下的社会主义市场经济，这样的市场经济就没有前提了，也不知道是什么性质了。（3）"按劳分配与按生产要素分配相结合"，这里没有讲按劳分配为主体，只讲结合。我同意你的观点，是所有制关系决定分配关系。按劳分配为主体是与公有制为主体配对的。如果不讲公有制经济为主体，当然也不会有按劳分配为主体，那就只好按资分配和按劳动力的市场价格分配，引向两极分化。

（4）"社会主义民主政治"。社会主义民主政治只能建立在以公有制为主体的经济基础之上。作者也说民主政治的核心是坚持党的领导。坚持共产党的领导当然是坚持社会主义最重要的因素之一，但共产党领导的如果不是以公有制为主体而是以私有制为主体的经济，不是按劳分配为主体而是按生产要素分配的经济，恐怕这个共产党本身就要变质变色。大多数劳动人民不希望这一点，我相信中国共产党也决不会走上这条路。总之，四要素构成的"社会主义新模式"是资本主义模式而不是科学社会主义模式。

"人民社会主义模式"。人民社会主义模式之所以引人注意，是因为它是由国家体制改革的重要研究机构的领导人提出来的。他说"人民社会主义"具有五个特征：以民为主；市场经济；共同富裕；民主政治；中华文化。以上五个特征有些用词是抄自中国特色社会主义，但总体上掩盖不住反社会主义的实质。社会主义的实质和特征是什么？马克思主义的经典著作、《中华人民共和国宪法》中早已有规定，中国改革的创始人和总设计师邓小平早已有阐述。我们都很熟悉。建立公有制、消灭剥削是社会主义的根本特征。在社会主义初级阶段为了大力发展生产力，应该实行以公有制为主体、多种所有制经济共同发展的经济制度，实行以按劳分配为主体、多种分配形式并存的分配制度，实行国家宏观调控下有计划性的社会主义市场经济，还要实行人民民主专政。但是在所谓"人民社会主义"的五个特征那里，公有制为主体没有了，宏观调控下的社会主义市场经济没有了，工人阶级领导的以工农联盟为基础的人民民主专政没有了，马克思主义的指导思想也没有了，用中华文化来代替马克思主义在意识形态领域的指导地位。发明者把社会主义国家的国有经济与俾斯麦的烟草公司、铁路国有化，希特勒的国家社会主义混为一谈，说什么国有经济的比重不是社会主义的标志，又不得不提一下公有制为主体和基本经济制度，言不由衷，逻辑混乱，前后不一。这也是"打左灯向右拐"的必然现象吧。

　　总之，"人民社会主义"模式的五个特征中，坚持四项基本原则都没有了，还叫什么社会主义。一堆不着边际的辞藻，任何资产阶级政党都能接受。

从"新自由主义"到"社会民主主义"

　　杨承训：最近谢韬在《炎黄春秋》杂志（2007 年第 2 期）上公开发表一篇文章说，"只有民主社会主义才能救中国"，并且歪曲和篡改了恩格斯的原意，竟然说恩格斯也放弃了科学社会主义。这种思潮值得特别注意。

　　刘国光：在挑起"社会主义模式"的论战前，那些赤裸裸地不讲社会主义、只要"市场化改革"的思潮，不需多少学问就可以嗅出它的"新自由主义"的味道。在"新自由主义"成为过街老鼠以后，某些人一窝蜂地投向"社会主义"，讨论起"社会主义模式"来，明白人就嗅出其"民主社会主义"的味道。你从某些刊物连篇累牍地介绍和吹捧"民主社会主义"，介绍和吹捧瑞典经验，就可以看出来他们要在中国改革中打出这个旗号了。果然不错，谢韬先生承担了这一"光荣使命"，"勇敢地"在《炎黄春秋》推出了《民主社会主义与中国前途》这篇雄文，"打了一个漂亮的擦边球"（港报语），想要改变我们党的指导思想，在我们党和国家的性质和发展道路上改弦更张。

　　他从外国端来的一套构成民主社会主义模式的东西，除了"福利保障制度"这一点，因为别的模式没有突出提出来，我们后面将有所论述外，其余"民主宪政""混合所有制""社会市场经济"，与他的国内同行推出的先行模式大体一样，没有什么新鲜的东西，我们也不再论述。只是在歪曲解释恩格斯 1893 年同法国《费加罗报》记者的谈话，胡诌《资本论》第三卷推翻了《资本论》第一卷，以此论证伯恩斯坦修正主义是马克思主义"正宗"，他与国内同行相比，有独到之处。但是这些"论据"，最近已被研究马克思主义的专家们的一系列考证所击碎，我也用不着重复了。他把"民主"二字放在"社会主义"的前面，作为"民主社会主义模式"向我们党推荐的时候，难道不知道西方社会民主党人反复把他们自己思想体系的名称在"社会民主主义"和"民主社会主义"之间改来改去？苏东剧变以后，又把50年代起改称的"民主社会主义"颠倒回来，改成"社会民主主义"，以回避在苏东剧变中已被资产阶级妖魔化了的"社会主义"对自己的牵连。他们不再把"社会主义"视为奋斗追求的目标制度，放弃从资本主义过渡到社会主义的要求，而满足于现存资本主义制度的点滴改良。在社会党人自己已经不用"民主社会主义"概念而改用"社会民主主义"概念的情况下，谢韬还把他们的那一套称为"民主社会主义模式"推荐给中国共产党，要求实行，岂不令人笑掉大牙。

不可否认，社会民主主义在瑞典等少数国家的社会福利保障方面，确实创造了不少好东西，这也是他们借鉴社会主义国家福利制度好经验的结果。这些国家创造的一些做法，回过头来也值得我们借鉴学习。但是社会民主主义的历史作用，在于它帮助资产阶级缓和了资本主义社会的矛盾（并没有取消矛盾），在于很好地保证了垄断资本的所有制和金融寡头的统治，即资本对劳动的专政。正如它的代表人物曾经承认的，社会民主主义不过是"资本主义病床旁边的医生和护士"。据中国社会科学院的一项研究（徐崇温的研究）表明，在瑞典，95%的生产资料掌握在100个大家族手中，17个资本集团支配着国民经济命脉，仅占人口总数的0.2%的人口控制着全部股票的2/3，仅占人口总数5%的富翁约占全部财富的1/2以上，以致在社会民主党政府提出"雇员投资基金方案"时，遭到大大小小雇主的激烈反对，使得试图对生产资料私有制有所触动的"基金社会主义"流于失败。

评所谓"执政者打左灯、向右拐"

杨承训：谢韬宣称，"十一届三中全会以来实行改革开放的一系列政策""都属于民主社会主义"。又说江泽民和胡锦涛迈出了新的步伐，"标志着中国走上了民主社会主义的道路"。他还说：现在我国的"执政者采取'打左灯、向右拐'的策略"。这些话居心叵测。好像是想把中国共产党逼到非表态不可的地步。

刘国光：把十一届三中全会以来实行的改革开放政策说成是"民主社会主义"，不值一驳。就拿他自己举的例子"废止单一的公有制，实行多种所有制的共同发展"来说，这项政策还有关键性的"公有制为主体"的"社会主义基本经济制度"的限制，怎么能说这项政策是民主社会主义的政策？谢先生讲"为了避免修正主义之嫌，我们称之为中国特色的社会主义道路"，这一句话连同他讲的现在我国"执政者只能采取'打左灯、向右拐'的策略"，倒是把他的真实意思凸显出来了。按他的说法，现在被称为"中国特色社会主义"，是"打左灯"，是虚的；实际执行的是"民主社会主义"，是"向右拐"，是实的。

这是非常阴险的说法。我以前认为，中国的右派喜欢讲"打左灯、往右拐"，大概是出于他们有些人做贼心虚的阴暗心理，就像"新西山会议"上有人讲的，"现在不好明说，说不得"，"亮不出来"，"只能遮遮掩掩，躲躲闪闪，畏畏缩缩"地说出来，是这样的心理在作怪，只好"打左灯、向右拐"。为什么呢？因为在以毛泽东为代表的中国共产党人和中国人民经过长期浴血奋战而建立起来的中华人民共和国，有共产党关于党的工人阶级先锋队性质的规定，有中华人民共和国宪法关于国体和基本经济制度的规定，有邓小平关于四项基本原则的多次言之凿凿的申明，有中国人民捍卫宪法保卫社会主义的决心和警惕眼光，这些是想要改变中国政权性质的资本主义势力不可逾越的障碍。他们要干这样的事情，就不得不心神不宁，理亏心虚，左顾右盼，采取"打左灯、向右拐"的策略。

我先前以为，只有极少数心怀不轨的人才有这样的心理和行为。但是现在经过谢韬先生的指点，才晓得原来在他们眼里，中国"执政者"也是这样。我想，第一，这是谢先生无中生有，是对我们党政领导的污蔑。我们的各级党政领导，大多是坚定的马克思主义者，特别是中央领导，是坚持四项基本原则的，怎么会"打左灯、向右拐"，表面上一套，实际上又一套呢？第二，谢先生知道，在我们体制内部，一小部分理论糊涂者、思想变节者，特别是利益攸关者，同情、响应和照着谢先生的社会民主主义方案，用"打左灯、向右拐"的办法偷天换日、神不知鬼不觉地去干。客气一点说，谢先生在这里说漏了嘴。谢先生也是我们体制内的人，当然，他不是执政者。可是在执政者队伍中间，有没有这样的人呢？从谢先生的语气看，他很有把握地认为肯定是有。我们也知道，毛泽东、邓小平一再告诫我们，问题出在共产党内。苏联覆灭的教训，更证实了这一点。所以，我们一定要警惕，要防范出现这样的人物和事情，要按中国共产党章程，清理这样的人物和事情。

谢先生的挑战，逼着我们党回答他提出的问题。是不是像他所说的，改革开放一系列政策都属于"民主社会主义"？江泽民、胡锦涛的举措标志着中国走上了"民主社会主义"道路？有些同志建议权威方面应当回答。我倒觉得，以我党权威之尊严，犯不着理会这样一个变更了信仰的共产党员提出来的不像样子的主张。但是可以放手让马克思主义者在主流媒体上对这种企图改变党和国家性质的错误思潮，进行彻底的批判，以防它搅乱人们的思想，误导改革的方向。这是至少应该做的。

意识形态领域既要容许"多样化",更要强调"主旋律"

杨承训：看来，当前意识形态领域很不平静。这与建立和谐社会并不矛盾。我们要通过解决不和谐达到和谐。对于错误的思潮，您认为应该怎样正确对待？

刘国光：现在意识形态领域不是有"多样化、主旋律"的说法吗？社会利益多元化后，非马克思主义、反社会主义思潮的出现，是不可避免的。但是要有一个度、一个边。不能让这些错误思潮把人们的思想搞得乱七八糟、六神无主，不能让这些错误思潮把改革与发展的方向引入歧途，像戈尔巴乔夫导致灾难后果的"多元化""公开性"那样。所以，在实行多样化的同时，一定要强调"主旋律"，强调切实地而不是官样文章地宣传马克思主义，强调宣传科学社会主义，强调宣传坚持四项基本原则和改革开放的中国特色社会主义。要给宣传正确思想、批判错误思想的人以更多的说话机会，或者话语权。批判与反批判从来就是追求科学真理的必由之路，各种思潮的和平共处并不有利于和谐社会的建构，这一点并不像某些同志所幻想的那样。当然，要防止利用争鸣来制造社会不和谐的杂音。

但是现在舆论界的情况不完全是这样。许多很好的马克思主义文章，批判反马克思主义和反社会主义的文章，不能在主流媒体上发表。而新自由主义的东西，民主社会主义的东西，倒是畅通无阻。我感谢另外一些媒体和网络的信任，使我有了说话的地方。这是我这几十年来从来没有过的经历。这个现象十分奇怪。不是我一个人有此感受，好多正直的作者都有这种感觉。所以，我再利用这个机会，呼吁要加强主旋律的一面，让马克思主义、科学社会主义，真正占领舆论阵地，真正成为意识形态领域的主流思想、指导思想。

杨承训：最后，还有一个问题，"民主社会主义"思潮在中国的猖狂发作，是不是同干部队伍学习马列主义不够有关？

刘国光：是有关系。谢韬先生从反面教育我们，必须认真学习马列主义、毛泽东思想、邓小平理论和"三个代表"重要思想等，特别是要读重要的经典著作，才不至于上理论骗子的当。多年来我们注意抓干部的各种专业学习，但却很少组织党和国家各级干部认真学习马列，特别是多年不组织干部学习重要的马列原著。而我们记得，毛泽东时代对此抓得很紧。学原著，有助于了解马克思主义最基本的东西是什么，不是什么，有助于我们识别真假马克思主义，不让理论骗子有空可钻。这对于领导干部来说，尤其重要。

杨承训：刘先生今天讲得很深刻。我想起邓小平晚年的告诫："坚持社会主义，防止和平演变。"要出问题首先出在内部。直到1993年9月，他还特别强调不能改变基本路线，"就是要坚持，不能改变这条路线，特别是不能使之不知不觉地动摇，变为事实"。作为代表人民利益的马克思主义者，我们必须毫不动摇地坚持基本路线，排除一切错误思潮的干扰，坚持和阐发党的创新理论。

不坚持社会主义方向的改革同样死路一条[*]

（2012 年 3 月）

2012 年 2 月初，许多媒体登载了一条消息，引述邓小平同志 20 年前南方谈话中的一个断句，"不改革开放就是死路一条"，激起了社会人士的广泛注意，"大家备感振奋"；同时也引发了民间和网络的议论纷纷。

三十多年的改革开放，我国国力增进，无疑获得巨大成就。当前，随着改革的深化，一些深层次的矛盾浮现出来，日益突出。确实，只有继续坚持改革开放，才能化解风险，中国才有出路，才有前途。

改革有不同方向。改革是按社会主义方向走，还是按资本主义方向走，大有讲究。

改革之初，强调"改革是社会主义制度的自我完善"，同时强调"坚持四项基本原则"与"坚持改革开放"是同等重要的两个"基本点"，所以大家都很高兴，很拥护改革。

到现在，讲改革开放的时候，很少提"社会主义制度的自我

　＊ 2012 年 3 月 24 日在北京钓鱼台国宾馆召开中国宏观经济学会常务理事会 2012 年第一次会议和 2012 年 4 月 12 日在武汉大学召开"中国经济规律研究会"第 22 届年会的发言，原载《经济学动态》2012 年第 7 期，原题为《端正改革开放的方向》。

完善"了，坚持"四项基本原则"也不提或者淡化了，有时一笔带过，不当一回事。所以，不少同志对现在的"改革"有些疑虑。

因此，重新强调"不改革开放就是死路一条"，看来很有必要。不过当前流行的"如果不改革就是死路一条"的说法，是不够精确、不够全面的。改革有不同方向，改革到底是按社会主义方向还是按资本主义方向，这个问题还是要讲清楚。戈尔巴乔夫也曾坚持改革，他把苏联改到什么地方去了？原苏共中央意识形态部部长亚·谢·卡普托说："随便把改革历史梳理一下就会发现，戈尔巴乔夫的改革，一开始就是实施加速发展战略，接着是科技进步，然后是更多的民主，就是民主社会主义，最后就是消灭社会主义。"俄中友协主席米·列·季塔连科说："戈尔巴乔夫的改革名义上是改革，实际上是一项破坏苏联、瓦解苏联的计划。"邓小平指出，"有一些人打着拥挤改革开放的旗帜，想把中国引导到资本主义，他是要改变我们社会的性质"。所以，不能简单地说"不改革就是死路一条"。准确地说，不坚持社会主义的改革，才是死路一条；坚持资本主义方向的改革，也是死路一条。

所以，不要简单地重复"不改革就是死路一条"。这个提法容易把改革引导到错误的方向上去。查一查邓小平1992年关于"死路一条"的全面表述，原来并不是简单的"不改革开放就是死路一条"，而是先讲了极其重要的前提条件，其全句是：

> 要坚持党的十一届三中全会以来的路线、方针、政策，关键是坚持"一个中心、两个基本点"。不坚持社会主义，不改革开放，不发展经济，不改善人民生活，只能是死路一条。①

---

① 《邓小平文选》第3卷，人民出版社1993年版，第370页。

我们不应该口头上片面地引用邓小平讲话的个别语句，而要全面地坚持邓小平讲话精神。在涉及改革开放的话题时，不讲或者淡化"四项基本原则"，不讲或者淡化、歪曲社会主义，而只讲"不改革只能是死路一条"，那就是有意识地或者无意识地把改革引向资本主义的邪路。

我希望十八大报告的写作班子能把这个精神讲清楚，不要再含含糊糊，给别有用心的人有钻空子的余地。

不错，我们的改革从一开始就是市场取向的改革。但是，从一开始我们也认定这场改革是社会主义制度的自我完善。党的十四大明确提出改革目标是建立社会主义市场经济，而不是资本主义市场经济。什么是社会主义不同于资本主义的本质特征和根本原则，邓小平也讲得很清楚。他说，"社会主义与资本主义不同的特点就是共同富裕，不搞两极分化"[1]，"社会主义最大的优越性就是共同富裕，这是体现社会主义本质的一个东西"[2]。为实现这个不同于资本主义的本质特征，公有制经济就要占主要地位，"只要我国经济中公有制占主体地位，就可以避免两极分化"[3]，最终实现共同富裕。由此可知，邓小平为什么多次把公有制为主体和共同富裕、不搞两极分化当作社会主义的"两个根本原则"来反复强调。初步统计，他至少五次讲过：社会主义有两个根本原则，一个是公有制为主体，一个是共同富裕，不搞两极分化。[4] 邓小平关于社会主义的两个根本原则和这两个根本原则之间的关系（即前引"只要我国经济中公有制占主要地位，就可以避免两极分

①　《邓小平年谱（一九七五——一九九七）》（下），中央文献出版社 2004 年版，第 1047 页。

②　《邓小平文选》第 3 卷，人民出版社 1993 年版，第 364 页。

③　《邓小平文选》第 3 卷，人民出版社 1993 年版，第 149 页。

④　《邓小平年谱（一九七五——一九九七）》（下），中央文献出版社 2004 年版，第 1033、1069、1075、1078、1091 页。

化"）的论述，是邓小平独创的，是中国特色社会主义理论的精髓，同时也符合马克思主义和毛泽东思想。十八大报告就应当按照这两个根本原则来判别改革方向是社会主义的还是资本主义的，据此决定改革方向的取舍。

按照邓小平提出的社会主义第一个根本原则，十八大报告在讲改革开放时，除了重申并强调坚持四项基本原则，还应重申并强调《宪法》规定的以公有制为主体、以国有经济为主导的社会主义基本经济制度不能动摇；在目前公有制经济在全国经营性资产总额中的比重远低于临界点，已经无优势可言，国家经济命脉中国有经济的主导作用和控制力也已明显削弱的情势下，尤其要切实制止一切违反《宪法》的政策法令的推行，抵制和削减这类违宪言论主张的影响。

例如，世界银行佐利克的报告，要求中国大规模缩减国有企业，据该报告英文版透露，国企在工业产值中的比重，应由2010年的27％，压减到2030年的10％左右。实际上世界银行报告是国内极少数自由化官僚精英们的主意，借助国际资本的力量，来压制国内反对私有化的浪潮。2012年3月17日国务院发展研究中心在北京钓鱼台国宾馆召开高层论坛，就有特邀"著名学者"说，"我必须拥护世行的报告提出的一些建议，事实上国有企业已经成为未来中国进一步成长的最主要障碍之一，未来希望五年到十年内，应该将国有企业比重降到10％左右"，比世界银行报告还要积极，提前十至十五年实现世界银行的目标。主张资产阶级自由化的右派精英在设计所谓的中国私有化方案时，对于国有企业在国民经济中的比重，比某些当代资本主义国家的国有垄断资本曾经达到的比重还要低得多。在改革开放初期的20世纪80年代，我曾带队考察过法国的国有企业，当时法国国有企业在全国经济中占的比重是，营业额21％，增加值28％，工业中营业额占42％。不比不知道，这一比较就不难看出，这些所谓的中外专家，想要把中国变成什么颜色，变到何等地步！我想中国共产党作为真正马克思主义的中国政党，十八大一定会对此类事情作出适当的清理，给予恰当的回应。

按照邓小平社会主义第二个根本原则，十八大报告应针对时弊，分析过去三十多年里，我们改革的大部分时间把以经济建设为中心的重点，放在做大蛋糕上，即 GDP 增长上，没有来得及放到分好蛋糕上，以至于贫富差距不断扩大，两极分化趋势明显；在未来一个时期内，我们要克服这个缺陷，把分好蛋糕放在更加重要的地位，也就是说把以经济建设为中心的着重点放在分好蛋糕上，即放在民生和分配上。为了显示中国共产党为实现中国人民共同富裕，不搞两极分化的真诚决心，十八大报告宜重笔墨阐述邓小平关于共同富裕和不搞两极分化的多次论述，尤其是不要回避邓小平一再提出的"如果我们的政策导致两极分化，我们就失败了"的告诫。要支持在共同富裕方面推行和获得群众拥护的地方成功探索，使之得到发扬推广，不因人废言废事。在理论上，十八大报告还应超越已有的从收入和福利的分配和再分配着手，解决共同富裕问题的地方成功探索，依据前述邓小平关于两个根本原则之间关系的论述，指出要扭转两极分化趋势和实现共同富裕，就必须不仅在收入和福利的分配和再分配上采取有效措施，而且还要从所有制结构和财产关系的调整和回归到以公有制经济为主体的社会主义基本经济制度上来，才能根本解决问题。

警惕以"市场化为名"推行"私有化之实"的倾向[*]

(2013 年 4 月)

　　党的十八大后，我国经济改革的方向和重点是什么？党的十八大报告为中国经济改革已经指明了方向，就是要不断完善已经初步建立起来的社会主义市场经济体制。我们的改革目标很明确，就是要建立社会主义市场经济体制，而不是资本主义市场经济体制；要建立以公有制为主体的市场经济体制，而不是以私有制为主体的市场经济体制；要建立有国家宏观调控和计划导向的市场经济体制，而不是自由放任的市场经济体制；要建立确保广大人民群众共享改革发展成果的市场经济体制，而不是为了方便少数人攫取巨额财富的市场经济体制；要建立让市场在资源配置中发挥基础性作用的市场经济体制，而不是唯市场论的原教旨主义市场经济体制。以上这些内容和精神，实际上在改革开放以来党的文件和历届领导的讲话中得到了体现，也为广大理论工作者、实际工作者所认可和接受。但最近，有一种错误的观点对我们的改革目标进行了歪曲。如果对此种错误观点不进行警惕和批判，就

　　[*] 2013 年 4 月 20 日于福州师范大学召开的经济理论研究会第 23 届年会上的讲话稿，原题《"十八大"后再谈中国经济体制改革的方向——警惕以"市场化为之名"推行"私有化之实"的倾向》，原载《中华魂》2013 年第 6 期。

可能对我国下一步的改革走向产生不利的影响，对社会主义市场经济体制的完善会产生极大的危害。

这种错误观点的核心思想和主要论据的出发点是：中国现时仍然是一种"半统制、半市场"的体制，政府和国有经济仍然牢牢统制国民经济的运行和一切"制高点"，市场在资源配置中发挥基础作用的目标远没有实现；改革开放所取得的成就都要归功于市场化的进展，改革开放中所出现的问题主要是由于政府干预过度、市场化不够；收入两极分化等社会矛盾的根源最主要的是由于政府权力过大、贪污腐败过于严重。据此，他们主张，下一步改革要从以下方面着手进行：一是破除国有经济对一些重要产业的垄断；二是减少政府对市场的过度干预。"市场化"是唯一解决中国经济问题、社会矛盾的灵丹妙药，是实现中华民族伟大复兴的唯一"法宝"。

实际上，这种观点并不是什么新东西，它就是前段时间大家批判的新自由主义、市场原教旨主义。持这种错误观点的人士，把中国现在实行的有国家宏观调控和计划导向的社会主义市场经济看成是"半统制、半市场"的混合经济，这完全是扭曲事实，混淆是非。现在，包括一些发达国家在内的约有 97 个国家已经承认中国市场经济国家地位，即使那些没有承认的国家也主要是基于政治考虑。据国内外许多专家学者测算，中国的市场化程度已经相当高。北京师范大学经济与资源管理研究院的"中国市场化进程"课题组撰写的《2010 年中国市场经济发展报告》显示，2008 年我国市场化程度已达 76.4%，[①] 生产要素市场化程度已达到 87.5%，[②] 产品市场化程度已达到 95.7%。[③] 这样看来，总体上

[①] 李晓西、曾学文：《2010 中国市场经济发展报告》，北京师范大学出版社 2010 年版，第 337 页。

[②] 李晓西、曾学文：《2010 中国市场经济发展报告》，北京师范大学出版社 2010 年版，第 321 页。

[③] 李晓西、曾学文：《2010 中国市场经济发展报告》，北京师范大学出版社 2010 年版，第 340 页。

讲，中国现今市场化达到的程度，已远非是"半市场"，而是在国民经济中早已过了"大半"，体现出市场在资源配置中的基础性作用。至于他们所说的政府统制，实指国家的计划导向与宏观调控，也绝不是什么"半统制"，而是涵盖了经济运行必要的范围。所有这些也正是社会主义市场经济的题中之义。

持上述错误观点的人还有意指出，国有经济仍然牢牢掌握着国民经济的"一切"制高点，近些年还存在大规模"国进民退"现象。这是故意搬弄是非、颠倒黑白。2010 年公有制经济与非公有制经济（包括私营经济和外资）在 GDP 中所占比重为 27%：73%，而 2006 年为 37%：63%。① 国有经济在工业经济中的比重，1998 年为 28.2%，2011 年为 7.9%。② 从上述数据可以看出，我国国有经济在国民经济中的比重不断下降，宏观上并不存在所谓的"国进民退"；微观上国有经济"有进有退"，但更多的是"国退民进"，一些案例中的所谓"国进民退"，多半属于资源优化重组，并非没有道理。事实是，根本不存在"国进民退"，更多的是"国退民进"。

持这种错误观点的人还认为，改革开放以来所产生的经济问题、社会矛盾的根源就在于政府干预过多，收入两极分化主要是由于政府权力过大、贪污腐败太过严重造成的。严重的贪污腐化确实是我国政治经济社会机体里的一大癌症，必须如十八大后宣布的不论老虎苍蝇都要从严惩治。而他们渲染行政官员贪污腐化的根本目的，则是以此掩盖过度市场化和过度私有化才是导致我国收入两极分化程度严重等社会问题的真正根源。他们栽赃政府的逻辑是，权力必然产生腐败，政府干预过多必然导致官员收入

---

① 何干强：《论公有制在社会主义基本经济制度中的最低限度》，《马克思主义研究》2012 年第 10 期。

② 根据《中国统计年鉴 2003》《中国统计年鉴 2007》《中国统计年鉴 2011》《中国统计年鉴 2012》计算所得。

过高、百姓收入过低，因此要解决两极分化就是让政府放权、一切由市场来解决。这样的逻辑明显是错误的。政府权力大小与贪污腐化有关，但不是直接因果关系。改革开放前，我国实行高度集中的计划经济，政府的权力比现在大得多，但腐败并不严重；所有制结构偏颇于一大二公，导致收入分配平均主义倾向的弊病，却没有出现收入两极分化趋势。现在政府对经济必要的管制与干预，大大少于过去计划经济时期，腐败反而变本加厉，可见腐败的产生另有根源，明显与过度市场化所带来的社会道德风尚恶化有关。当然也不应忽视体制改革中不完善不成熟之处，也为腐败的涌流提供了缝隙，应当通过完善改革来严加堵塞。贫富差距的扩大和两极分化趋势的形成，实际上主要源于初次分配。初次分配中影响最大的核心问题是劳动与资本的关系。按照马克思主义的观点，所有制决定了分配制，财产关系决定分配关系。财产占有上的差别，才是收入差别最大的影响因素。改革开放三十多年来我国贫富差距扩大的最根本原因，是所有制结构上和财产关系中的"公降私升"和化公为私，财富积累集中于少数私人。

持前述错误观点的人主张，十八大后，改革要从以下两方面着手进行：一是破除国有经济对一些重要产业的垄断；二是减少政府对市场的过度干预。目标就是通过市场化、法治化、民主化的改革，建立包容性的经济体制和政治体制，实现从威权发展模式到民主发展模式的转型。说到底，他们心目中改革的理想目标模式和顶层设计，似乎就是欧美的自由市场经济模式或社会市场经济模式；他们倡导的进一步市场化，似乎就是全面实行私有化；他们推崇的服务于垄断资本的所谓"有限政府""中性政府"，似乎就是资本主义国家的政府；他们主张取消公有制的主体地位和打破国有经济的主导和垄断地位，似乎就是要让私营经济主导中国经济；他们宣扬抽象的"好"的市场经济，似乎就是资本主义市场经济。他们的主张一点也不令人奇怪，因为在他们思想深处已刊发文章，认为法国大革命、巴黎公社、十月革命所宣传的思想给世界带来的只能是大灾难和大倒退。我们的党和政府一定要认清这种错误观点的实质，一定要警惕这种错误观点的危害，一定要防止"西化""分化""资本主义化"的思潮干扰我们的改革大业。

下一步我们经济改革的方向是什么？要回答这一问题，必须对当今的中国有一个清醒的认识和判断。今天的中国和三十多年前改革初期的中国有着明显的不同，国家的经济形势、社会矛盾、面临的国际环境都已发生巨大变化。依照十八大精神，2000 年中国已初步建立起社会主义市场经济体制，下一步改革的任务就是不断完善它，也就是说我们既不能回到传统计划经济体制，也不能把它变成资本主义市场经济体制。经过三十多年的改革开放，我国市场化进程已不比有些西方国家低，不足之处需要完善，过头之处需要裁减，不宜简单地宣扬"进一步市场化"，否则，可能会带来由于过度市场化而引发种种灾难的后果；我国的所有制结构已发生深刻变化，国有经济的战线已大幅度收缩，如果继续对所剩不多的大中型国有企业进行私有化改革或改制，我国社会主义初级阶段以公有制为主体的基本经济制度将难以坚持。我国除广播、出版等极少数行业没有对外资开放外，绝大多数行业已开放，如果继续盲目扩大开放领域或没有限制的开放，则可能给我国带来经济安全和文化安全的问题；我国的财富和收入分配不均的状况已相当严重，基尼系数大大超出国际警戒线，如果再不采取有效措施遏制收入两极分化不断扩大的趋势，则极有可能引发社会动荡，最终实现不了共同富裕的理想。

今后，我们还要搞社会主义市场取向的改革和完善，但不搞过度市场化；我们还要搞国有企业管理的改革创新，但不能搞私有股份化；我们欢迎外资、利用外资，但要对外资有所限制、不能被外资控制;我们支持竞争、反对垄断,但不能以反垄断为名限制国有经济的发展;我们拥护政府让利于民,发挥私营经济的活力,但并不是支持政府让利于少数富人、少数大资本所有者,继续扩大贫富差距;我们赞成市场在资源配置中起基础性作用,但并不是说要削弱国家的宏观经济调控和计划导向的能力。

十八大后,我认为我们的经济改革应该从以下三个方面着手进行工作:一是继续做优、做强、做大国有经济和集体经济,发挥国有经济的主导作用和公有制经济的主体作用;二是转变政府职能,提高国家的宏观经济调控和计划导向能力;三是着力改善民生问题,逐步解决财富和收入两极分化问题。

十八大报告强调,我们要毫不动摇地巩固和发展公有制经济,推行公有制多种实现形式,推动国有资本更多投向关系国家安全和国民经济命脉的重要行业和关键领域,不断增强国有经济活力、控制力、影响力。在这里我想指出的是,在社会主义经济中,国有经济不是仅像在资本主义制度下那样,主要从事私营企业不愿意经营的领域,补充私人企业和市场机制的不足,而是具有主体地位,是实现国民经济的持续稳定协调发展、巩固和完善社会主义经济政治文化制度的主体力量。国有经济应在能源、交通、通讯、金融等关系国民经济命脉的重要行业和关键领域都有"绝对的控制力"或"较强的控制力"。我国作为一个社会主义大国,国有经济的数量底线不能以资本主义国家私有化的"国际经验"为依据。确定国有经济的比重,理应包括保障、实现和发展社会公平和社会稳定的内容,所以国家对国有经济控制力的范围要比资本主义国家大得多。

我国建立的是社会主义市场经济体制,我国的宏观经济调控能力应比一般市场经济国家强,手段也要更多一些。我们社会主义国家宏观调控下的市场经济怎样区别于资本主义国家呢?除了基本经济制度的区别外，就在于我们还有计划性这个特点，还有国家计划的指导。少数市场经济国家，如日本、韩国、法国，都曾设有企划厅之类的机构，编有零星的预测性计划。英美等多数市场经济国家只有财政政策、货币政策等手段，没有采取较有效的计划手段来调控经济。但我们是以公有制经济为主体的社会主义发展中大国，要实行跨越式发展，有必要也有可能在宏观调控中运用计划手段，指导国民经济有计划按比例发展。这符合马克思主义有计划按比例发展的真理，也是社会主义市场经济的优越性所在。

我们党提出到 2020 年要全面建成小康社会。要在剩下的七年的时间里，达到这一目标，我们必须加紧改善民生问题，抓紧解决财富和收入两极分化问题。要解决贫富两极分化问题，不能仅仅从分配领域本身着手。仅仅通过完善社会保障公共福利制度，调整财政税收、转移支付等政策，是难以从根本上解决这一问题的。我们需要从所有制结构，从财产制度上直面这一问题，需要从基本生产关系，从基本经济制度来接触这个问题；需要从强化公有制为主体地位来解决这个问题。同时，我们也要改革财富和收入分配制度，坚持按劳分配为主，限制按资分配，努力实现居民收入增长和经济发展同步、劳动报酬增长和劳动生产率提高同步，提高居民收入在国民收入分配中的比重，提高劳动报酬在初次分配中的比重。这样，我们才能扭转贫富差距扩大的趋势，最终实现共同富裕。

今后很长时间内，中国经济改革的方向仍然是建立完善的社会主义市场经济体制。我们搞社会主义市场经济自然需要市场体系，需要培育多元化的市场竞争主体，需要建立一个公平竞争和法治的市场环境，但我们反对过度市场化，反对以市场化为名进行私有化，反对通过弱化、分化、肢解国有经济来实现竞争主体的私有化和多元化，反对建立一个不讲计划、没有国家强有力宏观调控的资本主义式的自由竞争的市场经济。

第四部分

关于坚持马克思主义
政治经济学的主导地位

在改革的实践中发展马克思主义经济理论*

（1987 年 9 月）

　　中国八年来的经济体制改革，不但在实践上取得了显著的成就，而且在理论上取得了重大的进展，这集中地体现为对一系列传统经济理论观念的突破。中国经济体制改革理论的进展，是在党中央"解放思想、实事求是"的马克思主义思想路线指引下取得的。改革理论的发展，也就是马克思主义经济理论的发展。这里，仅就经济模式、所有制关系、调节机制及分配制度等四个方面，简要评述理论上已经取得的一些主要突破和正在探索的问题。

---

　　* 本文原载《中国社会科学》1987 年第 5 期。全文比较系统地概括了我国八年来在改革实践中对马克思主义经济理论的发展。主要是确认社会主义经济模式的多样化，为经济体制的全面改革提供了理论前提；确认社会主义所有制不是越大越公越纯越好，而应是公有制为主体条件下的多样化发展；确认社会主义经济运行机制不是单一的计划调节，而可以实行计划和市场相结合；破除把社会主义等同于平均主义的传统观念，探索按劳分配与商品经济相结合的收入分配格局。作者指出，改革前的体制僵化的理论思想根源在相当大的程度上是出于对什么是社会主义、什么是资本主义的误解，把一些本来不是社会主义的东西附加给社会主义，把一些不是资本主义而是社会化大生产和商品经济共有的东西说成是资本主义的。因此，在改革的实践中发展马克思主义，一个重要的任务就是要根据当代社会主义经济实践的基本特点，把那些不是资本主义特有而是社会化大生产和商品经济共有、可以和社会主义结合的东西引进来，把那些人为地附加到社会主义身上并且为实践证明是有害的东西清除出去。（编者注）

确认社会主义经济模式的多样化，为经济体制的全面改革提供了理论前提

　　长期以来，社会主义政治经济学中有一种传统观念：似乎只有按照马克思当初设想的未来社会模式建立起来的社会经济制度，才是社会主义；似乎只有按照苏联 20 世纪 30 年代到 50 年代形成的那一套方式和原则来组织和运行的经济，才是社会主义经济。结果，我们一方面试图完全按马克思针对生产力极大发展、社会化程度极高的社会所设想的理论模式来行事，另一方面又照搬苏联在特殊历史环境下实行的那一套体制模式。当时以为，经济体制越是符合经典著作，越是靠近苏联的传统模式，就越是社会主义。好像那就是社会主义经济唯一可行的形式。这种传统观念在中国延续了近 30 年。

　　党的十一届三中全会提出改革、开放、搞活的方针以后，我国经济学界开始讨论中国经济体制应当朝什么方向进行改革的问题。随着改革、开放的发展，我们逐渐形成了这样一种认识：社会主义经济的组织和运行不只有一种办法，而可以有多种办法；不只有一种体制模式，而可以有多种模式。这是我国经济理论上的重大突破之一，表明我们的社会主义经济理论和实践已从过去简单的照抄照搬阶段转向独立的创新和发展阶段。

　　应该指出，最早按照新的方式而不是完全照搬马克思主义经典著作关于未来社会模式来组织社会主义经济的人是列宁。十月革命后，列宁曾按照消灭商品货币关系的设想组织战时共产主义经济，但转入和平建设时期后，他发现这条道路行不通，便提出并实行了"新经济政策"。这是一个不同于经典作家原来设想的新的经济模式，它的基本特征是在社会主义建设中引入商品货币关系。尽管"新经济政策"在 1928 年后被斯大林当作过渡性办法而

被取消，但是它不断启发着后人按照它的思路来探索发展社会主义的道路。从理论上最早论证社会主义经济不一定是苏联传统模式而可以有另外一种模式的人，是波兰经济学家兰格。他在30年代中期就提出社会主义计划经济也可以模拟完全竞争的市场来搞。虽然兰格模式只是一种纯理论设想，实际上并不存在，也难以实现，但是它告诉人们，社会主义经济运行并不是只有一条路子可走。在社会主义计划经济的一般原则范围内，有实现各种不同体制的解决方法的可能性。实际生活中首先突破苏联传统模式的是南斯拉夫，它发生于20世纪50年代初。以后，在60年代中期，匈牙利又开始突破。波兰、捷克等国在60年代也曾作过这种尝试。时至今日，世界社会主义经济体制形式已呈现出"百花齐放"的格局，进入了多样化发展时期。我国经济理论界确认社会主义经济体制模式不止一种，而有多种，正是对当代社会主义发展趋势的概括和反映。

我国经济理论界对于社会主义经济模式问题的认识，也有一个变化过程。起初，有些同志不赞成模式研究，认为我们过去搞社会主义建设没有讲什么经济模式，搞改革也没有必要谈论模式问题。当改革逐渐深入，碰到了改革措施不配套、不系统的问题，需要有一个总体性改革规划和目标设计时，理论界才普遍感到系统研究模式理论和探索中国改革目标模式的必要性。这种认识在1981年6月党的十一届六中全会《关于建国以来党的若干历史问题的决议》中得到了体现。《决议》说："社会主义生产关系的发展并不存在一套固定的模式，我们的任务是要根据我国生产力发展的要求，在每一个阶段上创造出与之相适应和便于继续前进的生产关系的具体形式。"[①]

---

① 《中国共产党中央委员会关于建国以来党的若干历史问题的决议》，人民出版社1981年版，第55—56页。

　　确认社会主义经济体制不只是一种固定不变的模式，而可以有不同形式，至少有以下三个重要意义：

　　第一，有助于理解我国当前的经济体制改革不是局部性的修修补补，而是根本性的模式改造。

　　在我国社会主义经济发展史上，不止有当前正在进行的这场经济体制改革。1958年和1970年，我们也曾经对经济管理体制进行过一些"改进"或"完善"，但是，过去的"改进"或"完善"，都是在不改变传统体制模式的情况下进行的局部修补，主要是围绕中央和地方的决策权限问题做文章，没有改变企业作为行政机关附属物的地位，没有改变统一的计划调节机制，没有改变国家（包括中央和地方）对经济直接管理的职能，总之，没有触及原有经济体制的基本框架和主要运行原则。这种不触及模式本身的改造而只涉及局部的修补，是不能被称作"改革"的，我们过去叫"改进经济体制"，有的国家曾经叫"完善经营机制"。对于不适应生产力发展的生产关系的具体环节，对于不适应经济基础的上层建筑的具体环节，总是要不断地改进、完善，这种改进和完善的工作是经常的、永远会有的。而对于经济体制的全局改革即模式的改造，则一般要在一个比较集中的、不太长的历史时期里进行和完成，也可能需要几十年的时间来完成，但不是无限期的。

　　从我国和东欧一些国家的实践经验来看，不触及体制模式本身而对原有体制的具体环节进行的修改补充，是有很大的局限性的。由于局部性变动往往会因传统体制的巨大阻力而发生反复，因而不易达到原定目的。我国过去经济体制演变中发生的"放—乱—管—死—放"的循环，就是一个证明。某些社会主义国家过去曾讳言"改革"，只提"改进"或"完善"，在对原有模式没有多大触动的情况下，尽管对传统体制不断修补，但是他们经济生活中的活力问题、质量问题、效率问题、产需衔接问题等原有模

式的老毛病，老是解决不了，所以近来又不得不重提改革，即对
原有经济体制进行根本性的改造。而要使改革不限于局部完善而
是直接涉及体制模式本身的改造，那么就要求从理论上承认社会
主义体制模式可以有多种类型，多种选择。这就为从一种体制模
式向另一种体制模式进行转换，即社会主义经济模式的改造提供
了理论前提。在我国改革之初，也曾有同志回避讲"改革"，主张
只提改进和完善经济计划体制，其思想实质是担心触动原有模式，
担心模式改革会否定社会主义基本经济制度。但是当社会主义经
济多种模式的理论逐渐被普遍接受以后，这种担心也就逐渐被消
除了，模式转换也就逐渐成为改革理论的热门问题。

第二，有助于正确对待历史上存在的各种模式，从中国国情
出发来设计我国经济体制改革的总体规划和目标模式。

搞经济改革，要不要有一个总体规划和目标设想？对这个问
题，我们开始时也有不同认识。有的同志认为，制定改革的总体
规划和目标设想没有什么意义，因为改革对于我们来说是个新事
物，要通过一步步的实践和探索，才能摸清前进的方向和途径，
不可能事先作出一个完满的设计，全想好了再干。有的则主张应
当有一个大体的目标设想和总体计划，虽然改革中有许多随机因
素会发生作用，具体改革过程通常不得不"摸着石头过河"，但是
在国情研究和模式比较的基础上选定一个方向性目标和大体的路
数，就可以确定改革的劲往何处使，避免走不必要的弯路甚至误
入歧途。后来，随着以城市为重点的整体性改革全面铺开，理论
界才在后一种看法上统一了认识，主张从我国现在的国情出发设
计和选择一个总的目标模式，即建立具有中国特色的社会主义经
济模式。如果在理论上没有事先明确社会主义经济的组织可以有
多种体制解决办法，那么选择和设计目标模式、规划总体改革方
案也是难以进行的。有了这个理论认识，还可以正确对待历史上
出现的并且有些仍然存在着的各种不同的模式，比较其长短优劣

及它们各自的历史作用，不至于绝对地肯定或者绝对地否定某种模式，即既不把某种模式看成是已经定型了的不可改变的，又不至于因为后来情况变化需要改革而全盘否定它过去的历史价值。比如说，现在我们认为原来那种高度集中的、以行政管理为主的、排斥市场经济的经济模式愈益不适应于现代化建设的要求，必须在坚持社会主义基本制度的前提下进行全面的改造，用新的、有中国特色的经济模式来代替它，但是对于原有经济体制在我国社会主义建设的一定时期曾经起的积极作用，并且这种体制中包含着的好的东西和过去工作中有益的经验，我们也不应采取虚无主义否定一切的态度。这就要求我们在设计改革的目标模式时，既要考虑一种经济模式向另一种经济模式的转换，也要考虑保持经济运行过程的连续性和不同体制模式之间的继承性。另外，从国与国之间的关系来看，有了上述理论认识，既可以使我们提出的改革目标方向具有自己的特色，不去照抄照搬别国模式，又可以有选择地学习和借鉴不同国别模式的优点，不会因为我们要创造一种适合我国特点的新型模式而轻率地否定别国模式和做法对它们自己经济发展的合理性和有效性。

第三，有助于丰富和发展马克思主义的社会主义学说。

前面我们讲过，过去我们总以为只有完全按照马克思关于未来社会的设想来建设社会主义，才是真正的社会主义，现在我们认识到，事情并不如此简单。实际上，马克思并没有为自己提出设计未来社会主义社会模式的任务。他提出的一些天才的预言，是以社会生产力有了极大的发展，生产社会化已达到很高程度的经济为对象的高度抽象。而现实的社会主义建设则是在与马克思的理论抽象有很大距离的不同条件下进行的，尤其我国当前还处在社会生产水平、生产社会化程度、商品经济发展程度都较低的社会主义初级阶段，社会主义经济的组织形式和运行机制必然呈现出不同的特点，并形成不同的模式。从理论上确认社会主义经济有不同模式的必然性，这本身就是马克思经济学说的一个创新，一个发展。从十月革命到今天，社会主义经济发展才几十年。从历史长河看，社会主义经济建设到现在还带有相当程度的试验性。目前各国都在探索适合于自己情况的发展模式和体制模式。因而对不同的社会主义经济模式进行比较研究，探索适合于中国国情的改革模式和转换途径，将深化马克思主义关于社会主义经济模式的学说。这也是摆在中国理论界面前的一个重大课题。

确认社会主义所有制不是越大越公越纯越好，
而应是公有制为主体条件下的多样化发展

社会主义社会应当建立什么样的所有制结构？这是当前马克思主义的经济理论碰到的基本理论问题之一，也是建设具有中国特色的社会主义经济体制首先要着力解决的一个重大实践问题。改革前，人们对这个问题的误解最多，简单化倾向最甚，在"社会主义"的名义下附加了一些现在看来不是社会主义的东西。其表现主要有三点：

第一，误认为所有制越大越公越好，越大越公就越是社会主义。把全民所有制或国家所有制看成是公有制的最优和最高形式，集体所有制是低级形式，它应当尽可能"升级"到国有制，结果导致公有制形式朝单一的国有化方向发展。

第二，误认为公有制越"纯"越好，越"纯"就越是社会主义。一方面认为个体经济等非公有制形式与社会主义水火不相容，另一方面又强调不同公有制主体之间界限分明、互相隔绝，结果导致经济形式的封闭化。

第三，误认为公有制形式内部所有权和经营权必须是统一的，不但集体所有必须集体经营，而且国家所有必须国家经营，以为越"统"、越"集中"越好，结果导致经营形式的单一化。在近

八年的改革实践中，我们突破了这些传统观念，使社会主义所有制理论获得了新的发展。

（一）破除越大越公越好的旧观念，确立由生产力性质决定所有制结构的新观念

在社会主义改造基本完成到党的十一届三中全会以前，我国所有制模式只有国家所有制和集体所有制两种并存的公有制模式。在一个相当长的时间里，由于"左"的错误，以为衡量社会主义程度的高低与社会生产力发展水平无关，而仅仅在于生产关系的先进与否，在于是否将"小集体"过渡到"大集体"，将集体所有过渡到全民所有，加上"文化大革命"十年中"四人帮"的干扰破坏，在越"大"越"公"越好的思想影响下，把集体所有制当作"集体资本主义"批判，结果使所有制模式愈来愈单一，愈来愈僵化。农村人民公社实行"政社合一"，竭力往"全民"过渡；在城镇，集体经济实际上变成了地方国营经济，国营经济政企职责不分，成了国家行政机构的附属物。这种单一化的所有制格局，不但降低了效率，助长了官僚主义，阻碍了生产力发展，而且使经济体制日益僵化，使得社会主义制度的优越性不能真正发挥出来。

改革突破了这一格局，革新了理论观念。我们从这几年所有制关系改革的实践中得出的一条基本经验是：所有制形式的选择不应当由主观上的理想追求来决定，而应当由生产力水平、生产力组织的客观性质以及发展生产力和提高经济效率的客观要求来决定。中国现在既有现代化的大生产，也有落后的小生产；既有机械化、自动化操作，也有大量的手工劳动。即使就现代化生产力的发展来说，它也不是单纯朝着大规模统一集中的单一方向发展，而是出现了集中化与分散化的多种趋势。社会化、集中化程度较高的大生产适宜于采取全民所有形式，而分散化的小生产则

比较适合于非公有性的个体或私人经营。集体所有制是一种兼容性很强的所有制形式，它可以兼容社会化程度不同的生产力，即不但可以和生产力发展水平不高、规模较小的生产过程相结合，而且可以和具有现代生产力水平及规模较大的生产过程相结合。所以，不能简单地说小集体不如大集体、集体不如全民。体现社会主义公有制优越性的标准不在于公有制规模的大小和公有化水平的高低，而在于这种公有制形式是适合还是不适合生产力发展的要求，是否有利于调动劳动者的积极性和资源利用的有效性。"越大越公越好"的观念实际上是违反马克思主义关于生产关系必须适合于生产力性质的基本原理的。对这一错误观念的破除，不但使我们回到了马克思主义的正确观点，而且为我们根据生产力的多层次性，正确选择所有制结构提供了理论依据，大大推进了我国所有制关系改革的实践和理论发展。

（二）破除越"纯"越好的旧观念，确立多种所有制同时并存、相互交融的新观念

与"越大越公越好"相联系的是社会主义所有制越"纯"越好。这也是传统观念给社会主义附加上去的东西。这种观念认为，社会主义所有制应当是纯而又纯的，社会主义社会应当只容许公有制存在，而不应当允许非公有制成分存在。虽然在50年代中期以前和60年代上半期，经济学界曾有不少同志写文章论证中国在相当长的时期内应当允许个体经济有一个合理的存在范围并允许其发展，但在生产资料的社会主义改造基本完成以后，特别是从1958年到1979年以前，占支配地位的观点则是把非公有制成分当作社会主义的异物来看待。这样，不但个体经济不断被排挤而濒于消灭，而且农村人民公社社员的少量自留地和家庭副业也被当作"资本主义的尾巴"受到反复的割除。另外，认为社会主义所有制要纯而又纯的另一个表现是强调不同经济单位（企业）的所

有制形式的纯一性和排他性，全民、集体、个体等不同所有制处于相互隔绝、界线分明的状态。因此，每种具体的所有制形式是自我封闭的。

几年来的经济体制改革打破了原来公有制经济单一化的格局。首先是个体经济有了一个相当的发展。其次，在集体所有制内部，出现了多种所有制形式的新组合。拿乡村企业来说，这里既有从过去人民公社、生产大队筹资自办的社队企业演变过来的、以乡或村为范围的所谓"苏南模式"的集体所有制企业；又有以家庭工商业为基础的户办或联户办的所谓"温州模式"的个体经济或新型合作经济；还有介乎二者之间采取各种不同组合的所谓"混合所有制"经济。另外，在城乡之间以及在城市经济内部，形成了跨越不同所有制界限、跨地区、跨部门的新的经济联合体和企业群体。这样，企业的所有制性质越来越不纯一，全民所有制、集体所有制和个体所有制不再像过去那样互相隔离、壁垒森严，开始出现了不同所有制之间的相互渗透和相互融合，形成了全民与全民、集体与集体、全民与集体、全民与个人、集体与个人、内资与外资的联合，产生了各种类型的"合营企业"。在保持公有制为主体的前提下，非公有制经济的发展，以及不同所有制之间彼此渗透和互相融合，大大地活跃了城乡经济生活，刷新了社会主义社会的所有制观念。

我们知道，马克思从来没有把哪个社会经济形态看成是纯一的。他指出，在一切社会形式中都有一种典型的生产关系，就像"一种普照的光"，支配着、影响着其他一切生产关系。他把"以自己劳动为基础的个人所有制""资本家所有制""公有制"等当作先后继起的不同社会经济发展阶段的典型所有制形式来阐述，并不否定各个社会发展阶段其他从属形式的存在。所以，那种认为社会主义社会所有制必须纯一的观点，既不符合马克思主义的理论，也不符合现代社会主义的实际。经济改革纠正了这一错误观点，并将社会主义所有制理论推进到了一个新的境界，这就是确认包括某些非公有制成分在内的多种所有制形式的共同发展和相互渗透，在保持公有制为主体这一"普照的光"的照耀下，已经并将进一步给当代中国社会主义经济的发展带来日益增加的活力。

（三）破除越"统"越好的旧观念，确立所有权和经营权可以分离的新观念

在所有制关系问题上，还有一个传统观念，就是认为公有制经济应当实行所有权和经营权的统一，国家所有必须实行国家经营。认为"两权分开"只适用于私有制经济，不适用于公有制经济。虽然早在20世纪60年代初就有同志提出全民所有制企业中生产资料的所有、占有、支配、使用等"四权"可以适当分开，但未引起理论界的重视，甚至以为这会损害公有制。自党的十一届三中全会以后，理论界逐渐突破了"所有权和经营权必须统一"的旧观念，到了党的十二届三中全会明确提出"所有权同经营权可以适当分开"的新观念，越来越多的同志认识到，此种分离是使经营形式多样化的条件和理论基础。

在八年来的改革实践中，由"两权统一"向"两权分离"的过渡，先是在农村集体所有制经济范围内进行的。在农村实行的家庭联产承包责任制，就土地所有制关系来说，也是所有权（集体所有）同经营权（农户经营）分开的一种形式。除了一部分原来生产条件很好的集体所有制和个体工商户，资产所有权与经营权还是合一的以外，很多合作企业和集体所有制企业都实行了两权分开。其形式是"集体共有、小集团经营"，"集体共有、个体经营"，"集体成员分股占有、少数人承包经营"，等等。因此，目前农村经济已经打破了改革前那样一种单纯"集体所有、集体经营"的清一色的格局。我国城市的集体所有制经济和原来的国有小型企业在实行承包租赁的场合，也实现了资产所有权与经营权的分离。近几年来，我们又试图通过利改税，实行承包经营责任制等办法，探索在国营大中型企业中实现"两权分离"的途径。前面讲的不同所有制相互渗透和打破条块界限形成的各种联合，有不少采取了股份制的形式，这也是两权分开的一种方式。尽管还有许多理论和实际问题要研究解决，但由"两权统一"转向"两权分开"的改革方向已被实践证明是正确的，是有利于从根本上解决增强企业活力这一改革的核心问题的，因而不能不认为是我国社会主义经济发展史和社会主义经济理论发展史上的又一个重要突破。

以上三"破"三"立"，仅仅是对我国近八年所有制改革理论和实践所取得的基本成就的简单概括，说明改革丰富和发展了社会主义所有制学说。但是所有制改革还有许多实际问题需要继续研究和深入探索。其中最为突出的是大中型国有企业的所有制关系的改革问题，寻求将所有权和经营权分开的适宜形式问题。在这方面，近一两年来，理论界提出了一些设想，如承包制、租赁制、资产经营责任制及股份制等，并在一些地方和企业进行了试点。前些时候有的同志把承包制、租赁制、股份制等，看成是搞私有化、看成是资本主义的东西，其实，这些都是所有权与经营权分开的形式，资本主义可以采用，社会主义也可以利用。只要把所有权控制在国家和集体手中，并且杜绝化大公为小公、化公为私的行为，就不会引起公有制性质的根本变化。

总之，我们一方面要澄清那种担心所有制改革会导向私有化和资本主义化的无根据的忧虑，另一方面也要警惕某些把所有制关系改革引向邪路的主张。我们强调在社会主义条件下所有制形式、经济形式和经营形式的多样化发展，是"以公有制为主体"为前提的。只要不放弃这一原则，社会主义方向就不会改变。

确认社会主义经济运行机制不是单一的
计划调节，可以实行计划和市场相结合

在 1978 年党的十一届三中全会以前，我国在经济运行机制问题上广泛流行的观念是：社会主义经济只能是计划经济，它的运行只能由计划来调节；商品经济和市场调节是资本主义的东西。因此，社会主义和资本主义的对立表现为计划经济与商品经济的对立和计划与市场的对立。中国八年来的改革实践和经济理论突破了这一观念。

认为社会主义经济同商品经济、同市场调节不相容，在表面上符合马克思的设想，但实际上是不符合科学社会主义在当代实践中的发展要求的。不错，马克思、恩格斯设想的社会主义是把全社会当作一个大工厂来看待，在那里，全部社会劳动、经济资源及社会产品都由计划来分配，不存在市场机制，不存在商品和货币。但是，这个构想除了其高度抽象性特征外，是以生产力高度发展、生产过程高度社会化、社会经济发展已经达到了发达商品经济阶段为前提的。在这些前提基本上都不具备的基础上建立起来的社会主义，特别是在社会主义发展的初级阶段，如果硬要原封不动地照搬经典著作，结果只会是把具体、复杂、多变的实际经济过程理想化，而且由于自然经济势力的深远影响，必将是名义上按马克思、恩格斯设想办事，实际上却是按传统的自然经济的办法来改造社会经济，结果使社会主义变成为一种粗陋的形式。

因此，在现代社会主义阶段，尤其在其初级阶段，我们只能从现实的社会生产力水平出发并按照发展社会生产力的要求，在保留和完善计划调节的前提下，引入市场机制，发展商品经济，

建立使计划经济和商品经济、计划调节和市场调节有机结合起来的社会主义经济运行机制。这是从我国社会主义经济建设实践中引出的一个基本结论。

从理论发展史的角度看，我国在改革前的 30 年中，经济学界曾多次进行过关于价值规律在社会主义经济中作用问题的讨论，提出了很多好思想。孙冶方同志就提出过"把计划和统计放在价值规律基础上"的著名论点；顾准同志就提出过有点类似于"市场调节"的"自动调节"思想，等等。但可惜的是，这些思想要么是被当作"修正主义"思想批判了，要么是还有点羞羞答答，这就使理论界占支配地位的观点仍然是把商品经济和社会主义对立起来，把计划和市场对立起来的观点。我们从孙冶方同志当年的著作中读到"社会主义经济不同于资本主义经济的地方"，"在于以计划代替了市场，以计划分配代替了买卖"这样的论述，就可见计划和市场对立的观念在过去经济学界的理论思维中扎得多么深！在我国，旗帜鲜明地突破计划和市场相排斥的观念，提出计划和市场可以有机地结合起来，是党的十一届三中全会以后的事。经过四五年的讨论，大家逐渐取得了统一的认识，其标志是，党的十二届三中全会通过的《中共中央关于经济体制改革的决定》明确肯定"社会主义经济是在公有制基础上的有计划的商品经济"，指出"实行计划经济同运用价值规律、发展商品经济，不是互相排斥的，而是统一的，把它们对立起来是错误的"。一举破除了在计划经济与商品经济、计划与市场关系问题上长期占统治地位的僵化观点，从而也指明了中国经济改革在运行机制上所要达到的目标，即计划调节与市场调节有机结合的目标，这是在中国经济改革理论的发展中迈出的具有划时代意义的一步。

确立我国社会主义经济是"有计划的商品经济"，在理论上有三个重要意义：第一，它把社会主义经济同分散自给的自然经济区别开来。这就是说，在中国搞社会主义，一个首要的任务是彻底破除自然经济论的影响，用社会主义商品经济观来战胜自给自足和封闭自守的自然经济观，因为自然经济的传统势力是我们发展社会主义生产力的一个根本障碍。第二，它把社会主义经济同未来社会物质丰裕的产品经济区分开来。在我国现阶段生产力还不发达，产品还不丰裕，计划技术和方法还很落后的情况下，我们不能越过商品经济阶段搞产品经济，想要在自然经济环境下搞产品经济也是不现实的，硬要搞，就只能搞带有军事共产主义供给制因素的、传统的集中计划经济，使经济调节和运行中盛行集中化、实物化、封闭化和平均主义化，使社会主义的优越性难以发挥出来。第三，它把社会主义经济同资本主义社会的无计划商品经济区别开来。商品经济可以划分为两个类型：一是无政府状态的商品经济；二是有计划的商品经济。中国社会主义在经过了30多年的发展之后，已经积累了许多计划管理的经验，决不能把这些经验都一概说成是僵化的东西，其中有不少经过完善以后，对建立有计划的商品经济是有用的。我们也应当吸收西方国家发展商品经济的经验中适合于中国情况的东西，但绝不能把西方那种无政府状态的商品经济现成地全盘移植到中国来。总之，我们的改革是要在发展商品经济和利用市场机制的同时，加强计划指导和宏观控制，创立有自己特色的有计划商品经济。这三个理论意义同时向中国的经济发展提出了三个任务：

（1）冲破来自我们经济机体内部的自然经济传统和影响；

（2）遏止过早地跳跃到产品经济阶段；

（3）排除来自西方资本主义世界的自由经济主义的影响。

实践证明，如果发展目标含糊不清，就有可能随时向其中某种形式上靠，从而走上弯路和歧途。因此，我们应保持头脑清醒，坚定不移地沿着发展有计划商品经济的方向前进。

提出"有计划商品经济"的概念，确认计划和市场可以结合，首先碰到对计划的认识问题。在这方面，过去有三个观念：

（1）计划只能是指令的。这个思想是从斯大林那里来的。斯大林认为，计划不是预测，不是建议，而是指令。

（2）计划应包括国民经济一切方面和细节，不仅包括控制宏观领域，而且包括控制微观领域。这个思想产生于对马克思和列宁曾把未来社会看成是一个辛迪加、一个大工厂思想的片面理解。

（3）计划实施方式主要采取实物指标体系，实行直接的计划分配。这是自然经济论影响的结果。

随着我国计划体制的改革，上述三个旧观念转变成了三个新观念：

（1）计划管理并不等于实行指令性计划，它也可以是指导性计划。改革应当逐渐缩小指令性计划，扩大指导性计划，改革后的计划应当以指导性计划为主，和市场结合的那个计划就是指导性计划。

（2）计划不能包罗万象，一般不需要涉及微观经济活动的具体细节，而主要是组织经济的宏观平衡，依据市场法则协调微观活动。

（3）计划的实现不一定都要采取计划指标体系，更不应当主要依靠实物指标体系，而应当更多地运用经济政策和价格、税收、利率、汇率等经济参数来调节经济活动。

这样，在计划和市场相结合的新概念下，计划的含义发生了变化，计划的内容也要逐步加以更新。

在"有计划的商品经济"概念下，市场的含义也在改变。过去认为，社会主义经济中，只有消费品是商品，而实践中只有那些不是凭票证配给供应的消费品才受市场法则支配；生产资料不是商品，不能进入市场；至于资金、技术、房地产、劳动力等生产要素，更是绝对地被排除在市场之外。改革以来，随着计划指导下市场调节范围扩大，市场的概念也在逐渐扩大。现在，不仅消费品，而且生产资料都被承认是商品而越来越多地进入市场；

不仅承认作为商品的物品市场，而且承认资金、技术、劳动力、房地产等生产要素也可以形成市场。尽管各种要素市场的性质及其范围要有什么限制等还有许多问题需要讨论，但是提出建立和完善包括商品市场和要素市场在内的社会主义市场体系这一新概念，无疑是社会主义经济理论的一个重要发展。

计划和市场结合的一个重要理论问题是"结合"的目标模式及其过渡问题。严格说来，当代各社会主义国家在改革之前虽然理论上盛行"计划—市场排斥论"，但在实际中，各社会主义国家在改革前市场也并未完全绝迹。不过，改革前的市场不具有对整个国民经济运行进行调节的作用，市场只是存在于大一统的计划体系中的"被遗忘的角落"。因此，在一定意义上可以说，改革前的经济是大一统的计划统制的经济。在理论上突破"计划—市场排斥论"，提出"计划—市场结合论"后，经济学界提出了几种计划与市场相结合的模式。第一种是"板块式结合"，即在原来大一统的计划统制的旁边，出现一块"计划外"的市场调节。第二种是"渗透式结合"，即上述计划和市场两个并行的板块，各自渗透了对立面的因素；计划调节这一块要考虑价值规律的要求，而市场调节这一块则要受宏观计划的指导和约束。第三种是"胶体式结合"，即计划与市场不再是分别调节国民经济不同部分的两个并立的板块，而是有机地融为一体，在不同层次上调节国民经济的运行：计划主要调节宏观层次，市场主要调节微观层次的经济活动，但是宏观平衡要以市场供求变动趋势为依据，而微观活动又必须接受宏观计划的指导。这样一种计划与市场、宏观与微观有机结合的体制，现在理论界把它进一步概括为"国家调节市场，市场引导企业"的简明公式，这样就把企业行为、市场机制和国家管理这三个基本的体制环节有机地构造成为一体，而以市场机制为其枢纽。

上述几种计划与市场相结合的模式，与其说是互相排斥的选择目标，毋宁说是互相衔接的发展阶段，即从大一统的计划统制模式发展为改革初始阶段出现的计划与市场的板块式结合，再发展为改革深入阶段出现的两块的渗透与重叠，最后发展到计划与市场在整个经济范围的有机结合。目前我国的改革大约处在改革初始阶段向改革深入阶段的过渡中。这当然是极其简单的抽象描绘，实际进程远为错综复杂。探明中国经济运行机制的转换途径，设计有计划的商品经济的理论模型，仍是当前中国马克思主义经济理论研究的一个重大任务。

破除把社会主义等同于平均主义的传统观念，探索按劳分配和商品经济相结合的收入分配格局

过去，出于对社会主义的误解而附加给社会主义的东西中，很重要的一项就是平均主义。人们以为，资本主义等私有制社会是不平等的，而社会主义则是平等的。平等的口号曾经吸引着千百万群众投入争取社会主义的斗争。但是，不少人误把社会主义的平等理解为收入分配的平均，把社会主义同平均主义混为一谈。这一混淆，给现实的社会主义的分配关系造成了严重的扭曲。在我国这样一个农民、小资产阶级传统意识浓厚，历史上农民运动"均贫富"思想影响久远的国家，平均主义思想有着广泛的社会基础，更易于把社会主义与平均主义等同起来。虽然新中国成立以后我们开始逐渐实行社会主义的按劳分配原则，在情况正常时也强调这一原则，但从 1958 年以后到 1979 年的大部分时间里，平均主义的思想和政策在分配领域居于统治地位，在"大跃进"和"文化大革命"时期曾两度恶性泛滥。在批判"资产阶级法权"的名义下，社会主义的按劳分配原则被说成是资本主义和修正主义的东西，计件工资和奖金制度一再被取消，基本工资长期冻结，农村在"大跃进"时期曾以供给制代替工分制，后来恢复的评工

记分在很多地方实际上是没有多少差别的平均记分，等等。结果使城乡各业普遍出现了干多干少、干好干坏、干与不干一样的奇怪现象。由于平均主义直接影响着每个人的积极性，阻抑了人们勤奋上进的努力，因而对我国经济发展带来的消极后果，比之其他附加给社会主义的传统观念所带来的后果要严重得多。无怪乎当人们开始意识到传统体制必须改革，中国经济才有出路之后，经济理论界首先冲击的对象便是平均主义，最早讨论的问题便是恢复社会主义按劳分配原则的问题。

　　马克思主义反对平均主义，但不反对平等。马克思主义讲的平等不是抽象的平等，更不是收入分配的平均主义，而是指消灭人剥削人的现象，而产生这种人剥削人现象的根源在于生产资料私有制。社会主义用生产资料公有制取代私有制，在收入分配领域用按劳分配原则取代按资分配原则，这就为实现真正的平等即人们在劳动面前的平等创造了条件。我们说按劳分配才是真正的平等，就是因为"平等就在于以同一尺度——劳动——来计量"①。按劳分配承认不同个人劳动能力、劳动贡献的差别，从而承认劳动报酬收入的差别，因而它与平均主义毫无共同之处。社会主义要发展社会生产力，而平均主义则阻碍生产力的发展，因而社会主义与平均主义是相斥的而不是相容的。这些道理，其实不是什么新的改革理论，无非是把被颠倒的马克思主义的真理重新恢复起来。破除平均主义、恢复按劳分配原则，这不只是一个理论问题，首先是一个改革的实践问题。在这方面，几年来我们恢复了计件工资和奖金制度，改变了基本工资长期不变的状况，在一部分单位试行了浮动工资制，普遍进行了工资总额与经济效益或生产产量挂钩浮动的试点。这一系列的改革，相对于旧的工资分配制度来说，无疑有明显的改进。但是，由于平均主义在我

---

　　① 《马克思恩格斯选集》第 3 卷，人民出版社 1995 年版，第 304 页。

国有深厚的历史背景和广大的社会基础，它的表现现在仍然随处可见。例如，不少企业给职工发的奖金，实际上是平均发放，变成变相的附加工资；又如，调整工资，各类职工相互攀比，轮番晋级，意在拉"平"，而像体力劳动和脑力劳动报酬倒挂之类的老大难问题，却并没有解决；再如，近几年滥发奖金、津贴、实物成风，即使经营不善、造成亏损的企业，工资奖金都照样发，等等。总之，旧体制中平均主义吃"大锅饭"的弊病，现在还继续困扰着我们。这说明，破除平均主义的传统思想，实行按劳分配的社会主义原则，是一个十分艰巨的任务，有待于改革理论的进一步发展和改革实践的进一步深化。

几年来改革的理论和实践，在进行破除平均主义和恢复按劳分配的同时，还推出了在共同富裕的目标下让一部分人先富起来的大政策。实行这一政策不仅在于贯彻按劳分配原则，而且同发展商品经济有关。按劳分配原则承认劳动和收入的差别，在我国目前生产技术水平仍以手工劳动和机械化、半机械化生产为主，自动化生产很少，以及劳动者的文化技术水平尚低，受过中专以上和高等教育的人很少的情况下，人们之间的劳动差别还比较大，在克服平均主义的过程中，劳动收入上的差距也会拉大。但是，人们的劳动差别毕竟还是有限的，尽管劳动收入的差别还会扩大，但正如一些同志所指出的，贯彻按劳分配所拉开的人们在劳动收入上的差别，终究不会很大。单靠贯彻按劳分配可以克服平均主义，在一定程度上拉开人们收入上的差距，但是不大会使一部分人先富起来。要使一部分人先富起来，就要在坚持按劳分配这个社会主义收入分配原则的同时，采取一些补充的分配形式和分配机制，形成以按劳分配为主、多种分配形式并存的格局。这正是社会主义商品经济在分配制度方面造成的格局。社会主义商品经济的存在不仅使按劳分配原则要采取商品货币形式，即通过市场关系来实现，而且还提供了一些其他非按劳分配或不完全按劳分配的补充形式。这种以按劳分配为主，多种分配形式并存的收入分配格局，又是同公有制为主体，多种所有制形式与多种经营方式并存的格局互相呼应的。所有这些，都是在提出共同富裕的目标下让一部分人先富起来这一大政策的客观依据。

从目前的情况来看，我国社会的个人收入大致有三大类：一是劳动收入，包括职工工资、农业承包户及个体劳动者补偿其劳动耗费的收入。二是经营收入，包括各种与经营效果有联系的个人收入。经营者的收入在一定意义上也是一种劳动收入，但是经营效果的大小，并不完全取决于经营中付出的劳动量，经营收入中包含着相当一部分机会收益和风险收益，这就有按劳分配以外的分配原则在起作用。三是资金和资产收入，包括私人从资金储蓄、借贷、入股以及资产营运、租赁等所取得的利息、股息、红利、租金等收入。其中，资产收入又依资产所含质量与所处地理位置的差别，包括相当一部分级差收入。资金、资产收入都不属于劳动收入，也是由按劳分配以外的分配原则决定的。这些按劳分配以外的分配原则，归根到底是由商品经济的等价交换原则决定的。对于上述由商品经济规律决定的非按劳分配的收入，理论界争论颇多。一些同志担心各种非劳动收入的存在，是否会损害社会主义的发展，特别是在发展商品经济条件下必然发生的投机倒把、贪污受贿，以及目前新旧双重体制并存情况下有很多空子可钻，易发不义之财，造成收入分配上的不公平，影响社会风气和安定。这种担心不是没有道理的。但是，马克思主义对于分配制度不是简单地从社会正义的立场去判断，而是从是否有利于社会生产力的发展去判断。正如同在多种所有制并存中，非社会主义所有制成分只要有利于社会主义社会生产力的发展而不损及公有制的主体地位，就应当允许其存在和发展一样，在分配制度上，一些由商品生产原则决定的非按劳分配收入，只要有利于社会主义生产力的发展而不改变按劳分配的主导地位，我们也应当允许其存在。现在，就个人的资产收入来说，在土地、农村基础设施、城市大中型企业及大部分小型企业实行公有制的条件下，由个人掌握的生产资料只占很小的部分，非按劳分配收入不会成为主要的收入形式。在目前条件下，只要这部分个人资产是通过劳动收入得来的，允许它通过私人营运和市场竞争收取一定量收入，有利于发展社会生产力，不会损害公有制经济。如果限制这部分个人资产获取收益，那么所有者就会将其资产转变为个人消费，这对社会反而是一种无形的损失。同样，对于个人通过储蓄、借贷（如购买债券）、入股（如购买股票）而取得的利息、红利等收入，我们也应当采取实事求是的态度，不能把它们和资本主义等同起来。尤其是在居民收入增加、腰包里有钱的情况下，我们更应当积极地利用居民资金的政策，鼓励储蓄，鼓励将个人收入转化为投资，将消费资金转化为积累资金，这对于控制消费需求膨胀，发展生产和增加供给是有利的。至于个人的经营收入，经营者付出复杂劳动理应取得较高报酬，属于按劳分配范畴；就是其中的机会收入、风险收入，对于刺激经营者承担市场竞争的风险，提高经营决策水平和管理效率，对于造就一大批适应商品经济发展的社会主义企业家队伍来说，也是必要的。总之，在社会主义商品经济中，我们不能追求单一的按劳分配形式，非按劳分配形式在一定范围和一定程度上应当允许其存在。改革打破了以前那种名义上的单一按劳分配形式，创造了以按劳分配为主、多种分配形式并存的格局，应当说是初步找到了适合我国社会主义初级阶段发展商品经济要求的分配格局，是我国的改革实践和改革理论在收入分配领域的重要发展。当然，应当注意到，我国目前商品经济尚不发达，管理制度很不健全，在新旧双重体制并存的条件下，价格扭曲以及其他空隙甚多，由于这方面的原因产生的不合理的收入差别，需要采取经济的、法律的和行政的措施来加以调节，特别要建立和健全累进的所得税制，进行调节，在鼓励一部分人先富起来的同时，防止出现贫富两极分化的趋势，在发展社会生产力的基础上，逐步达到共同富裕的目标。

以上我们从几个方面论述了我国经济体制改革在理论上所取得的进展和所存在的问题。虽然进展也好，问题也好，远远不止这几个方面，但是对于马克思主义经济理论（社会主义部分）的发展来说，这几个方面是比较基本的、重要的。改革前原有僵化体制的理论思想根源在相当大的程度上是出于对什么是社会主义、什么是资本主义的误解，把一些本来不是社会主义的东西（如过分集中的体制）附加给社会主义，把一些不是资本主义而是社会化大生产和商品经济共有的东西说成是资本主义的。在改革的实践中发展马克思主义，一个重要的任务就是要根据当代社会主义经济实践的基本特点，把那些不是资本主义特有而是社会化大生产和商品经济共有、可以和社会主义结合的东西引进来，把那些人为地附加到社会主义身上并且为实践证明是有害的东西清除出去。

对经济学教学和研究中一些问题的看法[*]

（2005 年 7 月）

当前经济学教学与研究中西方经济学的
影响上升、马克思主义经济学的指导
地位被削弱和边缘化的状况堪忧

　　一段时间以来，在理论经济学教学与研究中，西方经济学的影响上升，马克思主义经济学的指导地位被削弱和被边缘化，这种状况已经很明显了。在经济学的教学和研究中，西方经济学现在好像成了主流，很多学生自觉不自觉地把西方经济学看成我国的主流经济学。我在江西某高校听老师讲，学生听到马克思主义经济学都觉得好笑。在中国这样一个共产党领导的社会主义国家，学生嘲笑马克思主义的现象很不正常。有人认为，西方经济学是

　　* 本文原载《高校理论战线》2005 年第 9 期。文章认为，在当前的经济学教学与研究中，西方经济学的影响上升，马克思主义经济学的指导地位被削弱和边缘化。马克思主义政治经济学在我国是指导、主流，西方经济学是参考、借鉴，对待西方经济理论和新自由主义经济学应有正确的、科学的态度。经济学的教育既是意识形态的教育，也是分析工具的教育；所谓经济学的"国际化"，不能排挤马克思主义，向西方经济理论接轨。中国经济改革和发展是以西方理论为指导的说法不符合实际，也会误导中国经济的改革和发展的方向。在经济学教学与研究领域，要从教学方针、教材研究队伍、领导权等方面，克服、解决一些倾向性问题。（编者注）

我国经济改革和发展的指导思想，一些经济学家也公然主张西方经济学应该作为我国的主流经济学，要将其代替马克思主义经济学的指导地位。西方资产阶级意识形态在经济研究工作和经济决策工作中都有渗透。对这个现象我感到忧虑。

造成当前西方经济学影响上升、马克思主义 经济学的指导地位下降的原因

存在这种状况有内外两方面的原因。外部原因是：第一，以美国为首的国际资产阶级亡我之心不死，中国社会主义是美国继苏联之后又一个要消灭的目标，这个目标是既定的，所以美国不断地对我们进行西化、分化。第二，社会主义阵营瓦解之后，世界社会主义运动处于低潮，很多人认为社会主义不行了，马克思主义理论不行了。第三，中国由计划经济向社会主义市场经济转变，一些人因此误认为马克思主义经济学不行了，只有西方经济学才行。这是外部原因。

内部原因比较多，总的说来，新形势下我们对于意识形态斗争的经验不足，放松了警惕，政策掌握得不够好。具体说来有以下几点：

第一，高等院校经济学教育、教学的方针和目标不明确。到底是以马克思主义经济学为指导来教育和培养学生，还是双轨教育，即马克思主义经济学与西方经济学并行？现在许多人都讲"双轨制"，北京某大学经济学院院长几年前就讲，现在实行"双轨制"，学生因此疲于奔命，很苦。学生既要学马克思主义政治经济学，又要学西方经济学。表面上看是并重，实际上是西方经济学泛滥。并重的结果是马克思主义经济学的地位下降，西方经济学的地位上升。一些高等学校在经济学、管理学等学科的本科生、研究生教育中取消了政治经济学的课程，只要求掌握没有经过科

学评论的西方经济学的原版教材。一些学校的研究生比如经济专业、管理专业的研究生，入学考试不考马克思主义政治经济学，只考西方经济学。这是经济学教育、教学中的方针问题。

第二，教材问题。马克思主义政治经济学要与时俱进，现在的教材也在改进，这几年大有进步，特别是抓了马克思主义基础理论研究和建设工程，但是还不够成熟，数量也不多，没有引起学生广泛的兴趣。同时，西方经济学教材大量流入。有的高校有一个"工作室"，专门做这个事情，当然它也是很有贡献的，引进外国文献也是好的，但是大量引进西方经济学教材的版本，也产生了冲击国内经济学教学的作用。某大学有一位教授说，从20世纪90年代中期开始，中国经济学教材发生了比较重大的改变，中国经济学教育从以政治经济学即马克思主义经济学为主，向以西方经济学为主发生着转变，如今，西方经济学已成为主流的经济学教育体系，因为教材的改变反映出教学重点的改变。有人说，世界上没有一个国家像中国这样高频率地引进外国经济学教材。他说，传统经济学教学模式转型的主要标志就是西方经济学的理论、教学体系和教材的运用，其中很重要的是教材的运用。这说明我们现在已经发生了转变。

第三，教师队伍、干部队伍的问题。"海归"回来很好，可以充实我们的经济学队伍，充实我们关于西方经济学的知识，这是好的一面。但是他们中的一些人没有经过马克思主义的再教育，就进入教师队伍和研究人员队伍；不经过评论、原本原汁地介绍西方的东西，是有问题的。有些原来在国内接受过马克思主义的教育，但出去后把马克思主义忘了；有些理工科的学生出国学经济，学管理，其中很多人没受过马克思主义的教育。某大学一个研究所的所长说，他希望这个局面"越来越好"，认为送出去培养是中国经济学水平提高最快的办法。他说，训练有素的海外军团回流浪潮将加快，不断充实到内地主要大学经济学教学队伍里，势不可当。我认为他的这个说法是有问题的。没有经过马克思主义再教育，没有受过训练就走上讲台，这种做法流弊很大。另外，我们自己培养的马克思主义政治经济学教师队伍在不断萎缩，高校对马克思主义经济学教师队伍的培养和投入很少，奖励也很少。奖励也只有海外人奖励搞西方经济学的。这个情况是很糟糕的。孙冶方奖是国内的，虽然受到学界重视，但是毕竟实力有限。

还有对干部队伍的影响问题。比如党校省部级干部班的教育，如果让主张以西方经济学为主流的教师去讲课，那会是个什么样的结果，可想而知。现在干部的思想也在变，虽然很多干部不是学西方经济学出身的，但是也在受影响。地方一些干部在国企改制问题上，在公有制和非公有制的关系上，在维护群众根本利益上，站在我们共产党和人民大众的对立面，比如在房地产领域片面维护开发商的利益，把老百姓的利益完全置之脑后，就是受之影响的表现。还有，一些地方提拔干部，硬性规定必须到哈佛大学、肯尼迪学院进修才能提拔。这些现象很不正常，是盲目崇拜西方的典型表现。

第四，领导权问题。领导权很关键。高校的校长、院长，系、研究室、研究所的主任，校长助理等，还有主要部委的研究机构的领导，到底是不是马克思主义者？我相信他们中大多数是马克思主义者，但是有的领导权被篡夺了。中央一再强调，社会科学单位的领导权要掌握在马克思主义者手中。因为一旦掌握在非马克思主义者手中，那么教材也会变，队伍也会变，什么都可能改变。复旦大学张薰华教授对这个状况很担心，他说只要领导权掌握在西化的人手中，他们就要取消马克思主义经济学，排挤马克思主义经济学。所以一定要注意，各级领导必须是真正的马克思主义者，而不是"红皮白心"。我上面讲到的四个问题，我想中央也注意到了，但是有关部门没有检查、落实。

关于意识形态领域两个相互
联系的倾向性问题

最近，中国社会科学院院长陈奎元同志分析了当前意识形态领域存在的两个相互联系的倾向性问题，一个是两种迷信、两种教条主义，另一个是方向立场问题。我觉得他分析得很有道理。所谓两种教条主义，一个是迷信、空谈马克思主义，而不是与时俱进地发展马克思主义；一个是迷信、崇尚西方发达国家的、反映资产阶级主流意识形态的思想理论，把西方某些学派、某些理论或者西方国家的政策主张奉为教条，向我国思想、政治、经济、教育、文化等各个领域渗透。上述两种教条主义，第一种教条主义还是存在的，但是在当前不是主要的，其影响在下降。马克思主义者吸取了过去的经验教训，正在不同程度地向现代化的方向努力，力求与时俱进，进行理论创新。而第二种教条主义即西方教条主义在意识形态领域和经济社会中的影响力在上升。比如在经济学领域，一个大学出版社出版的《经济学是什么》这本书竟然只讲西方经济学，不讲马克思主义政治经济学，把马克思主义经济学排除在外，这实际上是否定马克思主义经济学，其影响、危害很大。西方经济学思想的影响上升是当前的主要危险。我们国家是共产党领导的社会主义国家，这是我们历史的选择，是最基本的国情。坚持共产党的领导，实行社会主义制度，必须以马克思主义为指导，包括经济学和经济领域要以马克思主义政治经济学为指导，一切淡化或者取消马克思主义的企图都会削弱共产党的领导，改变社会主义的方向。因此我们不能把经济领域里的东西看淡了。

陈奎元同志指出的另一个倾向性的问题，即方向立场问题，也就是通常所讲的左倾右倾的问题，这个问题与两种教条主义的倾向有联系。他说，从改革开放到现在二十多年的时间里，我们在思想领域始终把克服"左"的教条主义当作主要任务，已经取得了决定性的成果，在思想理论领域和改革开放的实践中，来自"左"的干扰已经日渐式微，当前突出的倾向性问题是资产阶级自由化的声音和倾向正在复苏，并且在顽强地发展蔓延。陈奎元同志提出的问题很值得我们重视和关注。反"左"反右并不是长期不变的，"左"和右发展下去都能葬送我们的社会主义，所以应该有"左"反"左"、有右反右。目前主要的倾向是什么，我觉得是个很重大的问题，特别是在经济学领域，应当认真考虑。

关于马克思主义政治经济学与西方经济学的关系问题

马克思主义政治经济学与西方经济学的关系问题是个有争论的问题。现在我们的大学里有两门基础经济学或者基础经济理论，即马克思主义的政治经济学和西方经济学，事实上是双轨制，这根本是错误的。关于政治经济学与经济学的分野，我很同意中国人民大学卫兴华同志的分析，他说，无论从经济理论的发展史看，还是从经济学发展的层次看，并不存在政治经济学和经济学的严格区分。从一定意义上说，政治经济学就是经济学，或者简称为经济学，经济学就是政治经济学。马歇尔说自己的"经济学"就是政治经济学，斯蒂格里茨、萨缪尔逊等的经济学实际上也是政治经济学。但是不同的政治经济学或者经济学在体系、理论框架、理论观点等方面有差异性，比如有马克思主义政治经济学（或经济学）和非马克思主义政治经济学（或经济学）的差别。马克思主义政治经济学与非马克思主义政治经济学的差别，就是马克思主义经济学与非马克思主义经济学的差别。也就是说，政治经济学与经济学没有什么差别，但是有马克思主义与非马克思主义的差别。习惯上我们所称的西方经济学是指非马克思主义的经济学或非马克思主义的政治经济学，因为马克思主义经济学或马克思主义政治经济学也是从西方来的，所以把西方经济学专指非马克思主义经济学更合适一点。至于马克思主义政治经济学（或经济学）与西方政治经济学（或经济学）在我国经济学教学和理论研究中的关系，如果说中国是一个马克思主义指导下的社会主义国家或者社会主义市场经济国家，那么这种关系就应该很明确，即马克思主义经济学应该是指导、是主流，西方非马克思主义经济学应该是参考、借鉴。前者是指导，后者是参考；前者是主流，后者是借鉴。在这个问题上有两种意见，一种是以上海财经大学程恩富教授为代表的，他说，不能把现时期世界主流经济学即西方经济学当作我国社会主义国家的主流经济学，后者必然是与时俱进的马克思主义指导下的现代政治经济学；另外一种是以北京某教授为代表的，他最近在一个关于中国经济学发展与回顾的研讨会上说，十四届三中全会以后，市场经济体系中有关经济学的内容在教育界基本被承认，这就是现代西方主流经济学。他说，不管在教学人数上还是教育内容上，到现在应该承认西方主流经济学在中国的主导地位。上述两种意见是尖锐对立的。如果西方经济学真的在中国成为主流、主导的地位，取代了马克思主义政治经济学，那长远的后果可想而知。不管你主观上怎么想，不管你愿不愿意，最终有可能导致改变社会主义的发展方向，取消共产党的领导。

　　我认为，把西方主流经济学当作中国主流经济学固然不可，存在两门基础经济理论的观点也不能成立。应该是一门基础经济理论，即用与时俱进的、发展的马克思主义政治经济学作为经济学教学的主体、经济研究的指导思想和经济政策的导向，不能是双轨的。当然，对于西方经济学中反映社会化大生产和市场经济一般规律的理论，只要不违反社会主义原则，我们要尽量吸收、借鉴到与时俱进的马克思主义经济学理论中来，作为马克思主义经济学的消化了的组成部分。

新的马克思主义政治经济学的内容体系应该包括这么一些内容：一是政治经济学的一般理论；二是资本主义经济；三是社会主义经济；四是微观经济；五是宏观经济；六是国际经济。当然中间有许多交叉重复，逻辑上怎么处理、体系上怎么编是另外一个问题。这样我们就可以把西方经济学的精华，把西方经济学当中反映市场经济一般的内容吸收进来，作为与时俱进的马克思主义政治经济学的一部分新的内容。至于西方经济学的体系和其他内容，可以开设一些课程，比如西方经济思想、西方经济思想流派、西方经济思想名著等课程，向专门的学生介绍，但是我们不能突出这些内容，因为对我们有用的东西已经被吸收进马克思主义经济学中来了。

总之，我主张只能有一门基础经济理论，即马克思主义经济学，要单轨，不能双轨，这是个经济学教育、教学中的方针问题。

正确对待西方经济理论和
新自由主义经济学

西方的非马克思主义经济学（或政治经济学）由古典的西方政治经济学发展到现代西方经济学。古典的西方经济学有科学的成分，也有庸俗的成分，其科学的成分被马克思主义政治经济学所吸收。现代西方经济学也有科学的成分，有反映现代市场经济一般规律的成分，也有反映资产阶级意识形态的成分，如私有制永恒、经济人假设等。其科学成分值得我们借鉴和学习，但其基于资产阶级意识形态的理论前提与我们根本不同，所以整体上它不适合于社会主义的中国，不能成为中国经济学的主流、主导。在西方经济学当中曾经居于主流地位的新自由主义经济学，其研究市场经济一般问题的分析方法有不少也可以借鉴、学习，我们不能完全否定它，但是新自由主义经济学的核心理论是我们所不能接受的。

西方主流经济思想特别是新自由主义经济理论的前提和核心理论大体上包括：第一，经济人假设。认为自私自利是不变的人性。这个假设是我们所不能接受的。马克思主义有"社会人"和"历史人"的人性理论，当然也不否定私有制下人有自私自利的一面。第二，认为私有制是最有效率的，是永恒的，是最符合人性的，是市场经济的唯一基础。这不符合历史事实。第三，迷信市场自由化、市场原教旨主义，迷信完全竞争的假设和完全信息的假设。其实这些假设是不存在的，比如所谓的信息完全的假设就是不可能的，消费者的信息不如生产者，垄断者的信息优于非垄断的大众，两者在市场上是不平等的。第四，主张政府作用最小化，反对国家对经济的干预和调控。大约是以上四点，可能还可以举出其他几点来。这几点同马克思主义、同社会主义、同中国的国情都格格不入，自然不可以为我所用。这里我就不一一分析了，因为这四点每一点都可以做一大篇文章。

对于西方非马克思主义经济学的正确态度，早在改革开放初期的1983年，我国研究西方经济学的权威学者——北京大学的陈岱孙先生就提出了几个观点：第一，因为社会经济制度根本不同，所以西方经济学作为一个整体不能成为我国国民经济发展与改革的理论；第二，在若干具体问题的分析方面，西方经济学的确有可以为我们参考借鉴的地方；第三，由于制度上的根本差异，甚至在一些技术性的具体问题上，我们也不能照搬西方国家的某些经济政策和措施；第四，对外国经济学说内容的取舍，根本的原则是以我为主，要符合我国的基本国情。他说，我们既要承认外国经济学在其推理分析、计算技术、管理手段等方面有若干值得参考借鉴之处，但是我们又不能盲目推崇、生搬硬套。陈先生讲的这几条有很重要的现实意义。而现今某些高校的头面经济学者，却不再提陈先生的主张了。有许多我们尊敬的学者都受过西方经济学的教育，比如陈岱孙，还有中国人民大学的高鸿业、北京大学的胡代光等，他们在如何对待西方经济学理论的问题上是一致的。我掌握的西方经济学的知识很少，他们是专家。但是我在接受马克思主义的启蒙之前，在西南联大也接受过正规的美式的西方经济学理论教育，新中国成立前半殖民地市场经济的体验我也是有的。我们感到，西方经济学虽然有用，但整体上不适合于中国，适合中国的一定是与时俱进的、不断创新的马克思主义经济学。现在有一些年轻的经济学家，他们西方经济学的根底很不错，可以说不比推崇西方主流经济学的人士差，如上海财经大学的程恩富、中国社会科学院的左大培等，他们根据中国的情况，不主张在中国推崇西方主流经济学。我觉得他们的路子是对的。

有些人不愿意别人批评新自由主义，说什么批评者把新自由主义当成了一个筐，什么都往里装。为什么要讳言新自由主义呢？如果你是真心实意地为中国特色的社会主义市场经济贡献力量的话，如果你也是不赞成新自由主义的理论前提和核心理论的话，你就不必担心批评新自由主义会伤及无辜。如果你赞成他们的理论前提和核心理论，那你自己就跳进框框，怪不得别人。

马克思主义者对西方经济学向来是开放的，但曾经一度不开放，那是错误的，是"左"倾，是教条主义。马克思主义过去是开放的，现在也是开放的，马克思主义本身就是开放的，但有些西方经济学者不是这样对待马克思主义，张五常就是这样一个人，他要把马克思主义埋葬，并且钉上最后一个钉子。很多人到现在还在吹捧张五常，怎么能够把给马克思主义钉钉子的人请过来，到处吹捧，这是什么道理！

经济学教育是意识形态的教育
还是分析工具的教育

　　经济学的教育既是意识形态的教育，也是分析工具的教育。但是那些主张中国经济学要以西方经济理论为主流的人认为，经济学的教育不是意识形态的教育，而是分析工具的教育。一些人还提出经济学要"去政治化"。他们提出这样的问题是不奇怪的。但我们要明确经济学是社会科学，不是自然科学。自然科学没有意识形态的问题，没有国界的问题，没有什么资产阶级的天文学与无产阶级的天文学、中国的天文学和世界的天文学之分，因为自然科学主要是分析工具的问题。但社会科学不同，它反映不同社会集团的利益、不同社会阶层阶级的利益，不可能脱离不同阶级、不同社会集团对于历史、对于制度、对于经济问题的不同看法和观点。马克思主义政治经济学一点也不讳言意识形态的问题，同时也非常注意分析方法和叙述方法。可以说，马克思主义经济学既是意识形态的，又是注重方法的。西方经济学作为社会科学事实上脱离不了意识形态，脱离不了价值观念，虽然它极力回避意识形态问题，宣扬所谓抽象的中立，但是经济人假设不是意识形态的问题吗？宣扬私有制永存不是意识形态的问题吗？宣扬市场万能不是意识形态的问题吗？这些都是它的前提。所以经济学教育不能回避意识形态，经济学也不能"去政治化"，"去政治化"的实质是"去马克思主义化"。把这个问题放在明处，不是更科学一点吗？

　　某大学中国经济研究中心一位教授就主张，经济学教育不应该是以意识形态为主的教育，而应该是以分析工具为主的教育，他特别强调逻辑方法包括数学逻辑的教育。当然，逻辑方法是很重要的。数学在经济学当中只是一个辅助工具，这在经济学的明白人当中都是有共识的。但是逻辑方法是不是经济学唯一的方法？我们知道，马克思主义经济学讲的研究方法和叙述方法有两套，即历史方法与逻辑方法，马克思主义经济学是历史方法与逻辑方法的统一。《资本论》的方法就是历史方法与逻辑方法的统一。研究和叙述经济学要有逻辑的规律次序和历史的规律次序，要有一个历史的价值判断，而且要把两者统一起来，即在强调逻辑抽象的同时，还要强调历史的实感、质感、价值判断。

我在1984年带中国社会科学院的一个学者访问团去纽约，当时福特基金会组织我们和美中经济学教育委员会开了一个座谈会，会上我跟普林斯顿大学华裔教授邹至庄先生有一个交锋。他说，到美国学习经济学的中国理工科出身的留学生很快就能适应，因为理工科出身的学生逻辑接受能力强，而文科出身的学生就不适应，所以美国大学的经济学教育招的主要应该是理工科的中国留学生，而不招文科出身的。我当时就反对这个说法，我说经济学不仅仅是一门逻辑的科学，它也是一门历史的科学，学习经济学或研究经济学只会逻辑抽象的方法而没有历史的方法、没有价值判断是不行的。会上争论很激烈，其他美国人没有说话，当时张卓元他们都在场。这场争论到现在还在继续。这里我顺便讲一下，这个美中经济学教育委员会是美国几个大学组织的，旨在促进互派留学生和学术交流，通过福特基金会慢慢地贯彻它的目的，当然它也做了一些好事，比如它培养了一批经济学人才，介绍了一些西方经济学的知识，对我们社会主义市场经济是有用的，但是另外一方面也做了西化中国的工作，并且相当成功地达到了自己的目的。

关于经济学的国际化与本土化的问题

在关于经济学教学模式的讨论中，现在沸沸扬扬地提出了所谓的"国际化"与"本土化"问题。有人提出经济学没有国界，说基本的经济理论是反映人类共同的规律，没有什么东方经济学、西方经济学，没有什么各个国家的经济学。某大学就有人明确提出这个观点。他们说，所谓经济学的国际化与本土化的问题，实际上是一般理论与特殊问题的关系，国际化就是指一般理论，本土化就是指特殊问题；国际化就是向一般理论接轨，向西方理论接轨，本土化就是要考虑中国的特殊情况。还说，不能因为有特殊情况就否认有一般理论，一般理论是放之四海而皆准的，西方经济理论就是放之四海而皆准的。这些都是盲目崇拜西方经济学的说法。

从一定意义上说，马克思主义是"国际化"也是"本土化"的。马克思主义与中国具体实际相结合是一个老问题，我们永远都需要努力。问题是他们讲的"国际化""本土化"是排挤马克思主义的。他们讲的是西方经济学的"国际化"与"本土化"，是用西方非马克思主义理论来代表放之四海而皆准的一般理论，代表普遍规律，也就是向西方一般理论接轨。这些人不反对西方经济学的"本土化"，也不反对联系中国的实际，其中有些人还是主张应该有中国经济学，但主张按照西方的模式来建立中国的经济学，比如某大学一位教授就说，可以有中国特色的经济学派，但是其理论框架是和西方经济学一致的，是西方经济学的分支。有些人则根本反对建立中国的经济学。对此，中国人民大学有同志说，国际化不是中国经济学教育的全部内容，他认为，要构建中国经济学的教育体系，西方主流经济学和西方发达国家并不是中国教育变革的唯一模式。他说，马克思主义经济学在这个过程当中应该扮演什么角色，西方经济学在这个过程当中应该扮演什么角色，二者分别应该处于什么地位，是需要研究的。我认为他的说法至少是一种客观的说法。当然，我们主张马克思主义经济学应当成为主导，西方经济学只能是借鉴。

我再顺便谈一个问题，就是现在中国经济学界有一部分人对诺贝尔奖很有兴趣。他们认为，诺贝尔经济学奖是唯一能代表经济学世界先进水平的奖项，因此获得诺贝尔奖是中国经济学界奋斗的目标，是中国经济学教育的奋斗目标。他们说，我们要向经济学的世界先进水平前进，包括拿诺贝尔奖。又说，诺贝尔经济学奖代表西方主流经济学理论的成就，要拿诺贝尔奖，首先就要掌握西方主流经济学。

对于诺贝尔奖特别是自然科学的诺贝尔奖，我们要肯定它的意义。经济学诺贝尔奖获得者也有在市场经济的一般理论、方法或者技术层面作出贡献的经济学家，以及像印度人亚马森（Amartya Sen）这样有人文关怀的经济学家，是值得我们尊重的。但是，诺贝尔奖从来不奖给马克思主义经济学者，诺贝尔和平奖只考虑奖给中国的不同政见者。因为社会科学有意识形态性，评奖者有政治上的偏见，有意识形态的偏见，因此诺贝尔奖不是我们追求的目标。当然，如果我们有些学者的经济学研究和理论，在不违反社会主义原则的前提下，能够获得诺贝尔奖，这也不是坏事，但是我们不必追捧这个奖，更不能把它作为我们经济学教育的奋斗目标。因为对于中国经济学理论真正作出马克思主义贡献的人一定是得不到诺贝尔奖的。现在，我觉得我们对诺贝尔奖吹捧得很厉害，弄那么大的规模，根本没必要。我国为什么要这样做，说明有人在刻意推崇西方经济学，领导上层可能不知道。这里我再强调一下，就是诺贝尔奖获得者是值得我们尊重的，许多获奖者没有意识形态的偏见。我并不是排斥诺贝尔奖，我只是说我们不能过于追捧它。

中国经济改革和发展以什么理论为指导

这是一个重大问题，是涉及中国向何处去的问题。有人认为，建立和建设现代市场制度，没有西方的理论为指导，这一艰巨的历史任务是不能完成的。还说，我国的经济体制改革一直在黑暗中摸索，只有在受到西方经济学原理的启迪，并运用它来分析中国的问题后，才提出了应当发挥市场的作用、建立商品经济的主张。我很尊重说这句话的经济学者，但是我不同意他的这个观点。

第一，中国经济改革和发展是以西方理论为指导的说法是不符合实际的。中国共产党领导的经济体制改革，从十一届三中全会提出计划与市场相结合，到十一届六中全会确认了商品生产和商品交换，到十二大提出计划经济为主、市场调节为辅，到十二届三中全会提出中国社会主义经济是公有制基础上的有计划的商品经济，到十三大提出有计划的商品经济体制是计划与市场内在统一的体制，国家调控市场，市场引导企业，到十三届四中全会又提出计划经济与市场调节相结合，最后到十四大提出建立社会主义市场经济为我国经济体制改革的目标。从十一届三中全会到十四大，其间经历了曲曲折折，主要是我们中国人总结我们中国的历史经验教训，也参考了外国的历史经验教训，包括苏联的历史经验教训，在与时俱进的马克思主义的指导下，目标一步一步明确起来。在这一过程中，我们看不出西方经济理论有什么指导作用。这是非常明显的。在这个过程中，邓小平同志起了相当大的作用，他1979年在接见美国不列颠百科全书的副总编、1985年接见美国企业家代表团时，就提出过社会主义为什么不可以搞市场经济的问题。1992年他从理论上阐明了计划与市场是方法和手段问题，不是社会主义与资本主义的选择的问题，不是姓"社"姓"资"问题，但是社会主义与资本主义的界限还是要讲究，但不是在手段问题上讲究。这些重要的创见都不是西方经济理论，怎么可以说中国改革是在西方理论的指导下进行的？再从参与、形成中国经济改革理论的老一辈经济学家来说，薛暮桥、孙冶方、顾准、卓炯等一大批探索社会主义条件下商品经济、市场经济有功劳的开拓者，都是坚定的马克思主义者，他们不是受西方理论左右的人。后来的经济学理论工作者虽然有些人受了西方经济理论的影响，但是大多数人是坚持马克思主义的。受西方影响比较大的中青年的经济学工作者的大多数也能够以市场经济的一般理论为社会主义服务。只有少数人鼓吹自由化、私有化，为一夜暴富张目，冲击马克思主义，干扰社会主义经济建设。应该说，这些人起的是干扰的作用，而不是指导中国经济改革的作用。我想，这些人倾向用西方经济学取代马克思主义经济学，这是个历史的插曲，历史的误区，经过努力，或者可能引导他们走向正确的道路。

第二，中国经济改革与发展是以西方理论为指导的说法会误导中国经济改革和发展的方向。因为中国要建立的是社会主义的市场经济，而不是资本主义的市场经济；要坚持公有制为主体、多种所有制经济共同发展的基本经济制度，而不是私有化或者不断向私有化演变；要坚持宏观调控下的市场调节，而不是主张市场原教旨主义，主张市场万能论，把国家的一切正确调控说成是官僚行政的干预；坚持为保证效率而适当拉开收入差距，同时要强调社会公平、福利保障，而不是极力扩大社会鸿沟，为一夜暴富摇旗呐喊。要做到这些，都需要马克思主义政治经济学来指导，而不能用西方经济理论特别是新自由主义经济理论来指导。一旦中国经济改革和发展由西方新自由主义指导，中国的基本经济制度就要变，就势必走向"坏的资本主义市场经济"的深渊。只要经济基础变了，共产党最后就掌握不了政权，私有制的代表就要掌握政权。中国的改革一旦由西方理论特别是新自由主义理论来主导，那么表面上或者还是共产党掌握政权，而实际上逐渐改变了颜色，对大多数人来说，这是一个噩梦。

克服经济学领域一些倾向性问题的意见

这个问题应该好好地做文章，因为这个事情太重要了。我只讲几点。

第一，教学方针要明确。现在我们要明确，只有一个经济学基础理论课程，而不是两个。马克思主义政治经济学是唯一的经济学基础理论课程，西方经济学是作为吸收、借鉴的部分。西方经济学作为体系，作为学派和学术名著来介绍，我们还是需要的，需要向专门的学生介绍，但是不要突出它。

第二，教材。要加强马克思主义基础理论研究工程的建设，要吸收各方面的专家，包括坚持马克思主义的学者和西方知识比较多的学者，这样便于我们吸收、借鉴西方的东西，当然要经过改造。我们还要鼓励多种马克思主义政治经济学教材的写作和创新，鼓励对马克思主义经济学做专题研究，包括政治经济学的体系、方法和具体的理论问题，都要进行专题研究，在专题研究的基础上才能形成教材。马克思主义经济学教科书要有多种，不应该只有一种。马克思主义可以是多学派的，但必须是马克思主义的学派。对西方经济学教材和名著，我们要组织有质量的马克思主义的科学评说，而不是教条主义的评说。只要在教学方针上明确不能以西方经济学教材为主，就可以有效地扭转局面。

第三，队伍。我们欢迎西方留学的"海归"派回来，但是对于这些同志要进行再教育，特别是理工科出身的，过去没有接受过系统的马克思主义教育，要进行马克思主义的教育。对那些过去接受过马克思主义教育的，回来后有必要也要进行重新教育。不经过再教育的"海归"派，可以从事其他工作，但是不能从事教师的工作，不能从事决策研究的工作。土、洋出身的学者教员在待遇上应该一律平等。党校的教员更要慎重选择，特别是党校的中高级干部培训班的教员一定要慎重选择。否则我们的干部队伍受影响西化了，会在实践中搞私有化。

第四，领导权。确确实实地要检查一下我们的高校领导干部，包括校长书记、校长助理、院长、系主任、研究室主任、研究所所长等，是不是都掌握在真正的马克思主义者手中。这是个很重要、很重要的问题，不能够等闲视之！因为关系到国家的命运，所以领导岗位一定要掌握在马克思主义者手里。

本文讨论的主要是理论领域的问题，教育领域的问题，意识形态领域的问题。马克思主义不能被人取代，意识形态不仅仅是在政治、法律、军事、文化领域，经济本身也有意识形态问题，而且非常非常重要。基础变了，上层建筑也要跟着变。这个马克思主义的基本道理，恐怕有些人还不明白。

在"刘国光经济学新论研讨会"第三次会议上的发言*

（2005 年 11 月）

我讲两点吧。

第一点是今天讨论"经济学新论"的问题，其实也不是什么"新论"。这些问题是好些时候、好几年积累起来的，大概从 20 世纪 90 年代后期一直到现在。不过，现在越来越严重，就是马克思主义的边缘化，西方经济思想在我们的教学以及经济生活甚至政治生活当中的影响非常大。所以，引起大家注意，大家讨论讨论，我觉得还是很有必要的。我感觉舆论确实是很重要，如果大家都对现在形成的问题讲一点话，声音大了，有助于这个问题的解决。我是这么想的。

但是，光有舆论是不够的，我们在会议上、在文章中提出的意见，需要有关部门落实。我提出来的经济学教学方针的问题、教材的问题、教学队伍的问题，还有领导权的问题等一系列问题，希望有关部门落实。

对于我 7 月 15 日同教育部社科中心青年同志的谈话，没想到

---

* 2005 年 11 月 23 日由中国历史唯物主义学会等单位在中国社会科学院联合举办"刘国光经济学新论研讨会"（第三次会议）的讲话记录，载《向往》2005 年第 12 期。

引起了这样大的波澜。大概 8 月份他们整理出简报，上报上去，李长春同志很快就批下来了。8 月 17 号，李长春同志批给我们意识形态部门的几位领导同志，刘云山同志、陈至立同志、陈奎元同志、周济同志等，说"很多观点，值得高度重视"。我们中央同志还是很支持的，意识形态部门的各位领导我想也是重视的。但是我不知道有关部门的态度，上面高度重视，有关部门怎么样"高度重视"？怎么样研究落实？我就不大清楚。已经三四个月过去了，怎样"高度重视"？我听说，教育部派了调查组到一些大学调查。有一个大学，北京市很重要很出名的大学，我不讲名字，据说院长说，刘国光讲的跟我们这里的情况不符合，我们这里没有这个情况。说刘国光同志讲的话是给教育部"抹黑"。我是听到一些，在座同志有两位也听到一些，我听的话可能不大准确，大概是这个意思。

　　如果所有的大学经济院系、经济所、研究室的领导都这样汇报的话，那么我的讲话就算白讲了。很可能这个问题就不了了之了，解决不了什么问题。当然不见得如此。我想也不是白说，因为我把问题提出来了。我在谈话当中讲了"领导权"的问题。这就是一个"领导权"的问题。院长、主任如果是这样汇报的话，那么就说明，我们马克思主义者不占据这个阵地，西方的经济学者占据了这个阵地，就变了。但是我想事情恐怕不至于都像北京某大学经济学院的院长讲的那样。我希望有关部门做一些切实的、真正的调查研究，认真应对。最关键的是调查、研究、落实。舆论上大家鼓鼓劲，把这个问题搞清楚、弄明白，让更多的人知道，这是很有意义的。但是如果调查、研究、落实得不好，就解决不了问题。

　　还有，陈奎元同志提出来，反右防"左"，我很赞成他这个意见。（主持人问：国光老，您的意思是说"反右防'左'"不是您首先提出的？答：奎元也提过，我也赞成。我很赞成这个意见。）

到了这个时候了，当然有些人很紧张，他们写文章说现在不能提"反右防'左'"，现在主要矛盾还是供给与需求的矛盾。就用这样不伦不类的理由来抵制。针对现在思想界和意识形态领域主要的倾向是什么、怎么应对，中央应该加紧研究。我想中央是在研究，中央很英明，研究对策，迅速地对付这些事情。我说这个问题如果不解决，恐怕我们现在，我们讲和平演变，我们讲逐渐变颜色，恐怕要更快地进行下去。我担心是这样。所以，这个意见我希望也要落实。当然我们相信中央会解决。这是一点意见。

第二点意见，我最近看到于祖尧同志的讲话，他说，现在我们积极参加关于经济学教学问题的讨论，但是也不要寄过高的期望。我也抱有同感。因为现在我们感觉到阻力还是很大的，如同一些同志所讲的，经济学界反马克思主义、反社会主义，鼓吹私有化、自由化，已经形成一种社会势力。当然他不一定是正面举旗，现在哪个敢正面地讲反对社会主义？正面讲也有，但是，躲在角落里。真正是反对社会主义、反对马克思主义，鼓吹私有化、自由化的人，已经形成一种社会势力。他们在政界、经济界、学界、理论界都有支持者，有同盟军。他们有话语权的制高点。（有林同志插话：我昨天收到一个材料，市场经济研究会开会，讲什么呢？讲我们的渐进改革遇到挑战，渐进改革的思路就是先易后难，先打外围再攻坚，目前改革在攻坚，目前出现了矛盾、看法，甚至还有不小的阻力。他们把人民的声音、马克思主义的声音看成是"阻力"。）

现在对于这个问题的讨论还是限于网络和一些民间社团组织的集会，主要是网络上，一些媒体也开始进行很好的报道了。但是差不多四个月来，媒体上讲的"主流经济学者"，一些重要媒体，一直沉默不语。有人说，是"郎旋风"后的再次集体失语。多数人不了解情况，也不能怪他们。但是，有些人是了解情况的，在观望。我听到中国社会科学院办公厅的人讲，有人要看看刘国光有没有后台，有就紧跟，没有就紧批。有些人并不观望，心里很清楚，他们是想用沉默的办法来封杀这篇文章的影响，想躲过这一关。因为他不敢正面交锋。于是就用游击战的那种小动作，用笔名谩骂、讽刺，这些网上也不少。大家可能也看到了。

我过去不大关心话语权这类问题，我自己搞我自己的研究，也不大关心媒体、思想界的一些动向。我过去主要是搞一些宏观经济的研究，这些东西比较中立，所以没有遇到困难，我过去发表文章没有什么困难。我总以为，现在与过去相比，我们自由讨论的气氛还是浓厚了一些。这次被意识形态的争论卷进来了，就感觉到有"话语权"问题了，因为情况变化了，感觉有变化。我拿最近一些事情来说，我的文章在本院经济研究所的刊物上发表，也遇到了一些困难。我做这些东西，不是仅仅一个教学问题，更是一个经济学问题，在经济学杂志上应该也登。但是，《经济研究》杂志编辑部以种种理由，说你已经在别的地方发表过了，我们这里不方便发表，还有一些其他的理由，不想发表。后来我还是坚持要发表，他们给我这个老领导面子，我以前曾在那里任职，最后，在10月发表了。但是，发表还有一个问题，一般重点文章封面要点，对于其他经济学同行的重要文章，讲的同样是经济学问题，同样是西方经济思想问题，封面上点了，发表就点。而我的这篇就没有出现在封面上。显然态度是不一样的。所以，我感觉到在我以前工作的单位里面，也会遇到困难。这是我遇到的一件事情，他们以此表示与我划清界限：我虽然发表你的文章，但是我不点。

还有一个国务院某机关学术报纸，这个报纸有一位记者，在9月初跟我说，刘老师，我想摘发您的文章，用系列文章访谈的形式摘发好不好？我说，当然好。他主动提出的，后来没有下文。两个多月过去了，快三个月了，没有下文。我也没有在意。最近，他电话告诉我，他说这个事情，报了上级，上级到现在还没有批准。国务院某机关的报纸，很重要的报纸，到现在几个月都没有批，这又是一件事情。看来，他们不感兴趣，或者是感觉到一个烫手的山芋，发表也不好，不发表也不好。

另外还有一份广州的报纸，经济方面的，也是登经济学的，我就不讲名字了，这份报纸的记者，应我的要求，在9月，根据我的文章，写了一篇访谈。有这么一个插曲，那个时候，因为北京大学的经济研究中心负责人在这个报纸上也发表了一篇关于经济学教学问题的文章，跟我有不同意见，我要求发我的访谈文章，那个记者也答应了。但是据告后来这个研究中心的负责人打电话通知该记者，说是找刘老沟通过了，跟刘老的意见差不多，所以，就不要发表刘老的文章了。他的确是找我谈过一些问题，沟通过一些思想，但是我们在一些问题上有交叉，那也没有什么关系，我又不是针对个人，况且我没有答应不发表我的文章。只让你的文章发，没有这个事。我只能说是他的秘书误解了他的意思，我想他不至于水平低到这种程度，他可以发表文章，我不能发表文章。而且，我那篇文章也不是针对他一个人，是整个经济学界的问题，又不是跟他个人的争论。所以我说还是要把这个访谈发出来，这个记者还是按照我的意思整理了并送我改，但是后来定稿之后一直压着不发，一直到最近，我问他的时候，他就回答，说对不起，我无能为力，现在我们内部有人事调整，无能为力，你的文章登不了。也不是我的文章，是他写的访谈不登了，什么原因？他支支吾吾说不出来，我说是不是因为文章水平不够，或者你的观点跟他们有矛盾，因此，他们不登了。他不讲。他说，刘老师你这个文章里，讲了诺贝尔奖的问题，你好像很消极，他们是很积极的，他们不同意你的观点。他只讲这么一个理由。我没有再多说，但是我心里明白，关于诺贝尔奖的事情，我在这篇文章里面并没有多说，我只是说中国的经济学不要追捧这个东西。我只讲这个，没有什么错误的地方。为什么要追捧？我说，即使你们不同意也可以，删掉就是了，因为在这篇文章中诺贝尔奖只是顺带提一笔，去掉后别的还可以发，本身也不错。他就说，这个事情我没有办法。

我就不讲这个事情了。他们因为诺贝尔奖的事情就枪毙了我的访谈，实际上他枪毙的不是我，枪毙的是马克思主义！马克思主义是有生命力的，枪毙不了。

我讲这些事情，无非想表明现在阻力很大。我过去发表文章没有阻力，现在，我接触到意识形态就知道有阻力，包括我在自己工作的单位都有阻力，写马克思主义的东西不容易发。我感觉到问题不简单。即使那个报纸很尊重我，"刘老""著名经济学家"，恭维得很，也一样枪毙。说明我们坚持马克思主义经济学在经济学教学、研究工作，在我们经济决策工作中指导地位，是很艰巨的，是持久的斗争，我们要坚忍不拔地进行下去！

（全场长时间热烈鼓掌）

反思改革不等于反改革[*]

（2005 年 12 月）

记者：作为当代中国最有影响的经济学家之一，您在今年 3 月刚刚荣获首届中国经济学奖"杰出贡献奖"。像您这样的权威经济学家的文章（《谈经济学教学研究中的一些问题》），为什么要借助互联网传播？

刘国光：这个谈话的来历，是今年 7 月教育部高等学校社会科学发展研究中心的一位年轻同志到我这儿来聊天，一聊就聊出七、八、九个问题，他记下来并整理了出来，还是一个初稿。他们自己有简报，马上就发了。上报中央的同时，他也发到网上去了，有好几个网站，我事先并不知道。说实在话，我还不是很熟悉网络，也不知道网络的作用有多大。但是并不违反我的意思，我也不反对。

记者：经过网上流传，这篇文章引起了巨大的反响。

刘国光：我谈的这些意见，应该说有相当多的人还是很赞成的，很多地方都在电话中议论，开会研讨。至于网上的流传，我说我不反对，同时我也没有寄托于那个东西。但是引起的波澜之大，我也没想到。这完全不是个人的能耐，而是问题牵动人心。

＊《经济观察报》记者仲伟志专访，原载《经济观察报》2005 年 12 月 12 日。

记者：您在文章中涉及一些具体的人和事，比如说，您批评一些经济学家"公然主张西方经济学应该作为我国的主流经济学"。

刘国光：这篇文章后来公开在《高校理论战线》第 9 期和《经济研究》第 10 期发表，删改了，缓和了一些，但还是得罪了很多人。这些人大都是我的学术界朋友。我也不是有意要得罪这些人。我是在讲一些事实，我引用的人与事，都是有根有据，至于引用得合适不合适，是个人判断，但事实就是这样的。确实有这些事情。不过，我很欣赏和尊重作为学者的他们。我们只是观点有些交叉，这没有关系。

记者：您在 1979 年就深入论证过计划与市场的关系，在 1992 年十四大前就明确提出用市场方式取代行政计划作为配置资源的主要方式，但是您今年中国经济学奖的"答辞"出来后，一些人不明白，一位对社会主义市场经济理论有着深刻认识的经济学家，为什么对市场化改革提出了如此尖锐的批评？

刘国光：计划与市场关系的问题，是一个世纪性问题，我曾作过多次论述，我在"答辞"中不过是重复过去的观点。我说了"要坚持市场取向的改革"，又说了市场也有缺陷，不能迷信市场。对于计划经济的弊病和市场经济的好处，我过去讲得好像不比谁少。但是，当然，话还要说回来，人的思想是发展的，我不敢像有些人那样自信自己一贯正确，任何人都不可能一贯正确。

过去，在发现了计划经济的种种问题之后，我们慢慢地就要搞市场经济。计划经济不能解决效率和激励问题。市场经济作为资源配置的主要方式，是历史的必由之路。改革开放初期，我只意识到计划经济有毛病，觉得要搞市场调节。但那时是主张计划经济为主，市场调节为辅。以后经过对中外经验的反复思考和研究，逐渐地看到了市场经济的作用，形成了市场取向改革的信念，赞成建立"社会主义市场经济体制"。这差不多是 20 世纪 80 年代后期90年代初期的事情了。这说明我这个人不是很聪明，思想发展很慢，但我觉得这是符合思想发展的客观规律的。我在"皈依"市场取向改革信念的同时，就提出不要迷信市场。我们应当重视价值规律，但不要认为价值规律本身就能把一切事情管好，并把一切事情交给市场去管。现在我还是这样想，不过是重复过去的观点，没有新鲜的东西，老一辈的人应该都知道的。

记者：这就如同有人所说，您坚持认为计划经济并没有完全过时。是不是这样？

刘国光：从我上面讲的经过，你可以判断我有没有这个意思。既然"皈依"了市场取向的改革，既然赞成建立社会主义市场经济体制，那就是说要把市场作为资源配置的基础方式和主要手段，那就是把社会主义市场经济作为一种新的经济制度来看待。那么"计划经济"作为一种经济制度，计划作为资源配置的基础方式和主要手段，就不能再起作用了。至少在社会主义整个初级阶段，都不能起作用，那是再也明显不过的道理。

不过，作为经济制度的"计划经济"，与市场经济制度前提下的"计划调节"（这里说的是广义计划，也包括战略性指导性计划，必要的政府对经济的管理和调控等），不能混为一谈。我在"答辞"中说，要在"坚持市场取向改革的同时，必须有政府的有效调控干预，（对市场的缺陷）加以纠正，有必要的计划协调予以指导"，就是这个意思。这里面哪有作为制度的"计划经济"并没有过时的意思呢？！

我在提出用市场经济代替计划经济作为资源配置的主要方式的时候，就讲了市场缺陷的问题。我列举了市场经济下不能完全交给价值规律或市场去管而必须由政府过问的事情。

我想，至少有这么几件事情是不能交给价值规律去管的。第一件事是经济总量的平衡——总需求、总供给的调控。如果这件事完全让价值规律自发去调节，其结果只能是来回的周期震荡和频繁的经济危机。第二件事是大的结构调整问题，包括农业、工业、重工业、轻工业，第一、二、三产业，消费与积累，加工工业与基础工业等大的结构调整方面。我们希望在短时期内如10年、20年、30年，以比较少的代价来实现我国产业结构的合理化、现代化、高度化。通过市场自发配置人力、物力、资源不是不能实现结构调整，但这将是一个非常缓慢的过程，要经过多次大的反复、危机，要付出很大的代价才能实现。我们是经不起这么长时间拖延的，也花不起沉重的代价。比如一些影响比例关系的重大工程规划必须由政府来做，反周期的重大投资活动要由政府规划，等等。第三件事是公平竞争问题。认为市场能够保证公平竞争，是一个神话，即使是自由资本主义时期也不可能保证公平竞争，因为市场的规律是大鱼吃小鱼，必然走向垄断，即不公平竞争。所以，现在一些资本主义国家也在制定反垄断法、保护公平竞争法等。第四件事是有关生态平衡、环境保护以及"外部不经济"的问题。所谓"外部不经济"，就是从企业内看是有利的，但在企业外看却破坏了生态平衡、资源等，造成水、空气污染等外部不经济。这种短期行为危害社会利益甚至人类的生存。对这些问题，市场机制是无能力解决的。第五件事是社会公平问题。市场不可能实现真正的社会公平，市场只能实现等价交换，只能是等价交换意义上的平等精神，这有利于促进效率，促进进步。但市场作用必然带来社会两极分化、贫富悬殊。在我们引进市场机制过程中，这些苗头已经越来越明显，有一些不合理的现象，引起了社会不安，影响了一些群体的积极性。对此，政府应该采取一些措施，防止这种现象的恶性发展。现在提出构建和谐社会，政府对市场缺陷的弥补作用，更不能少。

后来我发现西方经济学文献中也有类似的阐述，所以我说的也不完全是新鲜的东西。

记者：这也是您近年来一直在强调的观点。我们知道，党的十一届三中全会以后，陈云同志曾把计划与市场的关系比喻为"笼子"和"鸟"的关系。您是认为，在市场经济条件下，这个"笼子"还有必要？

刘国光：陈云同志讲得很生动。好像"笼子"这个词不好听，但要看到"笼子"的作用。国家财政预算把国家的收支大体框住了，是不是"笼子"？货币信贷总量调控把国民经济活动范围大体框住了，是不是"笼子"？重大的工程规划，是不是"笼子"？等等。当然，这个"笼子"可大可小，可刚可柔，可用不同材料如钢材或塑料薄膜等制成，如指令性计划是刚性的，指导性计划是弹性的。总之，实行市场取向改革的时候，实行社会主义市场经济的时候，不能忽视必要的"笼子"即政府管理和计划协调的作用。现在，"十一五"计划不说计划了，改称"规划"，但"规划"也是一种计划，只不过是长远计划，是战略性的计划和指导性的计划，不再是指令性的计划。它应该起导向作用，其中如重大工程项目的规划也有指令性的。必要的指令性计划也不能排除。所谓市场取向的改革本身就包含着计划体制和政府经济管理体制的改革，计划要适应市场经济的发展，加强有效的政府管理。

我认为，完全的、纯粹的市场经济不是我们改革的方向。所谓完全的、纯粹的市场经济在西方资本主义国家也在发生着变化，通过政府的政策或计划的干预使市场经济不那么完全，不像19世纪那么典型。有些人提出完全市场化的主张，这是一种幼稚的想法。过去，我们迷信计划，犯了错误，于是实行市场取向的改革，但我们同样不能过分迷信市场，要重视国家计划协调、宏观管理与必要的政府参与和干预的作用。如果不这样的话，我们就要走弯路了。

记者：但是，对于当前改革中出现的一些不合理现象，经济学界与思想界一直有不同的认识。比如关于腐败的根源问题，有学者认为，恰恰是政府对资源的配置权力过大和对微观经济活动的干预权力过大，提供了获取腐败寻租利益的必要条件与土壤，才有了权力市场化、权力资本化的恶果，形成所谓的特权阶层。如果市场经济更纯粹，行政计划就会消灭得更彻底，那么在市场运行过程中捞取私人利益的机会必定大大减少。这种看法是不是有道理？

刘国光：这个问题很重要也很复杂，要分几个层次来讲。

第一，你说问题出在政府对资源配置权力"过大"。当然，政府权力"过大"特别是行政性资源配置权力过大是不适宜的，会带来政府职能的越位，管了不该由政府管而应该由市场去管的事情。不过，政府掌握资源配置权力"过小"，参与和干预经济活动"过少"，也未必适宜，这会导致政府职能不到位，应该由政府来管的事情，它却推卸责任不管。政府作为经济活动的三位当事人（政府、企业、个人或家庭）之一和公众利益的代表，不能不掌握相当部分的社会资源，参与资源配置的活动，但其参与要适度，要尽量按照市场原则，同时必须考虑公共利益原则，这是没有疑义的。

第二，腐败的发生与政府掌握资源配置权力的大小，没有直接关系。掌握资源配置权力大，或者权力小，都可能发生腐败。只要法律制度和民主监督不健全，管不住政府官员的行为，就可能发生腐败。政府掌握资源配置，不是产生腐败的原因。根治腐败，要从健全法律制度、民主监督入手，进行政治体制的改革，这才是治本之道。

第三，腐败和权力资本化、权力市场化，除了源于法治不健全、民主监督欠缺外，市场环境不能不说是一个温床。这里我要解释一下，腐败和权力资本化、权力市场化，不是计划经济固有的东西，而是我们市场改革以后才盛行起来的东西。过去计划经济并没有权力资本化、权力市场化这个东西。我不是替计划经济涂脂抹粉。过去计划经济有很多的弊病，搞得太死了，不能调动人的积极性，有官僚主义，有权力的滥用，也有腐败，但是当时政府掌握的资源配置权力极大，比现在大得多，而腐败的规模很小，只存在于计划经济的某些裂缝和边缘，更没有权力资本化市场化问题。权力资本化市场化问题，是到我们现在才严重起来。很难说这跟现在的市场环境没有关系。因为有市场才有资本，才有权力的资本化、市场化，没有市场，怎么搞权力的资本化、市场化？用市场发展不完善、改革不到位来解释是可以的，但是有点不够，有点勉强，倒是用市场缺陷和市场扭曲来解释更为合理一些。而市场扭曲和市场缺陷，是市场化改革过程中不可避免的，我们要尽量减少引进市场的代价，所以要强调政府来过问，要发挥社会主义国家管理经济的作用，采取措施纠正市场扭曲，弥补市场缺陷。

第四，政府对经济的调控、干预、计划与规划（这些都属于广义的计划），同某些官员滥用权力搞权钱交易、搞官商勾结、搞权力资本化市场化，是两码事，不能混为一谈，不能胡子眉毛一把抓，借口政府对资源配置权力过大，以此为由反客为主，占有腐败寻租利益，否定国家和政府配置资源的权力与管理经济的职能（广义的计划）。前面说过，治理腐败和权力资本化、市场化要从逐步建立健全民主法治环境，从政治改革着手，现在还要加上，要从校正市场扭曲和纠正市场缺陷入手，这都少不了加强国家和政府管理或广义计划的作用。所以我在"答辞"中说，要"在坚持市场取向改革的同时，必须有政府的有效调控干预，（对市场的缺陷）加以纠正，有必要的计划协调予以指导"①。据我所知，许多读者都非常明白并且赞同"答辞"中的观点，但是有些人硬要说我主张回到计划经济，那只好由他们说吧。

记者：您是说，您现在依然支持市场取向的改革，但有人也

①《刘国光专集》，山西经济出版社2005年版，第1页。（编者注）

指出过，您最近一直在主张"少讲市场经济"，是这样吗？

刘国光："社会主义市场经济"是一个完整的概念，是一个有机统一体。我在"答辞"中说的是，这些年来，我们强调市场经济是不是相对多了一点，强调社会主义是不是相对少了一点；在谈到社会主义时，在强调它发展生产力的本质即生产效率方面相对多了一些，在强调共同富裕的本质也就是重视社会公平方面，相对少了一点。

请注意，我特别使用了"相对"这个词，是有精确的含义的。就是说，相对多不是绝对的多，相对少不是绝对的少。逻辑上不应混淆。我这样讲无非是说，这些年我们在"社会主义市场经济"概念上，社会主义强调得不够，而不是说市场经济讲得过多。如果相对于目前政府对资源配置权力在某些方面偏大，对微观经济活动干预偏多来说，我们对市场经济还是讲得很不够，还要多讲。

这些年社会主义也不是没讲，但是相对少了一点，因此改革在取得巨大成功、经济发展欣欣向荣、人民生活总体改善的同时，社会矛盾加深，贫富差距扩大，腐败和权力资本化滋生，蔓延扩大。这种趋势是与社会主义自我完善的改革方向不相符的，不能让它发展下去。因此，现在要多讲一点社会主义，这符合我国的改革方向和老百姓的心理。当然，市场经济还不完善，也要多讲。只要符合社会主义方向，市场经济讲得越多越好。

我就是这个意思。社会主义和市场经济都要多讲，目前社会主义有必要讲得更多一些。我不知道，这为什么会触犯了我们的"改革人士"，说我认为社会主义讲少了，市场经济讲多了，"这是一个偏差，怎么办呢？以后少讲市场经济行不行？"我说"不行"。但你为什么要曲解我的原意，搞那么多逻辑混乱呢？当然，我不能怪别人，只能怪自己，虽然注意了用词严密，但解释说明得不够充分，令人产生逻辑上的误会。幸亏人家给我"留有余地"，"不是刚刚给人颁了奖就否定人家的意见"，我真不知如何表达谢意才好。

记者：您在《谈经济学教学研究中的一些问题》这篇文章中，批评了"西方主流经济思想特别是新自由主义经济理论"，认为新自由主义经济理论误导了中国经济改革和发展的方向。有些人觉得您似乎是在主张从市场化改革的道路上退回来了。

刘国光：批评新自由主义就是"从市场化改革的道路上退回来"吗？批判新自由主义就是"否定改革"吗？帽子大得很咧！西方新自由主义里面有很多反映现代市场经济一般规律的东西，如以弗里德曼为代表的货币主义学派，以卢卡斯为代表的新古典学派，有许多科学的成分，我们还需要借鉴，没有人批评这个东西。但是新自由主义的理论前提与核心理论——我在那篇文章中列举了（如自私人性论、私有制永恒论、自由市场万能论等）——整体上不适合社会主义的中国，不能成为中国经济学的主流和中国经济发展与改革的主导。中国经济学教学和经济决策的指导思想，只能是与时俱进的发展的马克思主义。我不知道这样点评新自由主义怎么就是从市场化改革倒退或者否定改革。我们经济学界许多同志批评新自由主义，所进行的学术研究、学术评论大多是很认真很扎实的，并不是一两句随便歪曲的话能轻易推倒的，要有有分量的学术论证。西方正直的经济学人也在批评新自由主义。新自由主义经济思想给苏联、拉丁美洲带来了什么样的灾难性后果，是众所周知的。当然我们的同志批评新自由主义，不是没有政治的、意识形态的考虑，他们担心新自由主义的核心理论影响我国的经济思想和经济决策。谁也没有说过我们的改革决策是新自由主义设计的，目前它还没有这个能耐。但是这种担心和忧虑不是无的放矢，不是多余的。因为私利人、私有化、市场原教旨主义等，已经在中国社会经济生活中渗透和流行，并且在发展。在上述文章中我曾指出有些人不愿意别人批评新自由主义，说什么新自由主义是一个"筐"，什么都往里装。如果你赞成新自由主义的核心理论，那是你自己跳进框框，怪不得别人。现在有人自告奋勇承认自己接受新自由主义这些东西，又不准别人批评新自由主义，批评了就是从市场化改革倒退，就是反改革，哪有这个道理！

除了给批评新自由主义戴上否定改革的帽子，现在还时兴把这顶帽子乱扔，说近年来社会上出现了一种反对改革的思潮。不容否认，在取得巨大成功的同时，改革进程中出现了利益分化，少数人成为富人，多数人获得一定利益，部分群众利益受到损害。人民群众和学术界对改革有不同的看法，对改革进程中某些不合理的、消极的东西提出批评意见，是很自然的，我们不要把不同的看法说成是反改革。对改革进行反思是为了纠正改革进程中消极的东西，发扬积极的东西，将改革向正确的方向推进。不能把反思改革说成是反改革，你把那么多群众和代表他们的学者，说成是反改革的人，硬往反改革的方面推，后果将是什么？我们要注意团结一切愿意和努力使中国进步的人，要使得大家都来拥护改革。让大家都拥护改革的办法是什么呢？就是要使得改革对大家有利，就要走社会主义市场经济的改革道路而不是资本主义市场经济的道路。

关于中国社会主义政治经济学的若干问题[*]

（2010 年 10 月）

社会主义政治经济学的阶级性和科学性

　　人们通常讲，马克思主义政治经济学体现了科学性和阶级性的高度统一，它代表无产阶级的利益，具有鲜明的阶级性，这是不错的。坚持马克思主义立场，就是要始终代表最广大人民的根本利益。马克思主义和共产党没有任何自己特殊利益，也从来不代表任何特殊利益集团、权势团体或特权阶层的利益，只是在一定历史条件下，如新民主主义革命时期、社会主义革命时期，根据生产力发展阶段的要求照顾民族资产阶级、合法私营企业主的正当利益，团结和引导他们为革命和建设而努力，并不是盲目地、毫无条件地、不加限制地支持阶级分化，更不能为了迁就或成全他们的利益而损害劳动人民的利益。在社会主义初级阶段也是这

---

　　[*] 本文原载《政治经济学评论》2010 年第 4 期，2012 年 12 月经作者修订。本文从中国经济改革与发展的实际出发，对当前我国社会主义政治经济学发展中的若干基本问题进行了分析和探讨，包括社会主义政治经济学的阶级性和科学性、社会主义初级阶段的主要矛盾、不同于其他社会制度的社会主义本质特征、社会主义市场经济是有计划的、关于社会主义基本经济制度的一些问题、关于收入分配改革等等。（编者注）

样。贫富差距扩大，造成两极分化趋势，是同马克思主义立场和共产党宗旨格格不入的，不能突破这样的底线和红线。政治经济学的社会主义部分，也要贯彻这个立场，不能没有这个是非判断标准。

马克思主义政治经济学的科学性在于它揭示了经济社会发展的客观规律，运用的是辩证唯物主义和历史唯物主义的基本方法，把历史方法和逻辑方法统一起来。过去对于社会主义经济的研究，一般采用规范方法。学者的注意力集中在社会主义经济"应该怎样"上，从给定的前提中合乎逻辑地推出结论。现在研究社会主义经济改革时，当然也不能不关心社会主义初级阶段的经济"应该怎样"的规范，但首先要分析清楚初级阶段的经济"实际上是怎样"的问题，即对客观存在的事实及其内在联系和规律表现予以实事求是的分析和说明。没有这种分析说明，就不可能对它面临的问题有明晰的概念和提出可行的方案。我们要注意经济学教学中的一个现实，即实事求是的实证分析要比规范原理的说教更能够唤起人们的学习热情和探索兴趣。为什么某些西方资产阶级经济学教材能在社会主义国家大行其道，吸引了不少学生，而马克思主义政治经济学却在课堂里被边缘化，甚至被学生嘲笑？我想，与研究方法和叙述方法上存在的缺点可能有一定的关系。我希望有关教材能在这方面有所改进，比如说增加一些定量分析，用方块事例解说一些经济原理，等等，以更有效地宣传马克思主义。

社会主义初级阶段的主要矛盾

按党的有关文件论述，社会主义初级阶段的主要矛盾，就是人民日益增长的物质文化需要同落后的社会生产之间的矛盾。这一主要矛盾，首先是 1956 年党的八大明确宣布的。当时刚完成社会主义改造，把这一矛盾当作进入社会主义建设时期的主要矛盾。党的十一届三中全会以来，重新确认这一主要矛盾，后来引入了初级阶段概念，就把它当作"社会主义初级阶段所面临的主要矛盾"。由于人民日益增长的需要大于落后的社会生产，才迫切要求我们聚精会神加紧经济建设，所以作为十一届三中全会全党重点工作转移决策的理论依据，初级阶段主要矛盾的提法是非常重要的。

不过，当前有一个理论上的疑难问题，就是出现了"内需不足""产能过剩"的现象，即国内生产能力大于国内需求。这好像同社会生产落后于社会需要的主要矛盾有点脱节，很需要政治经济学从理论上解释一下。

人民日益增长的"需要"，是指生理上和心理上的欲望，还是指有购买能力的需求？如果是前者，即主观欲望，那么社会生产总是赶不上欲望的需要，由此推动社会的发展和人类的前进。如果"需要"是指后者，即有购买能力的需求，那么社会生产和人民消费需求的关系就要看是什么社会制度了。在资本主义社会制度下，社会生产与有效需求的关系受到资本经济基本矛盾的制约，人民有效需求总是落后于不断扩大的社会生产，因此经常发生生产过剩并爆发周期性经济危机。在社会主义社会制度下，公有制经济和按劳分配制度，再加上有计划的调节和综合平衡，一般不应发生有效需求不足和生产过剩问题。但在过去传统计划经济下，因大锅饭、软预算体制，导致短缺经济现象，往往出现有效需求过多而生产供应不足。这是传统计划经济的一个缺陷。但无论如何，社会主义社会一般不应发生有效需求不足和生产过剩的与社会主义本质宗旨相扭曲的现象。问题在于现在初级阶段不是完整的社会主义。除了社会主义经济成分外，还允许私企、外企等资本主义经济存在和发展，因此资本主义经济规律的作用就渗透到初级阶段社会主义经济中来，发生局部的生产过剩和内需不足的问题。对于这次世界资本主义周期性经济危机过程中，中国为什么被卷进去，为什么中国在这个危机中表现得比资本主义国家好，也要从上述道理来解释，才讲得通。我在《求是内参》2009 年第 14 期发表的《当前世界经济危机中中国的表现与中国特色社会主义模式的关系》一文中，讲了这个问题。

初级阶段的主要矛盾，决定了十一届三中全会以来我党工作重点转移到经济建设为中心，这是万分正确的。"经济建设"或"经济发展"要做什么事情？简单地说主要是两件事情：一是把 GDP（或蛋糕）做大，经济实力做强；二是把 GDP（蛋糕）分好，让人民共享发展成果。从全局来看，当然要两者并重，但在初级阶段确有先后次序，先做大蛋糕，然后分好蛋糕，也说得通；但到一定时候就要两者并重，甚至把分好蛋糕放在"更加注重"的地位，因为不这样做就难以进一步做大蛋糕。政治经济学应该强调现在我们已经到了这个时期。按照邓小平的意见，在 20 世纪末达到小康水平的时候就要突出地提出和解决贫富差距问题，[①]　就是说，从世纪之交开始，我们就应在做大蛋糕的同时，开始注意分好蛋糕，并把后者放在经济工作的突出地位。现在，两极分化的趋势远比 2000 年时严重得多，更应把这一方面的工作作为经济工作的重点，即中心的重点。当然，做大蛋糕还是很重要，现在我国经济总量已超过日本居世界第二，但是人均还不到日本的十分之一，所以还要继续做大蛋糕，仍然包含在这个中心里面。不过中心的重点现在应当是分好蛋糕，更加重视社会公平。这是全体人民切身关心的问题，也符合社会主义的本质、宗旨。邓小平说，"分配的问题大得很"，"解决这个问题比解决发展起来的问题还困难"。[②]　就是说，分好蛋糕比做大蛋糕更难，所以需要我们

---

①　《邓小平年谱（一九七五——一九九七）》（下），中央文献出版社 2004 年版，第 1343 页。

②　《邓小平年谱（一九七五——一九九七）》（下），中央文献出版社 2004 年版，第 1364 页。

全党高度重视，悉心研究这个中心之中的重点的大难题，解决这个大难题。

社会主义初级阶段的主要矛盾不是阶级矛盾。但是，不能否认，社会主义初级阶段还存在阶级、阶级矛盾和阶级斗争。在某种条件下还很激烈，并有可能激化。当前的许多论述，为了求得最大公约数根本不提阶级、阶级矛盾和阶级斗争，乃至变相宣扬阶级消亡和阶级斗争熄灭，都是不正确的。阶级矛盾和阶级斗争仍将"在一定范围内"长期存在，在哪些范围？首先，在政治思想领域和意识形态领域存在，这是很明显的，毛泽东早已指出过了。现在很时髦的新自由主义思潮、民主社会主义思潮、历史虚无主义思潮、普世价值思潮……还有西山会议、零八宪章等事件，不都是阶级斗争在意识形态和政治思想领域的表现吗？其次，即便在经济领域也有某些表现，例如，不仅私营企业不重视解决劳资矛盾，放任自流，产生大量劳资纠纷，就是在某些异化了的国有企业中也存在着高管阶层与普通职工的对立。如果政治经济学回避对资本两面性作客观科学地分析，只讲他们是"社会主义建设者"的积极一面（这当然不错），而不讲生产关系中的那些消极面，对此完全漠视和回避，那还称什么科学？客观地分析社会主义初级阶段中的阶级、阶级矛盾和阶级斗争，是马克思主义政治经济学这门科学义不容辞、责无旁贷的事情。不错，我们需要社会和谐，社会主义社会基本矛盾的性质是非对抗性的，它的解决不需要像资本主义社会那样采取剧烈的阶级斗争方式，而是可以依靠社会主义制度自身的力量，在社会主义社会制度的自我完善中得到解决。但是，如果仅凭这一点就认为万事大吉，高枕无忧了，从此淡化阶级、阶级矛盾和阶级斗争，那就大错特错了，只会纵容资本消极面无限放大，助长劳资对立，不但没有消除社会不稳定因素，反而制造出新的社会矛盾，滋长不稳定因素，何谈给未来创造和谐可持续发展的空间、环境和条件？

不同于其他社会制度的社会主义本质特征

社会主义本质是指社会主义制度不同于封建主义和资本主义制度等社会制度的最根本的特征。这个论述就生产关系来说，是正确的，但不能完整地解释邓小平 1992 年南方谈话提出的社会主义本质。[①] 邓小平那次讲的社会主义本质包含生产力和生产关系两个方面。生产力方面的特征是"解放生产力，发展生产力"。生产关系方面的特征是"消灭剥削、消除两极分化，最终达到共同富裕"。生产关系方面的社会主义特征确实是不同于资本主义等社会制度的特征。而生产力方面的特征则不能这么说，因为其他社会制度在成立的初期也是"解放生产力，发展生产力"。马克思和恩格斯在《共产党宣言》中，就描述过资本主义制度初期发展生产力的巨大功绩，说："资产阶级在它的不到一百年的阶级统治中所创造的生产力，比过去一切世代创造的全部生产力还要多，还要大。"[②]

邓小平这次谈话之所以把"解放生产力，发展生产力"包括在社会主义的本质特征中，是针对当时中国生产力发展还极其落后，而"四人帮"又在搞什么"贫穷的社会主义"，阻碍着中国生产力的发展，提醒人们注意中国的社会主义更需要发展生产力，以克服贫穷落后的紧迫性。这样讲是必要的。如果设想社会主义革命在生产力高度发达的资本主义国家取得胜利，就不会有把"解放和发展生产力"当作社会主义的本质特征和

---

① 《邓小平年谱（一九七五——一九九七）》（下），中央文献出版社 2004 年版，第 1343 页。

② 《马克思恩格斯选集》第 1 卷，人民出版社 1995 年版，第 277 页。

根本任务的说法，而只能是消灭剥削、消除两极分化，最终达到共同富裕。

邓小平还有一篇讲话涉及社会主义"本质"问题。1990 年 12 月 24 日他同江泽民、杨尚昆、李鹏谈话时指出，"社会主义最大的优越性就是共同富裕，这是体现社会主义本质的一个东西"①。这是与南方谈话中讲的"消灭剥削、消除两极分化"相通的，都是讲的生产关系，但是不包括生产力方面的东西。

邓小平讲社会主义"本质"的地方并不多，只找到上面两例。他大量讲的是社会主义的"性质""原则""两个最根本的原则""最重要的原则""两个非常重要的方面"。② 概括起来，一个是公有制为主体，一个是共同富裕，不搞两极分化。他反复地讲这两点，而这两点同 1992 年南方谈话所谈的社会主义本质的生产关系方面又是完全一致的。

邓小平之所以反复强调社会主义本质、性质、原则中的生产关系方面的东西，就是因为不同社会制度相区别的本质特征是在生产关系方面，不是在生产力方面。马克思主义政治经济学的研究对象是，联系生产力和上层建筑，来研究生产关系；着眼于完善生产关系和上层建筑，来促进生产力的发展。所以，在社会主义本质问题的研究和阐述上，主要的功夫应该下在生产关系方面，强调社会主义区别于资本主义的本质在于消灭剥削和两极分化，它的根本原则在于公有制为主体和共同富裕。

事实上，目前的许多教材在社会主义性质问题分析上，对于发展生产力方面阐述得比较周详，这当然是必要的；但对于生产关系方面的阐述偏弱，这是不足之处。为什么会有这种偏向？其

---

① 《邓小平年谱（一九七五——一九九七）》（下），中央文献出版社 2004 年版，第 1324 页。

② 《邓小平年谱（一九七五——一九九七）》（下），中央文献出版社 2004 年版，第 1033、1069、1075、1078、1091 页。

原因大概是由于社会主义初级阶段的实践，实际上不能完全消除剩余价值生产，并且出现两极分化的趋向。一些就其性质来说不是社会主义的生产关系，只要适应社会主义初期阶段的生产力水平，能够推动生产力的发展，也应该容许存在和发展。初级阶段社会主义为了发展生产力，势必要允许一部分人先富起来，但先富必须是合法的、正常的手段和途径，不提倡走所谓的"捷径""门道"，而且最终要走向共同富裕，只有这样，整个社会才能实现良性的可持续的发展。任由剩余价值生产和两极分化，鼓励一口吃出胖子，追求一夜暴富，都有悖社会主义本质论，也是社会主义制度所不容许的。

　　社会主义本质论同它的发展阶段即社会主义初级阶段的实践之间的矛盾，使得一些理论阐释者更侧重于强调生产力方面，弱化生产关系方面。但是，我们需要清醒地认识到，邓小平社会主义理论的重点核心，还是在生产关系方面。不然，为什么他说"如果我们的政策导致两极分化，我们就失败了"。[①] 这个理论假设上的"如果"，也是就生产关系来说的。"失败"是指在假设的情况下，社会主义生产关系要遭受挫折，并不是指生产力。即使在那样（假设的）情况下，生产力短期内仍可能有很大的发展。

　　怎样才能解决社会主义本质论和社会主义初级阶段实践之间的矛盾呢？这是需要政治经济学来研究和解答的问题。

　　政治经济学关于社会主义本质的内涵，应根据前述邓小平在众多场合所讲的精神，恢复其不同于其他社会制度的最根本特征，即生产关系方面的含义，而淡化他仅仅在一处（南方谈话）顺便提及的生产力方面的含义。当然，发展生产力不论对于贫穷落后的中国建立社会主义来说还是对于准备为未来共产主义社会奠定物质基础来说，都是非常非常重要的，邓小平对

————————

　　① 《邓小平文选》第 3 卷，人民出版社 1993 年版，第 111 页。

这些问题也有多处丰富的论述,① 可以另辟一个范畴,用邓小平自己概括的"社会主义的根本任务是发展生产力"来专述发展生产力的重要性方面的问题,而让"社会主义本质论"专论生产关系的内涵。

在明确了社会主义本质就是区别于资本主义的特征即"消灭剥削、消除两极分化,最终达到共同富裕"之后,就可以进一步解决本质论与初级阶段实践之间的矛盾。社会主义本质是适用于整个社会主义历史时期的,包括初级阶段。在社会主义初级阶段,除了社会主义的主导因素包括公有制和按劳分配,还必须容许非公有制经济如私营经济形式、按要素分配方式存在。由于非公有制经济和资本积累规律在起作用,必然有剩余价值生产和两极分化趋势的出现。社会主义就其本质来说是不容许存在剩余价值生产和两极分化,但在社会主义初级阶段,为了发展生产力,需要各种生产要素积极参与,充分调动主动性,并适当加以调节和限制,规范和引导到有利于社会主义的方向上来。

如果我们细心考察我国的根本大法就会发现,宪法对此有明文规定和措施,就是对基本经济制度规定了公有制为主体,对分配制度规定了按劳分配为主。这些规定就是为了节制私营经济和按资分配过度发展,使其不至于超过、进而妨碍公有制为主体和按劳分配为主的地位,并演变为私有化、两极分化和社会变质。只有认真、坚决、彻底贯彻实行宪法的这两条规定,才能够在社会主义初级阶段保证社会主义本质的逐步真正实现。不然的话,就会发生前述邓小平担心的后果,那是必须从一开始就要防范和化解的,预防灾难性后果出现。

① 《邓小平文选》第3卷,人民出版社1993年版,第137、157、199、225、227页。

社会主义市场经济是有计划的

马克思主义认为，在共同的社会生产中，国民经济要实行有计划按比例的发展。"有计划按比例"并不等于传统的行政指令性的计划经济。改革后，我们革除传统计划经济的弊病，适应初级阶段的国情，建立了社会主义市场经济体制。但是不能丢掉公有制下有计划按比例的经济规律。政治经济学尤其不能忘记这一点。

1992 年党的十四大提出建立社会主义市场经济体制的改革目标，是在邓小平"计划与市场两种手段都可以用"的南方谈话精神下制定的。江泽民同志于党的十四大前夕在中央党校讲话，列举了改革目标的三种提法：（1）社会主义有计划的市场经济；（2）计划与市场相结合的社会主义商品经济；（3）社会主义市场经济。这三种提法当时并无高下之分，都可以选择。江泽民选择了"社会主义市场经济"，把"有计划"三个字去掉了。但是江泽民随即说："有计划的商品经济，也就是有计划的市场经济。社会主义经济从一开始就是有计划的，这在人们的脑子里和认识上一直是清楚的，不会因为提法中不出现'有计划'三个字，就发生是不是取消了计划性的疑问。"[1] 党的十四大之所以在改革目标的文字上取消了"有计划"三个字，而由江泽民在会前的口头解释中讲明这并不意味着取消社会主义的"计划性"，这与当时传统计划经济的影响还相当严重，而市场经济的概念尚未深入人心的情况有关；为了提高市场在人们心中的地位，推动市场经济概念为社会公众所接受，才这样提出来的——删掉了"有计划"三个字，加上"社会主义"四个极有分量的定语，而"社会主义从一

---

[1] 中共中央文献研究室：《改革开放三十年重要文献选编》（上），中央文献出版社 2008 年版，第 647 页。

开始就是有计划的"！这样，党的十四大改革目标的精神就很完整
了。我当时就认为党中央这样做用心良苦，非常正确。可是今天
对党的十四大改革目标提法的精神能够真正理解的人却不多了。

　　现在，市场经济在我国已实行将近 20 年，计划离我们渐行渐
远。由于历史原因，我们过去过于相信传统的计划经济时过境迁，
一些同志从迷信计划变成迷信市场，从一个极端走到另一个极端。
"十一五"计划改称为"规划"，一字之差就大做文章，说我们离
计划经济更远了。我并不反对"计划"改称"规划"，反正都是
一样，但是难道只有"规划"才有指导性、战略性、灵活性，
"计划"不是也有指令性计划、指导性计划、战略性计划、预测性
计划吗？

　　本来我们要建立的市场经济，如党的十四大所说，就是国家
宏观调控下的市场经济。这些年国家对经济的宏观调控在不断完
善前进。特别是十四大以来，我们在短期宏观调控上，先后取得
了治理通胀和治理通缩的成功经验。但在宏观调控工作中，国家
计划对短期和长期的宏观经济的指导作用明显减弱；计划本身多
是政策汇编性的，很少有约束性、问责性的指标任务；中央计划
与地方计划脱节，前者控制不了后者追求 GDP 的情结；计划的要
求与实际完成的数字相差甚远，完全失去了导向的意义。所有这
些，影响到宏观经济管理的实效，造成社会经济发展中的许多失
衡问题。

　　在这样的情况下，政治经济学教材重申社会主义市场经济也
有"计划性"，很有必要。2008 年党的十七大重新提出"发挥国
家发展规划、计划、产业政策在宏观调控中的导向作用"[①]，就是
针对我国经济实践中计划工作削弱和思想意识中计划观念的淡化

---

①　中共中央文献研究室：《改革开放三十年重要文献选编》（下），中央文献出版
社 2008 年版，第 1726 页。

边缘化而提出的。我们不仅要在实践中切实贯彻党的十七大这一方针，而且要在理论宣传工作中重新强调社会主义市场经济的计划性，恢复前述党的十四大关于改革目标的整体精神。这首先是政治经济学教材的任务。

社会主义市场经济必须有健全的宏观调控体制，这当然是正确的。但是 1985 年"巴山轮"会议上，匈牙利经济学家科尔奈建议我国建立宏观调控下市场经济体制的时候，法国经济学家阿尔约伯特说，他们法国就实行这种体制。① 所以宏观调控下市场经济并非社会主义国家经济体制独有的特色，资本主义国家也有。那么我们社会主义国家宏观调控下的市场经济怎样区别于资本主义国家呢？除了基本经济制度的区别外，就在于社会主义市场经济还有计划性，还有国家计划的指导。少数市场经济国家如日、韩、法曾设有企划厅之类的机构，编有零星的预测性计划。英美等多数市场经济国家只有财政货币政策等手段，没有采取计划手段来调控经济。但我们以公有制经济为主体的社会主义大国有必要也

---

① 1984 年 10 月召开十二届三中全会，通过了《关于经济体制改革的决定》，但是当年第四季度投资猛增，消费增长过快，银行信贷失控，物价上涨幅度达到 10%，出现改革六年来前所未有的现象。在这种背景下，中国经济体制改革研究会、中国社会科学院和世界银行驻京办事处在 1985 年 9 月 2 日至 7 日在重庆至武汉的"巴山号"游轮上联合召开"宏观经济管理国际研讨会"，历时 6 天。会议邀请了 1981 年度诺贝尔经济学奖获得者、美国耶鲁大学经济学教授詹姆斯·托宾；英国剑桥大学教授、格拉斯哥大学名誉校长阿来克·凯恩克劳斯；牛津大学安瑟尼学院高级研究员弗拉基米尔·布鲁斯；联邦德国证券抵押银行理事长奥托玛·埃明格尔；匈牙利科学院经济研究所研究部主任诺什·科尔奈；南斯拉夫政府经济改革执行委员会委员亚历山大·巴伊特；日本兴业银行董事、调查部部长小林实；世界银行驻中国首席代表、菲律宾籍华人林重庚，中方代表都是参与国家经济决策的高参，有国务院发展研究中心名誉主任薛暮桥；国务院经济技术社会发展研究中心总干事马洪；中国社会科学院副院长刘国光；国家经济体制改革委员会副主任安志文（兼党组书记）；体改委副主任童大林、高尚全；国务院发展研究中心研究员吴敬琏、中国社会科学院经济研究所代所长赵人伟、财贸经济研究所所长张卓元、工业经济研究所所长周叔莲等。列席会议的还有财政部综合计划司副司长项怀诚，体改委秘书长洪虎，国办研究室主任楼继伟，中国社会科学院博士研究生郭树清。（编者注）

有可能在宏观调控中运用计划手段，指导国民经济有计划按比例发展。这也是社会主义市场经济的优越性所在。

"宏观经济管理国际讨论会"（简称巴山轮会议）
1985 年 9 月 2 日至 7 日在重庆至武汉的巴山号游轮召开

宏观调控有几项手段，最重要的是计划、财政、货币三者。党的十四大报告特别指出"国家计划是宏观调控的重要手段之一"①，没有指财政、货币政策。不是说财政、货币政策不重要，而是财政、货币政策是由国家宏观计划来导向的。党的十七大也强调国家计划在宏观调控中的导向作用。所以，国家计划与宏观调控不可分，是宏观调控的主心骨。宏观调控下的市场经济也可以被称为国家宏观计划调控下的市场经济，这就是社会主义有计划的市场经济不同于资本主义在宏观调控下的市场经济的地方。

国家计划在宏观调控中的导向作用，不同于"传统计划经

① 中共中央文献研究室：《改革开放三十年重要文献选编》（上），中央文献出版社 2008 年版，第 660 页。

济"。现在我们在理论上说明了社会主义市场经济是有计划性的，实践上十七大又重新强调国家计划在宏观调控中的导向作用，这是不是如同某些人责难说的，"又要回到传统的计划经济去呢"？我认为不是这样的，这是计划与市场在改革更高层次上的结合。第一，现在的国家计划不是既管宏观又管微观、无所不包的计划，而是主要管宏观，微观的事情主要由市场去管。第二，资源配置的基础性手段是市场，计划是弥补市场缺陷不足的必要手段。第三，现在的计划主要不再是行政指令性的，而是指导性的、战略性的、预测性的计划，同时必须有导向作用和必要的约束、问责功能。就是说，也要有一定的指令内容，不是编制了以后放在一边不闻不问了。

"十二五"规划是十七大后第一次编制和执行的中长期计划，对扭转我国发展方式和社会关系存在的问题有十分重大的意义。要在规划的制定和执行过程中，真正落实十七大和十七届五中全会精神，在"十二五"期间，努力改进国家计划和宏观调控工作，使其名副其实地对国民经济社会发展起指导作用。我们要在转变发展方式的前提下保持经济的适度增长；在巩固社会主义基本经济制度的前提下促进公私经济的发展；在更加重视社会公平的原则下扭转贫富差距分化的趋势。实现这些目标，单靠市场经济是做不到的，要借助于国家宏观计划调控。宏观计划调控的权力必须集中在中央手里，地方计划必须服从全国统一计划。我赞成一些同志的建议，地方不再制定以 GDP 为牵头和无所不包的地方国民经济计划，而以地方财力和中央转移支付的财力为主，编制地方经济社会建设计划，加强地方政府的市场监督、社会管理、公共服务的功能。政府配置资源的作用仍要有，尤其是重大的结构调整、重大基础建设等。资本主义国家在发生危机时，也不排除暂时实行所谓"社会主义的政策"，如国有化，何况社会主义国家，更不能一切交给市场，还要讲市场与计划两种手段相结合。

关于社会主义基本经济制度的一些问题

　　社会主义市场经济与资本主义市场经济的又一个根本区别在于基本经济制度不同。前者以社会主义初级阶段的基本经济制度为基础，不同于资本主义私有制。社会主义初级阶段的基本经济制度是公有制为主体、多种所有制经济共同发展的经济结构。坚持这一基本经济制度是维系社会主义市场经济的前提。十七届五中全会又再次重申"要坚持和完善基本经济制度"。坚持这一基本制度必须既不能搞私有化，也不能搞单一公有制。这是十七届四中全会提出要划清四个重要界限里面的一条，十分重要。不过要进一步研究，"私有化"和"单一化"这两个错误倾向，哪一个目前是主要的。单一公有制是过去片面追求"一大二公三纯"时代的产物，现在似乎没有人主张那一套，有也是极其个别的极"左"人士。当前的主要错误倾向不是单一公有制，而是私有化。有大量的言论和事实证明，当前私有化的危险确实严重存在。马克思主义的政治经济学不能不看到这些大量的言论和事实。对私有化和单一公有化两种倾向各打五十大板，看似公允，实则避重就轻，不中要害，把私有化这种错误倾向一笔带过，对它的实质性危害根本没有清醒的认识。

　　马克思主义评价所有制的标准，并不只看所有制成分的比重，这是对的。但是马克思主义也不主张不看比重。公有制在国民经济中的比重不断降低，降得很低，以趋于零，那还算是什么社会主义？现在连国家统计局局长都在讲我国的经济成分一直是"公降私升"，国有经济比重一直不停地在下降，宏观上并不存在右派精英攻击的所谓"国进民退"；微观上"有进有退"，案例多是"国退民进"，局部个别案例中的所谓"国进民退"，也并非没有道理。总之，客观上我国经济这些年来一直是"公降私升"，"国

"退民进"究竟要退到什么地步，才算合适？记得江泽民讲过，公有制比重的减少也是有限制有前提的，就是不能影响公有制的主体地位。现在有不少人对公有制是否还是主体有疑虑。解除人们疑虑的办法之一就是用统计数字来说明。马克思主义政治经济学应当负起这个责任，解除公众的疑虑，坚定人们对社会主义初级阶段基本经济制度的信心。

基本经济制度不但要求公有制经济占主体地位，还要求国有经济起主导作用。而要对经济起主导作用，国家应控制国民经济命脉，国有经济的控制力、影响力和竞争力得到增强。在社会主义经济中，国有经济的作用不是像资本主义制度那样，主要从事私营企业不愿意经营的部门，补充私人企业和市场机制的不足，而是为了实现国民经济的持续稳定协调发展，巩固和完善社会主义制度。为了实现国民经济的持续稳定协调发展，国有经济就应主要集中于能源、交通、通信、金融、基础设施和支柱产业等关系国民经济命脉的重要行业和关键领域，在这些行业和领域应该为"绝对的控制力""较强的控制力""国有资本要保持独资或绝对控股"或"有条件的相对控股"，国有经济对这些部门保持控制力，是为了对国民经济进行有计划的调控，以利于它的持续稳定协调发展。

除了帮助政府实行对国民经济有计划的调整外，国有经济还有另一项任务，即保证社会正义和公平的经济基础，对那些对于政府调控经济不重要，但是对于保障正义和公平非常重要的竞争性领域的国有资产，也应该视同"重要"和"关键"的领域，要力争搞好。所以，不但要保持国有经济在具有自然垄断性的关系经济命脉部门领域的控制力，而且同时要保障国有经济在竞争性领域的发展，发挥它们在稳定和增加就业、保障社会福利和提供公共服务方面的作用，增强国家转移支付和实行公平再分配的经济能力和实力。有竞争力的国有企业为什么不能在竞争性领域发展，利润收入只让私企独占？所以，中央对竞争性领域的国有经济一向坚持"有进有退"，发挥其竞争力的政策。当然，竞争性领域应向民营企业开放，做到应放尽放，不打折扣，让它们相互之间充分竞争并与国企竞争。这些都要在政治经济学教科书中斩钉截铁地讲出来，交待得一清二楚。

私有化主张者不仅要求国有经济完全退出竞争领域，他们还要求国有经济退出关系国民经济命脉的重要行业和关键领域。他们把国有经济在这些行业领域的控制和优势地位冠以"垄断行业""垄断企业"，不分青红皂白地攻击国有企业利用政府行政权力进行垄断。有人主张垄断行业改革措施之一就是创造条件鼓励民营企业进入这些"垄断行业"。这正是私有化主张者梦寐以求的。因为这些垄断行业一般都是高额利润行业。应当明确，有关国家安全和经济命脉的战略性部门及自然垄断产业，问题的关键不在于有没有控制和垄断，而在于谁来控制和垄断。一般说来，这些特殊部门和行业，由公有制企业经营要比非公有制企业能更好地顾全大局，充分体现国家的战略利益和社会公众利益。

行政性垄断的弊病是应当革除的。革除的办法与一般国企改革没有太大的差别，就是实行政企分开，政资分开，公司化改革，建立现代企业制度，收入分配制度的改革，健全法制和监管制度，等等。恢复企业利润上缴国库和调整高管薪酬待遇，是当前国企收入分配改革中人们关注的焦点。另外还有一个完善职工代表大会制度的改革，使之成为真正代表劳动者权益的机构。如果职工真正有权监督国企重组，像吉林通钢那样的悲惨事情也不会发生了。

民营经济在社会主义初级阶段的基本经济制度中有其地位，应当充分阐述包括私营经济在内的非公有制经济对促进我国生产力发展有积极作用。但是，私营经济天然地具有两重性，除了有利于发展生产力的积极一面外，还具有生产关系方面的消极一面。

这消极面在社会主义初级阶段尚未充分展开，这时就应当及时规范和约束，以促进它良性发展，符合社会主义市场经济的发展方向，不能任由剩余价值生产追逐私利这一本性淋漓尽致地发挥，否则，必然会产生一系列不良的社会后果，如劳资纠纷、两极分化等。作为马克思主义政治经济学不可不察，对私营经济的消极面需要规范、引导和预防措施，化消极为积极，我们的工作才能化被动为主动，迎来社会主义市场经济的繁荣局面。

针对私营经济和私营企业主客观存在的两面性，除了引导他们在适当的行业合法经营、健康发展外，还要对其不合法不健康的经营行为进行限制，对其经营的领域进行必要的节制，孙中山当年还打出"节制资本"口号呢。如不允许其控制命脉重要部门、不允许进入垄断部门。这些部门天然是高利润部门，而且关系国家和公众利益、安全，应当由公有制经济来承担。

关于收入分配

生产决定分配，不同的所有制关系决定不同的收入分配制度，只有在生产资料社会占有的基础上，才能形成按劳分配为主体的分配关系。这是马克思主义政治经济学的原理。个人收入划分为"劳动收入"和"非劳动收入"，这一对概念的引入很重要，它是与另一对概念"按劳分配收入"和"按要素分配收入"相对应的，但有些交叉。人们讲按生产要素分配时，生产要素包括了资本、知识、技术、信息、管理、土地等项。但马克思主义政治经济学是把技术和管理当作"复杂劳动"来看待的，其所得收入也应被看作"劳动收入"或"复杂劳动的收入"。知识、信息、专利等可以是资本化的产权，可以转让，属于资本的范畴，其所得收入也应视为资本收入。房地租收入也可以资本化，其性质可以等同视之。所以，个人收入划分为劳动收入和非劳动收入，按要素分配收入实质上是按资本分配收入。这一概念的澄清十分重要。它立刻把初次分配的核心带到劳动与资本的关系，即 V∶M 的关系问题上来。由于国民收入初次分配中不同经济主体的收入获得是与生产要素的占有状况相联系的，尤其是非劳动生产要素（主要是资本）参与分配，在个人拥有非劳动生产要素的差异逐渐扩大、少数人财产性收入不断叠加累积的情况下，初次分配的结果必然产生越来越大的收入差距，出现分配的不公平现象。

在分析我国贫富差距不断扩大的原因时，人们列举了很多缘由，诸如城乡差异扩大、地区不平衡加剧、行业垄断、腐败、公共产品供应不均、再分配措施落后，等等，不一而足。这些缘由都言之有理，也是必须应对的，但这些原因不是最主要的。收入分配差距扩大的根本原因被有意无意地忽略了。

收入分配不公源于初次分配，而初次分配中影响最大的核心问题在于 V∶M 的关系，即劳动收入与资本收入的关系。这就涉及生产关系和财产关系问题了。财产占有上的差别往往是收入差别最重大的影响因素。即使西方资产阶级经济学家萨缪尔森都承认，"收入差别最主要的是拥有财富多寡造成的，和财产差别相比，个人能力的差别是微不足道的"；又说"财产所有权是收入差别的第一位原因，往下依次是个人能力、教育、培训、机会和健康"。①西方经济学大师的这一说法是科学的。如果用马克思主义政治经济学语言，可以说得更加透彻。分配决定于生产，不同的生产方式、生产关系，决定了不同的分配方式、分配关系。与资本主义私有制生产方式相适应的分配方式是按要素（主要是按资本）分配，而与社会主义公有制生产方式相适应的分配方式则是按劳分配。马克思主义政治经济学历来是这样讲的。在社会主义初级阶

---

① ［美］萨缪尔森：《经济学》（下），高鸿业译，商务印书馆 1979 年版，第 231 页。

段，由于我们在坚持社会主义道路前提下允许一些资本主义因素在一定范围内存在，所以允许同时实行按资本和其他非劳动要素分配，但这种分配方式只能处于从属地位，为主的应是按劳分配。这是由所有制结构以公有制为主决定的。

以上是规范的政治经济学所论。但实证的政治经济学却发现，"现在我国国民收入分配已由按劳分配为主转向按要素（即资本）为主"①。另一篇文章提出，"从资本主义市场经济一般规律和我国市场经济发展的实际进程可以知道，这一分配方式的变化所带来的后果，就是随着私人产权的相对扩大，资本的收入分配也相应扩大，劳动收入的份额相对缩小，从而扩大收入差距。绝对富裕和相对贫困的并行，秘密就在这里"②。我国贫富差距的扩大，除了前述的一系列重要原因外，跟所有制结构的变化，跟"公降私升"、跟"化公为私"的私有化和过度市场化过程，有着解不开的紧密联系，这已是不争的事实。

讲清了收入差距扩大形成的原因，就可以找到治理途径和政策措施。今年以来，调整收入分配一词以前所未有的密集度出现在我国官方表述中。政府领导人多次讲了改革分配制度的决心和方案思路。总的看来，在考虑调整收入分配关系和缩小贫富差距时，人们往往倾向于从分配领域本身着手，特别是从财政税收转移支付与再分配领域着手，改变低收入者的民生状况，完善社会保障和公共福利，等等。这些措施是完全必要的，我们现在也开始这样做了，但做得还很不够，还要加多措施、加大力度，如个人所得税起征点和累进率的调整，财产税、遗产税、奢侈品消费税的开征，并以此为财源，增强对社会保障、公共福利和改善低

---

① 武力、温锐：《1992 年以来收入分配变化刍议》，《中国经济时报》2006 年 5 月 26 日。

② 刘国光：《关于分配与所有制关系若干问题的思考》，《红旗文稿》2007 年第 24 期。

收入者生活的支付，等等。但仅仅从分配和再分配领域着手，还是远远不够的，不能从根本上扭转贫富收入差距扩大的问题，还要从所有制结构，从财产关系上直面这一问题。也就是说，我们要从巩固社会主义初级阶段基本经济制度的角度来解决这一问题，强化公有制的地位，发展多种经济成分，同时弱化私有倾向和私有预期，有效地阻止贫富差距继续扩大向两极分化推进的趋势，最终实现共同富裕。这就是邓小平所说的"只要我国经济中公有制占主体地位，就可以避免两极分化"，又说"基本的生产资料归国家所有，归集体所有，就是说归公有"，就"不会产生新资产阶级"。① 这是非常深刻的论断。政治经济学教科书不能丢了这个论断。它指明社会主义初级阶段容许私人产权的发展，容许按要素（主要是资本）分配收入，但这一切都要以公有制和按劳分配为主为前提，不能让私有制代替公有制为主体，也应该扭转按资分配代替按劳分配为主的趋势。那种让私人资本向高利行业渗透（关系国民经济命脉的重要部门和关键领域，连孙中山节制资本口号也反对这样做），那种突出鼓励增加"财产性收入"（只能使富人财产越来越富，而大多数工农大众从微薄财产中获得蝇头小利）之类的政策，只能促使收入差距和财富差距进一步扩大，都应该调整。只要保持和强化公有制这个主体，贫富差距就不会恶性发展到两极分化的程度，可以控制在合理的限度以内，最终走向共同富裕的目标。否则，两极分化、社会分裂是不可避免的。

---

① 《邓小平文选》第 3 卷，人民出版社 1993 年版，第 91 页。

第五部分

若干历史经历的回顾与小结

计划与市场关系变革的三十年
及我在此过程中的一些经历[*]

（2008 年 10 月）

解放思想激发对计划与市场关系的探索

十一届三中全会邓小平提出解放思想实事求是的思想路线，使经济理论工作者开始摆脱种种教条主义观点的束缚。如何在社会主义条件下按照客观经济规律办事，成为经济理论界探讨的焦点。其中一个有关经济全局的问题是，如何认识和处理社会主义条件下计划与市场的关系。

在十一届三中全会精神鼓舞下，我和中国社会科学院经济研究所赵人伟在 1978 年末 1979 年初着手研究这个问题，并把研究成果《论社会主义经济中计划与市场的关系》报送中国社会科学院，接着提交 1979 年 4 月由薛暮桥和孙冶方领衔在无锡召开的"商品经济与价格规律"讨论会。文章突破了过去关于计划与市场在社会主义经济中相互排斥、不能结合的传统认识，深入论证了社会主义经济中计划与市场的关系，既不是互相排斥，也不是由

---

* 本文原载魏礼群主编《改革开放三十年见证与回顾》，中国言实出版社 2008 年版。

外在的原因所产生的一种形式上的凑合，而是由社会主义经济本质所决定的内在有机结合。为了确保国民经济各部门、各地区的协调发展，为了维护整个社会公共利益和正确处理各方面的物质利益关系，必须在计划经济的条件下利用市场，在利用市场机制的同时，加强国家计划的调节。

因为文章触及了当时中国经济改革的核心问题，受到国内外各方面的重视，引发了广泛的讨论。中共中央党校、国家计委、中国社会科学院等的内部刊物，国内几家重要报刊都全文刊载。大西洋经济学会通过中国社会科学院胡乔木院长，要求我们将此文改写本送该会年会。该会执行主席舒斯特（Helmont Shuster）在发给胡乔木的电函中称，此文受到年会的"热烈欢迎"，认为"学术上有重要意义"，并决定将此文同诺贝尔奖得主詹姆士·E.米德的论文一道全文发表于《大西洋经济评论》1979年12月号（其他文章只发摘要）。

这篇文章在当时产生了重要影响，但现在看来，它还是有时代的局限性，就是仍然在计划经济的框架下提出计划与市场可以而且必须互相结合。这篇文章发表后，邓小平在1979年11月26日会见美国不列颠百科全书出版公司编委会副主席弗兰克·吉布尼时说："社会主义为什么不可以搞市场经济……我们是计划经济为主，也结合市场经济。"① 邓小平是我们党首先提出市场经济的中央领导，他这一次谈话，直到1990年前后才公布出来，长久不为人知。他讲此话的时候，也还是认为"我们是以计划经济为主"。再联想到1984年十二届三中全会划时代地提出"社会主义经济是有计划的商品经济"的同时，也解释说，这"有计划的商

---

① 《邓小平年谱（一九七五——一九九七）》（上），中央文献出版社2004年版，第581页。

品经济"，"就总体说"，即"我国实行的是计划经济"，① 所以，从"以计划经济为主体"的传统理论框架，转向"社会主义市场经济"新的理论框架，还有很长的路要走。

然而，计划与市场互相排斥、不能相容的传统观念，已经破除，坚冰已经打破，开创了传统计划经济向社会主义市场经济逐步转轨的新时代。这是邓小平领导下中国共产党人在思想解放旗帜下获得的一个重大战果。

指令性计划与指导性计划的消长

坚冰打破以后，人们普遍接受了社会主义经济下，计划经济与市场调节可以结合，这是在十一届六中全会和十二大的文件中都讲明了的。但是如何在国民经济的管理中实现这种结合，也就是在计划经济中如何运用价值规律，是一个需要解决的问题。缩小行政指令的管理范围、扩大用经济办法管理经济，中国经济改革最初就是沿着这条思路摸索前进的。

这涉及我国国民经济的具体管理方式问题。过去我们实行的基本上是一套行政指令的计划管理方式。虽然陈云同志早就提出三个主体、一个目标补充的国民经济管理模式，② 但是这一正确主张后来被"左"的政策思想搞得七零八落，难以实现。探索在社会主义经济中计划与市场结合的途径，需要研究国民经济管理方式问题。1982 年 9 月初，我应邀为《人民日报》撰写了《坚持经济体制改革的基本方向》一文。③ 文中提出在处理社会主义经济中计划与市场的关系时，应根据不同情况，对国

---

① 《中共中央关于经济体制改革的决定》，人民出版社 1984 年版，第 18 页。
② 《陈云文选（一九五六——一九八五）》，人民出版社 1986 年版，第 13 页。
③ 刘国光：《坚持经济体制改革的基本方向》，《人民日报》1982 年 9 月 6 日。

民经济采取三种不同的管理形式，即对关系国民经济全局的重
要产品的生产和分配实行指令性计划；对一般产品的生产和销
售实行指导性计划；对品种繁多的日用百货小商品和其他农村
产品实行市场调节下的自由生产和销售。我指出，随着经济调
整工作的进展，随着买方市场的逐步形成，随着价格的合理化，
要逐步缩小指令性计划的范围，扩大指导性计划的范围；指导
性计划的实质就是运用市场调节来进行的计划调节。我还指出，
在保留和完善国民经济的三种管理形式的同时，我们必须着力
研究指导性计划的机制问题，这是社会主义经济的计划与市场
关系中处理难度较大的一个问题，也是我们坚持改革方向必须
解决的一个问题。

　　这篇文章在十二大前送《人民日报》，正好在十二大期间发
表。由于十二大报告中肯定指令性计划在重大范围内是必要的必
不可少的，是完成与国民生计有关的计划项目的保证①，同我的文
章中主张指令性计划范围在今后的改革中应逐步缩小的意思有出
入，所以，十二大文件起草组部分同志认为我动摇了计划经济的
原则，在权威的报刊上以"本报评论员"名义发表了长篇批判文
章，针锋相对地提出"指令性计划是计划经济主要的和基本的形
式"，"只有对重要的产品和企业实行指令性计划，我们的经济才
能成为计划经济"。②

　　当时我并不知道某位领导同志为我的文章曾在 1982 年 9 月 7
日写信给《人民日报》领导人提醒说，发表这样的文章是不慎重
的。在十二大闭幕后，我走出人民大会堂时遇到该领导同志，他

---

　　①　"对于国营经济中关系国计民生的生产资料和消费资料的生产和分配，尤其是对
于关系经济全局的骨干企业，必须实行指令性计划。"参阅中国共产党历次全国代表大会
数据库：http：//www. ccp. people. com. cn/GB/64162/64168/64565/65448/4526430. html.
　　②　本报评论员：《建立更加符合我国情况的计划管理体制》，《人民日报》1982 年
9 月 21 日。

对我说，"你有不同观点可以向中央提出，但在报上发表与中央不一致的观点影响不好，要做检查"。我后来在院党组会上从组织原则上做了检查，但思想上并不认为这些观点有什么错误。

中国改革在实践中不断前进。20 世纪 80 年代初、中期的总趋势是市场调节的分量逐渐增加，而在计划调节的部分，又逐步减少指令性计划的比重，加大指导性计划的比重。两年之后，1984年十二届三中全会的决定证明我的观点是正确的。全会提出我国实行的计划经济，是在公有制基础上的有计划的商品经济，同时指出，实行计划经济不等于指令性计划为主，指令性计划和指导性计划都是计划经济的具体形式，要有步骤地适当缩小指令性计划的范围，适当扩大指导性计划的范围。[①] 当初批判我的同志也认同了这一论点。这说明认识的前进需要一个过程，差不多每一个人都是这么走过来的，一贯正确的人是没有的。过去我也是主张计划经济为主的。在十二届三中全会以前，我对社会主义经济是有计划的商品经济的提法也是有保留的。1982 年我曾提出"首先要把社会主义经济定义为计划经济，其次才能说到它的商品经济属性"[②]，用"商品经济属性的计划经济"这一观念来概括社会主义经济，就反映了我当时的认识水平。

计划与市场：孰轻孰重

1984 年党的十二届三中全会到 1992 年十四大，从确认社会主义经济是有计划的商品经济到提出建立社会主义市场经济体制，这是关于计划与市场关系认识发展的一个重要阶段。

十二届三中全会提出了有计划的商品经济概念，但是，对于有

---

① 《中共中央关于经济体制改革的决定》，人民出版社 1984 年版，第 18 页。

② 刘国光：《不要回到已摒弃的老观念上去》，《光明日报》1982 年 7 月 10 日。

计划的商品经济，究竟是计划经济为主还是商品经济为主，理论界进行了多年的长期争论，莫衷一是。有人说，计划经济还是社会主义的主要特征，商品经济只是附属性质；有人则说，商品经济是社会主义的主要特征，计划经济不是特征，应该从社会主义特征中抹掉。一方面偏重于计划，一方面偏重于市场。正是因为对有计划的商品经济的概念理解不同，人们在对政策的掌握上也不大一样。

1987 年 2 月 6 日，十三大之前，邓小平同志在同几位中央负责人谈话时提出，"不要再讲以计划经济为主了"[①]。所以党的十三大就没有再讲谁为主，而提出了"社会主义有计划商品经济的体制，应该是计划与市场内在统一的体制"；还提出"国家调节市场，市场引导企业"，把国家、市场、企业三者关系的重点，放在市场方面；同时提出，要从直接调控为主转向间接调控为主。[②] 所以，计划与市场的关系，就从十二大时以计划经济为主、市场调节为辅，到十三大转为计划与市场平起平坐，并且逐渐把重点向商品经济、市场经济的方面倾斜。

1989 年之后，情况有所变化。鉴于当时政治经济形势，邓小平同志在 6 月 9 日讲话中将计划与市场关系的提法，调回到"以后还是计划经济与市场调节相结合"[③]，即十二大时的提法。这个提法，从 1989 年后一直用到 1992 年十四大。一段时期，我们的经济工作也转到更多地用中央行政权力来管理经济，市场调节方面稍微差了一些。

由于"计划经济与市场调节相结合"的提法，在理论上还是没有讲清楚到底计划与市场谁为主、谁为辅，所以在 1990 年和

---

① 《邓小平年谱（一九七五——一九九七）》（下），中央文献出版社 2004 年版，第 1168 页。

② 《十三大以来重要文献选编》（上），人民出版社 1991 年版，第 26、27 页。

③ 《邓小平年谱（一九七五——一九九七）》（下），中央文献出版社 2004 年版，第 1280 页。

1991 年理论界还在继续争论，并对改革的目标模式有不同意见。有的主张市场取向；有的反对市场取向，说联合国统计上分类，都把中央计划经济的国家等同于社会主义国家，而把市场经济国家等同于资本主义国家。1990 年 12 月十三届七中全会透露，邓小平说不要把计划与市场的问题跟社会制度联系起来；[①] 1991 年七届人大四次会议重新提出要缩小指令性计划、扩大指导性计划的范围，更多地发挥市场机制的作用。[②] 理论界的争论也由此产生了变化，大家逐渐地倾向于不再把计划与市场跟社会制度联系起来，而更多地看成是资源配置的不同方式。特别是邓小平同志 1992 年南方谈话，清楚地表明计划与市场不是划分社会制度的标志，而是社会主义和资本主义都可以利用的手段，[③] 大多数人由此统一到这一理解上来。

由多年的争论可以看出，在计划与市场关系问题上，经济理论界两种思想情结都是很深刻的：一种是计划经济情结，一种是市场经济情结。双方都不否认对立面的存在，但非常执着地强调自己这一方面的重要性。所以有"为主为辅"的长期争论。其实作为资源配置的手段，计划与市场各有其正面优点与负面缺陷。我们要在社会主义经济中实行两者的结合，其目的就是要把两者的优点长处都发挥出来，避免两者的缺陷和不足。

基于这个信念，在这一段争论的末期，我试图用折中的办法，来解决计划与市场的这种情绪纠葛。1990 年 5 月我在《求是》杂志的讨论会上，1991 年 10 月在全国计划学会第二次代表大会发言中，1991 年 10 月在中共中央党校学术报告会上，以及其他地方，

---

① 《邓小平年谱（一九七五——一九九七）》（下），中央文献出版社 2004 年版，第 1323 页。

② 《中国经济年鉴（1991 年）》，经济管理出版社 1991 年版，第 6—29 页。

③ 《邓小平年谱（一九七五——一九九七）》（下），中央文献出版社 2004 年版，第 1343 页。

都做了这样的努力。

针对计划与市场的两种情结，我提出了两个坚持和破除两个迷信的意见：① 一是我们要坚持市场取向的改革，但不能迷信市场；二是我们要坚持计划调控，但不能迷信计划。简单说来，计划的长处就是能在全社会的范围内集中必要的财力、物力、人力，办几件大事，还可以调节收入，保持社会公正。市场的长处就是能够通过竞争，促进技术和管理的进步，实现产需衔接。但是，计划和市场都不是万能的。有这么几件大事不能完全交给市场、交给价值规律去管：一是经济总量的平衡；二是大的经济结构的及时调整；三是竞争导致垄断问题；四是生态环境问题；五是社会公平问题。这些问题都得由国家的宏观计划调控来干预。但是，计划工作也是人做的，人不免有局限性，有许多不易克服的矛盾：一是由于主观认识落后于客观发展的局限性；二是由于客观信息不对称和搜集、传递、处理上的局限性；三是利益关系的局限性，即计划机构人员观察问题的立场、角度受各种利害关系的约束；等等。这些局限性都可能使宏观计划管理工作偏离客观情势和客观规律，造成失误。所以要不断提高认识水平和觉悟水平，改进我们的宏观计划管理工作，使之符合客观规律和情势的要求。

总之，我们要实行市场取向的改革，但不能迷信市场；要坚持宏观计划调控，但不能迷信计划。我在1990—1991年提出的这些概念，是符合邓小平同志关于计划和市场都可以用的思想，也排除了对计划与市场的片面情结所带来的弊端，从而是顺应十四大关于建立国家宏观调控下社会主义市场经济体制决定的精神的。

---

① 参阅1990年5月《求是》杂志讨论会发言；1991年5月"全国计划学会"第二次代表大会发言；1991年10月中共中央党校学术报告。参阅《刘国光文集》第六卷，中国社会科学出版社2006年版，第291—292、360—364、417—420页。

十四大定音："社会主义市场经济"，
"有计划"三字是省略而不是取消

　　1992 年 10 月中共十四大明确提出，我国经济体制改革的目标是建立社会主义市场经济体制。这是我国计划与市场关系演变过程中的一个里程碑。十四大报告起草时，我有幸参与工作。邓小平同志南方谈话以后，各方面经过学习，对计划与市场的关系，建立新经济体制问题，有了一些新的提法。起草小组就经济体制改革的目标模式问题，归纳各方面意见，整理成三点，也就是 1992 年 6 月 9 日中共中央总书记江泽民同志在中央党校讲话中讲到的关于经济改革目标模式的三种提法："一是建立计划与市场相结合的社会主义商品经济体制，二是建立社会主义有计划的市场经济体制，三是建立社会主义的市场经济体制"①。

　　关于这三种提法，中央领导同志在中央党校讲话前，找我谈了一次，比较倾向于使用"社会主义市场经济体制"的提法，我赞成这个提法，这个提法简明扼要，同时也提出一个意见，如果只用"社会主义市场经济"，不提"有计划的"市场经济，"有计划"这个方面可能被人忽略，而"有计划"对于社会主义经济是非常重要的。江泽民同志说："有计划的商品经济，也就是有计划的市场经济。社会主义经济从一开始就是有计划的，这在人们的脑子里和认识上一直是清楚的，不会因为提法中不出现'有计划'三个字，就发生是不是取消了计划性的疑问。"② 后来他在中央党校讲话里也讲了这段话。我觉得总书记讲得很好，讲的确实是对的。几十年来大家确实都是这样理解的，社会主义就

---

　　① 《江泽民文选》第 1 卷，人民出版社 2006 年版，第 201—202 页。
　　② 《江泽民文选》第 1 卷，人民出版社 2006 年版，第 202 页。

包括"有计划"。

十四大提出建立社会主义市场经济体制，是在国家宏观调控下，让市场在资源配置中起基础性作用。国家宏观调控的手段，除了货币金融，财政税收，还包括国家计划，十四大报告明确指出"国家计划是宏观调控的重要手段之一"[①]；并且货币政策和财政政策，也离不开国家宏观计划的指导。宏观调控本身就是广义的国家计划调控。我们要建立的社会主义市场经济，不是资本主义的市场经济，也不是一般的市场经济，而是社会主义的。社会主义有很丰富的内容，包括公有制为主体、共同富裕的内容，也包含"有计划"的内容。所以说我们的社会主义市场经济是有计划的市场经济，是完全正确的。

为了给十四大提出建立社会主义市场经济体制做理论宣传准备，中共中央几个部门1992年9月19日在怀仁堂联合召开干部大会，举办系列讲座。我在讲座的开篇演讲"社会主义市场经济理论的若干问题"，回顾了对计划与市场认识的曲折演变过程，阐明了若干焦点问题。我说，建立社会主义市场经济新体制，要求我们更加重视和发挥市场在资源配置中的基础作用，"在这个基础上把作为调节手段的计划和市场更好地结合起来。在配置资源的过程中，凡是市场能解决好的，就让市场去解决；市场管不了，或者管不好的就由政府用政策和计划来管。现代市场经济不仅不排斥政府干预和计划指导，而且必须借助和依靠它们来弥补市场自身的缺陷，这是我们在计划经济转向市场经济时不能须臾忘记的"。这也算是我在向市场经济转轨的关口，对于不要忘记"社会主义也是有计划"的一个呼应吧！

---

① 《中国共产党第十四次全国代表大会文件汇编》，人民出版社1992年版，第23页。

十七大重申发挥国家计划在宏观
调控中的导向作用

三十年来，我国的经济运行机制，由传统计划经济逐渐转向社会主义市场经济。市场调节的范围不断扩大，推动了中国经济生动蓬勃地向前发展。现在商品流通总额中，市场调节的部分已经占到90%以上。前几年有人估计，中国市场经济在整体上完成程度已经达到70%左右。所以说社会主义市场经济已经初步建立。当然，目前市场经济还有一些不到位的地方，比如资源要素市场，资本金融市场等，需要进一步发展到位。但是也有因为经验不成熟，犯了市场幼稚病，而发生的过度市场化的地方，如教育、医疗、住宅等领域，不该市场化的部分，都要搞市场化，发展到对市场的迷信，带来十分不良的后果，造成民众的一些痛苦。市场经济在发挥激励竞争、优化资源配置等优越性的同时，它本身所固有的缺陷，特别是在总量平衡上、环境资源保护上及社会公平分配上引发的负面效果，经过三十年的发展，已经充分地显露出来了。一方面经济发展取得了空前的成绩；另一方面社会经济出现了新的矛盾，如资源环境、分配民生等，越积越多。这与国家的宏观计划调控跟不上市场化的进程，有很大的关系。

如前所述，本来我们要建立的市场经济，就是国家宏观调控下的市场经济。这些年来国家对经济的宏观调控在不断完善。特别是十四大以来，我们在短期宏观调控上，先后取得了治理通胀和治理通缩的成功经验。但国家计划对短期和长期的宏观经济导向作用明显减弱。计划本身多是政策汇编性的，很少有约束性、问责性的任务。中央计划与地方计划脱节，前者控制不了后者的 GDP 情结。计划的要求与实际完成数字相去甚远。所有这些，都影响到宏观经济管理的实效，造成了经济社会发展中的许多失衡问题。

正是基于这种情况，党的十七大重新提出"发挥国家发展规划、计划、产业政策在宏观调控中的导向作用，综合运用财政、货币政策，提高宏观调控水平"①。十七大明确提出这个多年没有强调的国家计划的导向性问题，我以为是极有针对性的。它再次提醒我们，社会主义市场经济应该是"有计划"的。

前面已经讲过，宏观调控的主要手段有计划手段、财政手段和货币手段。产业政策属于计划手段。规划也是一种计划。所以主要是三种手段。财政政策、货币政策要有国家计划的指导。所以国家计划与宏观调控是不可分的，可以说前者是后者的主心骨。

在市场经济初步建立之后，市场的积极方面和缺陷方面都充分展现之后，在目前"市场化改革"口号下迷信市场成风、计划大有成为禁区的氛围下，重新强调一下社会主义市场经济也要加强国家宏观计划的作用，如十七大重新强调国家计划在宏观调控下的导向作用，是十分必要的。这不是如同某些人歪曲的要"回到传统计划经济模式"，而是计划与市场在改革的更高层次上的综合。

鉴于十七大重新提出的这个重大问题，在许多学习十七大报告的宣传文章中没有引起足够的注意，我在2007年写了《对十七大报告论述中一些经济问题的理解》② 一文，其中第一条就是阐发"强调国家计划在宏观调控中的导向作用的意义"。最近我又写了《试用马克思主义哲学方法总结改革开放三十年》③ 一文，其中指出，由计划经济向市场经济过渡，再到重新强调国家计划在

---

① 《中国共产党第十七次全国代表大会文件汇编》，人民出版社2007年版，第26页。

② 刘国光：《对十七大报告论述中一些经济问题的理解》，《经济学动态》2008年第1期。

③ 刘国光：《试用马克思主义哲学方法总结改革开放三十年》，《中国社会科学》2008年第6期。

宏观调控中的导向作用，这合乎辩证法的正—反—合的规律。这不是回到过去传统的计划经济的旧模式，而是计划与市场关系在改革新阶段更高层次上的综合。

我这样说是有根据的。现在重新强调国家计划在宏观调控中的导向作用，不同于过去的"传统计划经济"。第一，现在的国家计划不是既管宏观又管微观、无所不包的计划，而是只管宏观，微观的事情主要由市场去管。第二，现在资源配置的基础性手段是市场，计划是弥补市场缺陷与不足的必要手段。第三，现在的计划主要不再是行政指令性的，而是指导性的、战略性的、预测性的计划，同时必须有导向作用和必要的约束、问责功能。

这样的国家计划导向下的宏观调控，是中国特色社会主义市场经济所必备的内涵。所以不应把"计划性"排除在社会主义市场经济含义之外。我们要依此精神，努力改进国家计划工作与宏观调控工作，使之名副其实地起导向作用，指导社会主义市场经济的发展，实现市场和计划在更高层次上的综合。

试用马克思主义哲学方法
总结改革开放三十年*

（2008 年 11 月）

　　一个不会反思的民族，不可能成为伟大的民族。一个民族的伟大，与其百折不挠的民族精神息息相关。改革开放历时 30 年，对于这样一场关系全国人民福祉的伟大运动，我们更应该进行全方位的反思。反思就是总结历史的经验教训。然而，总结经验会有不同的立场、观点和方法。马克思主义者从来不掩饰自己的立场、观点、方法。从马克思主义哲学方法论的角度来分析问题，是我们共产党人的一贯做法和宝贵传统。既然改革开放是用马克思主义普遍原理指导中国具体实践的结果，既然是马克思主义普遍原理与中国改革开放具体实践相结合产生了中国特色社会主义

　　* 为纪念改革开放三十周年而作，刘国光口述，桁林协助整理，原载《中国社会科学》2008 年第 6 期。内容提要：用马克思主义哲学方法对改革开放 30 年作一个总体性的思考，可以看到改革开放的各项政策都经历了一个否定之否定的正、反、合过程，只有不断地对一些新矛盾进行新的反正，才能在更高层次上转向新的综合。辩证地看待改革开放 30 年，我们既要充分肯定 30 年取得的伟大成就，也要看到存在的问题和潜在的风险，包括生产力与生产关系之间的矛盾、经济基础与上层建筑之间的矛盾、生产力内部的矛盾、生产关系内部的矛盾，以及社会意识形态与社会存在的关系等问题。关于经济运行机制，在继续坚持市场改革的同时，要重新强调国家宏观计划调控的作用；关于所有制结构，在坚持多种所有制共同发展的同时，要重新强调"公有制为主体"；关于分配关系，要从"让一部分人先富起来"转向"更加重视社会公平"。（编者注）

理论体系，那么，总结改革开放 30 年的经验，当然可以用马克思主义的哲学方法。我用其中的一些观点方法，对改革开放 30 年作一个总体性的思考。

辩证地看待改革开放 30 年

对立统一规律，就是说一切事物、现象、过程都可分为两个互相对立和互相统一的部分。一分为二是毛泽东对唯物辩证法对立统一规律的科学简明的表述。他说："一分为二，这是个普遍的现象，这就是辩证法。"[①] 对于改革，也要一分为二地分析。

中华人民共和国成立后近 60 年的历程极不平凡。前 30 年坎坷曲折，走了许多弯路，但有问题并不能掩盖所取得的伟大成就，更不能像某些人那样将历史成就一笔抹杀。改革开放以后的 30 年，取得了更大的成就，这是有目共睹的事实：经济保持平稳快速发展，经济总量迅速扩大，财政收入连年显著增长，国家经济实力大幅提升。到 1999 年，我国经济总量排名世界第七，此后一路赶超意大利、法国、英国，目前已超过德国，照此速度发展下去，五年内有望赶上日本。如果以购买力平价衡量，现在就已经是仅次于美国的世界第二大经济体。进出口贸易增速、占世界贸易的比重都在稳步提高，成为世界贸易不可忽视的重要力量，在世界贸易中的位次从 2001 年的第 6 位提高到了第 3 位，超过了英国、法国和日本。在迅速发展过程中，城乡居民收入显著增加，人民生活福利整体上有了巨大改善，改革开放和全面建设小康社会取得重大进展。

与过去相比，经济体制变活了。在国家的宏观调控下，市场起到配置资源的基础性作用，大大消除了传统僵化体制的消极影

---

① 《毛泽东文集》第 7 卷，人民出版社 1999 年版，第 332—333 页。

响，初步确立了社会主义市场经济体制。通过转换企业经营机制，大力推进传统产业的技术进步，增强了企业按照市场需求组织生产经营活动的能力，加快推进经济增长方式由粗放向集约的转变，经济增长的质量和效益都有了明显的提高。

总之，我们对这30年所取得的成就，无比欢欣鼓舞，成绩应当充分肯定。但同时，也要看到问题和潜在的风险。这就是一分为二。

30年来，特别是最近一段时期，社会经济面临深刻变化，深层次矛盾逐渐显露，遇到了过去少有的问题；过去即便有，也是很小的问题，不是主要问题，现在则成了主要问题。这里列举几个：一是贫富差距扩大。尽管基尼系数不足以说明问题，但是，近年来基尼系数上升速度很快，改革初期低于0.3，现在却接近0.5，达到了全世界少有的水平。不同社会阶层贫富差距悬殊，在世界上也是很突出的。二是腐败盛行，经济案件愈来愈多，愈来愈重。三是社会重利轻义，世风渐衰。四是环境破坏严重，资源越来越紧张。

对于这种发展态势，大家感到担忧，认为如果任其发展下去，后果不堪设想。生产力发展了，国家经济实力增强了，但是，如果生产出来的财富越来越集中在极少数人的手里，这样的改革，不是社会主义的成功，而是资本主义的成功。如果对于改革掌控不好，此种前景也不是没有可能的，不能完全排除。

但是，是不是像一些人说的那样，邓小平同志反复告诫的那些话①已经变成了现实呢？我在《关于分配与所有制关系若干问题的思考》② 一文中有个论证：虽然贫富分化的趋势已经相当严

---

① "如果我们的政策导致两极分化，我们就失败了"。参见《邓小平文选》第3卷，人民出版社1993年版，第111页。
② 刘国光：《关于分配与所有制关系若干问题的思考》，《开放导报》2007年第5期。

重，但还没有达到两极分化而社会无法承受的程度。我这里想强调的是，我们党和政府正在以百倍的努力和高度负责的精神，解决收入差距扩大和其他种种社会民生问题。

总之，辩证地一分为二地看，改革总体上是成功的，有问题并不能掩盖已经取得的伟大成就，不能说社会主义改革已经失败，不能倒退，改革不容否定。

否定之否定——改革在更高层次上的综合

否定之否定规律也是辩证法的普遍规律。简单地说，就是正、反、合。事物是矛盾的，事物矛盾的斗争，从量变到质变，是一重否定；由新的量变再到质变，又是一重否定。矛盾发展，否定了前一个阶段的事物，然后再发展，又否定了上一个阶段的事物，如此循环往复。否定之否定，并不是回到过去，而是在更高层次上的综合，由此推动事物向更高阶段发展，这是辩证法的规律。

对我国的改革进程，也要这么看。如果说改革开放之前是"正"，改革开放之后的一段时期就是"反"，这是一个否定。说明一下，这里纯粹从方法论和逻辑上讲的"正"与"反"，而不是价值判断，不是要肯定改革开放以前那些不好的东西。

改革开放前和改革开放后的"正"与"反"，表现在哪些方面呢？它们很清楚地表现在社会经济生活的各个方面和各个层面。主要有：一是经济运行机制。社会主义计划经济体制转向社会主义市场经济体制，由计划为主转向市场为主，市场起基础性调节作用。二是所有制结构。过去是单一的公有制，越大越公越纯越好，一切向国有制看齐；改革后是多种所有制共同发展，个体经济、私营经济、外资经济及其他各种混合所有制经济都出现了，这是以前没有的新现象。三是分配制度。过去名义上是按劳分配，实际上是偏于平均主义的"大锅饭"，遏制了大多数人的勤奋努力；改革后变成了让一部分地区、一部分人先富起来。如邓小平所讲的"先富、后富"已经出现了，收入差距拉开了，这是好现象，对社会进步、经济发展有很大的激励作用。

简而言之，有这么几个"正"与"反"。三十年来，一"正"一"反"才形成现在这样的局面，也积累了不少新矛盾。经过三十年，当前正进入一个新的阶段，要对一些新矛盾进行一些新的"反"与"正"，从而在更高层次上转向新的综合。

（一）关于经济运行机制：在继续坚持市场改革的同时，要重新强调国家宏观计划调控的作用

改革开放以来，经济运行机制逐步由计划经济转向市场经济，推动我国经济生动活泼地向前发展。在全部商品流通总额中，目前市场调节部分已占到90%以上。几年前有人估计，我国市场经济在整体上完成程度已达到70%左右。可以说，社会主义市场经济已经初步建立。

但是，目前社会主义市场经济还不够充分、不够完善，市场经济还有一些不到位的地方，如资源要素市场、资本金融市场等，都还需要进一步发展到位。也有因经验不足、犯了市场幼稚病，从而导致过度市场化的地方，如在教育、医疗、住宅等领域不该市场化的部分也搞市场化，乃至于发展到了对市场迷信的地步，带来一系列不良后果。

市场经济初步建立之后，市场的积极方面和消极方面都逐渐展现出来了。市场经济在发挥激励竞争、优化资源配置、促进经济效率等优越性的同时，其自身固有的缺陷经过三十年的演变，也逐步显露出来。特别是在总量综合平衡上、环境资源保护上，以及社会公平分配上引发的问题，在我国不是市场经济本身能够解决的。因此，三十年的结果，一方面经济发展取得很大成绩；另一方面社会经济出现新的矛盾，资源环境、分配民生等矛盾越

积越多。这与国家宏观计划调控跟不上市场化的进程有一定的关系。

本来，我们所要建立的市场经济，就是国家宏观调控下的市场经济，这一根本点在1992年就明确地写入了党的十四大文件。①这些年来，国家对经济的宏观调控在不断加强，我们在短期经济波动的控制上，先后取得了治理通货膨胀和治理通货紧缩两方面的成功经验。但是，国家计划对短期和长期宏观经济发展的导向作用明显减弱，计划本身多是政策汇编性的，很少有约束性、问责性的任务，计划的要求与执行的实际效果相差很大，中央计划与地方计划完全脱节，国家计划控制不了地方盲目扩张行为。总之，国家计划失之软弱，变成可有可无的东西。这影响到宏观调控的实效，造成国民经济发展许多方面失衡。

现在是到了在继续坚持市场取向改革的同时，需要加强宏观计划调控的作用，强调国家计划在宏观调控中的指导作用的时候了。针对国家宏观计划调控跟不上市场经济发展形势的状况，十七大报告提出："发挥国家发展规划、计划、产业政策在宏观调控中的导向作用，综合运用财政、货币政策，提高宏观调控水平。"②十七大重新强调多年未提的发挥国家计划的导向作用，具有十分重要的意义。

大家知道，宏观调控有以下几种主要手段：财政政策、货币政策和计划手段。只有少数市场经济国家设有计划机构，并编有预测性计划，一般不用计划手段。但我国作为社会主义大国，有必要在宏观调控中利用计划手段。至于产业政策，则属于计划手段。规划也是一种计划。所以，主要就是上述三种手段。十四大

---

① 《中国共产党第十四次全国代表大会文件汇编》，人民出版社1992年版。
② 《中国共产党第十七次全国代表大会文件汇编》，人民出版社2007年版，第26页。

报告明确指出，"国家计划是宏观调控的重要手段之一"①。在财政、货币、计划三者关系中，计划应是财政、货币政策的指针，财政、货币政策要有计划地指导。国家计划与宏观调控不可分，计划是宏观调控的主心骨。国家计划有年度计划，还编制五年、十年的中长期发展规划。年度计划包含经济增长速度、投资总额、财政预算、信贷总额、外汇收支、失业率、物价上涨率和人口增长率等指标，每年都由国务院提出、经全国人民代表大会批准，应当是有法律和行政效力的。这些中长期规划和年度计划，都应该在宏观调控中起导向作用，具有约束力。关键之处还应问责和追究法律责任，这样的国家计划才能对宏观调控起到导向作用。

　　在市场经济初步建立、市场的积极作用和消极作用都充分展现之后，目前在"市场化改革"口号下，迷信市场成风，计划大有成为禁区的趋向。在这种氛围下，重新强调社会主义市场经济也要加强国家计划在宏观调控中的作用，看来十分必要。

　　这次十七大重新强调了国家计划在宏观调控中的导向作用，并不是如某些人所讲的那样，"要回到传统计划经济模式"。重新强调国家计划在宏观调控中的导向作用，不同于过去"传统计划经济"，而是计划与市场这个问题在更高层次上的新的结合。其主要表现为：一是现在的计划不是既管宏观又管微观无所不包的计划，而是只管宏观，微观的事情主要由市场调节。二是现在资源配置的基础性手段是市场，计划是弥补市场缺陷与不足的必要手段。三是现在的计划主要不再是行政指令性的，而是指导性、战略性、预测性的计划，同时又要有必要的约束和问责功能。

　　国家计划导向下的宏观调控，是中国特色社会主义市场经济

---

① 《中国共产党第十四次全国代表大会文件汇编》，人民出版社 1992 年版，第 23 页。

的应有之义，不能把"计划性"排除在社会主义市场经济含义之外。1992 年 5 月 9 日，江泽民在中央党校讲话中谈到十四大将选择社会主义市场经济体制提法的时候，强调了这一点，社会主义市场经济"就是有计划的"①。我们要依照这个精神，努力改进国家计划工作和宏观调控工作，使之名副其实地起导向作用，指导社会主义市场经济的发展，实现市场与计划更高层次的结合。

（二）关于所有制结构：在坚持多种所有制共同发展的同时，要重新强调"公有制为主体"

关于所有制改革，现在也到了否定之否定的"合"的阶段。

改革开放以前，是单一的公有制形式，越大越公越纯就越好，脱离了生产力发展的要求而不断改变生产关系。改革开放以来，多种所有制形式共同发展。这是一个否定。这个"正"与"反"的变化，一般规律是在公私比例关系上"公降私升"，这是合理的。因为改革以前私营经济几乎等于零，公有制占有绝对地位。因此，在一个相当长的阶段里，非公有制经济保持超过公有制经济的发展速度，从而增加非公有制经济在总体经济中的比重；公有制经济比例下降、非公有制经济比例上升，是合理的变化过程。这个"正"与"反"变化过程已经持续了三十年。

现在是不是到了一个新的时期，"公降私升"是不是到了一个关头，到了一个关键阶段，需要重新考虑一下，来一个新的否定和新的综合？对此，社会上有几种截然不同的估计。

关于公有制主体地位目前有三种估计，都是现实中存在的意见，有文字可查。第一种意见认为，现在还是以公有制为主体。但是，这种计算方法有问题。它将自然资源、行政性资产等都计算在内。几年以前，有同志曾试图解答这一问题，他把资源性资

---

① 江泽民：《论社会主义市场经济》，中央文献出版社 2006 年版，第 6 页。

产都算作国有资产，那当然可观，土地就是一大笔财富，其结论自然是以公有制为主体。这个回答是远远不够的。我们这里讲的国有资产，应该是指经营性资产，不包括资源性资产。第二种意见认为，公有制地位已经动摇，在一些地区和部门公有制已不占主体。有没有这种现象？这也算是一种意见吧。第三种意见，干脆说公有制地位已经丧失，私有制占据主体，已经是既成事实了。

持第三种意见的有两种人。一种人是担心这种情况出现，认为不能这样。现在公有制丧失主体地位，国家应该想办法挽回。另一种人的意见是赞成私有化，说不宜再提姓"公"姓"私"了，既然不是公有制为主，已经很好了，干吗还要再提？理论界就有人提出，经济改革已经成功，现在应进行政治改革了。他们所讲的经济改革成功，就是指公有制变成私有制已经基本完成。上述两种人，都认为公有制已经不是主体了，观点相同，但是态度和倾向不同。

这几种看法，都是个人根据自己的估计得出的。在国家综合部门、统计部门尚未拿出公私结构的正式的全面数据以前，难以准确判断我国的所有制结构现状。

但是，从十四大、十五大、十六大一直到现在，党的文件一贯坚持公有制为主体、多种所有制经济共同发展的基本经济制度，没有一个文件不要公有制为主体。十七大重申了党的这一主张，"坚持和完善公有制为主体，多种所有制经济共同发展的基本经济制度"①。这当然不是空话，不是停留在字面上，而是要坚决贯彻落实。我国的所有制结构现在已经变成什么样，公有制还是不是主体？社会上对此有很多议论，已经有人将这一意见提交到全国人民代表大会，要求国家统计机构和有关部

① 《中国共产党第十七次全国代表大会文件汇编》，人民出版社 2007 年版，第 25 页。

门公布这方面的材料，现在各种所有制的比例到底怎样，希望人大监督这件事情。

现在到了需要考虑的时候，要坚持"两个毫不动摇"，即毫不动摇地坚持公有制为主体，毫不动摇地发展多种所有制形式，不能只强调发展非公有制经济，不能只强调一个毫不动摇。这件事到了新的综合之时。首先要毫不动摇地坚持公有制的主体地位，同时要毫不动摇地发展非公有制经济。

有人说公有制效率低，是官僚经济，是权贵经济；不是国家的财富，而是少数人的财富。对此怎么看，我在一篇文章中谈到过这个问题。① 公有制并非注定效率低，20 世纪 60 年代我国的"鞍钢宪法"就有很好的经验。日本等国的企业管理都吸收它的经验，这是众所周知的事情。资本主义国家也有国有企业管理得好的，并不是一概效率低。改革开放以来，公有制低效率是与私有化预期联系在一起的；而且效率越来越低，是与前几年经济调整、"国退民进"伴随发生的现象。国有企业经营不善，国有资产流失，巧取豪夺、改头换面通过各种渠道流失，仿佛一夜之间从地底下冒出千百万家财万贯的财富"精英"，与愈刮愈盛的这股私有化之风有着千丝万缕的内在联系。

国有经济内部管理也有问题。某些企业管理不善，变国有资产为少数企业高管人员的个人财富，变为私有财产；就算没有 MBO，一些国有企业的领导层也在腐化变质，有的企业领导自定薪酬，几十万元、几百万元年薪的高工资，而普通职工月薪只有几百元、几千元。这些都不是公有制固有的属性。人家攻击我们国有经济已经不再是公有制，并非完全虚指，也指出了一些问题。

---

① 刘国光：《关于分配与所有制关系若干问题的思考》，《开放导报》2007 年第 5 期。

国有企业本身应进一步改革，既不能变回到过去"大锅饭"的旧体制，也不能维持现在被扭曲的形象，要在社会主义条件下解决目前存在的垄断和腐败问题，解决企业内部的激励机制问题；要使国有企业真正体现社会公平，同时又有激励机制。对这种探索，西方国家不是没有先例。西方国家也有国有企业，也有国家公务员，看看二者之间的收入比例，差距也不至于像我们现在拉得那么大。国有企业的领导与国家机关工作人员一样，都是国家公职人员，不能完全遵照私营经济的那一套规则来，如拿职业经理人高薪、干股和分红。所以说，国有企业管理层腐败一定要治理。

重新强调"公有制为主体"，并非恢复过去"大一统"的公有制经济，也不是恢复旧模式的国有经济，而是在保障公有制为主体的前提下，坚持"两个毫不动摇"，即毫不动摇地引导非公有制经济的发展，毫不动摇地保护国有经济的主导地位，并按社会主义市场经济原则深化国有经济改革。这是所有制经历了"正"与"反"两个阶段之后在更高阶段的综合。

农村所有制的"否定之否定"，集中体现在邓小平同志所讲的"两个飞跃"上。第一个飞跃是废除了人民公社，实行家庭联产承包责任制，这是改革开始时的一个否定。家庭联产承包责任制促进了农村经济的大发展，经过了三十年的发展，农村发生了翻天覆地的变化。现在应当着手实现第二个飞跃，即发展新的集体经济。集体经济也是公有制的实现方式。邓小平同志讲"两个飞跃"①时就说，公有制为主体，农村不能例外。这是又一个否定。

---

① 1992年7月，邓小平同志在审阅党的十四大报告稿时说："我讲过，农业的改革和发展会有两个飞跃，第一个飞跃是废除人民公社，实行家庭联产承包为主的责任制，第二个飞跃就是发展集体经济。社会主义经济以公有制为主体，农业也一样，最终要以公有制为主体。"参见《邓小平年谱（一九七五——一九九七）》（下），中央文献出版社2004年版，第1349页。

但是，这是新阶段的新综合，不是回到过去吃"大锅饭"的人民公社制度和生产队体制，而是要充分考虑保障农民和农户的财产权益，在此基础上的新的集体合作经济，包括专业合作和社区合作。

新型集体合作经济已经在我国大地上萌生起步，并茁壮成长。如江苏的华西村、河南的南街村、山西的皇城村、山东的南山村等，还有苏南、浙江、广东一些农村最近兴起的社区股份合作企业。这些集体合作组织带动农民走共同富裕的道路，为加快建设社会主义新农村作出了贡献。对这些星星点点的火花，现在社会舆论、宣传部门重视程度还不够，某些媒体还在找茬挑剔、冷嘲热讽。如果社会舆论和政府决策能给予更多关心和支持，它们是可以为我国农村走社会主义道路开辟宽广前程的。

（三）关于分配关系：要从"让一部分人先富起来"转向"更加重视社会公平"

从分配上的平均主义到拉开收入差距，允许一部分人通过辛勤劳动先富起来，是完全正确的，是改革后一次最成功的"否定"。但是，如果收入差距拉得太大，以至于贫富分化造成难以逾越的鸿沟，出现两极分化，就不对了，那就需要再来一个新的"否定"，让先富带后富，缩小贫富差距，走向共同富裕的道路，实现分配领域更高的综合。

在改革开放后的一段时期内，强调效率优先、兼顾公平，有其正面的积极作用，就是促进效率，促进生产，促进经济发展。但是，过了这个阶段，贫富差距扩大，不能实现先富带动后富，不能实现共同富裕，不能实现公平的目标，这个时候，就必须强调效率与公平二者同时并重，而且更加重视和强调社会公平。我在《研究宏观经济形势要关注收入分配问题》一文中提出"逐步淡出效率优先、兼顾公平的口号，向实行效率与公平并重的原则

过渡"①，并向十六届三中全会文件起草组提出。十六届四中全会
文件未出现"效率优先，兼顾公平"的提法。2005 年我在《进一
步重视社会公平问题》一文中，再次阐明了这一主张，②还写了
《要把效率优先放到该讲的地方去》。③后者除了指出把公平置于
"兼顾"的次要位置欠妥外，还认为初次分配也要注重公平。此文
原稿呈送了中央。2005 年十六届五中全会报告征求意见稿中还有
"效率优先，兼顾公平"和"初次分配注重效率，再分配注重公
平"字样，受到一些同志的非议。但是，五中全会文件最终定稿
时，消除了这两种提法，同时突出了"更加重视社会公平"的鲜
明主张。十七大还将初次分配也要重视社会公平这一原则写入了
中央文件。④我的上述这些观点主张，与党中央的最终决策精神是
一致的。

　　淡化"优先""兼顾"提法，强调"更加重视社会公平"，不
是要回到过去，不是回到过去的"大锅饭"，不是回到过去的平均
主义，而是在更高层次上的综合与提高。从平均主义到拉开收入
差距、先富后富，"效率优先，兼顾公平"，然后再转回到"同时
注重公平与效率、更加重视公平"，"初次分配和再分配都要重视
公平"，这也是明显的正、反、合的例子。

　　收入分配关系的正、反、合，与所有制关系的正、反、合是
有联系的。按照马克思主义观点，所有制决定分配。但是，人们

---

① 2003 年中国经济形势分析与预测春季讨论会上的发言，载《经济学动态》
2003 年第 5 期；收入《经济蓝皮书：中国经济前景分析 2003 年春季报告》，社会科学
文献出版社 2003 年版。

② 2005 年中国经济形势分析与预测春季讨论会上的发言，载《经济学动态》
2005 年第 4 期；收入《经济蓝皮书：中国经济前景分析 2005 年春季报告》，社会科学
文献出版社 2005 年版。

③ 2005 年经济形势分析与经济秩序研讨会上讲话摘要，载《经济学动态》2005
年第 11 期。

④ 《中国共产党第十七次全国代表大会文件汇编》，人民出版社 2007 年版，第
37 页。

常忽略了这个观点。在分析我国贫富差距扩大的原因时，举了很多缘由，如城乡差别扩大、地区不平衡、行业垄断、腐败、公共产品供应不均、再分配调节落后等，不一而足。这些缘由都能成立，但都不是最主要的。造成收入分配不公的最根本原因被忽略了。

总之，无论是所有制结构、运行机制还是分配制度，都有正、反、合三个发展阶段。还有很多例子也都经历了这样三个发展阶段，其他改革过程也都可以运用这个方法加以总结。

改革过程中否定之否定的"合"的阶段正在开始，能不能坚持正确的发展观，把这个更高层次的综合做好，到了非常关键的时刻。综合得好，社会主义能够坚持，中国经济能够继续发展；综合得不好，经济不能发展，社会主义也不能坚持到底。有人说经济可以照样发展，但是，我可以肯定地说，如果社会主义不能坚持，社会也不可能稳定，经济就不能实现持续健康发展。

改革开放由"正"到"反"，进一步从"反"到"合"，走向更高阶段的过程，向着中国特色社会主义前进，这样的综合，决不是倒退。倒退没有出路，也不会有回头路。不坚持市场取向的改革，中国没有出路；市场化走过了头，也没有出路。完全市场化、不要国家宏观计划调控，完全私有化、不要公有制为主体，完全两极分化、不要社会公平，都不是中国特色社会主义的本质要求。这是邓小平同志讲的。不按着这样的道路走，改革开放就会失败；按着这样的道路走，改革开放的前途光明灿烂。

关于否定之否定规律，用唯物辩证法的要领和方法来回顾总结这三十年，就简单地讲这些。辩证法中对立统一规律和质量互变规律，也有丰富的内容，在改革开放过程中例子也非常多，这里就不讲了。

用历史唯物主义观点分析改革三十年

这里试用马克思历史唯物主义概念、方法来思索中国改革的经验，限制在历史唯物主义的某些范畴，包括生产力与生产关系、经济基础与上层建筑、社会意识与社会存在之间的关系等，以此来对三十年的改革作点蜻蜓点水式的分析。挂一漏万，在所难免。

（一）关于生产力与生产关系之间的矛盾

历史唯物主义，首先讲生产力与生产关系这对矛盾。

生产力与生产关系这一对矛盾是任何社会发展的根本矛盾，生产力与生产关系的总和构成一个社会的生产方式。改革开放过程也有生产力与生产关系的矛盾。比如"社会主义市场经济体制"，这个概念就包含生产力与生产关系两个方面，一方面是"社会主义"，另一方面是"市场经济"，二者是矛盾的，也是统一的。

"市场经济"主要着眼于发展生产力。发展生产力，就要发挥市场在资源配置中的基础性作用，不然很难有效率。这是被实践证明了的正确的结论。资源配置主要是生产力方面的问题。"社会主义"主要着眼于强调生产关系。社会主义不同于其他社会的特殊性在什么地方？公有制为主体、共同富裕，体现了社会主义生产关系的主要特征。离开了这些本质特征，就不是社会主义。邓小平讲社会主义的本质是发展生产力，这是专门针对"四人帮"搞"贫穷的社会主义"来说的，不是对社会主义泛指的定义。发展生产力，是一切社会形态取代前一社会形态时都具有的一般特征，是共性的东西，任何一个社会都要发展生产力。这是第一点。

第二，社会主义的目的是实现全国人民共同富裕，不是两极分化。单有生产力发展，不讲生产关系、不讲社会公平，少数人占有财富而大部分人不能分享财富和技术进步，两极分化，产生新的资产阶级，邓小平说这是改革的失败。① 所谓改革的失败，不是指生产力的失败，而是指生产关系的失败，生产力可能上去了，或在一个短暂的时期里上去了，但是如果多数人不能享受生产力发展的成果，社会主义生产关系没有了，这样，生产力是成功了，但是，生产关系改革最终失败了。按资本主义的观点看，则是资本主义生产关系的胜利，是资本主义"改革"的成功。这不是我国改革的目标。所以，对"社会主义"和"市场经济"一定要统一地看，不可偏废。这是很重要的原则，不然就会变成资本主义市场经济。

第三，不能什么都讲姓"社"姓"资"，生产力就不能讲姓"社"姓"资"。生产关系中一些共性的东西，如社会化生产、商品货币关系，就不必去问什么姓"社"姓"资"。要造大飞机，要信息化、高科技、管理现代化，就不能讲姓"社"姓"资"。但是，生产关系中非共性的东西，就不能不讲姓"社"姓"资"，如共同富裕等。对于资本主义有益于我国经济发展的东西，如"三资企业"等，也应当拿来"为我所用"，而不是"为资所化"。但是，资本主义腐朽没落、与人类文明背道而驰的那些东西如巧取豪夺、血汗工厂，必须予以揭露批判。所以，对于姓"社"姓"资"，一定要具体分析。

有些人打着邓小平的旗号，反对讲姓"社"姓"资"，说什么思想解放就是要从姓"社"姓"资"的思想束缚中解放出来，这根本是错误的，而且歪曲了邓小平的讲话精神。邓小平不是不讲姓"社"姓"资"，他只是在提出计划、市场问题时，讲到不要讲姓"社"姓"资"问题。他说，资本主义也有计划，社会主

---

① "如果我们的政策导致两极分化，我们就失败了；如果产生了什么新的资产阶级，那我们就真是走了邪路了。"参见《邓小平文选》第3卷，人民出版社1993年版，第111页。

义也有市场，都是手段，不要讲姓"社"姓"资"。[①] 仅此而已，哪里是一般地讲不要姓"社"姓"资"？邓小平讲"三个有利于"的时候，也不是不讲姓"社"姓"资"，他特别点出要"发展社会主义社会的生产力"和"增强社会主义国家的综合国力"。在这些原则问题上，邓小平分明是讲姓"社"姓"资"的。他一再强调要坚持社会主义的根本原则，即公有制为主体和共同富裕。他怎么会一般地反对区别姓"社"姓"资"呢？

（二）关于经济基础与上层建筑之间的矛盾

经济基础与上层建筑是又一对矛盾。经济基础决定上层建筑，上层建筑反作用于经济基础，影响经济基础。

就改革开放来说，经济基础与上层建筑的矛盾主要表现为经济改革与政治改革的矛盾。政治改革隶属于上层建筑。经济改革与政治改革的矛盾是三十年来相对尖锐的问题。特别是最近几年，我国有一种议论，说经济改革已经成功了，问题在政治改革，上层建筑不适应。其意是所有制已经基本完成了以私有制为主体的变革，但政权不适应这种经济基础，政权还要进一步适应私有化，即整个政权的资产阶级化、西方化。境内外都有一些势力主张这种"政治体制改革"。

改革开放初期，党的中心工作从阶级斗争转向经济建设，更多地强调经济改革，这是必要的，也是应该的。与此同时，党一贯地强调政治改革。十三大提出政企分开、党政分开。1989年后力度有所减缓，这是由于国际国内环境变化所致。尽管如此，选举制度、基层民主、行政体制等改革仍在稳步推进，民主法制建设逐步改善。这些方面不是没有进展、没有改革，而是不断进步。十六大以后，中央又不断强调政治体制改革，十七大报告提出要

---

① 《邓小平文选》第3卷，人民出版社1993年版，第373页。

坚定不移地发展社会主义民主政治。①

　　当然，政治领域的改革，相对于经济改革来说是滞后了一些。有些方面大家感觉进展慢了些，要求加快改革。比如，言论自由问题。左派、右派都有意见。右派言论虽然受到了限制，但南北仍有报刊不断公开发表"擦边球"和越轨文章，而左派受排挤后显然没有那么大的自由度。

　　又如，权力制衡问题。我们不提倡西方式"三权分立"的"普世"模式，但权力制衡总得要有。权力缺乏监督，主要领导干部个人说了算，"人治"代替"法治"的弊端还很严重。民主可以有不同模式，没有制衡的权力、缺乏约束的权力一定会腐败。十七大提出建立健全决策权、执行权、监督权既相互制约又相互协调的权力结构和运行机制，② 就是分权制衡原则的运用，这方面我们需要加大改革的力度。

　　再如，领导人选举制度改革。列宁所说的领导人从群众中产生，对群众负责，这一点还要逐步逐层推广。目前，差额选举、基层选举放开了许多，淘汰制、竞选制、普选制有些进展，但效果不尽理想。"选举民主"和"协商民主"如何更好地结合，如何在人大和政协的框架内，在社会主义的原则和中国共产党的领导下，积极推进这些民主程序，确实需要更大的努力。

　　关于言论自由、权力制衡、领导人人选制度以及党政分开、完善法制等方面的改革，还需要努力，还要抓紧。

　　与上述正确的改革思路背道而驰的错误思潮，是新自由主义和民主社会主义，两股思潮都反对"四项基本原则"，实质上反对中国特色社会主义，其核心是反对共产党领导，主张多党轮流

---

　　① 《中国共产党第十七次全国代表大会文件汇编》，人民出版社 2007 年版，第 27 页。

　　② 《中国共产党第十七次全国代表大会文件汇编》，人民出版社 2007 年版，第 32 页。

执政。

反对资产阶级自由化，邓小平最积极，他说，21 世纪前五十年都要反。① 不过，邓小平他只提出从政治上解决资产阶级自由化，提出坚持四项基本原则，那时只解决到这一步，没有从经济上解决资产阶级自由化，还没有发展到这一步。但是，不能说经济领域没有自由化，没有私有化倾向。资产阶级自由化，不但政治领域有，经济领域必然也有反映。私有化的观点、完全市场化的观点、政府守夜人的观点等，这一系列观点都是经济领域里资产阶级自由化的表现。防止经济领域资产阶级自由化，就是防止经济领域变质，经济领域如果变质，政治领域就会跟着变质。这是马克思主义的基本常识。把住这一关口非常重要。有人提出经济（所有制）改革已经"成功"，现在要随势而发搞与"普世价值"接轨的"宪政改革"，就是这方面的强烈信号。不过我国经济领域实际上是否已经变质，现在有不同看法，例如所有制结构问题、公有制是否仍保持主体地位，就有几种不同看法。十七大还是坚持公有制为主体的社会主义基本经济制度，上层建筑要坚持四项基本原则。这是长期的国策。看来至少在社会主义初级阶段一百年之内还要坚持中国共产党的领导。如果多党轮流坐庄，那社会主义阶段就要完结，社会主义前途也要完结，这是中国广大劳动人民和中国共产党所不能允许的。

（三）关于生产力内部的矛盾

生产力内部在时间、空间上的矛盾也很多，其中对经济发展全局最重要的一个矛盾，就是外延与内涵、粗放与集约之间的矛盾。到底是注重速度、数量，还是结构、资源、环境、质量？这

---

① 《邓小平年谱（一九七五——一九九七）》（下），中央文献出版社 2004 年版，第 1172—1173 页。

是我国生产力发展中的一个突出问题。

由粗放发展方式转向集约发展方式，这是"双重模式转换"中的一重。"双重模式转换"包含体制模式的转换和发展模式的转换。我在二十二年前香港经济学会主办的国际研讨会上，就专门讲过这个问题。① 发展模式转换指的就是生产力内部的矛盾。这是非常概括性的内容，也是很重要的实质性问题。过去讲求速度、数量，轻视结构、资源、环境、质量，现在仍然没有完全克服这种倾向，片面追求产值、速度的现象还很严重，特别是国内许多地方还存在 GDP 崇拜，牺牲后代利益加速眼前的发展，这种发展实际上是不可持续的。这是三十年来积累起来的一个很大问题，积重难返。现在正在大力扭转，特别是科学发展观要求，促进经济增长由主要依靠增加物质资源消耗向主要依靠科技进步、劳动者素质提高、管理创新转变，由主要依靠消费、投资、出口推动向依靠消费、投资、出口协调推动转变，由主要依靠第二产业带动向依靠第一、第二、第三产业协同带动转变。这是促使我们的经济发展由片面追求速度向全面协调可持续发展转变的正确途径。

"双重模式转换"是 20 世纪 80 年代中期由国内理论界提出的。"九五"以后，党的正式文件将其肯定为"两个根本性转变"的方针，十六大以后更是非常强调这个方针。十七大报告将"增长方式"重新改回到"发展方式"。② 我原来在 80 年代也是讲的"发展模式"。2008 年春天，中央政治局专门开会研究转变发展方式这个问题。

生产力的内部矛盾和生产关系、上层建筑是有联系的。三十年的经验证明，发展方式转变会受到生产关系和上层建筑中一系

---

① 参阅本书第二部分中的《中国经济大变动中的双重模式转换》一文。
② 《中国共产党第十七次全国代表大会文件汇编》，人民出版社 2007 年版，第 15 页。

列关系的制约。这就要从体制上解决。地方上片面追求 GDP，与财政体制、考核制度等有关。如有的省份颁布县级领导考核指标，按 GDP 增幅给予奖金，还有些地方层层分解招商引资任务，这样的地方怎么会不追求 GDP 呢？资源环境问题和价格机制、竞争状况都有关系。这些都需要从体制上予以解决。

（四）关于生产关系内部的矛盾

生产关系内部的矛盾，也是千头万绪。这里只讲所有制和分配关系。这是我国改革过程中的一个重要问题。

所有制和分配制都是生产关系。按照马克思主义观点，所有制决定分配。但是，人们常常忽略了这个观点。在分析我国贫富差距扩大的原因时，举了很多缘由，如城乡差别扩大、地区不平衡、行业垄断、腐败、公共产品供应不均、再分配调节落后等，不一而足。这些缘由都能成立，但不是最主要的。造成收入分配不公的最根本原因被忽略了。

财产占有上的差别，是收入差别最大的影响因素。连西方资产阶级经济学家萨缪尔森（Paul A. Samuelson）都承认，"收入差别最主要的是拥有财富多寡造成的，和财产差别相比，个人能力的差别是微不足道的"。他又说，"财产所有权是收入差别的第一位原因，往下依次是个人能力、教育、培训、机会和健康"。[①] 三十年来我国贫富差距的扩大，除了上述的一系列原因外，跟所有制结构变化，跟"公降私升"和化公为私的过程，显然有关。这种关系，却被某些学者在分析收入差距原因时，有意无意地给忽略或过滤掉了。

在调整收入分配差距关系、缩小贫富差距时，人们往往从分

---

① ［美］萨缪尔森：《经济学》（下），高鸿业译，商务印书馆 1979 年版，第 231 页。

配关系入手，特别是从财政税收、转移支付等再分配领域入手，完善社会保障，改善低收入者的民生状况。这些措施都是完全必要的，我们现在也开始这样做了。但是，仅从分配和再分配领域着手是远远不够的，并不能从根本上扭转贫富差距扩大的问题。还需要从所有制结构，从财产制度上直面这一问题，从根本上阻止贫富差距扩大、两极分化增强的趋势。这就是邓小平所说的，"只要我国经济中公有制占主体地位，就可以避免两极分化"①。

所以要防止两极分化趋势，缓解贫富差距的扩大，就必须在所有制发展上坚持公有制为主体，毫不动摇地发展公、私两种经济，不能只片面强调一个毫不动摇；要延缓"公降私升"的速度和程度，阻止化公为私的所有制结构转换过程。

（五）关于社会意识形态与社会存在的关系

社会存在与意识形态的关系，也是历史唯物主义的一个重要问题。社会存在决定社会意识，反过来，社会意识又反作用于社会存在。先进的社会意识推动社会进步，落后腐朽的社会意识阻碍社会进步。三十年来，我们在这方面经历了不少风雨，最重要的莫过于解放思想和改革开放的关系了。

邓小平很好地解决了解放思想和改革开放二者的关系。"解放思想，实事求是"的思想路线，与邓小平的改革开放思想紧密相关。邓小平指出，"只有思想解放了，我们才能正确地以马列主义、毛泽东思想为指导，解决过去遗留的问题，解决新出现的一系列问题，正确地改革同生产力迅速发展不相适应的生产关系和上层建筑"②。他所说的思想解放，是要正确地以马列主义、毛泽东思想为指导，解决我们前进中遇到的一系列问题。思想解放不

---

① 《邓小平文选》第3卷，人民出版社1993年版，第149页。
② 《邓小平文选》第2卷，人民出版社1994年版，第141页。

能离开了这个根本。

我为什么要不厌其烦地引用邓小平的原话呢？因为现在某些人的思想解放早已离开了这一根本，却还在高举"邓小平的旗帜"，高调提倡"进一步思想解放"。他们称当前"新的思想解放"或"第三次思想解放"，"是从冲破姓'社'姓'资'，到冲破姓'公'姓'私'，概括起来就是冲破'所有制崇拜'"。那就是不要公有制为主体、多种所有制经济共同发展的社会主义基本经济制度了。所谓"新的思想解放"的实质就在这里。不要提姓"社"姓"资"，那就意味着不要再提社会主义制度与资本主义制度的区别。我在前面讲了，这些同志完全曲解了邓小平的原意。邓小平明确地把社会主义作为改革开放的前提，改革开放不能走向资本主义。他说："我们实行改革开放，这是怎样搞社会主义的问题，作为制度来说，没有社会主义这个前提，改革开放就会走向资本主义，比如说两极分化。"①

因此，所谓的"思想解放"也分两种情况。一种是以马克思主义、科学社会主义为指导的思想解放，这是促进改革开放向社会主义制度自我完善的方向前进；另一种是以新自由主义、民主社会主义为指导的思想解放，这将把我们的改革开放推到一个不是我们党所规划所期望的方向。所以，不能天真地认为，凡是思想解放都能正确引导推动我们的改革开放。

当然，在社会存在、社会利益多元化以后，多种社会思潮的出现，以及非马克思主义、反社会主义思潮的出现，是不可避免的。历史经验证明，对于多种多样的社会思潮，放任自流不行，简单堵塞也不行。实行言者无罪、包容并蓄应该是和谐社会的题中应有之义。但一切事情都要有一个度、一个边，不能让这些非

---

① 《邓小平年谱（一九七五——一九九七）》（下），中央文献出版社 2004 年版，第 1317 页。

常错误的思潮把人们的思想搞得乱七八糟、六神无主，不能让这些错误思潮把改革和发展的方向引入歧途，像戈尔巴乔夫和雅可夫列夫的"多元化""公开性"导致苏共亡党和苏联亡国那样。所以，在实行多样化，包容一些非马克思主义、非社会主义思潮存在的同时，一定要强调"主旋律"，强调切实地而不是形式主义地宣传马克思主义，强调宣传科学社会主义，强调宣传坚持四项基本原则和改革开放的中国特色社会主义。用"主旋律"来教育人民，筑牢社会团结进步的思想基础。

三十年过去了，我们仍然要继续解放思想，要与时俱进，但要坚持邓小平所倡导的以马列主义、毛泽东思想为指导，就是要以马克思主义与当代中国实践相结合的中国特色社会主义理论为指导，解决过去积累以及新出现的问题，正确改革与生产力不相适应的生产关系和上层建筑。必须破除传统社会主义思想当中不适应社会主义自我完善的东西，建立符合社会主义初级阶段的新观念和促进社会主义制度自我完善的意识形态。总之，思想解放是有底线的，不是无边无际地胡思乱想。在中国，这个底线就是不断发展的马克思主义和科学社会主义。

关于全面认识共和国60年
历史的若干问题*

（2009 年 10 月）

前 30 年和后 30 年

今年是新中国成立 60 周年。60 年来，我国人民在中国共产党的领导下，对建设社会主义进行了艰辛的探索，包括前 30 年和后 30 年，都取得了辉煌的成就。后 30 年是在前 30 年的基础上进行的，取得的成就更大一些，是理所当然的。同时，前 30 年和后 30 年也都走过曲折的道路，都有各自的失误。这些经验都值得我们总结，作为今后继续前进时，需要思考的宝贵财富。

去年庆祝党的十一届三中全会召开 30 周年。我们当时着重强调 30 年来改革开放的成就，这是很必要的。由于要突出后 30 年，对前 30 年的评价，就有不同的看法，这也是不奇怪的。可是值得注意的是，某些人别有用心，利用庆祝和总结后 30 年，乘机否定前 30 年，歪曲和抹黑党的历史，攻击和丑化党的领袖。说什么要"抹掉 1949 年以后"，要"进行历史性清算"，"架上历史的审判台"，一时间搅得乌烟瘴气。一些无良学者，假借探索历史分期学术研究的幌子，提出中国自 1840 年鸦片战争以来，只有两个划时

---

* 本文各部分内容分别发表于《光明日报》2009 年 9 月 22 日、《百年潮》2009 年第 10 期、《当代中国史研究》2009 年第 6 期。

代的标志性历史事件：1911 年的辛亥革命和 1978 年的改革开放，不承认中华人民共和国的成立为标志，其否定前 30 年的险恶用心，十分明显。另有一些同志，虽然认可共和国成立是中国从半殖民地半封建社会转为社会主义社会的断代性标志事件，但同时也把十一届三中全会的召开与之并列，说它同样开辟了一个历史时代。这种看法表面上抬高了十一届三中全会的地位，实际上无形抹杀了共和国成立在中国近现代史上标志社会制度根本转变的划时代意义。十一届三中全会确实对共和国历史开启了一个新的阶段（改革开放阶段），也具有十分重要的意义，但它毕竟是中国社会主义发展总的历史进程中的一个阶段，而不是一个划分历史时代的断代标志。

以 1978 年作为断代标志来画线，对比共和国的前后 30 年，往往会误导人们的判断。去年共和国成立 59 周年前夕，就有一位同志问道："30 年前的中国是什么样子？"回答是："整个国家处于封闭半封闭的落后状况，国民经济走到了崩溃的边缘。"这一问一答，就勾销了前 30 年中国进行社会主义革命和建设的伟大成就，这显然与 1981 年中共十一届六中全会决议中对新中国成立以来的判断是不同的。决议中说，"三十二年来我们取得的成就还是主要的"，即使遇到了像"文革大革命"那样大的冲击。文件中还说："我国国民经济虽然遭到巨大损失，仍然取得了进展。粮食生产保持了比较稳定的增长。工业交通、基本建设和科学技术方面取得了一批重要成就，其中包括一些新铁路和南京长江大桥的建成，一些技术先进的大型企业的投产，氢弹试验和人造卫星发射回收的成功，籼型杂交水稻的育成和推广，等等。"[1]

---

[1] 中共中央文献研究室：《改革开放三十年重要文献选编》（上），中央文献出版社 2008 年版，第 188、199 页。

　　至于中国在对外关系上，前30年是"封闭半封闭"一说，谷牧同志在一篇文章中指出这不符合历史事实。[①] 过去毛泽东同志主张对外要"做生意"，要"实行友好合作"，要"学习对我们有用的东西"，在实践中也做了很多努力。新中国成立后20多年，我国与西方世界经济联系松散，这不能归因于我国政策的失误，主要是由于西方帝国主义的封锁。

　　历史难免曲折。前30年的中国确实走过一些弯路，犯过这样那样的错误，主要是经济发展和社会改造有些过急造成的失误。如"大跃进"的急于求成，阶级斗争扩大化，包括"文化大革命"时期过"左"过乱的错误。但是这些缺点错误，盖不过共和国前30年的伟大成就，包括在半殖民地半封建社会极端落后的基础上建立崭新的社会主义制度，建立比较完整的工业体系和国民经济体系，能够独立自主地站在世界民族之林等。前30年的缺点和错误是第二位的，成绩和成就是第一位的。

　　同样，后30年的中国，在取得经济发展的飞速跃进，人民生活的总体提高，进入世界经济和政治重要一极的巨大成就的同时，在社会关系上发生某些倒退，如三大差距拉开，贫富鸿沟扩大，道德水平滑坡，等等；以及在社会与自然关系上，发生资源破坏、生态、环境恶化等问题。这些社会和自然问题，党和政府正在努力解决。这些缺陷同样盖不过后30年改革开放取得的巨大成就。后30年的缺点和失误是第二位的，后30年的伟大成就才是第一位的。

　　在共和国成立60周年之际，我们对前30年和后30年的辉煌成就和曲折失误，都应抱着客观的分析态度，绝不能只用后30年的成就来对照前30年的缺失，更不能扬后30年而抑前30年。这

---

　　① 谷牧：《新中国前30年不开放是因毛泽东的失误这种看法不符合历史的真实》，《北京日报》2009年11月11日。

是不公正的。共和国的 60 年，统一于社会主义。共和国给我国人民最宝贵的东西，也是社会主义。60 年前，新中国如日东升，跨入了社会主义时代。60 年共和国经历了前后 30 年两个阶段。前 30 年新中国社会主义制度的确立，奠定了社会主义建设的基本方向；十一届三中全会以后的 30 年，对社会主义建设事业的继承与发展，也是建立在前 30 年建成的社会主义的基础上的。这两个阶段的辉煌成就和曲折道路，无不与社会主义血肉相连。60 年后的共和国，以中国特色社会主义的名义，仍然屹立于世界东方。社会主义中国没有改旗易帜，人民也绝不会让她改旗易帜，这是值得我们共和国的亿万人民欣慰和兴奋的。让我们欢呼：社会主义共和国万岁！

从新民主主义到中国特色社会主义

共和国 60 年，是怎么走过来的？前 30 年，从新民主主义走起，走向建设社会主义。"改革开放"后，又从中国原有的社会主义，走向"有中国特色的社会主义"。

（一）从新民主主义走向社会主义

根据毛泽东的新民主主义理论，原来新民主主义革命胜利后，要建立新民主主义国家，在一个较长时间实行新民主主义社会的建设。等到条件成熟时，再由新民主主义社会转向社会主义社会。

在毛泽东的新民主主义理论中，又有"两个革命阶段必须衔接"，新民主主义革命与社会主义革命之间不容横插上某某一个阶段的论述。这可以理解为新民主主义革命一结束，社会主义革命就要开始。

实际情况的演变是：新民主主义革命在全国取得胜利，土地改革完成后，由于农村阶级分化的出现，以及城市资产阶级与工人阶级矛盾的发展，在经过三年战后恢复时期，就提出了从新中国成立开始向社会主义过渡的总路线。到 1956 年，基本完成社会主义改造，宣布进入社会主义社会。这是"我国历史上最深刻最伟大的社会变革，是我国今后一切进步和发展的基础"①。

社会主义改造基本完成后，从 1957 年到 1978 年，继续进行社会主义建设，在曲折摸索发展中，取得了辉煌的成就。同时因为在生产关系和生产力两方面要求过急，也办了许多超越阶段的错事。主要表现是追求过高过纯的所有制结构和过分集中的计划经济，忽视了生产力不够发达的条件下，非公有制经济和市场经济存在的必要性。换言之，没有意识到我国社会主义还处在"初级阶段"的特点。

（二）社会主义初级阶段和中国特色社会主义

关于社会主义初级阶段，过去，毛泽东在《读苏联〈政治经济学教科书〉的谈话》等处曾经涉及。他说，"社会主义这个阶段，又可能分为两个阶段，第一个阶段是不发达的社会主义，第二个阶段是比较发达的社会主义"；又说，"中国的人口多、底子薄，经济落后，要使生产力很大地发展起来，要赶上和超过世界上最先进的资本主义国家，没有一百多年的时间，我看是不行的"②。我们党的正式文件中第一次提出"初级阶段"，是在 1981年十一届六中全会《关于建国以来党的若干历史问题的决议》里。决议说，"我们的社会主义制度还是处于初级的阶段"③，就是从毛泽东上述论断中发展出来的。这以后，在 1982 年党的十二大

---

①　中共中央文献研究室：《改革开放三十年重要文献选编》（上），中央文献出版社 2008 年版，第 185 页。

②　《毛泽东文集》第 8 卷，人民出版社 1999 年版，第 116、302 页。

③　中共中央文献研究室：《改革开放三十年重要文献选编》（上），中央文献出版社 2008 年版，第 212 页。

上，邓小平进一步根据中国国情，继续毛泽东把马克思主义与中国实际结合起来的传统，第一次宣布"走自己的路，建设有中国特色的社会主义"①，把我国社会主义建设推向新阶段。党的十三大报告系统地阐明了"初级阶段"的内涵和由此决定的"建设有中国特色社会主义"的基本路线，即以经济建设为中心，坚持四项基本原则，坚持改革开放，把一个中心和两个基本点统一于建设中国特色社会主义的实践。②

社会主义初级阶段的特征和中国特色社会主义基本路线，在1997 年党的十五大报告中又得到全面阐述，提出了建设中国特色社会主义的经济、政治、文化的基本目标和基本政策。报告明确指出，公有制为主体，多种经济成分共同发展是我国社会主义初级阶段的一个基本经济制度；建设中国特色社会主义的经济，就是在社会主义条件下发展市场经济。这样，就把社会主义初级阶段和中国特色社会主义的轮廓、框架和内涵勾画得非常清晰。

在我们党一系列文件中已经明确指出并阐述了建设中国特色社会主义道路，并在这一条道路上已经取得非凡成就后多年，我国意识形态界直到现在还有人把"什么是社会主义，怎样建设社会主义"当作尚未解决的问题来讨论。一些人提出花样百出的"社会主义"概念和口号，诸如"民主社会主义""人民社会主义""宪政社会主义""市场社会主义"等。这些"社会主义"还使劲儿地往我们党领导的"中国特色社会主义"里面钻。例如说什么"我们这几年实行的中国特色社会主义正是民主社会主义"，"中国特色社会主义就是人民社会主义"。这些所谓的"社会主义"，不提四项基本原则，无视公有制为主体的社会主义基本经济

---

① 中共中央文献研究室：《改革开放三十年重要文献选编》（上），中央文献出版社 2008 年版，第 541 页。

② 中共中央文献研究室：《改革开放三十年重要文献选编》（上），中央文献出版社 2008 年版，第 477 页。

制度，完全是与中国特色社会主义格格不入的东西。这些"主义"竟堂而皇之地在我们的公开媒体上喧闹，说明我们党对"自由言论"的宽容，实在是够大度的了。

（三）中国特色社会主义是否是新民主主义的回归

在中国发展道路问题上，近来又出现"中国特色社会主义"，就是"回归到新民主主义"一说。认为"1949 年夺取政权前，实行新民主主义成功了。夺取政权后，抛弃了新民主主义，急急忙忙搞社会主义，失败得很惨。1978 年以后重新回到新民主主义的建设思路，成功得举世瞩目"；又说"这可以用来总结共和国 60 年的经历"。作者丝毫不懂得新民主主义是向社会主义过渡的实质，全盘否定前 30 年社会主义革命和建设的成就，故意抬高后 30 年的成功，将其归因于新民主主义的复归。这些说法漏洞太多，这里不拟详析。但要注意其中的一段话："中国特色社会主义是从社会主义初级阶段演变而来，而'社会主义初级阶段'实际上是新民主主义的回归和发展。"[①] 这一段话有似是而非、混淆视听的作用，需要明辨。

应该说，拨乱反正后，十一届六中全会决议提出"社会主义初级阶段"的用意，在于纠正过去社会主义革命和建设中要求过急，犯了某些超越历史发展阶段的失误，如在所有制结构上要求"一大二公三纯"等。"改革开放"后用初级阶段的名义，将这些不适合于生产力发展的做法逐渐纠正过来。初级阶段理论的核心或基础，就是公有制为主体下多种所有制并存与发展，其中允许私人资本经营的存在和发展，又是关键的关键。就这一条来说，"社会主义初级阶段"确与"新民主主义社会"的政策是相通的。

1949 年七届二中全会和新中国成立前制定的"共同纲领"都

---

① 《炎黄春秋》2009 年第 4 期。

规定了革命胜利后建立的"新民主主义社会"是包括私人资本主义在内的五种经济成分并存的社会经济形态，并指出在一个相当长时期内尽可能利用城乡资本主义的积极性，以利于发展社会生产力。社会主义改造当时是势所必然，但是由于过急过头，造成私人资本经营从 20 世纪 50 年代后期完全消失，直到 80 年代初期政策松动以后，才逐渐恢复发展，现在又构成中国特色社会主义经济结构的组成部分。社会主义初级阶段理论为这一变化提供了理论前提和依据。在一定意义上，这一变化确实具有后退的性质，实行了某些类似新民主主义的政策，特别是对待私人资本的政策。但是我们不能把改革中的这一必要的后退看成是复归新民主主义，因为改革本身的实质是社会主义制度的自我完善，是在前 30 年建成社会主义制度的基础上进行的，不是推倒前 30 年建立的社会主义制度，退回到新中国成立初期曾经设想的"新民主主义社会"。

（四）两个时期在对待非公有制经济上的政策差异

即使在私人资本和非公有制经济领域，新时期的政策也与过去"新民主主义时期"的情况不尽相同。要而言之，在"新民主主义时期"，根据七届二中全会和"共同纲领"的决定，[①] 对于私人资本经济实行了"利用、限制、改造"的"节制资本"的方针，鼓励和扶持私人资本经营有利于国计民生的经济事业，而有关国家经济命脉和足以操纵国民生计的事业均由国家统一经营，还鼓励私人资本与国家资本合作向国家资本主义的方向发展。所有这些，都是为了发展生产力，以实现向社会主义过渡。所以当时总的经济发展趋势，是国民经济中私人资本和其他非公有制经济所占比重逐渐缩小，而公有制经济比重逐渐增大。这也是新民

---

① 薄一波：《若干重大决策与事件的回顾》（上），中共中央党校出版社 1993 年版，第 39—41 页。

主主义经济的自然归宿。

新时期对非公有制经济采取的政策与过去"新民主主义时期"采取的政策有很大的不同。要而言之，现时期的政策可以归结为毫不动摇地"鼓励、支持、引导"六字方针，而没有新民主主义时期的"限制"和"节制资本"的规定。并且，根据中央文件精神，允许私人资本进入垄断行业等关系国民经济命脉领域。没有规定私人资本向国家资本主义发展，而让国有企业以股份化和私有化作为改革目标的选项。总之，新时期对非公经济的政策，比新民主主义时期宽松得多，甚至有些相反。致使改革开放至今，私人资本经营不但在绝对额上飞速增长，而且在国民经济中所占比重也一反新民主主义时期下降的总趋势，而一路上跃。这种趋势目前尚在继续，许多人担心这会不会影响公有制为主体的地位。这里有改革初期非公有制经济起点低的缘由，有改革以来利益格局变化的背景，也有政策战略的考虑，等等。本文暂不详论。总之，现时政策和"新民主主义时期"的政策有很大的不同，则是不容否定的。同时应该说，现时期对非公有制经济所采取的政策，不能离开公有制为主体的社会主义基本经济制度这个大前提，要时时考虑坚持社会主义的大方向。在毫不动摇地"鼓励、支持、引导"非公经济发展中，还有"引导"二字，可以利用。我们党一定会根据具体条件的变化，适时地调整我们的政策，以利于非公有制经济的健康发展。所以说，初级阶段中国特色社会主义是新民主主义的复归，这种说法是完全站不住脚的。

（五）世界经济危机中的中国特色社会主义模式

随着我国国势的增强和加入全球化进程，中国特色社会主义也登上世界舞台，作为一种模式，成为热议的话题。各方面对中国模式有不同的解说，我个人认为中国特色社会主义模式的核心，就是容许资本主义因素和社会主义因素的存在，但同时坚持社会主义的主体地位和发展方向。

这也是理解在这次国际经济危机中中国特殊表现的关键所在。为什么第一个社会主义国家苏联和改革开放前的中国没有卷入过去世界资本主义经济危机的旋涡？就是因为当时苏联和中国只有社会主义，没有资本主义因素的存在，因此不受资本主义周期性经济危机的干扰。为什么当前国际经济危机把中国也卷进去了，使中国发生了前所未有的困难？除了过深陷入外向型经济的原因外，主要是由于自己内部经济随着市场化和私有化程度的加深，资本主义因素大量生长起来，资本主义的经济规律也发生作用的影响。为什么中国在这次世界经济危机中能够表现不错，应付自如，一枝独秀，为一些资本主义国家所羡慕称道？就是因为中国运用了社会主义制度中集中国家力量办大事，以计划导向来调控经济的能力。我在另一篇文章中对此作过分析。不再赘述。

有些人以中国模式中允许资本主义因素的存在，而把中国特色社会主义歪曲为资本主义模式，甚至说是"共产党领导下的资本主义"，我认为是没有根据的。因为坚持了特色社会主义模式，特别是坚持了这个模式中的社会主义因素，我们才能屹立于国际经济危机之中，处置得较好。我们必须坚持中国特色社会主义，坚持公有制为主体多种所有制经济共同发展，坚持在国家宏观计划导向下实行市场取向的改革，坚持按劳分配为主体，更加重视社会公平；用社会主义的基本原则来反对资本主义的私有化、市场化、自由化以及两极分化，把资本主义国家和资本主义市场经济规律的作用限制在一定范围。只有这样，我们才能不受资本主义经济周期规律的干扰，保持中国社会主义的特色！

经济建设与阶级斗争

改革开放以后，我们党以经济建设为中心代替了阶级斗争为纲的口号。这一转变，对近 30 年来引导全党全国聚精会神集中力量搞经济发展，推动我国经济实力日益强大，起了巨大的推动作用。由此在社会上也产生一种看法，认为共和国的后 30 年才重视经济建设，不搞阶级斗争，搞出了一个富强的中国。而前 30 年只一味地搞阶级斗争，忽视了经济建设，搞得中国落后封闭。这种看法不符合共和国历史发展的事实，忽略了前后 30 年各自发展的不同条件以及国际环境的变化，而且人为地割裂了前后之间内在的不可分割的联系。

（一）对国内主要矛盾认识的分歧

任务的提出与对国内主要矛盾的认识有关。社会主义中国的主要矛盾是什么？是无产阶级与资产阶级之间、社会主义道路与资本主义道路之间的矛盾，还是人民日益增长的物质文化需要与落后的社会生产之间的矛盾？1949 年新民主主义革命在全国胜利后，国内矛盾转变为工人阶级与资产阶级之间、社会主义道路与资本主义道路之间的矛盾，这是全党的共识。1956 年社会主义改造基本完成，社会主义制度基本建立之后，对国内主要矛盾的认识发生了一些曲折。党的第八次全国代表大会宣布，国内主要矛盾已由大规模急风暴雨式阶级斗争转为人民日益增长的物质文化需要同落后的社会生产之间的矛盾，党和国家的主要任务已由解放生产力转变为保护和发展生产力，即工作重点应转移到经济建设上。但在 1957 年反右斗争以后，根据当时的形势，毛泽东重新提出无产阶级与资产阶级之间、社会主义与资本主义之间的矛盾仍然是我国国内的主要矛盾。他在 1962 年党的八届十中全会上又发展和强化了这一观点，认为整个社会主义历史时期，都存在两个阶级和两条道路的斗争。到"文化大革命"时期，成为"无产阶级专政下继续革命"理论和路线的重要根据。这样就把社会主义社会在一定范围内存在的阶级斗争扩大化和绝对化了，导致了十年动乱的严重错误。

（二）前 30 年不是只搞阶级斗争而不重视经济建设

尽管共和国前段发生了过分夸大和扩大阶级斗争的曲折，但是不能认为前 30 年毛泽东和我们党只着重搞阶级斗争，而不重视经济建设。毛泽东作为一位成熟的马克思主义者，熟悉生产力与生产关系、经济基础与上层建筑之间的辩证关系，早已提出一个政党的先进性在于是否通过上层建筑与生产关系的革新来推动生产力的发展。革命战争时期，他十分重视根据地的经济工作，以保证战争供给。接管城市之后，立即把工作中心转向生产建设。国民经济恢复和向社会主义过渡时期，抓对资本主义工商业的限制和反限制斗争以及所有制的改造，也是围绕社会主义工业化建设任务进行的。社会主义建设总路线反映了广大人民要求改变我国经济文化落后面貌的迫切心情，其缺点是因求快而过急，犯了主观冒进、忽视客观经济规律的错误。这在 20 世纪 60 年代经过经济调整，得到了纠正。尽管党的八届十中全会把阶级斗争提到空前的高度，毛泽东还是指出要分开工作问题和阶级斗争问题，不要因为对付阶级斗争而妨碍了工作（包括经济工作），阶级斗争和工作平行，不要放在很严重的地位。尽管重新强调阶级斗争，但在广大干部职工的支持下，国民经济的调整工作依然得以顺利完成。

"文化大革命"十年中，提出抓革命、促生产的口号。尽管因阶级斗争的冲击受到一些损失，但国民经济只有两年有所下降，其余各年都是继续增长的。并且在一些重要领域，取得了比较重要的成就。1974 年第四届全国人大会议上，周恩来总理重申 1965 年三届全国人大就已提出的四个现代化建设两步走的宏伟战略设想，成为后来（包括"文化大革命"以后）我国经济建设的纲领。所以，绝不应当否认前 30 年在毛泽东领导下中国人民在经济建设上的努力和成就。不然，何来社会主义经济基础的建立？何来比较完善的工业体系和国民经济体系的建立？当然，前30年经济建设受到扩大化了的阶级斗争的干扰，如"大跃进"中国民经济的倒退，十年动乱中也受到损失。如果没有这些曲折，那么，我国经济建设的成就还会更些。

还要指出，在社会主义改造基本完成之后，虽然剥削阶级作为一个阶级已被消灭，但阶级斗争仍然在一定范围内继续存在，这是一个基本事实。各种政治力量之间的斗争、无产阶级和资产阶级在意识形态方面的斗争，是长期的、曲折的，有时表现得还很激烈，大有推倒重来之势。从国际经验看，1956年苏共二十大提出全民党，以及同年的匈牙利事件，等等，均显现出国际共产主义运动中隐藏的险恶形势，并为后来苏联解体和苏共垮台的演变事实所证实。

（三）1978年工作重点转移，以经济建设为中心到科学发展观的形成

十一届三中全会提出把全党全国工作转移到经济建设上来。这是对党的八大决议的重申。八大认为1956年社会主义改造基本完成后，国内主要矛盾发生了变化，所以主要任务也要转移。这个决定在以后党的历次代表大会正式文件中并没有改变，但是由于另一个主要矛盾即阶级矛盾的重叠的结果，经济建设这个主要任务执行得不很理想。所以"文化大革命"结束后需要重提、恢复和延续。这一重申、恢复和延续极其重要。如前所述，它把全国全民的精力集中引导到经济建设上面来，一心一意发展社会生产力，使中国取得历史性、世界性的空前发展。

工作重心转移之后，"发展是硬道路"便成为我们一切工作的指针，同时也出现了举国上下追求GDP增长速度的片面发展倾向，这要求我们进一步转变发展方式，实行科学发展。以人为本、全面协调可持续的科学发展观的基本方法，来自于毛泽东统筹兼

顾、适当安排的思想，并将其发扬光大，形成博大精深的理论体系，指导着我国今后的发展。

（四）改革开放新时期的阶级和阶级斗争

党和国家的工作重点转移到经济工作上来以后，是不是阶级、阶级斗争就变得不重要，或者进而消失了呢？

十一届六中全会指出："在剥削阶级作为阶级消灭以后，阶级斗争已经不是主要矛盾，由于国内的因素和国际的影响，阶级斗争还将在一定范围内长期存在，在某种条件下还有可能激化。既要反对把阶级斗争扩大化的观点，又要反对认为阶级斗争已经熄灭的观点。"[①]

社会主义改造完成，社会主义建设进行到"文化大革命"结束，剥削阶级作为一个阶级确实早已被消灭了，因此当时说阶级斗争已经不是主要矛盾。但是，即使认为阶级斗争现在不再是国内主要矛盾，阶级斗争事实上依然长期存在，包括政治和意识形态领域的阶级斗争，有时还非常突出，甚至于激烈。所以说，阶级斗争扩大化和阶级斗争熄灭论，都不可取，党的十一届六中全会关于历史问题的决议中对此讲得非常明确，为我们分析判断这类问题提供了基本遵循。

邓小平从来没有否定社会主义社会中阶级斗争的存在，他对于改革开放后仍然存在阶级斗争也是持肯定态度的。早在改革之初，他就说："社会主义社会中的阶级斗争是一个客观存在，不应该缩小，也不应该夸大。实践证明，无论缩小或者夸大，两者都要犯严重的错误。"[②] 邓小平讲的阶级斗争不限于传统的敌对势力

---

① 中共中央文献研究室：《改革开放三十年重要文献选编》（上），中央文献出版社 2008 年版，第 213 页。

② 《邓小平文选》第 2 卷，人民出版社 1994 年版，第 182 页。

和少数反动分子的破坏活动，也包括阶级斗争在人民内部的反映，有时也会表现得很激烈。这是符合毛泽东关于两类矛盾学说的。

十一届六中全会和邓小平对于社会主义社会阶级斗争的论断，为改革开放30年来的历史所证明，是非常正确的。80年代的学潮动荡以及"西山会议""零八宪章"等事件，新自由主义、民主社会主义、历史虚无主义等在思想文化领域的渗透和蔓延，无一不是各派政治力量的较量，或者是意识形态领域阶级斗争的反映。马克思主义、科学社会主义的对手，有的公开要换旗易帜，有的以潜移默化的手段达到和平演变的目的。这些惊心动魄的事实说明，阶级斗争就在我们身边。

（五）阶级和阶级斗争主要反映在意识形态和上层建筑领域，而在经济领域也必然会有所表现

阶级和阶级斗争不但存在于意识形态和上层建筑领域，在经济领域也必然会有所表现。改革开放后，我们主动接纳非公有制经济，承认私营企业在社会主义初级阶段和社会主义市场经济中的合法地位。1981年我国重新出现第一家私营企业，到2006年发展到497.4万户，为1956年私营企业16万户的30倍。现在光是私营企业主就比1956年私营工商业户多过好多倍，这个问题应该实事求是地判断。私营资本对推动社会生产力的发展无疑有很大的功绩，但它具有两重性，既有促进生产力发展的一面，也有剩余价值生产的消极面。私人资本趋利的贪婪本性，若不加以必要的规范和约束，必然会给社会经济生活带来一系列问题。如果只讲联合不讲斗争，靠牺牲劳动者利益，这样的"表面光"是维持不久的，也不利于私营企业健康成长。对此，如果不用马克思主义立场、阶级分析方法，就容易迷失其中，丧失正确的判断力，不能主动把握历史方向。

生产资料所有制结构的变化，是否影响到公有制为主体的地

位，已经引起了人们的注意和讨论。"公降私升"和私有化的发展趋势，官商勾结引致腐败丛生，等等，是使我国社会贫富差距扩大不断加剧的原因。基尼系数的提高导致了居民有效消费需求的不足和生产过剩。这个现象是资本积累和贫富分化规律带来的后果，而与社会主义主要矛盾即人民需要与落后生产的矛盾的道理也不相符合。

上层建筑意识形态领域和经济基础领域的上述种种问题，都与阶级、阶级矛盾、阶级斗争的存在有关。我们不能视而不见，淡化置之，走向阶级斗争熄灭论。美国原驻苏大使马特洛克在《苏联解体亲历记》一书中说到苏联领导人抛弃阶级斗争学说时指出："须要出现转变，其中最重要的莫如马克思的阶级斗争学说。""如果苏联领导人真的抛弃这个观点，那么他们是否继续称他们的思想为'马克思主义'也就无关紧要了。这已是一个别样的'马克思主义'。这个别样的社会是我们大家都能认可的。"[①] 如果我们淡化阶级观念，走向阶级斗争熄灭论，这样发展下去，就有重蹈苏东覆辙的危险。所以在重点抓经济工作，抓社会主义现代化建设的同时，要正确处理阶级斗争中的两类不同矛盾，求得人民内部的和谐，团结起来争取建设中国特色社会主义事业的伟大胜利。

也谈"改革开放"

改革开放的伟大事业是 1978 年党的十一届三中全会启动的。邓小平将"改革"和"开放"合起来，作为现阶段中国的国策，开创了中国大踏步前进的新时期，这是他的伟大功绩。但细考

---

① ［美］小杰克·F. 马特洛克：《苏联解体亲历记》，世界知识出版社 1996 年版，第 162、169 页。

"改革开放"四字词组，并非出自十一届三中全会，而是有一个形成的过程。

（一）1978 年后"改革开放"四字方针的形成

十一届三中全会公报涉及"改革"和"开放"的文字，见于以下两句叙述："对经济管理体制和经营管理方式着手认真的改革"，"在自力更生的基础上积极发展同世界各国平等互利的经济合作"。① 其中有"改革"的字样，也讲到"对外经济合作"，但都属于一般工作方针的叙述，并不处于文件的中心地位。文件中没有出现"改革开放"的概括。当时还赞成人民公社体制，没有提出要实行家庭联产承包责任制，到 1982 年第二个一号文件才明确提出这项改革任务。

在 1982 年党的十二大开幕词中，邓小平第一次发出"建设有中国特色的社会主义"的号召。② 这次会议的政治报告在讲到新的历史时期的总任务时也没有提到"改革开放"；但指出 1981 年到 1985 年第六个五年计划任务时，强调要坚决贯彻"调整、改革、整顿、提高"的八字方针，把改革任务与调整、整顿和提高并列。③ 这次报告中提到"改革"的地方有十多处，包括经济管理体制、价格、劳动工资制度等改革，还提出了改革国家政治体制和领导体制等。报告中三次提到"对外开放"，并且把"实行对外开放"提到"我国坚定不移的战略方针"的高度。十二大文件没有把"改革"和"开放"作为一个完整的方针并到一起，其

---

① 中共中央文献研究室：《改革开放三十年重要文献选编》（上），中央文献出版社 2008 年版，第 16 页。

② 中共中央文献研究室：《改革开放三十年重要文献选编》（上），中央文献出版社 2008 年版，第 260 页。

③ 中共中央文献研究室：《改革开放三十年重要文献选编》（上），中央文献出版社 2008 年版，第 268 页。

直到 1987 年十三大报告中才出现。

十三大报告是在阐述社会主义初级阶段建设中国特色社会主义基本路线时，将"改革开放"作为基本路线的两个基本点之一提出来的。这个词组在报告中多次出现，成为正式的政治术语。报告称"坚持改革开放的总方针，是十一届三中全会以来党的路线的新发展"。以后我们就沿用了这个提法。

任何正确的理论和政策，都有一个探索和形成的过程。"改革开放"也不例外。十一届三中全会拨乱反正，确实开启了改革开放的新时期，但是"改革开放"作为一整套理论政策方针，也确实需要一段时间的酝酿。这从"改革开放"词语运用的演变上也可以看得出来。"改革开放"逐渐成为我国社会经济政治生活中统治的话语，成为支配人们行为活动的指针，是经过了一个过程才形成的。

（二）1978 年前 30 年也在试图改革开放，但主客观条件都受到极大限制

以上说的是 1978 年以后改革开放方针的形成过程。应该说，改革开放的名义和实践，不是 1978 年以后才有的东西。何以见得？拿"改革"来说，这个概念早已有之。远的不说，在 1919 年《湘江评论》上，时年 26 岁的青年毛泽东就意气风发地一口气提出政治、经济、教育、社会、思想等八个方面的"改革"。[①] 新民主主义革命时期，他把"改革"与"革命"等量齐观，认为新民主主义革命就是"在政治上、经济上、文化上完成新民主主义的改革"。

社会主义改造完成后，1957 年毛泽东在《关于正确处理人民内部矛盾的问题》一文中，写了一段经典性的话："社会主义

---

① 《毛泽东早期文稿》，湖南出版社 1990 年版，第 292—293 页。

生产关系已经建立起来，它是和生产力的发展相适应的；但是，它又还很不完善，这些不完善的方面和生产力的发展又是相矛盾的。除了生产关系和生产力发展的这种又相适应又相矛盾的情况以外，还有上层建筑和经济基础的又相适应又相矛盾的情况。……我们今后必须按照具体的情况，继续解决上述的各种矛盾。"① 这里讲的解决矛盾的方法，就是"改革"。

我们知道，"改革开放"后，第一个关于经济体制改革的《决定》（1984 年党的十二届三中全会决议）对于经济体制改革所作的经典定义，就是："我们改革经济体制，是在坚持社会主义制度的前提下，改革生产关系和上层建筑中不适应生产力发展的一系列相互联系的环节和方面。"② 这一改革定义的内涵精华，就出于毛泽东 1957 年的上述论断。

按照毛泽东的论述，以完善社会主义为目标，以解决与生产力发展不相适应的经济基础和上层建筑为内容的"改革"，其实在 20 世纪 50 年代社会主义制度建立以后，就已经开始了。实事求是地说，毛泽东在《论十大关系》中提出不同于苏联做法而适合于中国国情的社会主义建设的主张，在制定社会主义建设总路线时提出的一整套两条腿走路的方针，以及 60 年代肯定两参一改三结合的"鞍钢宪法"等，都具有改革的性质。实际上，社会主义建设和改革是一个共同始终的过程。共和国的前 30 年，在一定意义上也是勠力改革、不断探索的 30 年，但受主客观条件限制，难以有很大突破，真正打开局面。例如，农轻重之间的产业结构调整，地方和中央之间的条块关系，农村公社的"三级所有、队为基础"，国营企业的厂长负责制，等等，在当时看来都是牵一发而动

---

① 《毛泽东著作选读》（下），人民出版社 1986 年版，第 768—769 页。
② 中共中央文献研究室：《改革开放三十年重要文献选编》（上），中央文献出版社 2008 年版，第 347 页。

全身的大动作，现在看来步子还是太小，没有根本性的体制转换和机制改变，下了点毛毛雨。尽管如此，但是也不可否认，这些调整为今后大刀阔斧地改革创造了有利的条件，提供了不可多得的宝贵经验。

再拿对外开放来说，谷牧同志在一篇文章中阐述毛泽东在新中国成立后对外经济关系的基本构想时讲道，是要"做生意"，要"实行友好合作"，要"学习对我们有用的东西"。[①] 在实践中也做了很多的努力。但是由于帝国主义的封锁，不允许我们开放，所以需要等待时机。一旦时机成熟，便迅速打开了国门。像中国恢复联合国合法席位、乒乓外交等，这样的例子还有很多，包括提出和平共处五项原则、也包括最早提出的"四个现代化"。对外开放是重大的政治谋略，需要高瞻远瞩，讲究方式方法和策略。打开国门意味着要承担风险，迎接挑战，成功只留给有准备的人。

（三）新时期将改革开放作为长期国策

说改革开放只是在共和国的后 30 年才有，并不符合事实。不过应该承认，后 30 年我们把改革开放逐渐突出起来作为长期国策，把它列入中国特色社会主义基本路线的两个互相配套的基本点之一，对中国的发展确实起了巨大的推动作用。党的十七大指出改革开放是十一届三中全会以来"新时期最鲜明的特点"[②]。作为一场新的伟大革命，其与另一个四项基本原则结合在一起，改革开放的方向和道路是完全正确的。

---

　　①　谷牧：《新中国前 30 年不开放是因毛泽东的失误这种看法不符合历史的真实》，《北京日报》2009 年 1 月 11 日。
　　②　中共中央文献研究室：《改革开放三十年重要文献选编》（下），中央文献出版社 2008 年版，第 1716 页。

　　为什么说改革的方向总是正确的？因为从根本上说，改革就是不断调整生产关系和上层建筑，使之适应和促进生产力的发展。这种意义的改革，如前所述，毛泽东早已大力提倡，在社会主义到共产主义的整个历史阶段，改革都将是永久的使命和常态的存在。

　　但是改革还有另一种含义，就是作为阶段性的国策，改革要实现某种制度、体制或者模式的转换。比如把高度集中的计划经济体制转变为社会主义市场经济体制；把单一的公有制体制转变为多种所有制并存的结构；以及从更广阔的意义上向建立初步现代化中国的转变等。一旦这种阶段性转换目标基本完成，作为阶段性国策的改革，就要纳入不断调整生产关系和上层建筑以适应和促进生产力发展这一永久性的常态的进步过程。

　　目前我们党提出的改革任务，应该说具有阶段性国策的含义。按照邓小平的思路，包括改革开放在内的基本路线所管的时间，从20世纪中叶建立社会主义社会算起，到21世纪中叶初步完成社会主义现代化任务，大约需要一百年左右的时间。21世纪中叶初步完成现代化建设任务后，改革开放这一阶段性国策就可以转为继续调整经济基础和上层建筑以适应生产力发展的各项政策。但在21世纪中叶前的若干年内，改革开放的总政策必须坚持，"动摇不得"。[①]

（四）正确掌握不同领域的改革进程

　　改革开放在今后相当一段时期不能动摇，是就改革开放作为总体来说的。但改革开放涉及领域甚广，内容浩繁，进度不一，有些方面进行得比较顺利，有些方面比较复杂。顺利的改革有的

---

　　① 中共中央文献研究室：《改革开放三十年重要文献选编》（上），中央文献出版社2008年版，第633页。

已经成功，转入完善的阶段。比较复杂的或者启动较晚的领域，则需要把改革坚持下去，争取最后的胜利。

比如，传统的高度集中的计划经济向社会主义市场经济的转换。现在在全部商品流通总额中，市场调节的部分，已占 90% 以上；前几年的估计，我国市场经济在整体上的完成程度已达 70% 左右。所以，社会主义市场经济在我国已经初步建立。是否可以说，高度集中的传统计划经济体制向社会主义市场经济体制转换的改革已经基本完成。当然现在还有少数领域，市场化改革有不到位的地方；但是，也有不少领域发生了过度市场化的毛病。这些不足和过头都需要继续调整完善，但已经不属于传统计划经济向市场经济大转换的主流。今后按照十七大精神，要加强国家宏观计划对市场经济的导向调控①，如邓小平说的"计划和市场都是经济手段"②，都要发挥它们在经济中的调节作用，而不再提不带限制词的"市场化改革"。

又比如，所有制结构从单一公有制经济转变为多种所有制经济共同发展的改革。现在，非公有制经济蓬勃发展，大大超过新中国成立初期。所有制结构改革的任务，应该是巩固和完善社会主义初级阶段的基本经济制度，特别是要强化公有制为主体的社会主义方向，并且正确引导非公有制经济的发展。

再比如，从有大锅饭和平均主义倾向的分配制度，转向效率优先拉开差距的改革，现在明显早已胜利成功。"让一部分人先富起来"，早已超期超额完成。按邓小平的预期，"让一部分人先富起来"的改革阶段，应在 20 世纪末 21 世纪初结束，转向"逐步

---

① 中共中央文献研究室：《改革开放三十年重要文献选编》（下），中央文献出版社 2008 年版，第 1726 页。

② 中共中央文献研究室：《改革开放三十年重要文献选编》（上），中央文献出版社 2008 年版，第 635 页。

实现共同富裕"的方向。① 由于客观原因和主观原因，已将此项
转变推迟。看来要抓紧研究这个问题，从根本上端正分配问题的
改革方向，以解决邓小平晚年始终关注的"分配不公，会导致两
极分化，到一定时候问题就会出来"②。

再比如，农村改革从人民公社体制改为实行家庭承包责任
制，早已被事实证明是成功的，特别是以分为主、统分结合的双
层经营责任制，得到事实上的推广。这是邓小平讲的农村改革的
"第一个飞跃"。经过 30 年的演变，农村经济已获得巨大发展，
现在是不是应该转为着重解决双重经营责任制的"统"的一面，
发展新的农村集体经济，这是邓小平讲的农村改革的"第二个
飞跃"。这是保证农村改革的社会主义方向的必由之路。在"第
一个飞跃"阶段的改革胜利结束以后，应该认真考虑农村下一
个阶段的"第二个飞跃"了。③

---

① 中共中央文献研究室：《改革开放三十年重要文献选编》（上），中央文献出版
社 2008 年版，第 635 页。
② 《邓小平年谱（一九七五——一九九七)》（下），中央文献出版社 2004 年版，
第 1364 页。
③ 关于农村"两个飞跃"思想，参阅《邓小平年谱（一九七五——一九九七)》
（下），中央文献出版社 2004 年版，第 1310—1311、1349—1350 页。

改革开放新时期的宏观调控[*]

（2010 年 1 月）

宏观调控是社会主义市场经济体制的重要组成部分。改革开放以来，宏观调控政策对促进经济实现平稳较快增长，发挥了积极作用。我在这方面写过一些东西，在一些场合讲过一些看法。现在以此为主要线索，谈谈这个问题。先谈一个概要，再具体分几个阶段说说。

宏观调控是一个动态的中性概念

改革开放以来，对宏观调控政策，社会上有种种看法，其中不乏对宏观调控政策的误解，把宏观调控的概念搞得面目全非，需要加以厘清。

一种似是而非的看法，是把宏观调控和经济发展对立起来，好像宏观调控的功能只在收缩和限制，而不管发展了。比如，前些年一篇报道讲"去年下半年，中央开始实施宏观调控，当时一些地方的企业，认为这会丧失加快发展的难得机遇"。另一篇文章讲"一方面要宏观调控，一方面要注意经济发展"。实际上，宏观

---

[*] 刘国光口述，汪文庆、文世芳整理，原载《百年潮》2010 年第 1 期。

调控本身就包含了限制与发展、紧缩与扩展、后退与前进几方面的内容。宏观调控与发展的关系，体现在宏观调控既有刺激促进经济发展的措施，也有通过限制一些领域的过度扩张为整个经济创造良好发展环境的措施。所以，有人说"宏观调控的立足点是为了发展，为了更好地发展"，这个说法是不错的。

在宏观调控的时限上也有误解。浙江杭州萧山区一位私营企业主，大概觉得宏观调控妨碍他的企业发展，提出"国家宏观调控到底会调多久"的问题，这就把宏观调控仅仅当作临时性政策措施了。其实，宏观调控的目的是烫平经济波动，促进经济平稳发展。而经济波动是永远存在的，因此宏观调控也是随时随地进行的，没有停下来的时候。

宏观调控依宏观经济形势变化而异，一般说来有三种情况：一是在总需求小于总供给，或实际经济增长率低于潜在经济增长率，或物价总水平一路走低时，要进行扩张性的宏观调控；二是情况与上面相反，当总需求大于总供给，或实际增长率高于潜在增长率，或发生通货膨胀时，就要实施从紧收缩的宏观调控；三是中间状态，当总需求与总供给大体相当，物价总水平在正常区间移动，宏观调控就要采取中性的政策。中间状态下经济也会存在不平衡不稳定因素，多起因于经济结构的不协调，宏观调控就要采取有保有压、有紧有松、松紧适度、上下微调的方针，来维护经济的持续协调发展。

以上是市场经济下经济波动和宏观调控政策变化的一般情况。我国1978年以前是计划经济，1978年到1992年是计划经济向计划商品经济过渡，基本上还是计划经济，1992年以后到现在是初步建立和进一步完善社会主义市场经济体制阶段。经济波动在计划经济条件下和市场经济条件下都会周期发生，虽然规则不尽相同。计划经济时期也有宏观调控，但不叫"宏观调控"，它从属于政府的宏观、微观无所不包的计划管理和综合平衡。计划平衡具有行政手段约束经济过度扩张的功能，但更多时候抵不过公有制下的财务软约束和投资扩张冲动，而且计划平衡的周期放松往往成为发动过度扩张的根源，致使经济陷入长期波动中。这个情况随着向有计划的商品经济体制过渡趋于缓和，但在卖方市场消失前，计划平衡（80 年代后期开始称作"宏观控制"）基本上是以通货膨胀为斗争对象，以周期性的紧缩为特征；但随后又往往自动放松，让位于扩张过程。

1992 年正式提出向社会主义市场经济体制过渡以后，市场经济意义的宏观调控逐渐走上历史舞台。1993 年到 2007 年，中国宏观调控经历了三轮不同的政策：一轮是针对 1992 年的经济过热，从 1993 年起实施的紧缩型的宏观调控，大约持续到 1997 年；一轮是针对 1997 年的经济偏冷，从 1998 年开始实施扩张性的宏观调控，大约持续到 2002 年；一轮是 2003 年到 2007 年经济平稳较快增长，实施了财政、货币政策双稳健的宏观调控，即中性的宏观调控。近两年，经济形势波动剧烈，中国宏观调控政策也经历了从稳中适当从紧向扩张性的宏观调控政策的转变。

80 年代稳中求进的改革思路

1987 年 10 月至 1988 年 6 月，由国家体改委召集九个课题组的代表，分别来自中国社会科学院、北京大学、中共中央党校、中国人民大学等单位的经济学家，对中期改革（1988—1995 年）思路规划展开热烈讨论。讨论中，围绕着经济改革需不需要一个比较宽松的经济环境，实际上就是如何看待通货膨胀的问题，当时主要有两种意见。

一种意见认为，经过九年多的改革，中国经济的生机和活力大大增强，虽然现在经济环境仍然偏紧，但是仍朝着好转的方向发展。中国经济改革只能在经济紧张的环境下进行，而相对宽松的环境只是改革的结果，不是改革的前提。因此，他们认为通货膨胀、物价高一点不可怕，主张以适度的通货膨胀政策，来加速经济增长，"把蛋糕做大"。这种"通货膨胀无害论"的意见，1988 年达到顶峰，在当时实际上占优势地位，中央一些领导都赞同。

另一种意见在承认九年多的改革取得了重大成就的同时，认为经济形势比较严峻。反对"适度通货膨胀，支持高经济增长"的论点，认为通货膨胀不利于改革也不利于发展。改革只能在一个比较宽松的环境中进行，具体来讲就是总供给要略大于总需求，物价比较平稳。在总需求大大超过总供给，物价节节上涨的紧张情况下，容易导致市场秩序混乱，改革很难进行，甚至出现抢购的情况。

如何治理通货膨胀，也有两种思路。一种思路主张，首先采用直接的行政手段紧缩社会总需求，实行严格的宏观控制，进而在此基础上，进行以价格改革为中心的配套改革。另一种思路是我们中国社会科学院课题组的意见。我们不赞成治理经济用"猛药"，提出"双向协同，稳中求进"的主张，即以稳定经济的措施保证改革的继续推进，同时用有计划有步骤的改革措施推进经济的持续稳定发展，具体来讲，中期改革前三年以"稳"为主，主要着力于治理通货膨胀，同时有选择地进行改革；后五年从"稳"转"进"，改革的步伐可以大一点。

事实上，从 1989 年开始，围绕着经济是否过热和是否应当采取紧缩政策，经济学界和决策者就展开了研讨，但因为意见一直存在较大分歧，迟迟未能作出政策决定。我把从 1984 年到 1988 年这几年的经济比作是"空中飞人"，因为长期处于将要着陆又重新起飞的状况，很难实现"着陆"。

1988 年 2 月，党的十三届二中全会在北京召开。当时我是中央候补委员，在会上作了一个题为《正视通货膨胀问题》的发言，强调"稳定物价"的方针口号不能放弃，引起广泛共鸣。中央政治局常委胡启立和我一个小组，他听了我的发言表示赞同。我对他说，治理通货膨胀现在就要抓紧，不抓紧很危险，要出问题。薛暮桥看了发言纪要后来信说："要下决心在两三年时间解决通货膨胀问题，那种认为停止通货膨胀会引起经济萎缩的观点，无论在理论上或者实践上都是无根据的。"

1988年5月，中央政治局常委会决定在此后五年内实现工资和价格改革"闯关"。5月末，在讨论如何执行这一决策的高层会议上，我和吴敬琏提出"先治理，再闯关"的主张。我们认为，从农产品开始的涨价风正向其他领域扩散，各地零星抢购已经发生，且正在此起彼伏地蔓延开来，通货膨胀预期正在形成。但是，另外一些经济学家的意见得到首肯。这些经济学家根据他们对拉美经济的考察，认为百分之几千的通货膨胀都不至于对经济繁荣造成障碍，由此得出了在高通胀、高增长下实行物价改革"闯关"的结论。

但是，事态并没有像乐观估计的那样发展。6月初正式决定进行物价和工资政策闯关以后，物价迅速上涨，全年居民消费价格指数高达18.8%，城市普遍出现抢购风潮，人们纷纷到银行挤兑，搞得许多银行没有现金，不敢开门了。

为了抑制爆发性的通货膨胀，中央决定进行治理整顿，采取强行着陆的宏观调控政策。由此，物价迅速下降，然而付出的代价虽然没有"大跃进"那么大，但也确实不小，经济出现了过冷的局面，GDP增长速度由1988年的11%降到1990年的4.1%。

90年代中期治理通货膨胀和"软着陆"

从1991年开始，经过治理整顿，我国经济开始复苏，GDP增速从1990年的4.1%上升到1991年的9.1%。1992年初，邓小平发表著名的南方谈话，极大地激发了广大干部群众发展经济的热情。各地政府、部门、企业都表现出很高的积极性，但是主要注意力却放在搞经济开发区，铺基本建设摊子上。1992年全国各地层层搞开发区，甚至乡一级政府都搞，到处都大兴土木、挑灯夜战，建设规模远远超出了国家和地方的承受能力。各地出现了投资热、房地产热、股票热、开发区热等现象，全年GDP增长14.2%，已经显示出过热的迹象。1993年一部分地区发生了抢购、挤兑现象，但没有1988年那么厉害。

但是，从1992年中期到1993年中期将近一年的时间，各方面对宏观经济形势的认识和主张很不一致。当时主要有三种意见：第一种意见认为经济过热的迹象已经十分明显，主张采取过去使用的老办法，用行政命令的办法进行整顿，全面压缩需求，基建项目下马，进行急刹车。第二种意见认为国民经济发展的势头很好，主张继续采取扩张性的政策，保持这种好的势头，防止经济下滑。第三种意见主张审时度势，研究采用新的举措，使经济逐步降温，最终实现"软着陆"。我赞成第三种意见。我认为，当时的高速增长，有正常的因素，从治理整顿时期过冷的经济状况中逐渐恢复，也有过热的因素，而且过热的因素正在积累。应该采取果断措施解决经济过热，但不应该采取1988年急刹车、严厉紧缩的宏观调控政策。1993年，我在一篇文章中比较早地提出，要采取"微调、降温、软着陆"的办法。1994年5月，在求是杂志社召开的一次座谈会上，我进一步把"微调、降温、软着陆"表述为顺应当时经济形势唯一可行的宏观调控思路。"微调、降温、软着陆"，具体来讲就是把住财政货币投放和信贷货币投放这两个正门，国民经济总量保持一个偏紧的盘子，审时度势进行微调，有松有紧，时松时紧，争取通过几年的努力抓紧深化改革和结构调整，把经济增长和物价上涨控制在比较好的目标范围内，以平稳地过渡到下一个经济周期。

　　到 1993 年第二季度，通货膨胀的形势已经十分明显，零售物价指数较上年同期上涨了 10%。这时，各方面的意见才趋于一致。1993 年 6 月，国务院出台了加强宏观经济调控的 16 条措施，涉及财政、金融和投资等几个方面。这 16 条措施是为了适应当时的经济情况实行的一个适度双紧的政策。所谓"双紧"，就是指适度紧缩的财政政策和适度紧缩的货币政策。16 条措施起到了釜底抽薪的作用，经济过热很快得到遏制。同时中央又注意对经济进行适度微调，有松有紧，国民经济保持了平稳运行。从 1993 年到 1997 年，经济增长速度从 13.5% 降到 9.6%，每年大约降低一个百分点，比较和缓，既克服了经济过热，又避免了用急刹车的办法来全面紧缩，带来各方面的滑坡，使中国经济能够在平稳的回落当中仍然保持较快的增长速度。

　　物价走势相对于 GDP 增长而言，总是滞后一些。在 1993 年、1994 年经济增长速度持续回落时，居民消费价格指数仍继续上涨，1994 年达到 24.1%，比 1988 年还要高，是改革开放以来最高的。中央对此高度重视，1995 年提出把抑制通货膨胀作为宏观调控的首要任务，继续坚持适度从紧的财政政策和货币政策，同时采取了一系列政策措施。此后，居民消费价格指数在 1995 年降到 17.1%，1996 年降到 8.3%，1997 年降到 2.8%，总体上来讲降得比较快。

　　到 1996 年底，宏观调控"软着陆"的趋势已经很明显，当年 GDP 增长率为 9.7%，居民消费价格指数为 8.3%。这既避免了"大跃进"前后那样的大起大落，也避免了 20 世纪 80 年代中期那样的"空中飞人"，非常成功。《人民日报》的同志找到我，说根据国务院领导同志的意见，请我写一篇文章，从理论上总结"软着陆"的成功经验。1997 年 1 月 7 日，我和刘树成合写的《论"软着陆"》在《人民日报》上发表。这篇文章阐述了什么是"软着陆"，为什么要进行"软着陆"，怎么样进行"软着陆"等问题。怎么样进行"软着陆"，实际上就是讲这几年中央实行适度从紧的财政政策和适度从紧的货币政策的经验，我将其概括为四条：一是及时削峰。1993 年国务院出台的 16 条措施非常及时，有效地控制了扩张的强度和峰位。二是适度从紧。不是全面紧缩，而是该紧的紧，该松的松，把握调控的力度。三是适时微调。在适度从紧的总原则下，根据实际情况，审时度势进行微调和预调，以缓解"降温"中的实际困难，防止出现过度滑坡。四是抓住主线。治理通货膨胀和保持经济的相对快速增长。当时，宏观调控是以治理通货膨胀为首要任务，还是以继续加快经济增长、实现就业为先，曾一度是经济学界争论的焦点。中央明确把治理通货膨胀作为宏观调控的首要任务，同时又很好地把握了调控力度，做到了两者兼顾。国务院领导同志对这篇文章予以肯定，在《人民日报》编者按中说"这是迄今为止关于宏观调控经验的一篇最好的文章"。

世纪之交治理通货紧缩

以 1997 年 7 月亚洲金融危机爆发为契机，无论是中国还是世界，宏观经济形势都发生了戏剧性的变化。各国所面对的主要问题，不再是通货膨胀，而是经济衰退带来的通货紧缩。从 1998 年到 2002 年，中国政府用 5 年的时间治理通货紧缩，成效显著。

对于通货紧缩的具体定义学术界尚有分歧，简单来讲就是物价总水平持续下跌。当时中国经济出现了市场疲软、经济增长率下降、物价负增长等情况。1997 年 GDP 增长 9.3%，1998 年下滑到 7.8%，1999 年又进一步下滑到 7.6%。物价从 1997 年 10 月开始负增长，持续两年多呈下降趋势。

中国通货紧缩的具体原因，和世界上其他国家相比更为复杂，既有消费需求、投资需求不足，出口需求骤减的原因，也有过去盲目投资带来的供给过剩和供给刚性等方面的原因。简单来讲，直接原因有两个：一是"软着陆"政策惯性作用。1997年成功实现了"软着陆"，通货膨胀率趋向于零，但治理通货膨胀的政策措施有滞后效应，经济增长率下降和物价下降不可能一下子停下来。1997年10月初，在中国社会科学院经济形势分析与预测课题组召开的秋季座谈会上，我提出现在有轻度通货紧缩的危险，建议为防止经济回落的惯性可能带来的后续经济持续下滑，需要适时适度地做一些必要的松动微调。二是亚洲金融危机的影响。我国对临近一些国家、地区的出口大幅度减少，同时这些国家、地区在我国的直接投资也大幅下降。这时候有人提出，适度从紧的政策推行时间长了一些，力度也未能适时递减。这个观点有道理，但这是事后诸葛亮。亚洲金融危机影响到我们有一个过程。中央不是神仙，对这个问题的认识也有一个过程。有一些人借此说根本就不该搞适度从紧的政策，早就应该宽松。那就没有道理了。如果按照他们的思路搞，我们的经济会更糟糕。

1998年，亚洲金融危机的影响慢慢显露。中央审时度势，调整政策，作出了扩大内需的重大决策，提出了一系列宏观调控措施。其中最主要的是从7月开始实施积极的财政政策，利用政府发行国债进行基础设施建设投资，并以此带动地方政府、企业配套投资和银行贷款、社会投资。金融政策方面也进行了微调，采取多种措施扩大货币供给，这实际上从"软着陆"后期就已经开始了，但一直没有明确究竟具体是什么政策，到2000年才提出是实行稳健的货币政策，实际上是由适度从紧转为稳中适度宽松的政策。那时候刚刚经历了亚洲金融危机，国家非常强调金融安全，货币政策不能够大松，只能是微松，但方向是同积极财政政策一致的。

当然，治理通货紧缩，单靠宏观调控是不够的，因为无论如何都要受到体制的限制。中央在加强宏观调控的同时，抓紧推进以国有企业改革为中心的一系列改革，这对于为促进需求和改善供给而扫除制度障碍，建立必要的体制环境至关重要。

到2000年初，经济增长速度下滑的趋势得到遏制，当年GDP增长率为8%，居民消费价格指数由负转正，当年为0.8%，而1999年是1.3%，经济开始出现重大转机。此后两年，即使出现了外部经济环境不利、国内财政投资在总投资中的比重逐渐下降的情况，GDP增长仍然达到了7.3%和8%的好成绩，居民消费价格指数也保持正数，2001年为0.7%，2002年为1.2%。这表明了中央治理通货紧缩政策的有效性。

2000年初，《人民日报》的同志又来找我，说根据国务院领导同志的意见，让我写一篇文章，总结一下这几年治理通货紧缩的经验。我又和刘树成合作，写了《略论通货紧缩趋势》一文，发表在2000年2月22日的《人民日报》上。这篇文章讲了通货紧缩的特点、成因和治理对策。我们在文章中还提出，从前几年成功治理通货膨胀到近两年积极地抑制通货紧缩，说明党中央驾驭经济全局的能力更加成熟，宏观调控的经验更加丰富了。

这篇文章得到国务院领导同志的肯定，并在标题上加上原本没有的"趋势"二字。我理解他这样做是有用意的。当时社会上特别是银行界不认为我们有通货紧缩，还有一些人怕讲通货紧缩。他加"趋势"两字，有一点淡化通货紧缩的意思。其实，从统计学的角度来讲，数字的"时间序列"就表明了趋势，所以加不加关系不大，因此我也没有反对。

向中性的宏观调控政策过渡

积极的或扩张性的财政政策，对于很快增加需求，迅速遏制投资下滑的势头，具有独特的优势，但是也有它比较消极的方面，比如相对而言投资效益不一定高、政府所发的国债最终要通过税收来偿还。因此，从 2000 年起，经济学界就有积极的财政政策逐步淡出的呼声。

我当时也是这个意见。2000 年 10 月，我在三个研讨会上都提出，要做好准备，适时逐步停止扩张性的宏观调控政策，但不能走到紧缩性的宏观调控政策，要向中性的财政、货币政策过渡。我还提出要"双防"，既要防止通货紧缩，又要警惕通货膨胀。当然，那时候经济形势只是有趋稳回升的迹象，整个国内需求增长乏力的问题没有解决，而且 2001 年、2002 年国内经济又有所波动，因此仍要坚持积极的财政政策和稳健的货币政策。我当时估计，积极的财政政策淡出可能是 2002 年或者 2003 年。

2003 年，中国尽管遭受了 SARS 的袭击，但经济保持了较快增长，GDP 增长率达到 9.1%，居民消费价格指数也上升到 1.2%，中国经济进入新一轮快速增长周期。宏观经济政策的调整提上了议事日程。

2003 年 10 月、12 月，我分别在中国社会科学院经济形势分析与预测课题组秋季座谈会和中国经济高级论坛上，指出现在通货紧缩趋势已经淡出，严重的通货膨胀尚未形成，宏观调控宜采用中性的政策，财政、货币政策适当收紧。

2004 年 2 月、5 月，我两次在温家宝总理主持召开的经济专家座谈会上发言，提出当前总需求与总供给大体相当，物价总水平在正常区间移动，宏观调控应采取中性的政策，实行有保有压、有紧有松、松紧适度、上下微调的方针，来维护经济的持续稳定协调发展。

我的这些意见同后来 2004 年中央经济工作会议和 2005 年十届全国人大三次会议的决策是一致的。这两次会议都提出实行双稳健的宏观调控政策，即稳健的财政政策和稳健的货币政策。这在中国的宏观调控历史上还是第一次。中央文件中没有提"中性"两个字，但是我理解，意思是一样的。当时财政部部长金人庆解释说，稳健的财政政策就是经济学中讲的中性的宏观政策。至于稳健的货币政策，中国人民银行没有解释是不是中性的。但是，前一阶段应对通货紧缩的时候，货币政策也叫稳健的货币政策，当时的稳健是稳中从松，现在是稳中从紧。这就表明，稳健的货币政策实际上是中性的，可以从松，也可以从紧，视具体情况而定。

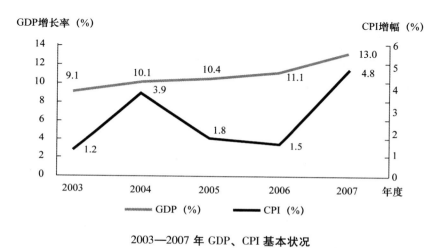

2003—2007 年 GDP、CPI 基本状况

从 2003 年到 2007 年，在双稳健的宏观调控政策下，中国经济实现了平稳较快增长。GDP 增长率 2003 年 9.1%，2004 年 10.1%，2005 年 10.4%，2006 年 11.1%，2007 年 13.0%，总体上比较好，到后期高了点。居民消费价格指数 2003 年 1.2%，2004 年 3.9%，2005 年 1.8%，2006 年 1.5%，2007 年 4.8%，还是比较平稳的。这 5 年可以说是改革开放以来乃至新中国成立以来经济发展最好的一段时间。

近几年经济波动中的宏观调控政策

2005 年以后，我年纪大了，不再主持中国社会科学院经济形势分析与预测课题组的工作，国务院经济专家座谈会也没有再找我。同时，我的研究方向变了，有两三年时间没有再关注宏观经济政策问题，没有发表什么意见。

2007 年底 2008 年初，宏观经济形势发生了较大变化。2007 年 GDP 增长率达到 13%；居民消费价格指数达到 4.8%，而且继续上涨，2008 年 4 月达到 8.7%，经济呈现明显的过热。2007 年 6 月国务院常务会议确定货币政策稳中适度从紧。2007 年 12 月中央经济工作会议提出 2008 年货币政策要从紧，并提出"双防"，即防止经济过热、防止明显的通货膨胀，这和以前所讲的"双防"含义不一样了。2008 年 3 月全国人大会议再次提出要"双防"。

2008 年 4 月，中国宏观经济协会召开会长顾问会，研讨经济形势。我是这个协会的副会长，在会上发言，提出宏观经济政策既要有短期目标也要有中长期目标。要在两三年时间内实现两个中期目标：一是 GDP 增长率从 2007 年的 13% 降到潜在经济增长率 9% 以内；二是物价，我认为当时已经出现了明显的通货膨胀，居民消费价格指数要从 8% 以上调整到 - 2% 到 3% 的区间。物价不可能不波动，在这个区间内的物价波动是正常的，无须惊慌。从中长期来讲，要坚持中央已定的稳中适度从紧的货币政策，同时也要实行稳中适度从紧的财政政策，以避免我国经济周期性的过热。

我没有想到，美国"次贷"危机引发的国际金融危机影响如此巨大，导致经济形势快速变化。不是我设想的两三年，而是只经过八九个月，2008 年 GDP 增长速度就从上年的 13% 突降到了 9%，下滑了 4%，2009 年第一季度进一步降到 6.1%，这是现在看到的最低谷。消费价格指数也很快从 2008 年 2 月的 8.7% 降到 2009 年 1 月的 1%。

2008 年 11 月，针对经济下滑的态势，中央又对宏观经济政策进行了一个大调整。稳健的财政政策转变为积极的财政政策，提出 4 万亿元的投资和 10 个行业的振兴计划。同时，稳健的货币政策转变为适度宽松的货币政策。这样一个大变动，实际上就把稳健的宏观调控政策转变为扩张性的宏观调控政策。货币政策和财政政策两个方面都很积极，并且力度都很大，这是历史少有的。应该说，这个宏观政策的大调整，对应对国际金融危机，推动我国经济从下坡到趋稳，是起到了积极作用的。

2009 年 2 月 7 日，中国宏观经济协会再次召开会长顾问会，讨论经济形势问题。我在会上讲，现在经济形势往下走虽然急了一点，但是符合我国宏观调控的大方向。我们的大方向，就是要把超过资源、环境和民生所能承载能力的过高增长速度逐渐降到潜在增长速度以内，把明显的通货膨胀降到正常的物价波动区间。这个方向是对的，2009 年这么下来也不错。从中长期来看，今后怎么办？我提出，经济走势不宜采取 V 形或者 U 形。V 形和 U 形有一定差别，V 形是从底部一下子上去了，U 形是慢慢上去。但是这两种走势，都是希望重新迅速起飞，最后又要走到 GDP 增长率超过两位数，经济明显过热的老路上去。我主张经济应取 L 形走势，但 2009 年第一季度我们的 GDP 增长率已经降到了 6.1%，偏低了一点，因此 L 形的底部横线要上翘一段，曲折转平，回到我们潜在的经济增长率 8%—9% 上下波动的正常区间。从现在的形势看，2009 年经济增长率"保八"（8%）是很有希望的。

我想，如果能达到这样的调控结果，我们就能够争取到从容调整经济结构和转变增长方式的时间和空间，从而为实现经济长期较快平稳发展创造条件。这是我们当前经济工作中最重要的问题。我们需要真正把中央扩大内需的决策落到实处，切实改变目前消费需求偏低，过于依赖投资和出口拉动的局面；第三产业多发展一点，劳动密集型产业多发展一点，中小企业多发展一点，实现技术的升级换代，转变经济增长方式。这个问题的解决，我们已经启动不少年了，解决起来确实非常有难度。我想，如果我们能争取到中速发展，有一个比较宽松的环境，解决这两个难题比较容易一些。

由于经济回稳的基础还不稳固，国际经济危机的影响还没有减弱，因此2009年中央领导多次讲话，坚持积极的财政政策和适度宽松的货币政策不动摇。但是因为货币投放量过大，通货膨胀预期已经出现，需要密切注意。当然现在物价还不高，但我们要看到，物价的走势往往是相对滞后的。

6月份，我在两个公开场合和一个内部场合发言，继续发表对宏观经济形势的看法，再次强调不希望中国经济中长期走势重复出现V形或者U形走势。这种走势往往导致经济的大起大落，而不能平稳发展。新中国经济实践表明，不出现V形或者U形走势，很重要的一条，是要防止出现片面追求GDP增长速度的倾向。这方面我们的教训太多太深刻了。追求速度是个好事情，谁不想快，我也想快，但是我们必须尊重客观经济规律。我认为，中长期的宏观调控，应该以经济潜在增长速度，也就是以中速为目标，不要追求过高的速度。经济潜在增长速度各个时期不一样，根据具体情况而定，现在中国大概是在7%—9%。7%—9%在中国是一个中速，7%—9%以下是低速，10%以上是高速。但在世界上，7%—9%是一个非常高的速度。我们应该珍惜这个速度，不要以两位数以上的增长速度为正常现象，好像不到两位数就不过瘾。这不是我一个人的意见，很多同志也持这个意见，只是不像我这么强调，这么明确地提出来。

宏观政策转向中性和稳定，不但有助于抑制通胀的发展，有助于物价稳定，而且也有利于我国发展思路由高速增长转向以中速增长的目标。我国经济增长即将进入潜在增长率的区间，在此区间将宏观政策调整到中性，是一个大机遇。危机前两位数的高速发展，超过资源环境和人民承受能力，调整结构和转变发展方针都遇到不可克服的困难。只有中速增长才能使我们摆脱这些困难,从容进行结构调整和发展方式的转变,才能保持经济的持续协调较快的增长。而片面追求过高速度是不能持续的。不能指望V形走势右方一直上去,走向高速,而要曲折转平,走向平稳中速。所以"保增长"和"调结构""转方式"的次序安排,要把"保增长"放在"调结构"和"转变发展方式"的后面,这样才能真正地保增长——这里讲的是持续、协调、稳定的增长,而不是忽高忽低的不可持续的高增长。这也算是我的一个政策建议。

改革开放新时期的收入分配问题[*]

（2010 年 4 月）

　　进入新千年，随着收入差距扩大的趋势日益明显，收入分配问题受到关注。在继续做大社会财富这个"蛋糕"的基础上，如何通过合理的收入分配制度，把"蛋糕"分好，让全体人民共享改革发展的成果，成为中国面临的一个重大命题。我曾发表几篇文章，研讨收入分配问题，为"效率优先，兼顾公平"逐渐淡出，进一步重视社会公平鼓与呼。现在看来，我的观点和中央在这一问题上最终决策的精神是一致的。这里我想梳理一下改革开放新时期收入分配政策的演变，侧重谈谈对效率与公平关系的认识，并对今后改革收入分配制度提出一点思路。

收入分配政策的演变

　　改革开放新时期的分配政策，从最初打破平均主义，为按劳分配恢复名誉，到现在继续坚持以按劳分配为主体、多种分配方式并存，经历了一个渐进的变化过程。

　　1956 年社会主义改造完成以后，社会主义制度建立，按劳分配

---

　　* 刘国光口述，汪文庆、邓尚整理，原载《百年潮》2010 年第 4 期。

成为中国最基本的收入分配制度。即使在"文化大革命"期间，1975 年宪法也规定要实行按劳分配制度。因此，平均主义盛行，泛滥成灾。这种平均主义的分配制度是对按劳分配原则的歪曲，带来的不是普遍的富裕，而是共同的贫困，这个现在大家都很清楚。

因此，粉碎"四人帮"以后，经济学界拨乱反正，最早就是从为按劳分配正名开始的。1977—1978 年，由于光远同志倡议，先后召开了四次全国按劳分配理论研讨会。通过讨论，大多数同志认为，按劳分配不但不产生资本主义和资产阶级，而且是最终消灭资本主义和资产阶级的必由之路。我国不存在按劳分配贯彻过分的问题，而是贯彻不够。

从中央的政策来讲，当时也是强调坚持按劳分配的社会主义原则，我手头有几份材料，可以说明这个问题：一是 1977 年 8 月，党的十一大报告提出："对于广大人民群众，在思想教育上大力提倡共产主义劳动态度，在经济政策上则要坚持实行各尽所能、按劳分配的社会主义原则，并且逐步扩大集体福利。"① 二是五届全国人大政府工作报告，也专门就这一问题进行了论述："在整个社会主义历史阶段，必须坚持不劳动者不得食、各尽所能、按劳分配的原则……在分配上，既要避免高低悬殊，也要反对平均主义。实行多劳多得，少劳少得。"② 三是 1978 年 5 月 5 日，在邓小平鼓励和指导下，国务院政治研究室的同志撰写了《贯彻执行按劳分配的社会主义原则》一文，以"特约评论员"名义在《人民日报》上发表，使按劳分配的名誉得到了正式恢复。③

---

① http：//www. scopsr. gov. cn/zlzx/ddh/ddh17＿3992/ddh170/201811/t20181121＿327481. html.

② 1978 年政府工作报告（http：//www. hprc. org. cn/wxzl/wxysl/lczf/dishiyijie＿6/200908/t20090818＿3955467. html）。

③ 特约评论员：《贯彻执行按劳分配的社会主义原则》，《人民日报》1978 年 5 月 5 日。

不久，1978年12月13日，邓小平在十一届三中全会前夕召开的中央工作会议上，提出了允许一部分人、一部分地区先富起来的思想："在经济政策上，我认为要允许一部分地区、一部分企业、一部分工人、农民，由于辛勤努力成绩大而收入先多一些，生活先好起来。一部分人生活先好起来，就必然产生极大的示范力量，影响左邻右舍，带动其他地区、其他单位的人们向他们学习。这样，就会使整个国民经济不断地波浪式地向前发展，使全国各族人民都能比较快地富裕起来。"邓小平指出："这是一个大政策，一个能够影响和带动整个国民经济的政策，建议同志们认真加以考虑和研究。"

当时，很多人有顾虑，一部分人、一部分地区先富起来，会不会导致两极分化呢？1984年，十二届三中全会《关于经济体制改革的决定》里面讲了一句话："只有允许和鼓励一部分地区、一部分企业和一部分人依靠勤奋劳动先富起来，才能对大多数人产生强烈的吸引和鼓舞作用，并带动越来越多的人一浪接一浪地走向富裕。"这句话中"依靠勤奋劳动"很重要，是避免两极分化的关键所在。邓小平也多次说，"坚持社会主义，实行按劳分配的原则，就不会产生贫富过大的差距。再过二十年、三十年，我国生产力发展起来了，也不会两极分化。"

1987年1月22日，中共中央政治局通过《把农村改革引向深入》，这是当年的中央一号文件。该文件提出，"在社会主义社会的初级阶段，在商品经济的发展中，在一个较长时期内，个体经济和少量私人企业的存在是不可避免的"。这是在中央文件中第一次肯定了发展私营经济。到1988年，宪法修正案加了一条，允许私营经济存在发展。当然，个体经济的合法地位早在1982年宪法当中就已经得到确认了。

按照马克思主义理论，分配关系是由生产关系决定的。上述生产关系的变化，必然带来分配关系的变化。因此，1987年党的十三大报告明确提出，"社会主义初级阶段的分配方式不可能是单一的。我们必须坚持的原则是，以按劳分配为主体，其他分配方式为补充"，"在共同富裕的目标下鼓励一部分人通过诚实劳动和合法经营先富起来"。对于"其他分配方式"，十三大报告中列举了好几种，包括债券利息、股份分红、企业经营者部分风险补偿、企业主因雇佣带来的部分非劳动收入。这和以前就有了很大不同，既有"诚实劳动"带来的收入分配，又有了"合法经营"带来的收入。

1997年，党的十五大报告提出，"坚持按劳分配为主体、多种分配方式并存的制度。把按劳分配和按生产要素分配结合起来"，"允许和鼓励一部分人通过诚实劳动和合法经营先富起来，允许和鼓励资本、技术等生产要素参与收益分配"。这个提法和十三大相比又有较大变化，主要是两点：一点是"多种分配方式并存"，而不再是"其他分配方式为补充"。这是在此之前，1994年十四届三中全会第一次提出来的。另一点是"允许和鼓励资本、技术等生产要素参与收益分配"。我觉得，从一定意义上讲，经营收入、技术作为生产要素参与收益分配都可以看作一种复杂劳动收入，应当包括在按劳分配的范围内。依照邓小平的见解，在这个范围内实行按劳分配，就不会产生巨大贫富差距。但资本收入作为一种财产性收入，情况就与劳动收入不一样了。由此，在收入分配中，形成了一个劳动与资本相互逐利的关系，近些年来呈现国民收入分配中劳动收入份额相对缩小、资本收入份额相对扩大的趋势。收入分配政策的变化大致就是这么一个过程。

"效率优先，兼顾公平"口号的由来

从学理上说，公平与效率这一对概念，是一个矛盾统一体。常识告诉我们，收入分配越平均，人们的积极性越弱，效率自然会低；适当拉开收入差距，只要分配程序、规则公正，就有助于提高效率。从另一角度说，不提高效率，"蛋糕"做不大，难以实现更多的公平措施，解决社会增多的矛盾；但是，如果不讲公平，收入差距拉得过大，特别是分配程序、规则不公，也会导致效率的下降，甚至影响社会稳定。所以，收入分配差距过大和过小都不利于提高效率。处理好这两者的关系不容易，要辩证统一地考虑。

改革开放前，"大锅饭"的分配体制使效率大受影响。实行市场取向的改革后，逐渐讲求效率，拉开收入差距，"让一部分人先富起来"，从农村到城市，经济活跃起来，非常见效。于是经过十多年，就把"兼顾效率与公平"作为经验总结，写进了1992年党的十四大决议。据我所知，这是中央文件中第一次明确提到效率与公平关系的问题。在此之前，无论是中央文件，还是学术界，都没怎么谈这个问题。

但两年以后，从十四届三中全会开始，在效率与公平关系问题的提法上有一个新的变化，即把以前的"兼顾效率与公平"，改为"效率优先，兼顾公平"，使这两者关系，由效率、公平处于同等重要地位，改为效率处于"优先"的第一位，公平虽然也很重要，但处于"兼顾"的次要地位。这两次会议的两个"兼顾"意义很不相同。所以说，这是一个很重要的变化。"效率优先，兼顾公平"的提法，从十四届三中全会决议开始，一直到2003年十六届三中全会，每次中央重要会议的文件都这么提。所以，在相当长的时间里，它是我国在收入分配政策领域的正式精神。在党的十六大报告中，又补充了一句，提出"初次分配注重效率，再分配注重公平"，这也是很重要的分配政策。

共产党向来主张社会公平和公正。为什么一个共产党领导的国家，在分配政策上要把公平与效率相比放在"兼顾"的次要地位呢？这与我国经济长期落后，难以迅速提高人民生活水平和解决众多社会矛盾有密切的关系；也与我国在 20 世纪 90 年代到 21 世纪初面临的国内外形势的深刻变化和发展趋势，及其带来巨大机遇与挑战，有密切关系。这种情势迫使我们积极进取，尽一切努力增大我国的国民财富和综合实力。所以，邓小平要求，思想更解放一点，改革与开放的胆子更大一点，建设的步子更快一点，千万不可丧失时机，强调发展是硬道理，是解决中国所有问题的关键。[①] 这样就把增加国民财富总量和国家经济实力即"做大蛋糕"的问题突出地提了出来，效率成为第一位的问题。另外，制约我国提高效率的主要因素，当时仍然是过去计划经济时代遗留下来的平均主义的影响，比如奖金人人有份，奖励先进轮流坐庄，特别是脑体倒挂很严重，知识分子常常感叹"搞导弹的不如卖茶叶蛋的"。因此，为了更快提高效率，增加国民财富总量，就必须进一步"打破平均主义，合理拉开差距，坚持鼓励一部分地区一部分人通过诚实劳动和合法经营先富起来的政策"。这句话也正是十四届三中全会文件中提出"效率优先，兼顾公平"时所作的说明。

因此，十四届三中全会关于效率与公平关系的新提法，把"做大蛋糕"放在经济工作的第一位，而把"分好蛋糕"放在第二位，这是适合我国当时实际情况和发展需要的，当时是完全正确的。在这一时期，中央文件一再强调，"先富要带动和帮助后富"，"要注意防止两极分化"，主观上并没有忽视社会公平的意思。

淡出"效率优先，兼顾公平"，突出社会公平

长时间以来，我研究宏观经济问题多一些，不大研究收入分

---

① 参见《邓小平文选》第 3 卷，人民出版社 1993 年版，第 377 页。

配问题。但是进入新世纪以后，收入差距问题日益显露，国际公认的公平分配指标——基尼系数从改革开放之初的0.2—0.3，已提高到0.4国际警戒线以上，从而引起广泛关注。这时候，我开始思考，"效率优先，兼顾公平"是不是该淡出了？

我的研究认为，"效率优先，兼顾公平"是我国一定时期收入分配的指导方针，而不是整个市场经济历史时期不变的法则。许多同志把这一方针视为市场经济不变的法则，这是与历史事实不符的，一些成熟的市场经济国家，就没有这个提法。现代资本主义国家为了缓和阶级矛盾，避免受社会主义思潮冲击，一度大力推行社会保障、福利措施，鼓吹福利国家。现代自由主义国家既强调效率，也不得不讲公平；现代福利主义国家很强调公平，但也讲效率。他们的效率和公平，都达到了相当的水平。有的资本主义国家实施的社会公平、福利的一些措施，实在比我们这个社会主义国家还要完备得多。当然，这有历史发展的背景、起点不同，经济实力不同，不好作简单地类比，但是，由此显现出来的历史朝向，却从来没有像现在这么清晰、显而易见，何去何从不是很好选择吗？

经过改革开放二十多年的发展，经济总量发展、效率问题逐步得到相对的解决，蛋糕是逐渐做大了，而分好蛋糕即社会公平的问题已逐步上升为突出的问题。不能忘记，邓小平临终前就提出了中国"富裕起来以后财富怎样分配"这个"大问题"，他在1992年就对突出解决贫富差距问题作出前瞻性的论断。他曾设想，在20世纪末达到小康水平的时候，就要突出地提出和解决这个问题。

基于上述考虑，2003年，我写了一篇题为《研究宏观经济形势要关注收入分配问题》①的文章，提出逐步"淡出效率优先，

---

① 刘国光：《研究宏观经济形势要关注收入分配问题》，《经济学动态》2005年第5期。

兼顾公平"的口号，向实行效率与公平并重的原则过渡，并将这一意见在党的十六届三中全会文件起草组提出（当时我是起草组成员之一）。

当时我认为，我国基尼系数尚处于"倒U形"曲线的上升阶段，收入差距客观上还有继续扩大的趋势，一时掉不下来，邓小平同志的预言可能乐观了一点；看来要到2010年人均收入达到1500美元左右，基尼系数才有可能倒转下降，那时才有可能开始突出解决这一问题，实现"效率优先，兼顾公平"向"效率与公平并重"或效率与公平"优化结合"的过渡。为此，当前应该逐步淡出"效率优先，兼顾公平"，增加公平的分量，降低基尼系数增高的速度、幅度。

应该讲，我的主张是非常和缓的，不像有些同志提出的马上采取措施把基尼系数强行降下来，比如降到0.3。那样很好啊！但做不到。即便如此，在十六届三中全会时，大家的认识还不一致，没有接受我的意见，还是坚持写进了"效率优先，兼顾公平"的字样。

这次会议之后，我没有停止对收入分配问题的思考。学术界也有一些同志针对我的意见，提出批评。比如有人认为不能把突出解决贫富差距和改变效率公平关系推迟到2010年以后。因为"中国人对贫富差距的承受能力已达到极限，目前改变适当其时"。也有人发表文章指出，10年前就有人惊呼我国收入差距已经过大，这不符合我国发展的实际。中国作为发展中国家，在建立市场经济体制过程中基尼系数上升是自然现象，真正解决需要长期等待，现在不要去管。

经过反复考虑，我的观点有所改变。收入差距扩大是否到达承受极限的问题，同校正效率公平的关系、进一步重视社会公平问题，不是同一层次的问题。收入差距扩大到承受极限，很可能与到达两极分化相联系。我们那时还不能说已经到达两极分化

（这是邓小平同志说的改革失败的标志），也不能说到达承受极限。但基尼系数客观上还处在上升阶段，如不采取措施，则有迅速向两极分化和向承受极限接近的危险。所以，我们必须从现时起进一步重视社会公平问题，调整效率与公平关系，加大社会公平的分量。第一步可以逐步减少收入差距扩大的幅度，以后再逐步降低基尼系数的绝对值。所以"效率优先，兼顾公平"的口号现在就可以淡出，逐渐向"公平与效率并重"或公平与效率"优化结合"过渡。

为什么现在就应加大社会公平的分量，进一步重视社会公平问题呢？

经过二十多年的改革与发展，我国经济总量、国家综合经济实力大大增强。已完成 GDP 第一个翻番和第二个翻番，正处在进行第三个翻番阶段，已有一定的物质基础和能力，逐步解决多年来累积形成的贫富差距。也就是说，突出提出和解决邓小平同志提出的收入分配问题的时机条件，已基本成熟。

收入差距扩大迅速，已成为影响社会和谐与社会稳定的重大问题。二十多年来基尼系数几乎倍增。基尼系数超过资本主义发达国家如英、美、法（基尼系数 0.3—0.4）和资本主义福利国家如挪威、瑞典（基尼系数 0.2—0.3）。国内外一些机构和专家，指出这已经超过国际警戒线。不管这些论断是否符合我国情况，都应引起警惕。尤其需要注意的是，已公布的基尼系数，难以计入引发人们不满的"不合理、非规范、非法的"非正常收入。如果把这些因素计算在内，则基尼系数又会加大，在原来 0.4—0.5 之间又升高 0.1 左右，即比现在公布的基尼系数增大 20% 以上。社会不公平造成许多矛盾紧张与社会不和谐现象，潜伏隐患，说不定什么时候就会爆发。

我国改革之初，社会各阶层人民受改革之惠，生活改善，没有分化出明显的利益集团，普遍积极支持改革。但 20 世纪 90 年代以后，不同利益群体逐渐分化，有的在改革中受益较大，有的受益较少，有的甚至受损，对改革支持的积极性也有所变化。各阶层居民对改革都有自己的诉求。比如，得益较多的利益集团中有人说：改革必须付出代价，必须牺牲一代人，这一代人就是几千万老工人。同时，也就有另一种对应的声音说：为什么就是我们，不是你们。对立的情绪可见。为了使改革获得更广泛的支持，今后要长期强调有利于社会和谐与稳定的社会公正和公平。

导致收入差距迅速拉大、社会分配问题丛生的因素十分复杂。广大干部经验不足，特别是一部分干部误解，过于强调"效率优先"，把公平放在兼顾从属地位，是重要原因之一。"效率优先"不是不可以讲，但应放到发展生产的领域去讲，非常合适，而不是放在收入分配领域。我们党转变发展方式的重要方针要求把质量、效益、效率作为经济发展的最主要因素，而把投入、数量和速度放在适当重要地位。这符合正确的"发展是硬道理"的大道理。

我还考虑，初次分配里不仅仅是一个效率的问题，同样也有公平的问题。资本与劳动的收入比例关系就是在初次分配里面形成的，垄断企业和非垄断企业的收入差距也是初次分配的问题，企业的高管与一般劳动者收入悬殊仍是初次分配的问题。还有说不清道不明的许多"不合理、不合法、不规范"的黑色收入和灰色收入，不都是在初次分配中产生的？因此，收入差距问题必须要从源头、初次分配环节着手解决，光靠财税等再分配杠杆来调节，这在中国是远远不够的，是解决不了分配不公问题的。

至于有人提出，现在这样强调社会公平，会不会回到传统体制固有的平均主义，我倒是不担心。我国改革发展到现在这一步，很少有人想回到"大锅饭"的旧体制。引发不满的是体制外的灰色收入、法制外的黑色收入，以及体制内由于法律不健全、政策不完善造成的非规范的过高收入。人们希望的无非是调整和纠正这些不公平现象，并改进运用再分配杠杆适当调剂贫富差距，而绝不是想触动那些合理合法的高收入。在目前实际生活中，平均主义的残余已限制在一些国有机构、产业部门中越来越少的部分，而且国有部门单位之间也出现了相当大的收入鸿沟。残余的平均主义要继续清理，但目前矛盾的主要方面已在分配天平的另一端，需要适当地校正。

我倒有另一种忧虑。在我国这样一个法治环境和人治环境下建立市场经济，如果忽视共同富裕的方向，建立起来的市场经济必然是人们所称的坏的市场经济、权贵市场经济、两极分化的市场经济。按照邓小平同志的提法，改革就失败了。我们要避免这种情况，我们一定能够避免这种情况，那就只有一个办法，要更加重视社会公平的问题。

基于上述考虑，2005 年，我发表了《进一步重视社会公平问题》一文，后来又写了《把效率优先放到该讲的地方去》一篇短文，提出"效率优先，兼顾公平"要淡出，把公平置于"兼顾"的次要地位不妥，初次分配也要注重公平。[1]

我的文章发表以后，社会反响比较强烈。很多同志发表意见。多数同志还是赞成我的看法的。但是，也有同志激烈地反对，批评我的主张是民粹主义，效率仍应放在第一位，社会公平放在兼顾地位。对于这种批评意见，我的看法很简单，他没有站在劳动人民的一面说话，而是站在资本财富的立场说话。如果照他说的搞下去，中国的改革就会走向权贵资本主义，最终就要失败。当然，这只是我个人的看法，可以讨论。

2005 年以后，我年纪大了，参加社会活动少了，中央文件起草工作也没再参加。我把文章的原稿呈送给了中央，最后批给了十六届五中全会文件起草组。但是，十六届五中全会报告征求意

---

[1]　刘国光：《把效率优先放到该讲的地方去》，《经济学动态》2005 年第 11 期。

见稿当中又出现了"效率优先，兼顾公平"和"初次分配注重效率，再分配注重公平"的字样，遭到各方面很多同志的非议。我在中国社会科学院也提了反对意见。十六届五中全会文件最终定稿时，勾掉了这两个提法，同时突出了"更加重视社会公平"的鲜明主张。据我所知，这是中央文件中第一次提"更加重视社会公平"，毫无疑问，这符合改革的大势所趋和人心所向，也有利于调动大多数人的改革积极性，无疑是我们收入分配理论和政策领域的一个重大进步。

实现收入分配公平的基本思路

十六届五中全会是一个重大转机。"更加重视社会公平"表明，中央从着重重视"发展和效率"问题转向"同时关注更加重视分配公平"问题。2006 年中央政治局专门召开会议研究解决贫富差距问题。十六届六中全会又强调了要更加重视社会公平。2007 年十七大报告进一步提出了"合理的收入分配制度是社会公平的重要体现"，并将初次分配也要实行社会公平这一原则写进了中央文件。近年来，国家高层不断表达"调整收入分配结构"的政治决心，进入 2010 年，"调整收入分配"一词以前所未有的密集度出现在官方表述中。政府主要领导人在与网民对话时，也承诺了政府不仅有"做大蛋糕"的"责任"，而且有"分好蛋糕"的"良知"。这些都是基于忧患严重的收入分配不公和贫富差距拉大而表达出的深化改革的信号，深得人民群众的欢迎，希望由此得到共享改革发展的成果。

如何缩小贫富差距，实现收入分配公平，目前政府正在研究解决途径和采取适当措施。2010 年 2 月 4 日，在中央举办的省部级主要领导干部专题研讨班上，国务院总理把改革分配制度、逐步扭转收入差距扩大趋势的做法，归结为三条：一是加快调整国民收入分配格局，逐步提高居民收入在国民收入分配中的比重、劳动报酬在初次分配中的比重；二是加大税收对收入分配的调节作用；三是对城乡低收入困难群众给予更多关爱。3 月 5 日在本届人大政府工作报告中，又将改革收入分配制度，分好"蛋糕"的原则措施，概括为三个方面：一是抓紧制定调整国民收入分配格局的政策措施；二是深化垄断行业收入分配制度改革；三是进一步规范收入分配秩序。两次提法略有不同，互为补充，都是切合当前我国收入分配改革要求，有助于遏制贫富差距扩大趋势，迫切需要制定切实可行的具体措施，加以贯彻。

我考虑，扭转收入分配不公，由收入差距不断拉大转为差距缩小，直到合理分配的程度，涉及许多方面关系的调整，是一个非常复杂的改革过程，需要深入研究分配问题的机理，选择改革收入分配制度的思路，方能取得预期的社会共富的效果。在有关改革收入分配的众多复杂的关系中，我认为最重要的是分配制度与所有制的关系。我在 2007 年发表的《关于分配与所有制关系若干问题的思考》一文，[①] 分析了这个问题，或许对当前收入分配制度的改革有些参考意义，拟概要介绍如下：

所有制和分配制度都是生产关系。按照马克思主义观点，所有制决定分配制。但是，人们常常忽略这个观点，在分析我国贫富差距拉大的原因时，人们举了很多理由，诸如城乡差距扩大，地区不平衡加剧、行业垄断、腐败、公共产品供应不均、再分配调节落后，等等，不一而足。这些理由都能成立，也必须应付。但这些都不是最主要的。造成收入分配不公的最根本原因被忽略了。

收入分配不公源于初次分配。初次分配中影响最大的核心问

---

① 刘国光：《关于分配与所有制关系若干问题的思考》，《红旗文稿》2007 年第 24 期。

题是劳动与资本的关系。这就涉及社会的基本生产关系或财产关系了。财产占有上的差别是收入差别最重大的影响要素。有些人看不到这一点，却津津乐道人的才能贡献有大有小，贡献大的人应该多拿，贡献小的人应该少拿，好像收入多少仅仅是由于才能、知识、贡献决定的。马克思主义不否认个人能力等因素对收入高低的影响（复杂劳动）。但是即使西方资产阶级经济学家萨缪尔森都承认，"收入差别最主要的是拥有财富多少造成的，和财产差别比，个人能力的差别是微不足道的"。他又说，"财产所有权是收入差别的第一位原因，往下依次是个人能力、教育、培训、机会和健康"①。改革开放 30 年来我国贫富差距的扩大，除了上述一系列的原因外，跟所有制结构的变化，跟"公降私升"、化公为私的私有化过程有紧密的联系。

我们认为，西方经济学大师的上述说法，是公允的、科学的。如果用马克思政治经济学的语言，可以说得更加透彻。根据马克思主义原理，分配决定于生产，任何消费品的分配，都是生产条件分配的结果。生产条件的分配本身，表明了生产方式、生产关系的性质。不同的生产关系决定了不同的分配关系、分配方式。与资本主义私有制的生产方式相适应的分配方式，是按要素分配（主要是按资本分配和按劳动力的市场价格分配）；而与社会主义公有制生产方式相适应的分配方式，则是按劳分配。在社会主义初级阶段，只能以按劳分配为主，按资本和其他要素分配为从。

在调整收入分配关系、缩小贫富差距时，人们往往从分配领域本身着手，特别是从财政税收、转移支付等再分配领域着手，完善社会保障公共福利，改善低收入者的民生状况。这些措施是完全必要的，我们现在也开始这样做了，但是做得还很不够，还

---

① ［美］萨缪尔森：《经济学》（下），高鸿业译，商务印书馆 1979 年版，第 231 页。

要加大力度，特别是个人所得税起征点和累进率的调整，财产税、遗产税、奢侈品消费税的开征，并以此为财源来增强对社会保障、公共福利、消除"新三座大山"的医改、教改、房改和改善低收入者民生状况的支付等。但是，仅仅从分配和再分配领域着手，还是远远不够的，不能从根本上扭转贫富收入差距扩大的问题。还需要从所有制结构，从财产制度上直面这一问题，需要从基本生产关系、从基本经济制度着手解决，即从强化公有制经济主体地位，弱化私有化预期，最终阻止贫富差距扩大、向两极分化推进的趋势，实现共同富裕。这就是邓小平所说的，只要我国经济中公有制经济占主体地位，就可以避免两极分化，他又说，"基本的生产资料归国家所有，归集体所有，就是说归公有"，就"不会产生新资产阶级"。① 这是非常深刻的论断。它指明社会主义初级阶段容许私人产权的发展，容许按要素（主要是资本）分配，但这一切都要以公有制经济和按劳分配为主体。只要保证这两个主体地位，贫富差距就不会恶性发展到两极分化的程度，可以控制在合理的限度以内，最终向共同富裕的目标前进。否则，两极分化、社会分裂是不可避免的。所以改革收入分配制度，扭转贫富差距扩大趋势，要放在坚持共和国根本大法的角度下考虑，采取必要的政策措施，保证公有制为主体、按劳分配为主的两个为主的宪法原则的真正落实。

---

① 《邓小平文选》第3卷，人民出版社1993年版，第91页。

附

学术自传

我的经济学探索之路[*]

（2012 年 1 月）

时代引导人生之路

走上经济学求索之路，是我自己的选择，但仔细想想，却应该说是时代引导了我的人生之路。

1941 年高中毕业投考大学时，父亲希望我学理工科，成为一个工程师。但我却选择了经济学，考取了国立西南联合大学经济系。我生长在我们国家危难的时期，1923 年 11 月 23 日出生于江苏省南京市，考进江宁中学正是"一二·九"运动爆发的 1935 年，抗日救国浪潮已在全国兴起，1936 年日本帝国主义以成都事件为借口，派军舰横闯长江，炮轰长江沿岸各大城市，我和同学们义愤填膺，上街游行示威。流亡重庆后，进入国立第二中学，高中时，读了一些进步书籍，也通读了郭大力、王亚南翻译的《资本论》第 1 卷，逐渐形成了对马克思主义经济学理论的兴趣和信仰。在西南联大学习了 5 年，毕业论文是《地租理论纵览》。1946 年从云南昆明国立西南联合大学经济系毕业后，考取了清华大学经济系的研究生，但因家庭经济状况难以坚持学业，由导师

＊ 本文原载《毛泽东邓小平理论研究》2012 年第 1 期。

荐举旋即转到天津南开大学经济系任助教。1948 年 9 月转到南京中央研究院社会研究所任助理研究员。[①]

新中国成立后，1950 年春被选拔到华北人民革命大学政治研究院学习。1951 年夏天又被选拔到苏联留学，分配到莫斯科国立经济学院。由于考虑到祖国进入社会主义建设时期，国民经济平衡问题是亟须妥善解决的一个基本问题，学位论文选的是《论物资平衡在国民经济平衡中的作用》。1955 年毕业回国后，进入中国科学院[②]（后为中国社会科学院）经济研究所从事研究工作，接受的第一项工作，是协助苏联专家进行为加强我国企业财务的计划管理而建立流动资金定额管理制度的调查研究。工矿企业资金定额管理制度的普遍建立，是推动我国企业实现经济核算制的重要一步。

1957 年，我国著名经济学家、老一代职业革命家孙冶方到经济研究所任所长，[③] 他特别强调和重视理论密切联系实际，致力于为我国经济建设和发展开拓一条理论联系实际的经济学研究之路。

---

① 参阅《学问有道：学部委员访谈录》，方志出版社 2007 年版，第 82 页。（编者注）

② 1949 年 11 月中国科学院成立。1950 年 4 月中国科学院华东办事处接收 "中央研究院" 社会研究所，1950 年 6 月更名为中国科学院社会研究所，所长陶孟和出任中国科学院副院长，兼任社会研究所所长。中国科学院当年对社会研究所的要求就是 "以现有经济问题和经济史为研究范围；现有经济问题以国民所得、工资、计划经济制度为研究重心"。按此要求，社会所选派了 11 位研究人员赴华北人民革命大学政治研究院学习，到 1950 年 12 月学成结业，刘国光即在其中。1950 年社会研究所在北京设立工作站，地址在地安门东吉祥胡同。1952 年全部搬至北京，办公地点设在东城区南湾子胡同甲 13 号。1953 年更名为中国科学院经济研究所，巫宝三代所长，1954 年狄超白代所长，所址迁至中关村。（编者注）

③ 1957 年孙冶方代所长。他到后不久即接受了中国科学院和国家经委双重领导，这种组织架构的重新调整只能是国务院常务会议决定的。显然，孙冶方的到任负有重大使命，明确 "经济研究所应成为国家经济领导机关有力的助手，并逐步成为我国经济科学研究的中心"。加入经委就是要给计划经济算账，让计划变得真正有计划起来，不再拍脑袋蛮干。随后，经济所迁往三里河经委大楼。同年，陆续调入骆耕漠、杨坚白、陆斐文、江冬等一干人充实研究队伍。（编者注）

然而，这种理论联系实际的思路和做法，难免会与当时"左"的倾向相抵触，孙冶方带领经济所研究人员的理论追求，曾被作为"修正主义思潮"遭到批判。我到经济所开始的从计算与统计国民经济的各项指标来研究社会主义经济运转的各种工作，使我走上了从实际出发、立足于实际来研究社会主义经济管理体制和机制的学术道路。

1961 年 3 月 1 日至 5 月 12 日《社会主义经济论》经济所香山讨论会

（编者注：前排左起孙冶方、张闻天、杨坚白、冯秉珊、骆耕漠；后排左起何建章、赵效民、王绍飞、刘国光、董辅礽、孙尚清、桂世镛、项启源、李琮、田光、江冬、黄道南）

1958 年，经济所建立综合平衡组（即后来的宏观经济研究室），杨坚白任组长，我和董辅礽担任副组长。经过 1958—1960 年的三年"大跃进"，在盲目追求高速度的思想指导下，国民经济受到了严重的损害与挫折。怎样从理论上总结和认识经济发展中出现的这些问题，作为一个经济学研究者，有责任从经济学原理上来回答这些问题。1961 年到 1964 年，我曾致力于社会主义再生产问题、发展速度与比例问题、积累与消费问题和固定资产再生产等问题的研究，在长期研究马克思的再生产理论过程中，形成了一套比较完整的看法，发表了一系列文章。

"文化大革命"结束后，我又思考和提出了综合平衡与经济体制关系的问题，认为传统体制不利于综合平衡，不进行经济体制改革，就不能实现经济的稳定增长。1980 年，撰写了《马克思关于社会再生产的原理及其在社会主义经济中的应用》《对我国国民经济发展速度和比例关系问题的探讨》《关于速度问题和积累问题的一点看法》等文章。"文化大革命"之前，孙冶方对社会主义计划经济体制中存在的问题的思考就受到了批判，我也被划入孙冶方、张闻天反党集团的"一伙人"，受到冲击和审查。这种压抑的状态一直延续到"文化大革命"结束，作为一个经济学者，不能不在苦闷中思考祖国的未来。

时代推动我在经济学道路上不断探索前行

我国历史性的改革开放，使我的经济学研究进入了一个新的阶段，改革中出现的一系列新问题，要求我们抓紧研究和思考，这一时期是我的思想进展较快的时期，应该说，是时代推动我在经济学探索的道路上不断前行。

改革开放初期，我有幸参加了一些出访考察。1982 年，我与国家计委柳随年、郑立受国务院派遣，到苏联做中苏论战以来的首次学术访问，考察其经济管理制度及其改革情况。以其寻找到一些可以借鉴的经验教训来推进我国的改革开放步伐，避免走弯路。考察回国后，我们向中央领导同志作了汇报。苏联当时的经济管理体制，虽然经过了时间不短的几次有快有慢、有进有退的改革，但进展并不大。我认为，从苏联经济体制的整体情况来看，特别是对微观经济的管理，弊病还是很多的，不能解决传统经济体制中的那些老大难问题。苏联的体制如果不进行根本的改革，继续前进就会遇到困难。所以，从整体上看，苏联经济体制不能成为我们经济体制改革的方向和模式。我们应该总结自己的经验，摸索自己的道路。我们的改革有些已经突破了苏联传统体制的做法，我们应该坚持自己的改革方向，不能像苏联那样步履蹒跚，走走停停。

1982 年 2 月至 4 月时隔二十多年重访苏联

（编者注：右起刘国光、柳随年、郑立）

中国经济体制改革，乃至整个社会主义国家的经济体制改革，在理论上要认识、在实践中要处理的基本问题，是社会主义与商品经济关系的问题，这就要求我们对现实社会主义经济的商品经济属性及其根源进行深入、科学分析，在整个基础上，认识传统高度集中的计划经济体制出现僵化等弊端的根源在什么地方。改革初期，我也比较集中地思考过这个经济体制改革全部理论和实践问题的基点问题，当时是围绕社会主义经济中计划与市场的关系来展开对这个问题的研究的。1979 年，我在与赵人伟合作的《社会主义经济中计划与市场的关系》一文中，论证了我们对社会主义经济中计划与市场关系的看法，认为两者既不相互排斥，也不是由外在的原因所产生的一种形式上的凑合，而是由社会主义经济的本质所决定的一种内在的有机的结合。由于这篇文章的突破性，当时中央主要领导人给予很高评价，认为是研究新问题和探索改革之路的标杆文章。1982 年 9 月，我在《人民日报》发表的《坚持正确的改革方向》一文曾较早提出削减、取消指令性计划，强化市场取向的指导性计划观点曾受到批判，但实践证明是正确的。

　　经济体制改革在基本方向上是要发展商品经济和市场经济，但到底要改革成一个什么目标模式呢？这是在理论上必须解决的一个重要问题。在改革开放初期就开始了对这个问题的探索，设定出一个目标模式，才能综合地协调改革的步骤，向这一目标前进。对于经济体制改革的模式分类和目标选择，开始时我试图在归纳分类的基础上进行适应我国实际和需要的选择。我曾把社会主义经济体制归纳为六类。后来，从坚持社会主义方向、坚持市场取向和坚持从国情出发这三个选择原则出发，由开始时主张"计划与市场有机结合的模式"顺理成章地发展到更为明确地主张"社会主义市场经济为目标模式"。我认为，社会主义市场经济体制是人类的一种新的创造，其特点是：（1）市场经济与公有制结合在一起，并以公有制为主体，公有制可以采取多种实现形式；（2）在收入分配上以按劳分配为主体，兼顾公平和效率，实行多种分配方式；（3）在运行机制上，实行国家宏观管理下的市场配置资源的方式，宏观管理以计划为导向，力度要比其他国家强一些。社会主义经济体制的模式，是对具体的经济体制排除了细节的一种理论抽象，它是对一种经济体制的基本规定性的概括，它的基本框架是三个主要运行原则的总和。这种意义的模式反映了一种经济体制里面最重要最根本的东西。提出这一概念的意义还在于，我们进行的经济体制改革，不是对原有体制的不完善、不合理的细节的修改补充，而是要改造原有的经济模式本身。如果对于原有体制的不合理的基本框架和主要运行原则不加触动，只是对里面的具体细节进行修改补充，那就不能叫作改革。当然，这种改造是在坚持社会主义基本经济制度的前提下进行的。

1992 年，我在十四大前夕发表的《关于社会主义市场经济理论的几个问题》一文中提出，市场经济是商品经济的一种高度发展了的现象形态，在资源配置上，必须明确用市场配置为主的方式来取代行政计划配置为主的方式，这是我国当时经济改革的实质所在。在配置资源的过程中，凡是市场能解决好的，就让市场去解决；市场管不了，或者管不好的就由政府用政策和计划来管。现代市场经济不仅不排斥政府干预和计划指导，而且必须借助和依靠政策和调节手段来弥补市场自身的缺陷。

对中国经济体制改革的路子到底应该怎样走这个问题，也就是改革的路径和方式选择问题，我和一些有共同认识的同志认为，应推行渐进积极的改革，要遵循渐进原则和配套原则。其依据主要有四个：一是模式转换的实质是从以半自然经济或不发达的商品经济走向基本规范的商品经济，不可能在短期内迅速形成较完善的市场体系和较健全的市场机制；二是改革是一场广泛涉及经济、政治、社会、文化的大变动，必然引起不同利益集团和社会阶层的利益分配、再分配关系以及权力分配的重新调整，并有赖于观念更新，这都不能急于求成；三是中国是一个大国，地区差异明显，一步走难免一刀切，必然脱离部分地区的实际；四是改革缺乏现成样板，在理论、经验和规划上都需要探索和积累，否则容易陷入主观主义。同时，在渐进求实的行进中，应当作出总体设计，使各项改革整体配套，同步前进。这种思路曾被称为我国经济体制改革中的几个主要派别中的稳健改革派。

为了实现改革的稳健发展，不仅要注意改革与发展的相互依存，而且注重能为改革提供支持的良好经济环境。从这一角度，我提出了一个社会主义的"有限买方市场"概念。因为要想推进经济体制改革的步伐，非常重要的一条，就是要给它创设必不可少的外部环境，这就是买方市场，使社会生产大于社会的直接需要，使商品供给大于有支付能力的需求，从而建立一个消费者或买方的市场，是正常开展市场调节的一个前提条件。买方市场问题不单是一个商业问题，而且是国民经济综合平衡的一个战略问题，一个宏观决策的问题，一个走出一条新的发展路子的问题。

1984 年以后，我国经济发展出现了过热现象和政策性通胀势头，我和一些经济学家感到这将妨碍经济建设和改革的健康发展，提出了为改革创造相对宽松环境的理论和政策主张，认为经济体制改革的顺利进行，需要一个比较宽松的经济环境，即总供给略大于总需求的有限的买方市场的条件。与单纯以价格改革为中心或以所有制改革为关键的改革思路不同，我主张按企业——所有制改革与市场——价格改革的双向协同配套原则，稳步地、渐进地推进改革，即双向协同、稳中求进的改革思路。

在 1987 年我国理论界和宏观决策界就 1988—1995 年中期改革思路的讨论中，我主持的中国社会科学院课题组提出了以整顿经济秩序、治理通胀、有选择地深化改革的稳中求进的改革思路。接着在 1988 年初党的十三届二中全会上我有个发言，后来以《正视通货膨胀问题》一文发表，强调稳定物价方针不能放弃，分析通胀机理，力陈治理对策，引起广泛反响。这一思路和观点的正确性已被 1988 年后的经济过热和宏观调控成效，从反、正两方面予以证实。

党的第十二次全国代表大会召开前后，中央提出从 1980 年到

20 世纪末 20 年内的四化建设的宏伟纲领，制定到 2000 年时我国经济发展的战略目标、战略重点和战略步骤，在经济发展问题的研究中凸显"经济发展战略"的研究。我受中国社会科学院领导的委托，负责组织进行"中国经济发展战略问题"的研究，归纳出判定经济发展质量的一些基本原则：一是经济发展的质量目标，不是要求片面地追求高速度，而是要求实现持续、稳定、协调发展；二是这个战略目标，不仅是为了经济增长，更要注意在发展生产的基础上逐步满足人民日益增长的物质文化需要；三是这个战略要求在经济发展过程中，要正确处理速度与效益、速度与结构的关系；四是在扩大再生产的方式上，要从外延为主逐步转向内涵为主，走上依靠科技进步的轨道；五是在重视物质技术基础建设的同时，要越来越重视人力特别是智力的开发；六是在坚持自力更生为主的前提下，要进一步扩大对外开放；七是在经济管理体制上，从过去过分集中的、排斥市场机制的吃大锅饭的体制，转变为以国营经济为主的多种经济形式并存、集权与分权相结合、计划与市场相结合、贯彻按劳分配和物质利益原则的新体制。我领导的研究班子一直关注着中国经济发展的形势，不断针对发展中需要解决的问题提出政策建议，对国家宏观经济决策的制定和调整发挥了一定的积极影响。

改革是为了发展，为了更好地发展。在改革时期，体制改革与经济发展是并行不悖的。为了在更高层面把握我国的体制改革与经济发展两大任务，为了使国民经济走上持续稳定协调发展的道路，我提出了我国经济必须实现经济体制和发展战略的"双重模式转换"。在 1985 年撰写的《试论我国经济的双重模式转换》等文章中，我指出，1978 年底以来，我国经济生活的深刻变化概括起来可以归结为两种模式的转换，即发展模式的转换和体制模式的转换。经济发展模式的转换就是从过去片面追求高速增长为最高目标，外延发展为主要发展方式，不平衡发展为主要发展策略，逐渐转变为以提高人民生活水平为最高目标，以内涵发展为主要发展方式，以相对平衡的发展为主要发展策略。实现发展模式转换的要旨，就是要使速度、比例、效益有一个较优的结合，保证国民经济持续、稳定、协调、高效地增长。从"双重模式转换"中可以引申出两个根本性转变的主张，即经济体制从传统的计划经济体制向社会主义市场经济体制转变和经济增长方式从粗放型向集约型转变。"双重模式转换"理论符合当代中国经济演变的实际，为两个根本性转变决策作出了先行论证。"双重模式转换"的思想，实际上后来被党的十四届五中全会的文件采用，即"两个根本转变"的提法和论断。我深切感到，我国经济大变动之中同时进行两种模式转换，必然是密切相关、相互影响、相互制约的，不可能指望两种模式转换是短时间里可以很快完成的行动，它们是一个非常曲折复杂的、需要一个历史时期才能完成的过程。当前乃至今后一个时期，我国面临的"加快经济发展方式转变"的艰巨任务，也与"双重模式转换"和"两个根本转变"有着逻辑的一致性和历史的延续性。

我国以社会主义市场经济为方向的历史性改革，对于我国经济社会的发展具有重大的现实意义和深远的历史意义。正如邓小平同志所说，这场改革是一场新的革命，是一场大试验。改革取得了巨大的成就，我国经济社会的面貌发生了历史性的变革。但是，我们也必须看到，苏东剧变后，国际上新自由主义思潮甚嚣尘上，我国不可能不受到这种错误思潮的影响。

改革开放以来，我国在取得巨大成就的同时，由于受新自由主义思潮的影响，也出现了一些严重的问题，这引起了我的担忧与进一步思考，由于事关我国改革和发展的方向，作为一位改革开放的坚定推动者和维护人民群众根本利益的马克思主义经济学家，在我国改革和发展的关键时期，我觉得应该对一些错误的倾向提出自己的批判意见，应该坚决抵御和批判新自由主义，应该坚持社会主义市场经济改革目标、捍卫中国特色社会主义理论和实践。

2005 年 7 月，我就当前经济学教学和研究中的一些重要问题谈了一些看法，谈话整理成文章后，以"经济学教学研究中的一些问题"为题在《高校理论战线》第 9 期和《经济研究》第 10 期发表。文章指出了当前经济学教学与研究中西方经济学影响上升，而马克思主义经济学的指导地位削弱的问题。这实际上也是希望大家严肃地进行思考，中国的经济改革与发展究竟是以马克思主义经济学为指导还是以西方经济学为指导的问题。不必讳言，对这个重大问题，理论界是有不同意见的，一些人是信奉并主张新自由主义和西方主流经济学的。我主张以"马学为体，西学为用"，应该揭露和抵御新自由主义误导中国经济改革、干扰中国发展方向这个根本问题。我感到，中国的改革一旦由西方理论特别是新自由主义理论来主导，那么表面上或者还是共产党掌握政权，而实际上逐渐改变了颜色，那么对大多数人来说，这将是一个像噩梦一样的危险。整理成文章的讲话内容公开后，产生了强烈的反响，支持者有之，当然不少，反对者也有之，有人给了我一顶"反对改革"的大帽子。

社会主义市场经济改革的方向是必须坚持的。这场改革符合我国社会实际、历史发展规律和我国人民根本利益。但为了达到我们党领导我国人民进行这场历史性改革的目标，必须排除各种错误干扰。这些年，我针对一些错误思潮和倾向，发表了一些看法，主要有以下几个方面。

第一，在体制改革的方向和经济发展道路问题上，要反对市场原教旨主义，反对新自由主义的市场经济观。中国要建立的是社会主义的市场经济，而不是资本主义的市场经济。2005 年，我在荣获中国经济学杰出贡献奖的答辞中说，"社会主义市场经济"是一个完整的概念，是社会主义基本制度与市场经济的有机结合，是不容割裂的有机统一体。但是这些年来，我们强调市场经济，是不是相对多了一点；强调社会主义，是不是相对少了一点。在说到社会主义市场经济时，则强调它发展生产力的本质即效率优先方向，相对多了一些；而强调它的共同富裕的本质即重视社会公平方面，相对少了一点。这是不是造成目前许多社会问题的深层背景之一。在中国目前的法治不完善的环境下建立的市场经济，如果不强调社会主义，如果忽视共同富裕的方向，那建立起来的市场经济，必然成为人们所称的权贵市场经济、两极分化的市场经济。

第二，在公平与效率的问题上，反对把公平置于"兼顾"的次要地位。2005 年，我发表了《进一步重视社会公平问题》一文，后来又写了《把效率优先放到该讲的地方去》一篇短文，提出"效率优先，兼顾公平"要淡出，把公平置于"兼顾"的次要地位不妥，初次分配也要注重公平。党的十六届五中全会文件起草工作我因年事已高没再参加，把文章的原稿呈送给了中央，中央主要负责同志很重视，批给了起草组。但是，十六届五中全会报告征求意见稿当中又出现了"效率优先，兼顾公平"和"初次分配注重效率，再次分配注重公平"的字样，遭到各方面很多同志的非议。我在中国社会科学院也提出了不同意见。党的十六届五中全会文件最终定稿时，勾掉了这两个提法，同时突出了"更加重视社会公平"的鲜明主张。

第三，我在 2007 年《红旗文稿》第 24 期发表了《关于分配与所有制关系若干问题的思考》一文，认为在有关改革收入分配的众多复杂的关系中，最重要的是分配制与所有制的关系。在调整收入分配关系、缩小贫富差距时，人们往往从分配领域本身着手，特别是从财政税收、转移支付等再分配领域着手，完善社会保障公共福利，改善低收入者的民生状况。这些措施是完全必要的，我们现在也开始这样做了，但是做得还很不够，还要加大力度。而且，仅仅从分配和再分配领域着手，还是远远不够的，不能从根本上扭转贫富收入差距扩大的问题。还需要从所有制结构，从财产制度上直面这一问题，需要从基本生产关系，从基本经济制度来接触这个问题。收入分配不公源于初次分配。初次分配中影响最大的核心问题是劳动与资本的关系。财产占有上的差别往往是收入差别最重大的影响要素。按照马克思主义观点，所有制决定分配制。但是，人们常常忽略这个观点。在分析我国贫富差距拉大的原因时，人们举了很多缘由，诸如城乡差距扩大、地区不平衡加剧、行业垄断、腐败、公共产品供应不均、再分配调节落后，等等，不一而足。这些缘由都能成立，也必须应对。但这些不是最主要的。造成收入分配不公的最根本原因被忽略了。所以改革收入分配制度，扭转贫富差距扩大趋势，要放在坚持共和国根本大法的角度下考虑，采取必要的政策措施，保证公有制为主体、按劳分配为主这"两个为主"的宪法原则的真正落实。

第四，社会主义市场经济是有计划的，反对否定其计划性的倾向。社会主义市场经济体制，是在国家宏观调控下，让市场在资源配置中起基础性作用，宏观调控就要包含计划调控，它本身就是广义的国家计划调控。不能因为字面上没有"有计划"，就不要计划，不发挥计划的作用了。邓小平同志一再讲计划和市场两手都要用，用市场化来概括我们改革的方向是有问题的。我们要建立的社会主义市场经济，不是一般的市场经济，是社会主义的。社会主义的市场经济是在基本经济制度下面的一个有计划的市场经济，不是在资本主义制度下的自由市场经济。

我们要尊重市场，但却不可迷信市场。我们不迷信计划，但也不能把计划这个同样是人类发明的调节手段，弃而不用。现在我们的经济学界、理论界，甚至于财经界，有些人认为我们现在搞市场化改革，计划不值得一谈。在"市场化改革"口号下迷信市场成风，计划大有成为禁区的态势下，强调一下社会主义市场经济也要加强国家对经济的干预管理和计划调节的作用，是十分必要的。这并不是如同某些人曲解的"要回到传统计划经济模式"。社会主义市场经济的发展和完善，离不开国家宏观调控、计划调节的加强和完善。当然，社会主义市场经济下的计划调节，主要不是指令性计划，而是指导性、战略性、预测性计划，但它同时必须有指导和约束作用，也就是有导向的作用。正如党的十七大报告指出的，"发挥国家发展规划、计划、产业政策在宏观调控中的导向作用"。

第六，坚持社会主义基本经济制度，既不能搞私有化，也不能搞单一公有化。这是党的十七届四中全会提出要划清四个重要界限里面的一条。不过要弄明白，私有化和单一化这两个错误倾向，目前哪一个是主要的。应该看到，当前主要的错误倾向不是单一公有制，而是私有化。对私有化和单一公有化两种倾向各打五十大板，看似公允，实则是把私有化错误轻轻放过。如果公有制经济在国民经济中的比重不断降低，降得很低，甚至趋于零，那还算什么社会主义。现在连国家统计局局长都在讲我国的经济成分一直是"公降私升"，国有经济比重一直不停地下降，宏观上并不存在某些人攻击的所谓"国进民退"。基本经济制度不但要求公有制经济占主体地位，而且要求国有经济起主导作用。中央对竞争性领域的国有经济一向坚持"有进有退"、发挥其竞争力的政策，而绝不是"完全退出"竞争性领域的政策，像一些新自由主义的精英们和体制内的某些追随者喋喋不休地叫嚷的那样。私有化主张者不仅要求国有经济完全退出竞争性领域，他们还要求国有经济退出关系国民经济命脉的重要行业和关键领域，让私营经济进入这些天然是高利的部门，让私人资本来发大财。这是不能允许的，要知道，孙中山当年还提出过节制资本的口号呢！

我的人生信念

我信奉的重要人生格言是"正直的经济学人应有的良心是不能丢弃的";我坚守的学术目标是"为劳动人民服务";我赞赏的学风是"把前人的东西钻研好,在掌握正确方向的基础上调查研究,不能人云亦云,要有独立的思想"。我虽然已经年近九十,但只要我的人生之路还在延续,我的经济学探索之路就不会停止,我所信守的这些信念就不会放弃。从我走上经济学探索之路起,我就希望我们国家日益强大,人民生活日益富裕和幸福。我坚信,通过社会主义市场经济的成功构建,一定可以实现我的这一心愿,当然也是全国人民的心愿。

编 后 记

值此期颐之年，我们汇集整理这部论著，作为一份生日献礼，显得特别有意义；作为一份历史资料，也显得弥足珍贵。

一

刘国光是新中国经济建设理论领域的大家。从 20 世纪 50 年代到 21 世纪最初二十年，一直活跃在理论舞台上，成为思想的先声，共同引领时代的思想航程。60 年代就有著名的"董刘模型"，这是中国和东方世界、计划经济国家的实践对于经济增长理论的重大贡献。[①] 党的十一届三中全会以后，改革的春天来了，实践标准突破了教条主义樊篱，人们的思想获得空前的解放。改革开放伊始，他突破封闭

[①] "董刘模型"是离散时序模型，最早见诸刘国光《关于社会主义再生产比例和速度的数量关系的初步探讨》（《经济研究》1962 年第 4 期，第 16—31 页）和董辅礽《从社会产品生产和使用统一的角度探索马克思主义再生产公式具体化问题》（《经济研究》1963 年第 3 期，第 39—51 页），旨在对 1958 年至 1961 年间社会再生产关系失衡和国民经济大起大落现象进行实证研究并对现实予以纠偏，重新强调价值规律的作用，强化人们对于经济增长规律的尊重，对此二人均有杰出的理论贡献。1980 年二人又都在生活·读书·新知三联书店结集出版各自论著，分别是《社会主义再生产问题》和《社会主义再生产和国民收入问题》。此后随着改革推进，二人各有侧重。如《经济研究》1979 年第 1 期发表董辅礽《关于我国社会主义所有制形式问题》一文，同年第 5 期发表刘国光和赵人伟合写的《论社会主义经济中计划与市场的关系》，二文反映的正是产权和交易费用两个侧面的不同主张，如最先主张企业改革的是董，最先主张市场的是刘，二文即是明证，两方面观念所表达的内容都是经济制度有效性不可或缺的条件，同属改革整体设计的有机部分，不能割裂开来。事实上，交易费用的边界是产权，产权的核心内容是交易费用，彼此互为条件。可见，"董刘"一体不可分，合则全分则亏，反映的则是中国特色社会主义经济改革的内在张力。

僵化的传统思维模式，率先提出计划与市场结合，进而指出计划经济要以指导性计划为主，从指令性计划转向指导性计划，从而为改革赢得先机，奠定社会主义市场经济的根基。

刘先生长期担任中国社会科学院领导职务，在改革开放进程中的关键期提出了维护宏观经济稳定、创造有利于推进改革的宽松环境的一整套"稳中求进"的改革思路，这个思路已深入党的指导思想和国家发展战略、体现在一系列政策调控当中，四十年来一直发挥着引导作用。①

此外，作为"九五"计划重要指导思想、具有全局意义的"两个根本性转变"，饱含他所提出的"双重模式转换"思路，而在理论准备上，他则早于此前领先十年，待到"两只靴子"（体制和机制、或市场和经营主体两方面）都落地，还需要以后十年的时间。也就是说，他的思想观念和主张领跑时代整二十年。② 这

①　刘先生不仅仅是计划与市场"结合论"的最先代表之一。1987 年刘先生率先提出"稳中求进"的改革思路，成为改革理论当中"宽松学派"的代表人物。尽管它是 35 年前提出的，这个思路对于当前和今后一段时期的经济工作仍有深刻影响。"稳中求进"是 2012 年以来经济工作总基调，近年来更是突出强调，已经成为经济工作的指导方针。

②　这里有必要解释一下"稳中求进"和"两个根本性转变"之间内在的逻辑关系。"稳中求进"的改革思路从"反对高通胀"开始，到"创造有利于改革的宽松经济环境"再到"实现两个根本性转变"，构成一个较为完备的改革思路。实践证明这一改革思路是完全正确的，它为改革创造了比较宽松的经济环境，有利于改革顺利进行。刘先生对这一正确主张坚持得最彻底，也最坚决，体现出深厚的理论修养和恰当的现实把控力。"两个根本性转变"作为"模式转换"目标，既是改革的出发点也是最终落脚点，因而形成了闭环，所有中间环节都指向它，从而保证它是收敛的。我们讲"稳中求进"是有基的，能落得了地并能不断巩固，是因为两个根本性转变之日就是稳中求进实现之时。

些关乎改革发展稳定的大局观，牵引、影响、引领时代航向。由他发起、牵头组织并主持的国家重大长期项目"中国经济形势分析预测报告"①，此项工程从 90 年代开始一直长期持续地为党和国家提供重要的景气指数，迄今愈三十载，对经济形势和宏观经济政策产生重大影响，是举国关注的经济风向标，是经济实力和文化软实力中的"硬核"。

　　刘先生一贯秉持不偏不倚、稳中求进、中性平和的思想风格，既坚持两点论又突出重点，做到两点论和重点论有机结合；既坚持宏观调控和计划管理又不迷信计划，既积极推进市场取向的改革又不迷信市场，并为此坚持不懈地作两面斗争：在单纯计划经济下，他率先倡导市场取向，并且认为计划经济也要以指导性价格为主，为此还在党内作检讨；而在市场经济下，他又反过来强调计划的不可或缺性，以及宏观调控的重要性。而且，他认为宏观调控也是双向的，是为了更好地保持稳定，避免经济发生大起大落、摇摆不定，并非扮演单方面抑制发展的角色。对于激励机制，他同样秉持不偏不倚的态度，既反对"两个大锅饭"，即企业吃国家大锅饭和职工吃企业大锅饭，也反对两极分化，而让那些"能人"集所有社会资源、利益、政策于一身。不难看出，他是在为改革开放护航，保护已有的改革成果不付诸东流，筑牢和夯实社会主义市场经济基

---

① 1991 年至 2005 年期间。中国经济形势分析与预测课题组成立于 1991 年，当年专项经费曾从总理预备金中拨付。

础，为中国特色社会主义不断开辟前进的道路。

1997 年之后，先生逐渐退居二线，但思想锋芒依然健硕，甚而溢出学术圈渗透到了社会舆论，社会影响力似乎比先前还要大。跨入 21 世纪最初十年，中国改革开放打开了新局面，他审时度势，以实锤叩击新时代大门，旗帜鲜明地反对经济改革过度市场化、私有化，反对意识形态西方化，反对两极分化导致社会内部撕裂。一石激起千重浪，以一人之力掀起"刘旋风"，虽非如他自己所言"有意为之"，但这股风越刮越大，为新时代先声。

事后证明，他早于其他人十年，就看到了一股潜流即将跃居主流，并热情呼唤之，为之助长。① 回顾当初之时，并不为常人所理解，甚至被称作妖风逆流，乃至友疏亲离。然而，十年后尘埃落定，潜流成了主流，再次证明他站在正确的方向。② 这种预见性使他俨然成了新时代的先知，然而他没有像预言家那样超然，置身世外等待将来人们的膜拜，而是积极入世，用自己的见识、思想和逻辑的力量吸引、教育和感化人。③

---

① 这与其说是等来的，不如说是争取来的。

② 2005 年首届中国经济学杰出贡献奖刘先生的答辞言犹在耳，掷地有声："有人认为，现在尘埃落定，市场占了上风，计划不再时兴了，我不完全这么看。"

③ 这种现实的磨砺，一下子将我们引向教育和意识形态的最前沿。我们的教育方针，是使受教育者全面健康发展，并非只是施与受的关系，更为重要的是在于主体性这扇大门始终敞开并且是敞亮的，不再封闭僵化。从这个意义上讲，教育就是培育，我们当践行这种教育理念，民族才有希望，文化才有生命力，在时代洪流中脱颖而出，确立自身先进性。

在思想领域，如果说一时先进或许还有偶然性，而常常先进、长期先进就必然有迹可循。这是一位有理论深度、有思想厚度、有人文关怀温度的思想大家，学问之大，仰之弥高，钻之弥坚。

二

整理编辑这本《刘国光经济改革论集》，和先前出版的刘国光口述自传（社会科学文献出版社 2017 年版）一样，旨在探寻"思想怎么领先时代、思想怎么能够引领时代"的踪迹。中国共产党永葆青春和活力离不开先进思想的引领作用，先生用自己的学术人生践行了这一点，也证明了这一点。《论集》和口述自传不妨对照着看，以窥探一代大师如何炼成。

相信还原历史之旅、探访真相的激情同样裨益读者、感染读者，并从中学到真本领。只要细心观察，处处是景致，赏心悦目。尤其是过程稿，似乎更有看头，找出不同文稿、手稿和正式出版物先后之间的差别，在不同文本切换过程中揣摩著者思绪、意图及写作技法，小编在勘校过程中领略了刘先生许多心法。希望今后有机会一并刊出，这是中国特色社会主义发展史文献研究的重要一环。

理论创新不是只有另辟蹊径一条路，发扬光大同样是创新。由马克思的再生产、两大部类的持续发展条件，这一传统知识体系一直延伸到后来的宏观经济总量和结构平衡，都是一脉相承的。如计划经济的投入产出方法、影子价格计算和市场经济的价格机制，以及计划经济的增长模型和市场经济的增长模型都有着同等的效力。就原理来说是贯通的，不能截然分开；就理论渊源而言前者也脱胎于后者，二者有着千丝万缕的联系。先生 20 世纪 60 年代提出的增长模型和以后提出的两种模式转换以及"九五"计划中央提出的"两个根本性转变"，在知识体系上是有传承关系的，用的都是马克思的再生产理论，例如内含和外延、粗放和集约等概念，前后连贯，一气呵成，没有丝毫违和感。这是马克思主义活的展现，真实地指导了改革发展稳定的大局。其中，稳中求进、不偏不倚的风格，又正是先生学术风格的最大特征。所谓文如其人，真正达到理论逻辑和政策主张高度统一，这当然是最理想的状态。

至于理论创新另辟蹊径，先生也是一马当先，在关键处不畏艰险挺身而出。这方面最典型的例子，莫过于前述的计划与市场结合问题。把社会主义建立在市场经济的基础上，这是中国人的极大智慧和前无古人的伟大创举，最终凝结为社会主义市场经济这一理论成果，由此奠定中国特色社会主义的经济基础，可谓一锤定音。这是中华民族对世界文明的重大贡献。

事非亲历不知辛。早在 80 年代，先生就在若干重要场合旗帜鲜明地反对通货膨胀，由于挡了一些人财路，甚至受到"吃花生米"的威胁。[①] 先生当然不为所迫，一如既往在经济改革的理论和实践创新进程中推波助澜，起着重要作用，成为改革开放的一面思想旗帜。

更难能可贵的是，先生老当益壮，一直坚守理论斗争，笔耕不辍，没有倚老卖老，在关键时候再次冲到最前面，成为英勇的"斗士"。先生认为，社会主义市场经济得之不易，继承这份宝贵物质遗产和精神遗产，就不能只讲市场性，还要讲一讲社会性，摆一摆社会主义道理，只有两个方面性质都讲全了，才能确保社会发展的正常性、稳定性、完整性，不至于跑偏、偏跑，乃至阴沟里翻盘，掉进人家事先挖好的坑里被活埋。先生是在提示我们，为什么选择社会主义，如何真正实现社会主义。

志不求易者成，事不避难者进。中国共产党和中国人民是在斗争中成长和壮大起来的，我们党依靠斗争走到今天，斗争精神贯穿

---

①　即"吃枪子"，寄恐吓信。有关宏观调控方面详细论述未纳入本次编选范围。

于中国革命、建设、改革各个时期，敢于斗争是我们党的鲜明品格。开启全面建设社会主义现代化国家新征程，面临的风险和考验一点也不会比过去少，也必然要依靠斗争赢得未来。这是真智慧的较量，这里没有后悔药，也由不得事后怨天尤人。此正是：

> 信步南山自从容，杖国尔后又朝杖。
> 耄耋期颐从头越，学者人生自坚强。①

　　这是一位有着丰厚阅历的世纪老人，曾尝受过国家被侵略、人民遭奴役的苦难，先生的学术成长伴随着新生的社会主义国家创建、改革、发展的进程，他将这些个人经历、国家记忆转化为理论资源，并且不计名誉地大声说出来。这种勇气和毅力，不是每个人都具备的，更多人则是小声嘀咕，点到为止或急流勇退。聪明如我们者，总在背后喋喋不休，希望别人当出头椽。如果所有人都是这么想这么干的，那局面就难以改观。只有当所有人都大声说出来，真相才会大白于天下。

　　我们需要多一分尊重，虚心聆听，而不是当耳旁风，当作从前发生的故事一笑了之。不，阁下，说的不是别人，就是你的事。这本《论集》反映的是当下真实生活的心声，关乎你，关乎我，是其言也，犹时汝也，关乎所有人。

　　一切真实生活都是有智慧、有启示的，真智慧就珍藏在看似平淡无奇的日常生活的萌芽当中，需要将它生发、开启出来，进而光大，便成为文化实力和价值。对此，死记硬背的教条主义是束手无策的，不过是在岸上干吼几嗓，然后坐以待毙。因为，教条主义就其本质而言是反当下真实生活的，历史虚无主义也同样一并排斥和反对现实和真实，这些都有碍中华民族伟大复兴第二

---

① 七十杖国，八十朝杖，九十耄耋，百岁期颐。

步战略强国梦的实现。梁启超讲，少年强则中国强；《共产党宣言》讲，每个人的自由全面发展是一切人自由全面发展的条件，这是充分条件，而过去我们错误地将它们当作必要条件，以致使错了劲、用错了道，事倍功半。往往胡子眉毛一把抓，不得要领，乱了章法。意识到这些思想障碍和局限，说明我们心智在成熟、认识在成长，作不断地拓展和延伸，我们当致力于这样的发展方向，必将事半功倍。

莫听穿林打叶声，何妨吟啸且徐行。
料峭春风吹酒醒，山头斜照却相迎。①

　　事实上，当代每个人都拥有一份自身独特视角的改革开放史，凝结着心血与成败，纵是春风吹作雪，聊胜南陌碾成尘。② 这是我

---

① 引自苏轼抒怀之作《定风波·莫听穿林打叶声》。
② 取自王安石谪居江宁时所作诗《北陂杏花》，有改动。此诗与前期咏梅诗"遥知不是雪，为有暗香来"（《梅花》）暗合，表现诗人政治家孤傲、坚守的精神品格。

们亲身经历的、独一无二的活生生的现实，从脱茧、成蛹到化蝶，既浪漫又艰辛，它所给予我们的，何止是回忆和慰藉，还有莫大的启迪，照亮自己的前程，此乃生所期者也。① 这本《论集》的思想史价值，或许更在于此。它的历史性贡献，在于积极地发出时代最强音，追问什么是中国特色社会主义，怎样建设中国特色社会主义。提出什么样的命题，就会有什么样的开端，叩开新时代的大门，这是历史性的一刻。

三

先生出版有多种文集、文选、专集、论集，还有全集，尽管如此，仍有些重头文章留遗在外，即便是2017年出版的《全集》也没能做到应收尽收。② 这本新《论集》一定程度上起到了拾遗补阙的作用，比较集中、全面、综合地反映了先生改革开放以来的思想轨迹。所选三十篇文章，所有篇目都经先生亲自审定，因而更有代表性和权威性。我们不妨将它视为《选集》续编，使得舳舻相接、长波天合，让先生博大精神得以集中、全面、综合地展现。③

这是我们的心愿，并尽力将它编好。此番整理，从众多文献中选取63篇，给出理由和背景说明，比较再三后选其半数，然后与先生对标，最后得三十篇。辑录时，曾调阅所能找到当时刊发的出版物，与《全集》比对，同时参考这两个版本加以斟酌取舍

---

① 反用韩愈《答李翊书》"生所为者与所期者甚似而几矣"句。

② 《刘国光经济论著全集》，知识产权出版社2017年版。《稳中求进的改革思路》《政府和市场在资源配置中的作用》以及小传《我的经济学探索之路》未纳入《全集》中。

③ 引自鲍照（415—470年）《登大雷岸与妹书》（439年）。唯一的《刘国光选集》是1986年出版，距今逾四分之一世纪，然其权威性和影响力并没有随时间流逝而有丝毫减弱。本书所选内容，则如《自序》所介绍的，主要集中在计划与市场、社会主义与市场经济关系，讲的都是经济转型中的理论是非问题，限于主题未涉及其他方面的理论贡献，所以前后两书内容互补。

每条注解，尽量溯源到位。①

　　由于三分之二文章的三级标题（小标题）都不设编号，为体例统一起见，其余十篇文章也作同样处理，这些文章的小标题原本是有编号的，只好省略掉。② 与之相反，原本只有编号而没有小标题的两篇文章，则根据上下文另拟小标题。③ 这些细节处理，因无关大雅，小编庖代之。至于其他个别文字订正，太过零星难以细表，为不影响阅读的整体效果，也未予标注，敬请谅解。

---

　　① 少数几篇未能核实原件，分别是《略论两种模式转换》《试论我国经济的双重模式转换》《谈谈中国经济学界对近期和中期经济改革的不同思路》《实行经济增长方式的转变——跨世纪发展规划的一个关键问题》《两个具有全局意义的根本转变》《不坚持社会主义方向的改革同样死路一条》。

　　② 它们分别是《关于社会主义市场经济理论的几个问题》《关于分配与所有制关系若干问题的思考》《政府和市场在资源配置中的作用》《稳中求进的改革思路》《在改革的实践中发展马克思主义经济理论》《对经济学教学和研究中一些问题的看法》《关于中国社会主义政治经济学的若干问题》《计划与市场关系变革的三十年及我在此过程中的一些经历》《关于全面认识共和国60年历史的若干问题》以及《我的经济学探索之路》。

　　③ 两篇分别是《政府和市场在资源配置中的作用》和最后一篇小传《我的经济学探索之路》。

　　至于大的变动，则采用页下注，并标识编者注，免生混淆。"编者注"旨在于还原史实真相。其中的一部分页下注，内容采集于不同版本的按语或提要，用来提供所选文章的背景，以便深入理解文章旨趣，同时也为后续研究提供相关线索，具有一定参考价值。此外还需申明，文中所配相片表图，均非原文自带，而是本编缪加焉。

六十三篇论文清单

　　本书涉及面广、跨时长，录入时有部分篇幅完全要靠手工，易造成错别字，另一些文字也得转换文档，需要勘误和订正。尽管编辑整理工作尽了最大努力，疏漏仍难避免。有些地方纠正、更正过来了，而那些尚未及时更正的，就成了最大遗憾和缺陷，还望读者指正。

四

　　本书自 2018 年开始整理，迄今整四载。对于先生的信任与嘱托，本编深感肩负的重责，几年来战战兢兢，如临深渊，如履薄冰，不敢暴虎，不敢冯河，且于新修处，当负全责，还有领会不到的地方，敬请批评指正。先生当年亲笔拟就论集提纲即如今目录，有待存照补入，以证实上述说法真实不虚，也说明这个提纲有多成熟，经受这么多年现实锤炼愈发显现出思想光辉。

协助先生整理这部论著过程，是不断学习和再学习的过程，从中见识马克思主义政治经济学的当代表现和当代表达。我的体会是这样：在这本书里，先生和大家一道重温了《资本论》有关商品和商品生产普遍具有的两重属性，即使用价值（生产）和价值（生产），以及资本积累所特有的两面（性），即价值生产过程和剩余价值生产过程，由此指出，私营企业具有上述商品生产两重性、资本积累两面性特征，因而在鼓励、支持包括私营企业在内的非公有制经济发展的同时，必须加以规范、引导和把握，才能为繁荣和发展社会主义市场经济添砖加瓦。与此相关联并由此论题带来的直接后果，则是如何正确处理资本存量、流量和增量之间的相互关系（其中反对瓜分国有资产的私有化是先生最旗帜鲜明的态度），以及从一部分人先富起来到共同富裕的实现路径等更深层次问题，对此在双重模式转换的整个过程中都应有充分估计，不能想得过于简单，要提前布局，早作打算，做足预案，对于可能出现的各种后果，要打出提前量，并留有充分的回旋余地，才谈得上防范风险化解危机，做到游刃有余，从容不迫，任凭风浪起稳坐钓鱼台，不至于临阵失据，惊慌失措，反复折腾，疲于奔命，乃至谈虎色变，一朝被蛇咬十年怕井绳。这是当代马克思主义最重大的政治经济学命题，事关全局、事关长远发展稳定，对此先生已经作了先行探索，以其深厚的学术功力、高度的社会责任感和敏锐的现实洞察力揭示了这样的真理，一如既往地有着先见之明。论集分量之重，所虑在此耳，有助于我们提高马克思主义理论水平和对重大现实问题的辨识与判断能力。

最后，感谢中国社会科学院老年科研基金高度重视和大力支持，对于顺利出版这份重要资料厥功至伟。本书责任编辑田文女士认真负责，多次看样，对引文出处逐条勘正，不遗余力，保证了出版质量，如此敬业精神着实令人钦佩。中国社会科学出版社社长赵剑英先生对于本书更是关心备至，亲自审阅书稿，包括文字和图片，提出宝贵的、重要的修改建议，并提议增加彩照数量，以更加生动形象的形式展现一代学人的生涯与风采，使得这份负重前行、担当使命的历史档案竟也生动活泼起来了。书前插页，得益于不少当事人及相关人士。图片整理得到张卓元、赵人伟诸前辈指正，得到李昭、旷建伟、邢桂琴、张平帮助；得到中国社会科院经济研究所党办人事处、图书馆协助，提供了迄今为止所见最精良的副本。这些老照片，按时间序列编排，历历在目。当然，事隔多年，也有些照片失真，辨识度不高，但抓住了历史瞬间，留下了记忆，而记忆难免有差池，还有待进一步复盘，向更多人请教。

这是一代人的骄傲，是我们学习追随的好榜样。能够与之相配出版如此高质量的图书、留下浓墨重彩的历史华章，是对刘先生的敬重，更是向以先生为代表的一代学人致敬。这是诸部门、机构、学界各方配合默契通力协作的结果，众人同心其利断金，对于大家的关爱和帮助，由衷地表示感谢，恕未能一一拜谢。

另加说明，外封特意设计了一百颗星星，宛若河汉，动如玉带，以表对百岁老人的美好祝愿，祝刘先生健康长寿！祝祖国繁荣昌盛！

大鹏起兮同方起，扶摇抟上九万里，我们已大踏步赶上新时代，正全力以赴实现第二个百年奋斗目标，奔向 2050 年现代化强国，谁也挡不住这个前进步伐。这个现代化强国之所以强，就在于它唤起了亿万人民的创造性，着眼于每个人自由而全面地发展。所有理论创新和实践创新，都聚集于此，聚焦于此，并朝向这个总目标看齐，这是"四个自信"策源地。改革必于是，发展必于是，舍此别无他路。信夫。

桁林　谨识

时壬寅中秋